도급에서의 수급인의 책임

도급에서의 수급인의 책임

이 상 헌 지음

경인문화사

서문

　이 책은 2019년 8월에 제출한 저자의 박사학위 논문인 「도급에서의 수급인의 책임에 대한 연구-유형도급과 무형도급간 비교를 중심으로-」를 책으로 엮은 것이다. 그 사이 저자가 쓴 논문들과 새로 나온 판례들을 반영하는 수정을 가한 것이다.

　이 책에서는 고용, 도급, 위임을 주축으로 한 용역제공계약의 각 특성에 따라 용역제공자가 제공할 채무와 그에 따른 책임에도 차이가 있다는 점에 주목하였다. 종래 위임계약으로 취급되어 온 지적 용역제공계약과 용역제공자가 용역의뢰자에 대한 대등한 관계에서 용역을 제공하는 계약 중에서 도급계약으로 취급될 수 있는 영역이 있다는 점을 확인하였다. 또한 사적자치에 따라 용역제공자와 용역의뢰자는 자유롭게 고용, 도급, 위임 중에서 계약형식을 선택할 수 있지만 그러한 의사가 분명하지 않은 경우에 어떤 계약형식으로 규율할 것인지에 관한 기준을 제시해 보았다.

　종래 도급의 목적물에 따라 유형도급과 무형도급으로 구분해 왔지만, 실무적으로 무형도급은 사실상 다루어지지 않았다. 오히려 대부분의 용역제공계약이 위임으로 다루어진 결과 용역제공자는 일의 완성에 대한 모든 권한을 행사하여 일을 마쳤음에도 불구하고 일의 결과에 대해서는 선량한 관리자의 주의의무를 이행하지 않은 것에 대한 책임을 지는 것으로 해석되어 왔다. 본 논문은 무형도급 역시 수급인이 일의 완성에 대한 모든 권한과 책임을 가지고 일을 완성해야 한다는 점에서 무과실책임을 부담하여야 한다고 보았다. 다만, 무형도급의 수급인이 부담하는 무과실책임의 내용은 유형도급에 대해 적용되는 하자담보책임과는 달리 무형도급의 특징을 감안한 것이어야 한다는 점에 관해서도 살펴보았다.

한편, 국제적으로 도급계약의 수급인이 부담하는 하자담보책임 체계와 채무불이행책임 체계가 일원화하는 현상으로 인해 우리민법도 같은 과제에 직면하고 있다. 최근 독일과 일본 개정민법이 채무불이행책임 체계와 하자담보책임 체계를 일원화한 점과 DCFR을 비롯한 국제적인 통일법 현상에서 채무불이행책임 체계속에 하자담보책임을 포함시키고 있는 모습을 살펴보았다. 여기서 과실책임주의를 근간으로 하는 채무불이행책임 체계와 무과실책임을 근간으로 하는 하자담보책임 체계를 조화롭게 규정하는 방안에 관하여 논의하였다.

이 책은 무형도급과 유형도급을 망라하여 수급인의 책임에 관한 규정을 재정비하는 것과 함께 채무불이행책임 체계와 하자담보책임 체계를 일원화하는 개정시안을 제언하고자 하며 재개될 민법 개정작업에서도 신중하고도 발전적인 작업이 진행되기를 희망한다.

차례

서문 · iv

제1장 서론

제1절 연구의 배경 ·· 3
제2절 연구의 범위와 내용 ··· 7
　Ⅰ. 연구의 범위 ·· 7
　Ⅱ. 연구의 내용 ·· 8

제2장 용역제공계약의 규율

제1절 용역제공계약 개관 ·· 13
　Ⅰ. 용역제공계약의 연혁 ·· 13
　Ⅱ. 용역제공계약의 구분 ·· 21
　Ⅲ. 소결 ·· 59
제2절 지적 용역제공계약 등의 규율방법 ···························· 61
　Ⅰ. 지적 용역제공계약의 규율 ·· 61
　Ⅱ. 기타 용역제공계약의 규율 ·· 81
　Ⅲ. 소결 ·· 101

제3장 도급에서의 하자담보책임 문제

제1절 도급의 유형과 하자담보책임의 인정범위 ················ 105
　Ⅰ. 도급의 유형 ·· 105

Ⅱ. 무형(용역)도급에서의 하자담보책임 적용여부 ·················· 116
　　Ⅲ. 무형(용역)도급 수급인과 수임인의 책임 비교 ················ 128
　　Ⅳ. 소결 ·· 132
제2절 무형(용역)도급 수급인의 결과채무에 따른 책임 ···················· 133
　　Ⅰ. 요건 ·· 140
　　Ⅱ. 효력 ·· 160
　　Ⅲ. 면책사유 ·· 178
　　Ⅳ. 하자담보책임의 존속기간 ·· 184
제3절 유형도급과 무형도급 수급인의 책임 비교 ······························ 192
　　Ⅰ. 요건의 비교 ·· 192
　　Ⅱ. 효력의 비교 ·· 193
제4절 소결 ··· 195

제4장 하자담보책임과 채무불이행책임의 통합에 관한 제문제

제1절 도급계약상 하자담보책임 규율의 필수성 여부 ···················· 200
　　Ⅰ. 강화된 수급인 책임을 보장하는 규율 및 해석 ············ 200
　　Ⅱ. 하자담보책임의 채무불이행책임과의 접근 ···················· 231
　　Ⅲ. 소결 ·· 245
제2절 국제통일법상 하자담보책임의 채무불이행책임에의 통합 경향 248
　　Ⅰ. 하자담보책임을 탈피하려는 국제적 경향 ······················ 248
　　Ⅱ. 도급에서의 하자담보책임 탈피 경향 ······························ 271

Ⅲ. 소결 ·· 286
제3절 하자담보책임과 채무불이행책임 통합에 관한 제언 ············· 288
　Ⅰ. 하자담보책임과 채무불이행책임 통합의 필요성 여부 ················· 288
　Ⅱ. 통합의 범위 ··289
　Ⅲ. 통합의 방법 ·· 293
　Ⅳ. 민법 개정과정에서의 논의 ··· 294
제4절 소결 ·· 333

제5장 결론

참고문헌 ·350

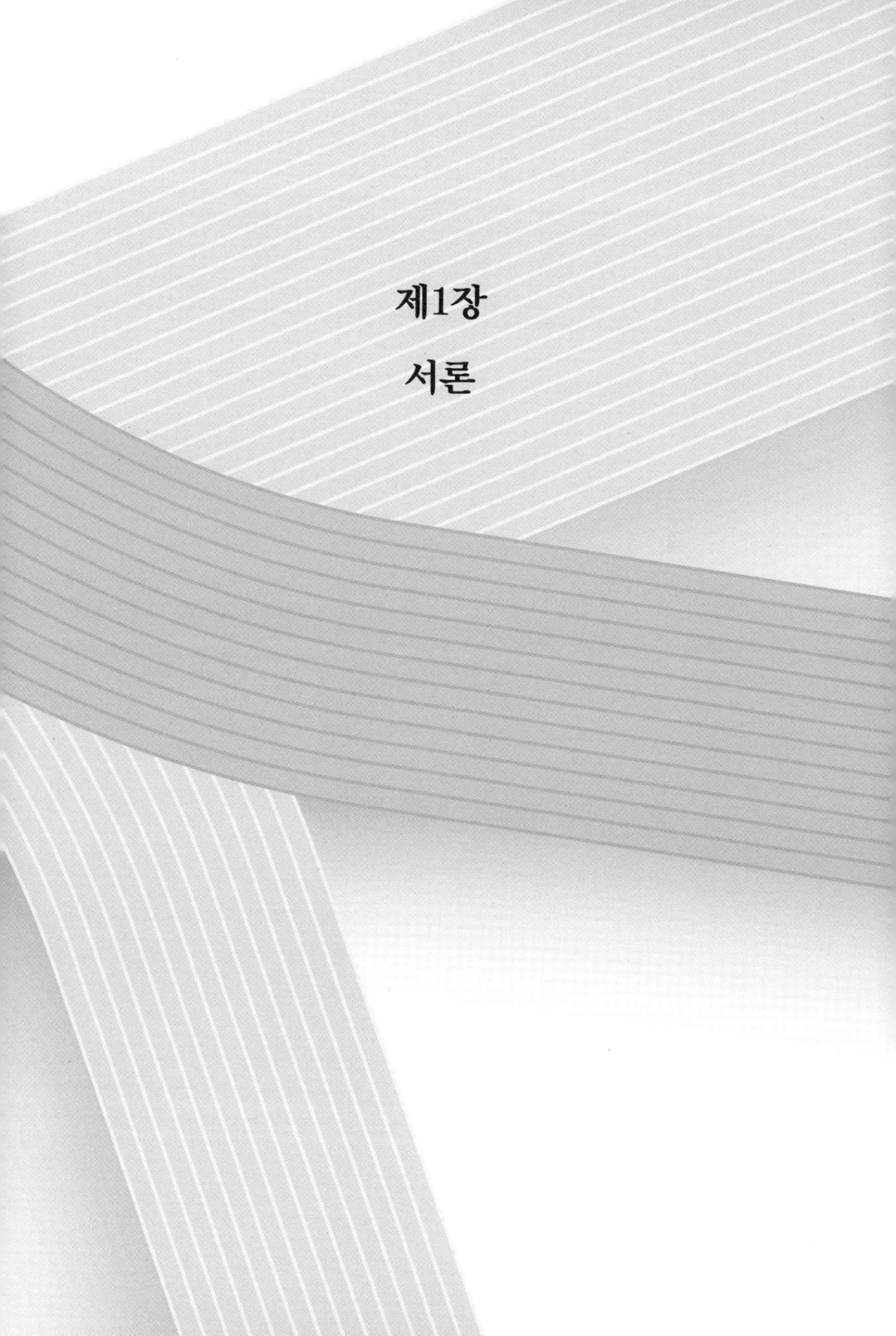

제1절 연구의 배경

 사람이 살아가는데 있어서 재화의 공급만큼이나 중요한 것이 타인으로부터 용역을 제공받는 것이다. 사람이 타인으로부터 용역을 제공받는 모습은 인류의 역사 속에서 여러 가지 모습을 가지면서 변화되어 왔지만 현대에는 용역제공자가 용역의뢰자와의 대등한 관계 속에서 자신이 가진 노동력을 제공하는 것이 일반화되어 있다.
 특히 최근에는 이미 존재 하고 있는 용역제공계약은 물론이고, 과학기술의 발달과 용역거래시장의 요구에 따라 새로운 용역제공계약(모바일 앱을 활용한 택배용역, 아르바이트 구직용역 등)이 빠르게 증가하고 있다. 우리나라의 산업에서 용역이 차지하는 분야는 아주 다양하여 통계청이 2017년 7월 1일자로 시행한 제10차 한국표준산업분류에 의하면 총 21개의 표준산업 대분류 중에서 서비스(이하 '서비스' 또는 '용역'이라 한다[1])에 관해서는 총 17개의 대분류가 지정되어 있다.[2]
 이와 같은 용역제공시장의 성장은 데이터를 통해서도 확인할 수 있

---

1) 표준국어 대사전에 의하면 '용역'은 물질적 재화의 형태를 취하지 아니하고 생산과 소비에 필요한 노무를 제공하는 일이라고 하고, '서비스'는 생산된 재화를 운반·배급하거나 생산·소비에 필요한 노무를 제공하는 것이라고 한다. 본 논문에서는 이 두 가지 개념을 구분하지 않고 사용하기로 한다.
2) 한국표준산업분류상 서비스업에 해당하는 대분류로는, 수도·하수 및 폐기물 처리·원료재생업(E), 건설업(F), 도매 및 소매업(G), 운수 및 창고업(H), 숙박 및 음식점업(I), 정보통신업 (J), 금융 및 보험업(K), 부동산업 (L), 전문·과학 및 기술 서비스업(M), 사업시설 관리·사업지원 및 임대서비스업(N), 공공행정·국방 및 사회보장 행정(O), 교육서비스업(P), 보건업 및 사회복지 서비스업(Q), 예술·스포츠 및 여가관련 서비스업(R), 협회 및 단체, 수리 및 기타 개인 서비스업(S), 가구 내 고용활동 및 달리 분류되지 않은 자가소비 생산활동(T), 국제 및 외국기관(U)으로 나누어 볼 수 있다(통계청고시 제2024-2호). https://kssc.kostat.go.kr:8443/ksscNew_web/kssc/common/ClassificationContent.do?gubun=1&strCategoryNameCode=001&categoryMenu=007&addGubun=no 2025. 2. 19. 최종 방문

다. 선진국은 물론 국내에서도 용역업은 GDP대비 부가가치금액이나 종사하는 근로자수에 있어서 제조업을 능가하고 있다. 국내 GDP에서 용역업이 차지하는 비중은 2004년 58.5%, 2008년 61.2%에서 2014년 59.4%로서 GDP에서 제조업이 차지하는 비율(2008년 28.6%, 2014년 30.3%)을 월등히 앞서고 있다. 또한 국내 취업자 수에서 용역업이 차지하는 비중은 2004년 64.1%, 2008년 66.9%에서 2014년 69.2%로 지속적으로 상승하고 있다. G7 선진국의 GDP에서 용역업이 차지하는 비중은 우리보다 더 커서 70% 내외에 이른다.[3]

그런데, 이와 같이 질적, 양적으로 확대되고 있는 용역제공계약을 규율하는 법제도의 현실은 어떠한가를 보자. 우리나라를 비롯하여, 일본, 유럽의 각 민법에서는 용역제공을 위한 전형계약으로 고용, 도급, 위임계약을 공통적으로 규정하고 있다. 이들 세 가지 계약은 용역의 제공을 주요한 목적으로 가지면서, 각각의 서로 다른 개념요소를 가지고 있다. 즉, 고용은 용역제공자가 고객에게 용역 자체를 공급하는 것을 말하고, 도급은 일의 완성이 목적이어서 용역의 결과로서 만들어진 것이 중요시되고, 위임은 신임을 바탕으로 하여 타인의 사무를 처리한다는 데 중점을 두는 점에서 차이가 있다.[4]

그 중에서 본 논문에서 다루려고 하는 도급계약의 실태를 살펴보았다. 1993년 이후 선고된 도급계약에 관한 대법원 판결 약 700여개중, 건축도급계약이 약 90%이상을 차지하고, 나머지 10%중에서 대부분은 i) 도급인이 수급인을 지휘하는 관계로 인해 도급인의 사용자책임이 인정되

---

[3] 현대경제연구원, 국내서비스업 현황과 문제점, 16-11 (통권 649호) 2016. 04. 11 file:///C:/Users/%EC%9D%B4%EC%83%81%ED%97%8C/Downloads/%ED%98%84%EB%8C%80%EA%B2%BD%EC%A0%9C%EC%97%B0%EA%B5%AC%EC%9B%90_%EA%B5%AD%EB%82%B4%20%EC%84%9C%EB%B9%84%EC%8A%A4%EC%97%85%20%EC%88%98%EA%B8%89%20%ED%98%84%ED%99%A9%EA%B3%BC%20%EC%8B%9C%EC%82%AC%EC%A0%90%20(1).pdf 2025.2.19. 마지막 방문.

[4] 곽윤직, 채권각론[민법강의 IV], 제6판, 박영사(2022), 234면.

었던 노무도급판결(대법원 1998. 6. 26. 선고 97다58170 판결) iii) 파견근로자법 판결(대법원 2016. 1. 14. 선고 2013다74592 판결), iii) 임가공 도급계약(대법원 2007. 8. 23. 선고 2007다26455판결), 소프트웨어 개발, 공급계약(대법원 1998. 3. 13. 선고 97다45259판), 영상물제작공급계약 판결(대법원 1996. 7. 9. 선고 96다14364판결)을 들 수 있을 정도이며, 순수하게 용역만을 대상으로 하는 도급에 관한 판결은 거의 찾아볼 수 없다. 우리의 법 감정에서도 이와 같은 현상을 확인할 수 있다. 즉 우리가 평소에 도급이라고 하면 대부분 건설도급계약을 의미하고, 그 밖에 용역만을 제공하는 계약을 도급계약이라고 하는 경우는 거의 드물다는 것이다. 반대로 용역제공계약 대부분은 위임으로 취급되어 용역제공자는 선량한 관리자의 주의의무를 가지고 용역을 제공하면 되는 것으로 규율되어 왔다.

그런데 현실거래에서 위임이 처리하는 용역제공계약의 범위는 이와 같은 설명을 뛰어넘을 정도로 아주 넓다. 예를 들어 용역제공자가 지적인 용역(의사, 변호사, 공증인, 세무사, 회계사 등의 용역제공)을 제공하는 것은 대부분 위임으로 취급되고, 용역제공자가 용역의뢰자를 위해서 법률행위를 하는 경우는 물론 사실행위를 하는 경우에 대부분 위임계약이 적용되고 있는 것이다. 이와 같은 점에서 민법상 위임의 규정이 타인의 사무를 처리하는 법률관계에 적용되는 통칙이라고 보는 견해[5]가 일반적으로 받아들여지고 있다.

이와 같이 된 원인이 어디에 있을까라는 질문에서 본 논문은 시작하였다. 위임계약은 수임인이 선량한 관리자의 주의의무로 타인의 사무를 처리하는 한편, 용역제공자의 귀책사유가 없는 한 위임인에게 채무불이행 책임을 부담하지 않는다는 점에서 과실책임주의에 충실한 규정이라는 장점을 가지고 있다. 그런 결과 위임은 용역제공자의 책임과 용역의

---

[5] 곽윤직, 채권각론(전게서), 274면.

뢰자의 이익을 적절히 조정하고, 용역제공자가 창의력을 가지고 거래계에서 요구하는 용역제공계약을 개발하는데 좋은 토양이 된다.

하지만 이와 달리 용역제공자가 용역제공의 결과에 대한 위험을 부담하고 용역제공의 과정에 대한 통제권을 가지고 있는 경우까지도 위임이 적용되는 경우에는 용역의뢰자의 이익이 제대로 보호되지 않는 결과가 발생할 수도 있다. 새롭게 태어나는 용역제공계약에서도 이와 같이 용역의뢰자의 보호가 충실하지 않다면 그와 같은 용역제공계약은 거래계에서 성공하기 힘들다는 단점을 노출하기도 한다.

본 연구는 종래 위임 또는 비전형계약으로 인식되어오던 지적 용역제공계약 및 순수하게 용역만을 제공하는 계약중에서 용역제공자가 용역제공에 관한 모든 권한을 행사하는 경우에는 그 권한에 합당한 책임을 부여하는 것이 타당하다는 인식에 바탕을 두고 있다.

제2절 연구의 범위와 내용

I. 연구의 범위

본 논문은 우리 민법상 용역제공계약으로 분류되는 도급, 위임을 구분하는 기준을 다시 살펴보는데서 시작한다. 우리 민법은 도급과 위임을 구분하는 기준에 관해서 별도의 규정을 두고 있지 않고, 다만 각 계약이 목적으로 하는 급부의 내용(일을 완성한다든지 사무를 처리한다든지)을 제시하고 있을 뿐이다. 하지만 급부의 내용만으로 위임과 도급을 구분할 수 있는 기준을 삼기는 어렵다. 이런 인식을 바탕으로 본 논문은 도급과 위임이 가진 성질을 바탕으로 도급과 위임을 구분하는 기준을 설정해 보기로 한다. 이를 위해 도급계약의 수급인이 일을 완성할 채무라는 결과채무를 부담하는 반면 위임계약의 수임인이 선량한 관리자의 주의의무로 타인의 사무를 처리할 채무라는 수단채무를 부담한다는 점에 착안하여, 수단채무와 결과채무를 구분하는 기준을 위임과 도급을 구분하는 기준으로 활용하는 방안을 제시하고자 한다.

한편, 오랫동안 도급계약에서의 수급인의 책임문제는 수급인의 하자담보책임을 중심으로 논의되어 왔다. 본 논문에서는 하자담보책임이 본래 유형물을 대상으로 한 것이라는 인식을 바탕으로 무형(용역)도급에 대해서까지 하자담보책임을 전적으로 적용하는 해석에 대해 비판적인 시각으로 접근하고자 한다. 이와 아울러 무형(용역)도급의 수급인은 자신이 완성한 일을 보수하는 것이 곤란하다는 성질을 가지고 있는 데서 하자담보책임과는 다른 내용의 무과실책임을 부담한다는 점을 살펴보고자 한다.

한편, 국제적으로 도급에서의 하자담보책임과 채무불이행책임과 통합되어 가는 현상을 보이고 있고 우리나라에서도 하자담보책임에 대한 개정논의가 진행되고 있다. 본 논문은 각국에서의 하자담보책임과 채무불이행책임의 통합현상의 차이점을 분석하고 우리나라에서도 하자담보책임과 채무불이행책임을 통합할 것인지, 만일 통합한다면 어떤 내용으로 통합할 것인지를 살펴보기로 한다. 그 결과로 유무형도급을 포괄한 무과실책임과 과실책임주의를 원칙으로 하는 채무불이행책임을 조화롭게 통합하는 개정안을 제시해 보고자 한다.

II. 연구의 내용

본 연구는 다음과 같은 내용을 가지고 있다.
첫째, 제2장에서는 연혁적, 비교법적으로 고용, 위임, 도급계약 규정이 생성된 배경과 함께 각 나라별로 이들 세가지 제도를 구분하는 징표에 차이가 있어서 동일한 용역제공계약을 두고도 나라마다 법적규율이 달라질 수 있다는 점을 살펴보기로 한다. 이를 기반으로 우리나라에서는 의료계약, 변호사계약 등의 지적 용역제공계약을 주로 위임으로 취급하고 있지만 이들 계약중 용역제공자가 용역제공에 대한 일체의 권한과 위험 및 책임을 부담하고 있는 경우에는 도급계약으로 규율될 수 있다는 해석의 가능성을 모색하고자 한다. 이를 위해서는 도급과 위임의 구분기준으로서 프랑스민법에서 제시된 바 있는 결과채무와 수단채무 구분기준을 사용하는 방안을 검토하기로 한다.
한편, 우리 나라에서는 용역제공자가 고객과의 대등한 관계에서 순수하게 용역만을 제공하는 용역제공계약이 위임 또는 비전형계약으로 취급되고 있다. 이와 같은 현상과 관련해서 이들 계약 중 일부 계약들은 도급계약에 해당할 수 있다는 점을 밝히고자 한다. 이 과정에서 일본민법 개정과정에서 논의되었던 용역제공에 관한 일반규정으로서의 '역무제공계약론'을 검토하고 우리나라에서의 도입가능성에 대해서도 논의하기로 한다.

둘째, 제3장에서는 지적 용역제공계약과 기타 용역제공계약중 일부를 도급계약으로 해석하는 경우, 이들 계약은 유형물을 대상으로 하는 도급계약과 대비하여 무형(용역)도급계약에 해당하는 것으로 이해하고자 한다. 여기서 종래의 학설이 무형(용역)도급에 대해서도 하자담보책임이 적용된다고 해석하는 것에 대해 비판적인 논의를 하기로 한다. 하자담보책임은 연혁적으로나 성질로나 유형물에 대한 수급인의 책임을 전제로 발전된 것으로 보아야 하기 때문이다. 그와 같이 보는 경우 무형(용역)도급에서의 수급인은 결과채무에 대한 무과실책임을 부담하는 것으로 해석해야 할 것으로 본다. 이에 따라 무형(용역)도급의 수급인의 책임에 관해서는 도급에서의 하자담보책임과는 별도의 규정을 두어 규율하는 것이 타당하다는 점에서 무형도급의 수급인의 무과실책임에 관한 근거규정을 두는 입법론을 제시함과 동시에, 그와 같은 입법이 되기 전까지는 현행법 해석상으로는 하자담보책임을 유추적용하는 안을 제시하고자 한다. 이에 따라 유형도급과 무형(용역)도급의 수급인이 부담하는 각 책임을 비교, 분석함으로써 궁극적으로 무형(용역)도급의 수급인이 부담하는 책임 내용을 정리하고자 한다.

셋째, 제4장에서는 도급계약에서 수급인이 부담하는 무과실책임 체계와 채무불이행책임 체계에 관한 통합 논의를 검토하고자 한다. 먼저 비교법적으로 수급인이 도급인에게 엄격한 책임을 부담하도록 하는 제도로는 하자담보책임 이외에도 여러 가지 제도와 해석이 있다는 점을 살펴봄으로써 도급에서 도급인 보호를 위해 하자담보책임만이 유일한 방법은 아니라는 점을 살펴본다. 이러한 전제에서 일본과 독일에서 도급에서의 하자담보책임 체계와 일반 채무불이행책임 체계를 일원화한 내용을 살펴봄으로써 우리 민법에서도 그와 같은 방향을 택하는 것이 바람직한 것인지를 살펴본다. 나아가 하자담보책임법 체계를 일반 채무불이행책임법 체계와 완전히 일원화시킨 유럽의 통일법 현상을 살펴보고 우리나라에서의 하자담보책임법 체계와 일반 채무불이행법 체계와의 일원화 방향을 논의하고자 한다. 마지막으로 유형도급과 무형도급을 포괄하는 도급에서의 무과실책임 규정과 일반 채무불이행책임 간의 일원화를 위한 개정시안을 제언하고자 한다.

제2장
용역제공계약의 규율

제1절 용역제공계약 개관

Ⅰ. 용역제공계약의 연혁

로마시대로부터 근세 프랑스민법전(Code Civil, 이하 프랑스민법전의 조문을 지칭하는 경우에는 '프랑스민법전'이라 한다) 이전까지 타인의 노동력을 빌리는 것은 현재와 같이 대등한 당사자 사이의 계약은 아니었다. 전문적인 지적 능력을 가지는 자로부터 용역을 제공받는 것은 신성한 일로서 무상계약이어서 주로 위임으로 다루어졌지만, 자유인이 아닌 사람으로부터 용역을 제공받는 것은 주로 노예의 노동력을 제공받는 것이었기에 물건의 임대차(Locatio conductio rei)와 구분되지 않는 것이었다. 이로써 현재 여러나라가 가지고 있는 용역제공계약인 고용, 도급계약은 로마시대부터 있었던 임대차(Locatio conductio)가 고용과 도급계약으로 분화되는 현상으로 정리할 수 있다. 이러한 모습은 유럽에서는 프랑스와 독일에서 서로 다른 모습으로 발전되고, 이런 모습이 일본을 거치면서 우리나라에도 영향을 미쳤다.

1. 로마법

로마법상 당사자간 합의로 성립하는 낙성계약은 매매, 임대차(Locatio conductio), 조합 및 위임계약만이 인정되었다.[6]
이중에서 임대차(Locatio conductio[7])는 임대인이 물건, 자신의 용역

---

6) 현승종·조규창, 로마법, 법문사(1996), 732면.
7) Locatio는 허용해주는 것(letting)을 의미하고, Conductio는 빌리는 것(hiring)을 의미하였다. 이에 따라 임대인(lessor)은 목적물을 임차인(lessee)이 사용할 수 있도록 허용해 주는 것이고, 피용자(employee)는 자신의 용역을 고용자(employer)

또는 특정의 일을 빌려줄 것을 약정하는 계약으로서, 오늘날의 임대차(Locatio conductio rei, 물건의 임대차)와 고용(Locatio conductio operarum, 노무의 임대차), 도급(Locatio conductio operis, 일의 임대차)을 포함하는 계약이다.[8] 로마법에서는 어떤 소권이 부여될 것인가라는 관점에서 계약유형이 정해졌는데, 물건의 임대차와 노무의 임대차, 일의 임대차 모두에 대해서 임대인 소권(Actio locati)와 임차인 소권(Actio conducti)이 적용됨으로써,[9] 로마법에서는 물건의 임대차와 노무의 임대차, 일의 임대차가 분화되지 않고 있었다. 또한 사람의 노동력을 유체물로 구성하여 단순한 상품가치 이상의 의미를 부여하지 않은 것도 물건의 임대차와 노무의 임대차, 일의 임대차가 분화되지 않은 이유가 되었다.[10]

로마법상 노무의 임대차는 전문지식이나 기능을 요구하지 않는 일상의 단순노동을 목적으로 한다고 보았고, 자유인의 고급용역은 노무의 임대차의 목적이 될 수 없었다.[11]

한편, 로마법상 위임계약은 수임인이 무상으로 업무(사실행위나 법률행위를 불문함)를 처리하는 것이었다. 로마법상 위임계약이 무상계약이었음에도 수임인은 위임업무수행의 대가로 사례(salarium)을 약정할 수는 있었지만, 고용에서의 보수와 비교하여 법적성질과 재판의 사물관할을 달리하는 것이었다.[12]

의 처분에 두는 것이며, 도급인(customer)은 특정한 일을 지정하여 수급인(contractor)이 일을 수행할수 있도록 목적물(object)를 인도하는 것이다[R. Zimmenrmann, The Law of obligation: Roman Foundation of the Civilian Tradition, Juta(1990), p. 338]. 한편, 로마법상 도급인의 재료제공이 도급의 성립요건이었다고 한다(현승종·조규창, 전게서, 762면).
8) 현승종, 로마법, 일조각(1982), 151면.
9) 北居功, "役務の顧客適合性-履行プロセスで確定される給付內容", 法政論集 254号(2014), 461頁.
10) 현승종·조규창, 전게서, 754면.
11) 幾代通·広中俊雄 編輯代表, 新版 注釋民法(16) 債權(7), [幾代通 執筆], 初版, 有斐閣(平成6年), 3頁.

2. 프랑스민법

프랑스민법전(Code Civil) 제3권 제8편은 임약계약(Du contrat de louage)이라는 제목하에 제1708조가 물건의 임약(Louage des choses)와 일의 임약(Louage d'ouvrage)를 규정하는 한편, 제1709조와 제1710조에서 각각 물건의 임약과 일의 임약을 정의하고 있다. 이에 따라 프랑스민법전 제1710조에서는 일의 임약(Louage d'ouvrage)을 '당사자 일방이 타방을 위하여 일정한 일을 할 의무를 지고 타방은 그에 대하여 당사자들 간에 합의된 대가를 지급하기로 한 계약'으로 정의하였다. 즉, 일의 임약(Louage d'ouvrage)는 일체의 유상의 '하는 채무'를 규율한다.[13] 프랑스민법전의 입법자들은 물건의 임약과 일의 임약 사이에 유사성이 있다는 인식을 바탕으로 일의 임약(Louage d'ouvrage)을 규정한 것이다. 이는 노동력을 임약한다는 카를 마르크스(Karl Marx)의 교리에 기반하기도 하였다.[14] 하지만 노동력을 임약한다는 것이야말로 사람이 하는 일을 재화로 간주하는 것이라는 점에서 프랑스민법상 일의 임약(Louage d'ouvrage)이라는 표현은 더 이상 현대사회에서 요구하는 급부의 목적과 부합하지는 않는다. 프랑스 문헌에서 도급계약(Contrat d'entreprise)이라는 용어가 주류를 이룬 것도 이와 같은 사상에 기초한 것이다[15].

한편, 프랑스민법전 제3권 제8편 제3장(제1779조부터 제1799-1조)에서는 일과 기예의 임약(Du louage d'ouvrage et d'industrie)을 규정하였다. 프랑스민법전 제1779조의 일과 기예의 임약(Du louage d'ouvrage et d'industrie)에는 용역의 임약(Louage de service, 제1호), 여객 또는 상품을 운

---

12) 현승종·조규창, 전게서, 774면.
13) P. Puig, *Contrats spéciaux*, 6ᵉ éd., Dalloz(2015), p. 231.
14) A. Bénabent(a), *Droit des contrats spéciaux civils et commerciaux*, 12ᵉ éd., L.G.D.J.(2017), n° 477.
15) F. Labarthe et C. Noblot, *Le contrat d'entreprise*, L.G.D.J.(2008), p. 4.

송할 의무가 있는 육상 및 해상운송인의 임약(Louage des voituriers, tant par terre que par eau, qui se chargent du transport des personnes ou des marchandises, 제2호), 조사, 견적도급 또는 정액도급에 의한 건축사, 수급인 및 건설기술자의 임약(Louage des architectes, entrepreneurs d'ouvrages et techniciens par suite d'études, devis ou marchés)이 함께 규정되어 있다. 이 중에서 용역의 임약(Louage de service16))은 우리 민법상 고용에 해당되고, 조사, 견적도급 또는 정액도급에 의한 건축사, 수급인 및 건설기술자의 임약(Louage des architectes, entrepreneurs d'ouvrages et techniciens par suite d'études, devis ou marchés)는 우리 민법상 도급과 가장 유사한 개념이다. 'Devis ou marchés'가 '견적도급 또는 정액도급'이라는 의미를 가지는 것에서 보듯이 이는 유형적 급부를 대상으로 하는 것으로 해석되고 있다. 이에 따라 프랑스 민법상 지적인 급부는 주로 위임계약으로 규율되어 왔다.17) 민법이 제정되던 19세기까지도 로마법의 전통에 따라 변호사, 의사 등과 같이 지적인 급부를 제공하는 자는 그들이 가진 지식의 제공과 관련하여 돈을 받는다는 것을 상정할 수 없었기 때문에 이를 무상계약인 위임으로 다루었던 것이다.18) 하지만 이와 같은 지적인 급부 제공 역시 유상으로 할 수 밖에 없다는 현실적 요구에 따라 지적인

---

16) 1910년경 노동법(Le Code du travail) 제정 이후로 'louage de service'보다는 'contrat de travail'이라는 명칭이 더욱 일반적으로 사용되었다. 이 역시 인간에 대한 임대라고 하는 유물론적인 고려에 대한 반성이었다(F. Labarthe·C. Noblot, *op. cit.*, p. 4). 이런 점에서 도급계약(contrat d'entreprise)과 고용계약(contrat de travail)이라는 용어가 사용된 배경은 공통점을 가진다.
17) 프랑스민법 제정당시 Pothier는 일의 임약(Louage d'ouvrage)에서 지적인 급부를 포함할 가능성을 언급하지 않으면서, 단지 일의 개념 속에는 건축작업, 화가의 그림과 같은 것을 예로 들고 있었다. 그러면서 자유직업을 가지고 용역을 제공하는 계약은 주로 위임계약으로 가능하다는 인식을 가지고 있었다[F. Labarthe, *Du louage d'ouvrage au contrat d'entreprise, la dilution d'une notion*, L.G.D.J.(2002), p. 496].
18) F. Labarthe, *op. cit.*, p. 498.

급부의 제공은 위임에서 벗어나 프랑스민법상 도급계약(Contrat d'entreprise[19])의 일부로 해석되었다. 결국 프랑스민법상 도급계약은 지적 급부제공을 포함하여 그 대상범위가 급속히 확대되었다.[20]

한편, 프랑스민법전 제3권 제13편은 위임에 관하여 규정을 두고 있는데, 제1984조 제1항은 위임을 '당사자 일방이 위임인을 위하여 위임인의 이름으로 무엇인가를 할 권한을 주는 행위'로 규정하고 있다. 이와 같이 프랑스민법전상 위임에서 수임인은 위임인의 이름으로 법률행위(acte juridique)를 하는 것임을 명확하게 함으로써, 프랑스법에서는 대리(représentation)와 위임이 연결되어 있음을 알 수 있다.[21]

3. 독일민법

독일에서는 근대에 이르기까지 용역제공계약에 관한 로마법의 규정방식을 그대로 유지함으로써 고용과 도급을 구분하지 않았다. 그러다가 1794년 프로이센일반란트법(Allgemeines Landrecht für die Preußischen Staaten, 이하 'ALR')상 처음으로 고용과 도급을 구분하였다. 이에 따라 제1편 제11장 제869조 이하(제8절)에서는 '주인과 하인의 계약'(제894조), 피용노무자 및 일용노무자의 계약(제895조), 수공업자 및 기능인의 계약(제920조 이하), 주문받은 일에 관한 계약(제925조 이하) 등으로 구분하였다.[22]

---

19) Domat가 entrepreneur라는 단어를 사용하였고, Guillouard는 이미 1891년 일의 임대차 개론(Traitée du louage d'ouvrage)에서 도급계약이라는 용어를 사용하였다. 더욱이, 프랑스민법 제1779조 제3항이 'entrepreneur'을 규정하고 있는데, 이를 수급인으로 부르는 것과 맥락을 같이하면서 도급계약(contrat d'entreprise)이라는 용어를 사용하게 된 것이다(F. Labarthe, *op. cit.*, p. 490-494).
20) P. Puig(a), *La qualification du contrat d'entreprise*, L.G.D.J.(2002), p. 27.
21) A. Bénabent(a), *op. cit.*, n° 644-647.
22) 이준형(c), "독일 근세 민법전상의 도급계약법", 법사학연구 제25권, 한국법사학회(2002. 4), 141면.

이후 1888년 1차 독일민법 초안에서 고용과 도급은 하나의 절 아래에 고용 및 도급이라고 규정하고 1관(고용), 제2관(도급), 제3관(중개)으로 구분되었다. 또한, 1896년 제국의회를 통과한 독일민법은 용역제공에 관한 계약으로, 제6절(고용, 제611조 이하), 제7절(도급, 제631조 이하), 제8절(중개, 제652조 이하), 제10절(위임, 제662조 이하)로 규정되었다. 이때 고용을 '모든 종류의 용역'을 대상으로 한다고 규정함으로써(제612조 제2항), 지적인 용역제공계약을 내용으로 하는 변호사, 의료계약은 고용계약의 일부로 편입되었다.

현행 독일민법상 고용과 도급은 대가로서 용역의 제공을 약속하는 유상계약(제611조, 제631조)인 반면[23], 위임은 무상계약으로 규정하고 있다(제662조). 독일에서는 도급에서의 결과의 산출이 곧 위임의 목적이 될 수 있기 때문에 도급계약과 위임계약이 급부의 목적에 의해 구분되는 것은 아니다.[24] 그 보다는 위임이 무상계약이라는 점, 도급은 유상계약이라는 점에 의해 구분된다. 한편, 위임에 관한 제12절에서는 사무처리계약(Geschäftsbesorgungsvertrag)을 규정하여 유상으로 사무처리 하는 것을 내용으로 하는 고용계약 또는 도급계약(이하 '유상사무처리계약')에 관해 규정하고 있다(독일민법 제675조). 유상사무처리계약은 주로 일방 당사자가 유상으로 타방 당사자의 이익을 돌봐주는 계약을 규율한다.[25] 예를 들어, 용역제공자가 보수를 받고 본인을 대신하여 떠맡은 행위를 처리하는 것 등을 포함한다(예를 들어, 변호사[26], 부동산 매니저,

---

23) 이에 따르. 독일에서는 변호사와 의뢰인 사이의 계약이 고용계약으로 분류되어, 독일민법 제611조 이하가 적용된다는 설명으로, 조은래(a), "독일법상의 전문가 책임-변호사를 중심으로", 비교법학 제25집, 부산외국어대학교 비교법연구소 (2014. 2), 5면.
24) Staudinger/Peters/Jacoby(2014), BGH §631 Rn. 43.
25) C. von Bar et al., *Principles, Definitions and Model Rules of European Private Law - Draft Common Frame of Reference*, vol III. (2010), IV.D.-1:101 Note I.9.
26) 독일법상의 변호사의 책임은 고도의 인적 신뢰관계에 기초하여 재산상의 중요

재산 관리인). 유상사무처리계약에 대해서는 고용(제611조 이하) 또는 도급의 규정(제631조 이하)이 적용되고, 이와 함께 위임규정이 준용된다.

4. 일본민법

보아소나드(Gustave Émile Boissonade)가 기초한 일본 구민법(이하 '일본 구민법')의 '고용 및 일 청부계약'[27](제12장)에서는 제1절 고용계약, 제2절 습업계약, 제3절 청부계약을 규정하였다. 고용계약에는 사용인, 번두, 수대, 직공 그 밖의 고용인을 대상으로 하고 있었고(일본 구민법 제260조), '의사, 변호사 및 학술교사'등 지적인 용역은 고용계약에서 제외하고 있었다(일본 구민법 제266조).[28]

이후 1896년 일본민법은 고용, 청부, 위임에 관한 규정을 별도로 두면서, 지적 용역을 포함한 모든 용역을 고용의 대상에 포함시킴으로써(1896년 일본민법 제623조), 고용계약은 당사자 사이의 용역제공계약의 일반규정으로 해석되었다. 한편, 위임은 타인에게 법률행위를 위탁하는 것으로 규정함으로써 고용과 구별하고자 하였지만, 타인에게 사실행위를 위탁하는 경우를 어떻게 처리할 것인지를 두고 논란을 벌이다가 결국 준위임 규정을 두기로 하고 여기에 위임규정을 준용함으로써 고용과 위임간의 경계는 불확실하게 되었다.[29]

한 결정을 위임받은 사무처리자로서의 책임과 전문가로서의 신뢰에 기초한 정보제공자로서의 책임으로 크게 구별되는데, 전자는 제675조 제1항에 따라 독일민법상의 고용 내지 도급규정의 적용 및 위임규정의 준용에 의해서 규제되고 전문가가 스스로 정보를 이용하여 의뢰인을 위한 재산상의 결정을 포함한 활동을 하는 경우를 말한다고 하고, 후자에 관해서는 제675조 제2항이 적용되어 전문가는 정보를 제공할 뿐이고 의뢰인이 정보를 이용하여 스스로 결정하는 경우라고 하는 설명으로, 조은래(a), 전게 논문, 12면.

27) 일본민법상 請負는 우리 민법상 도급에 해당한다.
28) 芦野訓和, "雇用, 請負, 委任の境界と雇用契約規定の有用性", 特輯 民法と勞動法の交錯, 日本勞働研究雜誌(2018.11), 67頁.

이와 같이, 고용과 위임간의 경계가 확실하지 않은 상황에서 2차 세계대전을 거치면서 고용의 개념에 관해서 변화가 있었다. 즉, 2차 세계대전 이후 경제성장과정에서 근로자의 지위를 보호하려는 입장이 대두되었는데, 我妻英교수[30]가 피용자가 사용자에 대해 종속적인 위치에 서게 된다는 점을 고용계약의 개념요소로 새긴 이래로 통설의 지위를 차지하였다.[31] 그 결과 더 이상 고용계약은 용역제공계약의 일반규정으로서의 역할을 할 수 없게 되었다. 그 역할은 위임에 맡겨졌지만 일본민법상으로 위임계약은 법률행위를 위탁하는 것으로 제한되어 있었기에(개정전 일본민법 제643조), 사실행위에 대한 위탁을 규율하는 준위임이 그 역할을 하게 되었다.[32]

하지만, 실제 사례에서는 고용과 준위임을 구분하는데 있어서 개별적인 판단이 요구되고 있기 때문에,[33] 고용과 위임을 구별하는 것이 쉽지 않은 경우가 많다. 일본에서 용역제공계약에 관한 규율이 충분하지 않다는 논의가 제기된 것이 바로 이와 같은 점에 기인한다.

5. 우리 민법

고용, 위임과 도급은 다음과 같이 규율되고 있다. 즉, 고용은 노무자가 사용자를 위해 노무를 제공하는 유상계약이고(655조), 도급은 수급인이 도급인을 위해 일을 완성하기로 약정하는 유상계약이며(제664조), 위임은 수임인이 위임인의 사무를 위탁받아 처리하는 유상, 무상계약이다(제680조).

---

29) 芦野訓和, 前揭論文, 68頁.
30) 我妻英, 債權各論中卷二(民法講義 V3), 岩波書店(1990), 534頁.
31) 芦野訓和, 前揭論文, 70-71頁.
32) NBL編輯部 インタビュー「債權法改正の基本方針」のポイント-企業法務における關心事を中心に, NBL(No. 133), 商事法務(2010), 95頁.
33) 中舎寬樹, "役務提供契約(1)雇用・請負(その１)(基礎トレーニング債權法)", 法学セミナー通号700号, 701号(2013), 71頁.

우리 민법상 고용, 위임, 도급계약의 규율 내용에 관해서는 항을 달리하여 살펴보고자 한다.

II. 용역제공계약의 구분

우리나라에서는 고용, 위임, 도급을 총칭하여 노무계약으로 부르는 견해[34], 고용, 도급, 여행, 현상광고, 위임, 임치를 총칭하여 노무이용계약으로 부르는 견해[35]가 있는데, 아래에서는 이 책에서 주요한 검토 대상으로 삼고 있는 고용, 위임, 도급을 대상으로 (이를 총칭하여 '용역제공계약'이라 한다) 차이점과 구분기준을 살펴본다.

1. 도급과 위임의 구분

우리 민법상 전형계약에 관한 규정들은 경제적 약자보호를 위한 일부 조항(예를 들어, 민법 제652조 등)을 제외하고는 계약자유를 전제로 하는 임의규정이다.[36] 따라서, 특정한 용역제공계약을 규율하는데 있어서 계약당사자의 의사가 특정한 전형계약으로 규율하고자 하는 것이 분명하다면 그 전형계약의 규율에 따르면 된다. 하지만 계약당사자의 의사가 특정한 전형계약으로 규율하고자 하는 것이 분명하지 않은 경우에도 당연히 특정한 전형계약(예를 들어, 위임계약) 또는 비전형계약으로 규율하는 것이 타당하다고 할 수는 없다. 즉, 용역제공자의 용역제공의무가 결과채무의 성질을 가지고 있고 용역제공자에게 결과채무 불이행에 따른 무과실책임을 묻는 것이 계약당사자의 의사인 것으로 해석된다면,

---

34) 곽윤직, 채권각론(전게서), 113면.
35) 김상용·박수곤, 화산미디어(2015), 1682면.
36) 이은영, 채권총론, 박영사(2009), 42면.

도급계약 규정의 규율을 받도록 하는 것이 타당한 것이다. 이런 점에서 우리 민법상 전형계약인 도급계약과 위임계약의 구분기준을 정리해 보는 것은 특정한 용역제공계약의 용역제공자에게 도급계약상의 수급인이 가지는 엄격한 채무와 책임을 지울 수 있는지를 해석하는 전제가 된다는 점에서 의미를 가진다고 본다.[37]

가. 국내에서의 논의

도급계약과 위임계약을 구분하는 기준으로는 고객과 용역제공자 사이의 신뢰관계의 유무, 용역제공자가 가진 재량의 보유 정도를 드는 것이 일반적이다.

첫째, 위임은 수임인과 위임인과의 사이에 신뢰관계를 바탕으로 하는데,[38] 이 점은 한국 민법 제682조의 복임권의 제한, 제683조의 수임인의 보고의무, 제689조의 해지의 제한(위임인에게 불리한 시기에 해지한 경우에 손해배상의무), 제690조(파산시의 위임의 종료), 제691조(위임종료시의 사무의 처리)등을 통해 나타나 있다. 이와는 달리 도급에서는 이와 같은 긴밀한 신뢰관계를 찾아보기 어렵다. 오히려 도급에서는 하도급계약이 자유롭게 이루어지고 있다는 차이점이 있다.

둘째, 위임은 수임인이 일정한 사무처리를 맡아 처리하는 것으로서 위임인의 지시에 의지함이 없이 자유로운 재량을 가지고 맡은 사무를 그 목적에 좇아서 가장 합리적으로 처리할 권리, 의무를 가진다.[39] 이에

---

[37] 김형배, 채권각론(계약법), 박영사(2001), 277면은 전형계약규정이 단순한 임의규정으로서의 소극적 의미가 아니라 전형적 '기준'으로서의 의미를 가진다고 보고 있다.
[38] 위임은 수임인의 인격, 식견, 기능 등을 신뢰하는 정신적 요소를 중심으로 하는 것이며 이 대인적 신뢰관계의 절대성에 있어서 고용, 도급과 질적으로 다르다는 설명으로, 김용담 편집대표, 주석민법, 채권각칙(4), 제4판, 한국사법행정학회(2013), 511면(정현수 집필부분).

따라 수임인은 유상이든 무상이든 선량한 관리자의 주의의무를 이행하여야 한다.[40] 이에 비해, 도급 역시 일을 완성하는데 있어서는 광범위한 재량이 있는 것으로 설명되지만,[41] 계약에서 약정된 일을 완성하여야 하는 결과채무를 부담하는 것으로 해석된다.[42] 수급인이 도급인을 위하여 일을 완성하는데 있어서 반드시 도급인의 지시에 따라야 하는 것은 아니고 오히려 수급인이 전문가인 경우가 있어서 상당한 정도의 재량을 보유하지만 수급인은 완성된 일을 계약에 부합하도록 할 의무를 부담한다는 점에서 수임인보다는 더 넓은 제약을 가지는 것으로 생각된다.

나. 비교법상 논의

1) 독일민법

독일민법은 위임에 관해서 수임인이 위임인으로부터 위탁된 법률행위 또는 사실행위를 위임인을 위하여 무상으로 처리할 의무를 진다고 규정함으로써(제662조),[43] 유상계약인 도급(제631조)과 구분하고 있다.

하지만, 독일민법 제675조에 의하면 사무처리를 내용으로 하는 고용 내지 도급계약에서는 위임규정의 대부분을 준용하는 유상사무처리계약을 규정함으로써 유상의 위임계약을 두는 것과 같은 운용을 하고 있다. 변호사계약을 비롯하여 은행과 의뢰인과의 계약, 또는 건축 감리계약이나 중재계약 등이 여기에 해당한다.[44]

---

39) *Ibid.*
40) 대법원 1988. 12. 13. 선고 85다카1491 판결, 대법원 2001. 11. 9. 선고 2001다52568판결 등.
41) 幾代通·広中俊雄 編輯代表, 新版 注釋民法(16) [幾代通 執筆, 前揭書, 2頁.
42) 김용담 편집대표, 주석민법, 채권각칙(4), 제4판, 한국사법행정학회(2013), 212면(이준형 집필부분).
43) 김용담 편집대표, 주석민법 채권각칙(4), 509면(정현수 집필부분).
44) 조은래(a), 전게 논문, 8면.

독일민법 제675조에 의해 도급 또는 고용에 준용되는 위임의 규정으로는, 제663조(거절하는 경우의 고지의무), 제665조(지시의 위반[45]), 제666조(통지의무 및 경과보고의무[46]), 제667조(수임인의 인도의무[47]), 제668조(소비한 금전의 이자상환), 제669조(선불의무), 제670조(비용의 상환[48])[49], 제672조(위임인의 사망 또는 능력상실), 제673조(수임인의 사망), 제674조(존속의 의제)와 고지기간 없이 해약하는 권리가 인정되고 있는 경우에는 제671조의 2항(해지)을 들 수 있다.

2) 프랑스민법

로마법상 위임을 무상으로 하는 전통은 중세이후에도 지속되어 변호사, 의사, 교사의 지적인 용역제공을 위임으로 파악했다. 다만 프랑스에서는 위임의 무상성이 후퇴하여 유상위임이 인정받게 되고,[50] 로마법상의 대리금지의 원칙(alteri stipulari nemo potest[51])를 깨고 직접대리가 발전하자, 오로지 법률행위를 위탁하는 대리제도로서의 위임이 규정되

---

45) **독일민법 제665조**: 위임인이 사태를 알았더라면 지시위반을 용인하였으리라고 수임인의 사정에 비추어 인정할 수 있는 경우에는, 수임인은 위임인의 지시에 반하여 활동하는 것이 가능하다. 이하 독일민법전의 번역은 양창수, 독일민법전, 박영사(2015) 참조.
46) **독일민법 제666조**: 수임인은 위임인에게 필요한 통지의무를 지며, 청구가 있으면 사무처리현황과 위임사무처리 후에는 그 경과를 보고할 의무를 진다.
47) **독일민법 제667조**: 수임인은 위임사무의 처리를 위하여 받은 것과 사무처리에 의하여 취득한 것 전부를 위임인에게 인도할 의무를 진다.
48) **독일민법 제670조**: 위임인은 수임인의 청구가 있는 때에는 수임인에게 위임사무의 처리에 필요한 비용을 미리 지급해야 한다.
49) 위임인은 수임인의 청구가 있는 때에는 수임인에게 위임사무의 처리에 필요한 비용을 미리 지급해야 한다.
50) A. Bénabent(a), op. cit, n° 682.
51) 로마에서 위임(mandatum)은 수임인이 위임인을 위하여 사무를 처리하는 계약으로서 간접대리를 말하는 것이었고, 위임인과 제3자 사이에는 아무런 직접적인 관계가 성립하지 않는 등 직접대리를 인정하지 않았다는 설명으로 곽윤직 편집대표, 민법주해(XV), 채권(8), 박영사(1997), 525면(이재홍 집필부분).

었다.52)

현재 프랑스에서는 도급에서 수급인이 고객을 위한 대리(Représentation)를 하는 것은 아니라는 점에서, 위임인을 위한 대리권을 가지고 법률행위(Act jurisdique)를 수행하는 위임과는 구분된다.53) 이에 따라 프랑스민법에서는 의료행위나 각종 수리행위, 컨설팅행위 등 타인을 위해 사실행위를 처리해주는 경우가 주로 도급계약으로 포섭된다.54) 이런 점을 보면 프랑스 민법상 도급계약(Contrat d'entreprise)의 범위는 독일의 도급계약(Werkvertrag)보다는 더 넓은 것으로 이해되고,55) 프랑스에서는 도급계약의 수급인이 최선을 다해서 일을 수행하는 것이든(수단채무), 일의 결과의 발생을 약속하는 것이든(결과채무) 모두 포함하는 것으로 해석된다.56)

3) 일본민법

일본에서는 용역의 성과가 계약의 요소를 이루어 용역의 성과 실현에 관한 위험을 용역제공자측이 부담하는지 여부를 기준으로 도급과 위임을 구분한다. 이에 따라 도급은 용역의 성과가 계약의 요소를 이루는

---

52) A. Bénabent(a), *op. cit.*, n° 647. 이에 비해서 독일에서는 로마법상의 mandatum의 영향으로, 17세기부터 발달한 직접대리와 위임계약이 동일한 것으로 인식되었지만, 독일보통법학에서는 양자의 내용이 다른 것임을 인식하게 되어 양자는 서로 독립적으로 성립하고 독자의 효력을 가지는 것으로 정리하였다는 설명으로, 곽윤직 편집대표, 민법주해XV, 525면(이재홍 집필부분).
53) J. Huet et al., *Droit civil-Les principaux contrats spéciaux*, 3ᵉ éd., L.G.D.J. (2012), n° 31125; A. Bénabent(a), *op. cit.*, n° 483, 496.
54) 도급과 위임은 서로 병행하기도 하며, 서로를 배제하지 않는다는 설명으로, J. Huet et al., *op. cit.*, n° 31124. 이에 따르면, 프랑스에서는 여행 에이전시, 변호사, 공증인이 수급인이면서도 수임인일 수 있고, 지금은 수급인의 성격이 강한 건축가 역시 종전 판례에서는 수임인의 자격을 가지고 있었다고 한다.
55) J.-S. Borghetti, "The French Experience" in *Service Contracts*, p. 102, p. 108에서는 프랑스에서 이와 같이 도급계약의 범위를 넓게 인식하여 도급계약에 대한 중요한 공통적인 특성이 도외시되고 있음을 지적한다.
56) A. Bénabent(a), *op. cit.*, n° 537-541.

데 반하여 위임은 그렇지 않다고 설명한다.[57]

다만 일본에서는 도급과 위임의 차이점으로 들고 있는 일의 완성이라는 개념도 상대적이라는 지적이 제기되어 있다. 즉, 일이 유체물의 제작이나 수리에 관계되는 경우에는 비교적 명료하지만 그렇지 않은 경우에는 당사자의 의사, 그 외의 상황에 따라 일련의 용역 그 자체를 원하는 것인지 아니면 일의 결과를 원하는 것인지를 구분하는 것이 어렵다는 것이다. 가령 의료행위에 있어서도 완전히 쾌유하는 것 이외에 일련의 수술을 마치는 것만으로도 일의 완성으로 해석하는 것이 가능하다고 지적한다.[58]

4) DCFR의 태도

유럽에서의 공통참조기준 초안(Draft Common Frame of Reference,[59] 이하, 'DCFR')은 용역제공계약이라는 이름하에 건설, 가공, 임치, 설계, 정보제공 또는 조언, 치료계약을 규정하는 반면(DCFR IV.C. 참조), 위임계약은 용역제공계약과 구분하여 대리인이 타인을 위하여 계약 및 다른 법률행위를 처리하는 것으로 규정하고 있다(DCFR IV.D.-1:101[60]).

---

57) 幾代通·広中俊雄 編輯代表, 新版 注釋民法(16) [幾代通 執筆], 前揭書, 2頁.
58) 幾代通·広中俊雄 編輯代表, 新版 注釋民法(16) [幾代通 執筆], 前揭書, 4頁.
59) DCFR은 유럽의 통합사법을 마련하기 위한 기초단계로 유럽 법학자들이 만든 자발적인 결과물로서 유럽계약법위원회(European Commisson of Contract law)의 사전작업을 기초로 유럽민법전연구회(Study Group on a European Civil Code)가 주도하여 채권법 전반에 걸쳐 만든 모델법안이다(Christian von Bar외 10인 편저/안태용 역, 유럽민사법의 공통기준안(총칙·계약법), 법무부(2012), 9면).
60) DCFR IV.D.-1:101 제1항: 제4권의 본편은 대리인인 어느 자가 다른 자인 본인을 위하여 다음에 관하여 허락 및 지시를 받는 계약 및 다른 법률행위에 적용한다. (a) 본인과 제3자간의 계약 체결이나, 또는 달리 제3자에 대한 관계에서 본인의 법적 지위에 직접 영향을 미치도록 하는 것, (b) 본인을 위하여 본인이 아닌 계약 또는 다른 법률행위의 당사자로서 제3자와 계약을 체결하거나 또는 제3자와의 관계에서 다른 법률행위를 하는 것, (c) 본인과 제3자 간의 계약의 체결 또는 제3자에 대한 관계에서 본인의 법적 지위에 영향을 미칠 수 있는

DCFR이 위임을 대리인이 타인을 위하여 계약 및 다른 법률행위를 처리하는 것으로 국한하고 있는 태도는 프랑스와 유사한 것으로 보인다. 이에 따라, 우리 민법상 수임인이 위임인을 위하여 법률행위는 물론 사실행위까지도 처리할 수 있다고 해석되는 것과는 차이를 보인다.[61]

다. 구분 기준에 관한 검토

위에서 도급과 위임을 구분하기 위한 개념의 징표들에 관하여 살펴보았다. 이중에서 위임과 도급을 무상계약과 유상계약으로 구분하는 독일의 입장이나, 위임이 법률행위를 처리하는 것을 목적으로 하는 반면, 도급이 법률행위나 사실행위 처리를 모두 목적으로 하는 프랑스, DCFR의 입장은 우리 민법과는 다른 입법에 기인한 것으로서 우리 민법 해석에서 받아들일 수는 없다.

이에 따라 우리 민법상 도급과 위임을 구분하는 기준으로서는 다음으로 정리해 볼 수 있겠다. i) 도급은 노무 자체의 제공을 목적으로 하지 않고 노무에 의하여 달성되는 일의 완성을 직접적인 목적으로 하는 반면에 위임은 일정한 사무처리를 목적으로 한다. 도급에서 일의 완성이라고 하는 성과만이 계약의 목적이 되므로 일이 완성되기까지의 과정은 원칙적으로 수급인의 자유와 책임에 맡겨진다.[62] ii) 도급은 일의 완성을 목적으로 하므로 일이 완성되지 않는 한 보수를 받을 수 없지만, 위임은 반드시 일이 완성되어야 하는 것은 아니므로, 그 목적달성 여부를 불문하고 일을 수행하기만 하면 족한 것이다. 그러기에 수임인이 중도에서

다른 법률행위를 행함에 이르거나 이를 용이하게 하는 조치를 취하는 것(이하 DCFR 번역은 Christian von Bar외 10인 편저/안태용 역, 전게서를 참조함).
61) 편집대표 김용담, 주석민법, 채권각칙(4), 제4판, 한국사법행정학회(2013), 523면(안법영 집필부분).
62) 곽윤직 편집대표, 민법주해XIV, 305면(남효순 집필부분).

위임사무의 수행을 중지하더라도 이미 수행한 부분에 상응하는 보수를 받을 수 있다(민법 제686조 제3항).[63] ⅲ) 위임은 당사자 사이에 특별한 신뢰관계를 기초로 하므로 비록 무상의 위임이더라도 유상과 비교하여 수임인의 주의의무가 경감되지 않고(민법 제681조와 제695조의 비교), 원칙적으로 제3자로 하여금 자기에 갈음하여 위임사무를 처리하게 할 수 없으며(민법 제682조 제1항), 상호해지의 자유와 당사자의 사망 또는 파산에 따른 종료사유가 인정된다(민법 제689조, 제690조).[64] 이에 비해서, 도급의 경우에는 당사자 사이의 신뢰관계보다는 일의 완성에 중점이 주어짐으로 인해서 도급인은 수급인이 일을 완성하기 전에는 손해를 배상하고서 계약을 해제할 수 있다(제673조).

하지만 사전적 의미로서의 '일'은 '무엇을 이루거나 적절한 대가를 받기 위하여 어떤 장소에서 일정한 시간 동안 몸을 움직이거나 머리를 쓰는 활동 또는 그 활동의 대상'을 말하는 반면,[65] '사무'는 '자신이 맡은 직책에 관련된 여러가지 일을 처리하는 일'을 말하는 것이어서,[66] 일과 사무는 그 대상이나 처리하는 기간, 처리하는 자격이나 직책에 따라 구분할 수 있는 것으로 보이지는 않는다. 따라서 용역제공자가 처리하는 대상이 '일'인지 '사무'인지를 가지고 도급계약과 위임계약을 구분하기는 곤란하다. 또한, 일이 유체물의 제작이나 수리에 관계되는 경우에는 일의 완성이라는 개념이 비교적 명료한 반면에 무형의 일을 하는 경우에는 일련의 용역 그 자체를 목적으로 하는 것인지 아니면 일의 완성을 목

---

63) 곽윤직 편집대표, 민법주해XV, 515면(이재홍 집필부분).이재홍 집필부분)
64) 김용담 편집대표, 주석민법 채권각칙(4), 185면(이준형 집필부분).
65) 표준국어대사전, 국립국어원.
   https://ko.dict.naver.com/#/entry/koko/738fc04ade2a4385b49a90b68e474fdc. 2023. 2. 2. 최종방문.
66) 표준국어대사전,국립국어원.
   https://ko.dict.naver.com/#/search?query=%EC%82%AC%EB%AC%B4 2023. 2. 2. 최종방문.

적으로 하는 것인지가 분명하지 않다는 점에서, 일을 '완성'하는 것과 사무를 '처리'하는 것을 가지고 도급과 위임을 구분하는 것도 곤란하다.67)

이런 점에서 도급계약과 위임계약을 구분하는 기준은 단지 두 계약이 가지는 규정상 차이점만을 가지고 설명하기는 곤란한데, 본 논문에서는 두 계약의 용역제공자가 부담하는 채무의 성질상 차이점을 가지고 그 구분기준을 설명하는 시도를 하고자 한다. 즉, 수급인은 일정한 결과의 발생을 목적으로 한다는 점에서 결과채무를 부담하는 것으로 볼 수 있는 반면에, 수임인은 위임인과의 신뢰관계를 기초로 자신이 가진 재량으로 선량한 관리자의 주의의무로 사무를 처리한다는 점에서 수단채무를 부담하는 것으로 볼 수 있다. 즉, 수급인은 결과채무를 부담하는 결과 자신이 완성한 일의 목적물에 하자가 있는 경우에는 그에 대한 무과실책임을 지는 반면에 수임인은 사무처리에 있어서 선량한 관리자의 주의의무(즉, 수단채무)를 다하지 않은 경우에 과실책임을 부담한다는 것이다.68) 민법에서 이와 같이 수급인과 수임인의 채무와 책임에 차이를 두는 이유는 어디에 있을까? 생각컨대 도급계약의 경우 수급인이 결과채무를 부담하고 완성된 일의 목적물에 발생한 하자에 대해 무과실책임을 부담하는 것은 수급인이 자신이 가진 능력을 바탕으로 자신에게 일임된 권한을 가지고 일을 완성하는데 있다고 본다. 이에 비해 위임계약의 수임인은 단지 선량한 관리자의 주의의무로 최선을 다하여 사무를 처리하는 것으로 자신의 채무를 이행할 수 있는 것이다. 이와 같이 수급인과 수임인이 부담하는 채무의 성질상 차이에 주목한다면, 이 성질상 차이점에서 도급계약과 위임계약을 구분하는 기준을 끌어내는 것도 가능하다고 생각한다. 이에 대해서 수급인이 완성한 목적물의 하자가 도급인이 제공한 재료의 성질 또는 도급인의 지시에 기인한 경우 수급인이

---

67) 幾代通·広中俊雄 編輯代表, 新版 注釋民法(16), [幾代通 執筆], 前揭書, 4頁.
68) 수단채무를 위임계약상의 채무로 이해하는 판례로서, 대법원 2001. 11. 9. 선고 2001다52568판결 등.

무과실책임을 부담하지 않는다는 점(민법 제669조 본문)을 들어 도급계약의 수급인이라고 해서 반드시 결과채무를 부담하는 것은 아니라는 반론이 있을 수 있다(아직까지 이와 같은 견해는 제시되어 있지는 않다). 하지만 민법 제669조 본문은 수급인이 결과채무에 따른 무과실책임을 면하기 위해서 도급인에게 발생한 사유인 '완성된 목적물의 하자가 도급인이 제공한 재료의 성질 또는 도급인의 지시에 기인하였다'는 항변을 할 수 있음을 규정한 것이고, 동조 단서에 따라 도급계약의 수급인은 '그 재료 또는 자시의 부적당함을 알면서도 이를 도급인에게 고지하지 아니한 때'에는 여전히 담보책임을 면할 수 없다는 점에서 민법 제669조에도 불구하고 수급인은 여전히 결과채무를 부담하는 것으로 보아야 할 것이다.

이런 점에서 위임과 도급의 구분기준은 수단채무와 결과채무의 구분기준과도 일맥상통하는 것이라는 추론을 해볼수 있겠다. 아래에서는 프랑스민법에서 다루어온 수단채무와 결과채무의 구분기준을 살펴보고, 이런 기준을 도급과 위임의 구분기준으로 활용할 수 있을 것인지를 살펴보고자 한다.

1) 프랑스민법상 수단채무 및 결과채무

프랑스에서는 수단채무 및 결과채무의 구분기준으로 여러 가지 견해가 제시되어 있다. 첫째, 채무자가 부담하는 급부의 성질에 따라 물질적 급부는 결과채무로 보고 지적급부에 대해서는 수단채무로 보는 견해[69](예를 들어, 변호사, 공증인 등의 지적급부에 대해서는 수단채무로 본다[70]), 둘째, 합의된 일의 명확성(la précision de la tâche convenue)에 따라 합의된 일이 결정적(déterminée)이라면 결과채무이지만 반대의 경우

---

[69] P.-H. Antonmattei et J. Raynard, *Droit Civil Contrats spéciaux*, 3ᵉ éd. LitecJ, 2002, n° 411.
[70] Ph. Malaurie et al., *Droit des contrats spéciaux*, 8ᵉ éd., L.G.D.J.(2016), n° 741.

는 수단채무라는 견해,71) 셋째, 채무자가 채무이행을 방해하는 사정을 완전히 통제(maîtrise)하고 있는지 여부, 채무불이행으로 인한 손해발생 위험이 예측되거나(imprévisible) 또는 극복할 수 있는 것인지(irrésistible)를 가지고 구분하는 견해 등이 있다.72)

이와 관련하여 프랑스 파기원은 먼저 당사자의 의사73)에 따라 수단채무와 결과채무를 규명하고 이것이 명확하지 않으면 급부의 성질에 의하여, 그리고 이것도 명확하지 않으면 형평성의 원칙에 의해 고려할 수 있는 사정74)들을 원용하여 채무의 성질을 결정하는 것으로 해석하고 있다.

생각컨대 사적자치의 원칙에 따라 당사자들이 목적으로 하는 채무를 수단채무인지 결과채무인지를 결정하는 것이 가장 중요할 것이다. 그와 같은 결정이 없는 경우에는 결국 급부의 성질 등 제반사정을 고려하여 수단채무와 결과채무를 구분할 수 있을 것이다. 여기서 제반사정으로는 결과의 우연성(결과의 발생이 우연적인 경우에는 채무자는 수단채무를 부담한다)과 채권자의 역할(채권자의 역할이 능동적인 경우에는 채무자

---

71) F. Collart-Dutilleul et Ph. Delebecque, *Contrats civils et commericiaux*, Dalloz(2011), n° 723.
72) J. le Calonnec, "*Le progrès technique et la distinction des obligations de résultat et des obligations de moyens*", Revue Judiciaire de l'Ouest(1986-2), p. 188-191에 의하면, 다수의 견해는 채무자가 정상적으로 그의 급부를 실현하는지 여부가 채무자에게 달려있는 것, 채무자가 그의 채무 실현을 간섭하는 모든 요소들을 통제할 수 있는 경우를 결과채무로 이해한다.
73) A. Bénabent(a), *op. cit.*, n° 538; Civ. 3e, 24 juin 1987, n° 86-11920; Civ. 1re, 8 janvier 1985, n° 83-15084.
74) 프랑스 판례에 나타난 행위채무와 결과채무를 구분하는 기타의 기준으로, 첫째, 채무자가 하는 행위가 가지는 난이도 또는 채무자 하여야 하는 급부 또는 행위의 우연성, 채무이행에 있어서의 채권자의 역할의 적극성과 소극성, 둘째, 계약의 유상성과 무상성의 기준, 채무자의 자신의 급부 또는 행위에 대한 지배여부, 급부와 관련하여 채권자의 채무자에 대한 종속여부, 채무자가 전문직업인지 여부 등을 들수 있다는 설명으로, 남효순(a), "프랑스민법에서의 행위채무와 결과채무-계약상 채무의 불이행책임의 체계-", 민사법학 제13호, 제14호, 한국민사법학회(1996. 4), 153면.

는 수단채무를 부담한다)등의 기준이 사용될 수 있다고 본다.[75] 결국 수단채무와 결과채무를 구분하는 기준은 채무자와의 계약에서 채권자가 합의한 일이 명확한 것인지, 채무자가 채무이행을 방해하는 사정을 완전히 통제하고 있는지 여부, 채무불이행으로 인한 손해발생 위험이 예측되거나 또는 극복할 수 있는지 여부에 달려있다고 생각한다.

다만 이와 같이 수단채무와 결과채무를 구분하는 경우에도 수단채무와 결과채무의 구분이 반드시 영속적인 것은 아니다. 즉, 과학적 진보에 따라 채무자가 손해발생 위험을 예측, 제거시킬 수 있는 가능성이 커진다는 점에서 어떤 특정채무가 영구적으로 결과채무라거나 수단채무라고 단정할 수는 없는 것이다.[76]

또한 프랑스 파기원은 채무의 성격에 따라 수단채무와 결과채무를 완화하거나 강화하여 해석하기도 한다. 종래 결과채무는 채무자가 불가항력을 증명해야만 면책할 수 있었다고 하였지만, 파기원은 수급인이 자신에게 귀책사유가 없다는 근거를 제시하는 경우에도 면책을 허용하는 경우가 있다. 예를 들어, 자동차 정비사 판결에서 파기원은 자동차 수리에 책임이 있는 정비사에게 부과되는 채무는 결과채무로서 과책의 추정

---

75) 남효순(a), 전게 논문, 153면.
76) 의료계약상 의사의 의료채무에 관해서는, 의사가 일을 수행함에 있어서 피할 수 없는 위험이 도사리고 있다는 점에서 수단채무라고 보는 것이 일반적이지만, 최근 특정한 의료적인 행위는 이미 더 이상 위험을 수반하지 않고, 의학기술이 완벽해진 영역이 있어서 그에 대해서는 위험이 없는 것으로 보아야 한다는 점에서 결과채무라고 부를 수도 있다는 설명으로, J. le Calonnec. *op. cit.*, p. 190.
프랑스 판례 역시 의료채무중 의사가 충분한 통제력을 가질수 있는 것으로 이해되는 행위에 대해서는 결과채무로 인정하고 있다. 즉 의사가 자신의 작업이행을 위해서 사용하는 재료, 도구 또는 보철에 관해서는 적어도 다른 분야에서 사용되는 것과 같은 정도의 안전을 보장해야 한다는 것이다. 예를 들어, 의사가 주사, 외과기구 또는 마취도구를 사용한 경우, 혈청 수혈을 한 경우, 혈액검사를 한 경우 등의 경우에는 결과채무를 인정하고 있다(M. Fabre Magman, *Les obligations*, Presses Universitaires de France(2004), n° 168).

(présomption de faute)과 과책과 손해 사이의 인과관계의 추정(présomption de causalité entre la faute et le dommage)이 인정된다고 하면서도,77) 수리업자는 과책이 없다는 점을 증명할 수 있다고 판단하기도 하였다.78) (이런 점에서 약화된 결과채무로 볼 수 있다) 한편, 프랑스 파기원은 세탁업자가 수단채무를 진다고 하면서도 그가 맡은 옷의 손실 또는 멸실이 되는 경우에 수급인의 과책이 있음을 추정하면서, 채무자가 자신에게 과책이 없음을 증명해야만 면책된다고 판단하기도 하였다79)(이런 점에서 강화된 수단채무로 볼 수 있다).

한편 도급과 관련하여, 프랑스 판례는 수급인이 재료를 제공하는 경우에는 수급인이 제조자 또는 자격있는 전문가로서 자신이 제조하는 목적물의 하자를 잘 알고 있다는 점을 근거로 결과채무를 부담하는 것으로 해석하는 반면,80) 수급인이 도급인으로부터 받은 물건에 대해서 작업을 하는 경우에는 결과채무를 부담하지 않는 것으로 해석한다.81)

2) 일본에서의 수단채무와 결과채무

일본에서 논의되는 수단채무와 결과채무의 개념 및 구분기준에 관해 살펴보면 다음과 같다.

---

77) Cass. 1re civ., 20 juin 1995, n° 93-16381은 '고객으로부터 수리를 위해 자동차를 인도받은 정비사는 결과채무를 지는데, 그의 귀책과 함께 급부와 그로 인해서 그로 인해서 발생하는 손해 사이에 인과관계가 추정된다.'고 하고 있다.
78) Cass. 1re civ., 2 févr. 1994, n° 91-18764.
79) J. Gatsi, Les Contrat Spéciaux, Armand Colin(1998), p. 148. 예를 들어, 세탁업자는 고객이 옷을 전달하기 전에 고객이 전달한 옷의 특성을 말하지 않았다든지, 특정한 물건을 가지고 스스로 빨려고 노력했는데 이 사실을 말하지 않았다든지 등의 사정이 있었음을 입증함으로써 면책할 수 있다.
80) B. Boubli, Repertoire de droit civil-contrat d'entreprise, Dalloz(2016), n° 70. 이와는 달리, 수급인이 재료를 제공하는 경우, 매도인의 담보책임(garantie du vendeur)을 져야한다는 견해로 Ph. Malaurie et al., op. cit., n° 39.
81) P.-H. Antonmattei et J. Raynard, op. cit., n° 411.

가) 증명책임으로 구분하는 견해

이 견해에 의하면 수단채무와 결과채무는 증명책임에서 차이가 있다고 주장한다.82) 즉, 결과채무에서는 결과가 실현되지 않는 것 자체로 채무불이행이 인정되고, 결과가 실현되지 않으면 채무자에게 귀책사유가 있는 것으로 추정되어서 귀책사유 부존재의 증명책임은 채무자에게 있는 반면에, 수단채무의 경우는 결과가 실현되지 않는 것만으로는 채무불이행이 인정되지 않는다. 결국 귀책사유의 증명책임이 결과채무의 경우에는 채무자에게 있고, 수단채무의 경우에는 채권자에게 있다는 것이다.

나) 채무의 내용으로 구분하는 견해

계약상의 채무의 내용에 의하여 결과채무와 수단채무를 구분하는 견해는, 채무자가 결과의 실현이 확실하다고 약속한 경우(단지 결과를 약속하였는지 여부가 아니라 그 실현이 확실하다고 약속한 경우, 즉, 결과보증이 있는 경우)에는 결과채무가 되고, 결과를 실현하여야 하는 신중한 주의의무를 부담한다고 약정한 경우에는 수단채무로 본다.83)

즉, 결과채무는 채무에서 약속된 결과가 실현되지 않으면, 채무자가 그 결과가 실현되지 않은 것이 불가항력에 의한 것임을 증명하지 않는 한 채무자에게 불이행책임이 있다고 보는데 반하여, 수단채무는 채무자의 귀책사유의 존부를 판단할 때에 채무자가 신중하게 일정한 주의의무를 다했는지 어떤지라는 채무자의 구체적인 행위 태양을 평가할 것이 요구된다고 설명한다.84) 이에 따라 수단채무의 채무자가 신중하게 주의

---

82) 加藤雅信, "結果債務·手段債務論-債務性格論えの純化を求めて-", 月刊法学教室274号, 有斐閣(2003), 104頁.
83) 加藤雅信/加藤新太郎/김상수 번역, "하자담보책임이란 무엇인가", 현대민법학과 실무, 법우사(2010), 439면.
84) 加藤雅信/加藤新太郎/김상수 번역, 전게 번역문, 434면에서 모리따히로끼(森田宏樹) 교수는 실체법상 채무자의 귀책사유의 존부를 판단할 때에 채무자가 신중하게 일정한 주의의무를 다했는지 어떤지라는 채무자의 구체적인 행위 태양

의무를 이행했는지의 증명책임을 반드시 채권자가 부담하는 것으로 귀결되는 것은 아니라고 한다.[85]

이 견해에 대해서는 과실의 항변이 제출될 수 있는 것이 수단채무이고 그렇지 않은 것이 결과채무라고 한다면, 수단채무라든가 결과채무라는 등의 개념을 도입하지 않고도 과실의 항변이 가능한지 여부를 따지면 충분하다고 하면서 이와 같은 중간개념으로서 수단채무나 결과채무는 의미가 없다는 반론이 있다.[86]

3) 우리나라에서의 수단채무 및 결과채무에 관한 논의

우리나라에서 수단채무와 결과채무를 구분하는 기준에 관한 논의는 다음과 같이 정리해 볼 수 있다. 우리나라의 대부분의 문헌에서는 불완전이행의 요건을 다루면서 그중에서도 '전부의 이행이 있었으나 그 이행이 불완전한 경우' 중 '하는 채무'의 부분에서 수단채무와 결과채무를 구분하여 취급하고 있다.[87] 생각건대 수단채무이건 결과채무이건 이행불

의 평가가 필요한 경우는 모두 수단채무이고, 그렇지 않은 경우를 결과채무라고 한다. 즉, 무과실이나 무중과실 항변이 성립하는 것은 결과채무가 아니라고 설명한다.

85) 森田宏樹, 契約責任の歸責構造, 有斐閣(2002), 56頁.
86) 일본에서도 수단채무, 결과채무의 구분실익에 관한 이견이 제시되고 있는데, 그 주된 이유는 결과채무와 수단채무의 개념 구분이 명확하지 않다는 것이다. 예를 들어, 증여, 사용대차, 임대차에서 물건의 반환이 문제되는 경우, 물건의 반환채무라는 결과채무와 물건의 보관의무라는 수단채무가 복합적으로 존재하는 경우도 있는 등, 수단채무와 결과채무를 엄격하게 구분할만한 실익이 없다는 점을 근거로 든다(加藤雅信, 前揭論文, 107頁은 결과채무, 수단채무론의 이원론적 채무분류론의 파탄을 지적하면서 채무성격론으로서의 의미만이 남아있다고 한다).
87) 곽윤직·김재형, 채권총론[민법강의III], 제7판, 박영사(2023), 110면; 김형배, 채권총론, 제2판, 박영사(1999), 230면. 다만 김형배 교수는 채권의 목적의 요건으로서의 '확정성'을 설명하면서, 결과채무와 수단채무를 설명하고 있다(김형배, 전게서, 44면).

능이나 이행지체의 경우에는 이를 일반 채무불이행책임으로서의 이행불능이나 이행지체와 구분하여 다룰 실익이 없기 때문으로 본다. 이에 따라 아래에서는 불완전급부를 전제로 논의되는 내용을 살펴보기로 한다.

가) 증명책임으로 구분하는 견해

결과채무의 경우에는 채무자가 실제로 행한 것이 계약상 약정한 채무의 내용에 미달하는 경우에는 채무자의 귀책사유가 추정된다고 하는 반면, 수단채무의 경우에는 채무자가 계약상 약정한 채무를 이행하는 노력이 부족했던 경우나 채무자가 계약의 성질상 채무자에게 일반적으로 요구되는 정도의 자질을 갖추지 못한 경우에 채무자의 귀책사유가 인정된다고 보는 견해가 있다.[88] 이 견해는 결국 결과채무에서는 채무자가 자신에게 귀책사유가 없음을 증명하는 반면, 수단채무에서는 채권자가 채무자의 귀책사유를 증명하는 것으로 정리된다.

이에 대해서는, 우리 민법상 이행불능과 이행지체에서 채무자가 귀책사유에 대한 증명책임을 부담한다고 하면서도 수단채무에 관한 불완전이행의 경우만 채권자가 유독히 귀책사유에 대한 증명책임을 부담한다고 보는 것은 부당하다는 점에서 증명책임의 소재를 가지고 수단채무와 결과채무를 구분하는 것은 부당하다는 비판이 있다.[89]

---

[88] 조은래(b), "프랑스법상의 전문가 책임", 비교법학 제24집, 부산외국어대학교 비교법연구소(2013. 3), 14면; 이보환, "의료과오로 인한 민사책임의 법률적 구성", 의료사고에 관한 제문제, 재판자료 제27집, 법원행정처(1985), 33면 이하; 다만, 이은영, 채권총론, 4판, 박영사(2009), 251면은 '결과채무의 경우에 채무의 불이행과 동시에 채무자의 귀책사유가 추정된다.'고 하면서도, '약속한 성과를 달성하지 못한 것이 특별한 불가항력적 사유가 존재하지 않는 한 채무자의 귀책사유로 직결된다.'고 함으로써, 결과채무에서 채무자가 무과실 항변이 가능하다는 것인지 아니면 불가항력 항변만 가능하다는 것인지를 분명히 하고 있지는 않다.

[89] 송오식(a), "진료채무의 수단채무성에 대한 검토", 법학논문집 제31집 제1호, 중앙대학교 법학연구원(2007. 4), 220면.

한편, 결과채무와 수단채무의 구별은 증명책임과 중요한 관계가 있다고 하면서, 본래 채무의 불이행(이행이 없었다는 사실)을 증명해야 하는 것은 언제나 채권자인데, 결과채무에 있어서는 증명이 용이하지만, 수단채무에 있어서는 증명이 곤란하다고 보는 견해가 있다.[90] 이 견해에 대해서는, 결과채무의 경우 채무자가 불가항력을 증명하지 못하는 한 채무자의 귀책사유가 있는 것으로 귀결되는 경우가 있다는 비판이 예상되지만, 채무자가 불가항력을 증명하는 단계는 채권자가 채무자의 채무불이행 증명에 성공한 이후 단계의 문제로서, 수단채무와 결과채무에 공통된다는 점에서 타당하다고 할 수 없다. 이런 점에서 수단채무와 결과채무는 채권자가 채무자의 채무불이행 사실을 증명해야 하는 점과 채무자가 자신의 채무불이행에 대해서 귀책사유가 없다든지, 불가항력이 있다는 등의 면책사유를 증명해야 한다는 점(즉, 증명책임)에서는 차이가 없지만, 결과채무와 수단채무는 채권자가 채무자의 채무불이행 사실을 증명하는 용이도의 차이에 관하여 구분의 실익이 있다는 점에 주목하여 논의를 진행하고자 한다.

학설상 결과채무로 설명되는 사례로는 주로 주는 채무(예를 들어, 부동산매도인의 재산권이전의무)를 들 수 있고, 하는 채무 중에서도 도급에서 수급인이 일을 완성할 의무, 운송업자가 하물을 운송할 의무[91]가 주로 언급되고 있다.[92] 한편, 수단채무로는 의료계약상의 치료의무, 변

---

90) 김형배, 채권총론(전게서), 44면.
91) 김형배, 채권총론(전게서), 44면.
92) 이 밖에 결과채무로서 임차인 또는 사용차주가 임차물 또는 목적물을 보관할 의무, 수치인이 목적물을 보관할 의무를 드는 견해(송덕수, 채권법총론, 제6판, 박영사(2021), 156면; 김상용, 채권총론, 화산미디어(2009), 132면)가 있지만 의문이다. 즉, 임차인과 사용차주는 민법 제374조의 선량한 관리자의 주의를 가지고 임차물을 보관할 의무가 있고, 수치인은 무상의 경우에는 자기재산과 동일한 주의를 가지고 보관하고(민법 제695조), 유상인 경우에는 선량한 관리자의 주의로 보관할 의무를 진다는 점에서 이들 채무를 수단채무로 보는 것이 타당하다고 본다.

호사의 법률자문의무 등이 거론되고 있다.[93]

나) 구분을 부정하는 견해

이와 같은 수단채무, 결과채무 구분론에 관해서는 근본적인 회의를 제시하는 견해도 있다. 이에 따르면 결과채무와 수단채무를 구분하는 것이 어렵다는 점, 결과채무·수단채무 구분론은 수단채무는 채권자가 증명책임을 지고 결과채무는 채무자가 증명책임을 진다는 취지로 주장하지만 우리 민법 제390조의 해석상 이미 수단채무에 대한 증명책임은 채무자에게 있다는 점에서 결과채무와 수단채무를 증명책임을 가지고 구분할 실익도 없다고 설명한다. 그 결과 수단채무와 결과채무 구분론은 채무의 성격을 나타내는 것 이외의 기능을 가지지 않는다고 설명하고 있다.[94]

다) 대법원의 태도

우리나라 대법원은 여러 계약에서 수단채무를 언급한 바 있다. 이들에 대해 살펴보면 다음과 같다.

(1) 대법원 2015. 10. 15. 선고 2015다21295 판결

이 판결은 환자인 원고가 '피고 병원 의료진이 골화된 후종인대를 제거하는 과정에서 경막을 손상시켜 뇌척수액이 누출되어 원고의 척수 신경이 손상되었거나 손상된 경막을 복원하는 과정에서 원고의 척수 신경에 손상을 입힌 과실로 하지 마비, 배뇨·배변 장애, 성기능 장애 등이 발생하였다.'고 주장하면서 제기한 손해배상청구사건에서, '의사가 환자에 대하여 부담하는 진료채무는 환자의 치유라는 결과를 반드시 달성해야

---

[93] 김형배, 채권총론(전게서), 44면; 곽윤직 편집대표, 민법주해IX, 198면(양창수 집필부분); 송덕수, 채권법총론(전게서), 156면;
[94] 송오식(a), 전게 논문, 219면부터 221면.

하는 결과채무가 아니라, 치유를 위하여 선량한 관리자의 주의를 다하여 현재의 의학수준에 비추어 필요하고도 적절한 진료를 할 채무 즉 수단채무이므로, 진료의 결과가 만족스럽지 못하다고 하여 바로 진료채무의 불이행으로 추정할 수는 없다.'고 함으로써, 손해배상책임을 인정하지 않는 근거로서 수단채무를 언급하고 있다.

이 사안은 원고가 피고의 불법행위를 이유로 손해배상을 청구한 사안95)으로서, 원심은 피고 의료진의 과실과 인과관계를 추정하여 피고의 손해배상책임을 인정하였다. 이에 대해 대법원은 '증상 발생에 관하여 의료 과실 외에 다른 원인이 있다고 보기 어려운 간접사실들이 인정되면 그러한 증상이 의료상의 과실에 기한 것으로 추정할 수는 있다. 다만 그러한 경우에도 의사의 과실로 인한 결과 발생을 추정할 수 있을 정도의 개연성이 담보되지 않는 사정들을 가지고 막연하게 중한 결과에 대하여 의사의 과실과 인과관계를 추정함으로써.. 의사에게 무과실의 증명책임을 지우는 것까지 허용하는 것은 아니다.'라고 하였다.

위 판결에서 대법원이, i) 의사의 진료채무는 수단채무라는 점을 들어 진료결과가 만족스럽지 않은 것으로부터 '진료채무의 불이행을 추정해서는 안된다.'고 언급하는 것과, ii) 과실로 인한 결과 발생을 추정할 수 있는 정도의 개연성이 담보되지 않은 경우에는 '의사의 과실과 인과관계'를 추정해서는 안된다고 판시하는 것을 보면, 우리 대법원이 생각하는 결과채무는 '과실의 추정'이 있는 경우라고 생각된다.

(2) 대법원 2012. 11. 15. 선고 2010다20228 판결

이 사안의 개요는 다음과 같다. 주상복합건물의 신축개발사업을 하는 시행사가 피고와 주간사계약을 체결하여 피고로부터 자금대리사무

---

95) 프랑스에서는 불법행위책임에 대해서도 수단채무, 결과채무론이 적용된다는 주장이 있다. Ch. Larroumet, *Droit Civil, t. III, Les obligation*, 1re partie, 3e éd, Economica(1997), n° 606, p. 551.

등의 금융자문용역을 제공받는 한편, 원고 등의 대주단은 시행사에게 대출할 자금을 자금관리사에게 예치시켰는데, 주간사인 피고가 자금인출 조건이 충족되지 아니하였는데도 원고등에게 완화된 조건이 기재된 확약서('일정 기간내에 본대출을 받아 원고 등의 대출원리금을 우선하여 변제한다.'는 내용)를 교부함에 따라 원고등은 자금관리사가 자금을 인출하는 것을 허락해주었다. 궁극적으로 이 사건 본대출이 실현되지 아니하자, 피고는 시행사에 대해 주간사 계약의 해지를 통보한 후 이 사건 개발사업에 관한 업무를 중단하였는데, 원고는 피고에 대해 이 사건 본대출을 시행하지 않은데 따른 원고의 손해를 배상할 것을 청구한 사안이다.

원심 판결에서는 '피고가 이 사건 본대출을 성사시키지 못하였으므로 그로 인하여 원고가 입은 이 사건 대출원리금 상당의 손해를 배상할 의무가 있다.'는 원고의 주장에 대하여, 이 사건 확약서는 금융주간사인 피고가 본대출을 주선하는 금융자문용역의 조건, 범위 등을 원고에게 확인시켜준 것으로서 그로 인해 피고가 부담하는 의무는 수단채무로서의 성격을 가지므로 피고가 이 사건 본대출을 실행할 의무는 없다고 판단하였다. 하지만, 대법원은 i) 피고가 원고에게 제출한 확약서는 원고가 시행사의 자금인출을 허용하는데 있어서 큰 영향을 미친 점, ii) 이 사건 확약서의 내용을 보면 피고의 본대출 추진노력의무 정도에 그치는 것이 아니라 본대출 성사의무를 의미한다는 점을 들어 원심을 파기하였다. 이 사안은 금융자문용역을 하는 피고의 대출추진의무는 당사자의 의사에 따르면 수단채무라고 볼 수 없다는 취지로 해석한 것으로서, 수단채무와 결과채무를 구분하는 기준으로서 당사자의 급부완성에 대한 명시적인 의사가 필요함을 보여주는 판결로 새길 수 있다고 본다.

(3) 대법원 1996. 12. 23. 선고 96다30465, 30472 판결

이 사안의 개요는 다음과 같다. 피고의 대표이사이던 원고가 피고회

사에 퇴직금을 청구하자 피고회사는 원고에 대한 반소로서 약정금청구와 손해배상청구를 하였는데, 피고회사가 약정금청구의 근거로 든 것은, 원고가 제3자에게 신용대출을 함에 있어 해당 임원이 회수를 책임지기로 한다는 내용이 기재된 임원관리업체장부에 서명하여 결재하였는데, 이는 대출금에 대한 보증채무부담 또는 손해담보약정으로 볼 수 있다는 것이었다. 피고회사가 손해배상청구의 근거로 든 것은, 원고가 대출적격업체가 아닌 제3자에게 대출을 결정함에 있어서 제3자로부터 담보도 제대로 확보하지 않았다는 것이었다.

이 판결은 대출기관 임원이 회사에 대해 부담하는 대출금 회수의무의 성격에 관해서 판시하고 있다.

대법원은 금융기관의 대표이사의 임무 해태로 인하여 부실대출금 회수가 되지 않아 금융기관에 발생한 손해에 대한 배상청구에 대해서, 대표이사의 직무수행상의 채무는 미회수금 손해 등의 결과가 전혀 발생하지 않도록 하여야 할 결과채무가 아니라, 회사의 이익을 위하여 선량한 관리자로서의 주의의무를 가지고 필요하고 적절한 조치를 다해야 할 채무이므로 회사에게 대출금 중 미회수금 손해가 발생하였다는 결과만을 가지고 곧바로 채무불이행사실을 추정할 수는 없다고 하였다.

이 판결에서 대법원이 결과채무를 '미회수금 손해 등의 결과가 전혀 발생하지 않도록 해야 할 의무'로 언급한 것을 보면 대법원은 결과채무를 손해가 발생하는 결과가 발생하지 않도록 해야 할 의무로 생각하는 것으로 보인다.

라) 소결론

먼저, 수단채무와 결과채무를 증명책임으로 구분하는 견해에 관해서 살펴본다. 우리 민법이 채무불이행에 관하여 귀책사유로서의 과실을 제390조 단서와 제392조에서 규정하는 것과 관련하여, 통설은 채무자의 귀책사유가 없다는 점에 관한 증명책임을 채무자가 부담하는 것으로 설명하고 있다.96) 그러면서도 통설은 수단채무의 경우에는 채권자가 채무자의 과실을 증명해야 하고,97) 결과채무의 경우에만 결과에 도달하지 않는 사실로 인해서 채무자의 과실이 추정98)된다고 하면서 채무자가 증명책임을 진다고 설명하는 것이다. 하지만 이와 같이 수단채무와 결과채무에 관해서만 귀책사유에 대한 증명책임을 다르게 해석할 만한 근거는 부족해 보인다.99)

그렇다고 수단채무와 결과채무가 채무의 내용에 있어서만 유의미할 뿐, 그 밖의 구분의 실익이 없다는 견해에 대해서도 쉽게 수긍하기는 어렵다. 왜냐하면 유상계약 중에는 채무자의 결과채무에 따른 책임을 강화하고 있는 경우가 있기 때문이다. 도급이 바로 그런 경우이다. 즉, 일의 완성에 대한 권한과 책임을 모두 떠맡은 수급인으로서는, 완성된 일에 하자가 있는 경우 하자담보책임이라는 무과실책임을 부담하는 것이다. 따라서 이와 같이 유상계약의 채무자가 계약의 성질상 결과채무를 부담하고 있고 이에 관해 무과실책임을 부담하는 것으로 법률상 규정하고 있는 경우, 채무자로서는 약정한 결과에 도달하지 못함에 따른 책임(즉, 결과채무에 따른 책임100))을 부담하고 채무자가 이 책임에서 면하기 위

---

96) 곽윤직, 채권총론(전게서), 95면.
97) 곽윤직 편집대표, 민법주해(IX), 채권(2), 박영사(1999), 308면(양창수 집필부분)은 '귀책사유에 대한 입증책임이 채무자에게 있다는 통설, 판례의 언명이 적어도 행위채무의 불완전급부에 대해서는 별다른 실제적 의미가 없다... 왜냐하면 이 경우에 급부의 불완전에 대하여는 분명 채권자가 입증책임을 지는데, 그에 대한 입증활동은 채무자의 귀책에 대한 입증과 중첩되어, 결국 채무자의 귀책사유에 대한 입증책임이 별로 문제될 여지가 없다.'고 한다.
98) 대법원도 같은 태도를 취하고 있다. 즉 대법원 2015. 10. 15. 선고 2015다21295 판결은 '의료상의 과실을 추정'하는 것을 결과채무로 명칭하고, 대법원 1996. 12. 23. 선고 96다30465, 30472판결도 '채무불이행 사실을 추정'하는 것을 결과채무의 효력으로 해석하고 있다.
99) 같은 취지로, 송오식(a), 전게 논문, 220면.
100) 본 논문에서 결과채무에 따른 책임과 하자담보책임을 구분하여 언급하는 이유는, 본 논문에서는 유형물을 대상으로 하는 유형도급과 순수하게 용역만을

해서는 채무자가 주의의무를 이행하였는지를 증명하는 것으로는 부족하고 불완전급부에 불가항력이 있었음을 증명해야 하는 것이다. 그렇다면, 무과실책임 규정이 없는 결과채무는 어떻게 할 것인가? 그것은 채무자가 무과실항변이 가능하다고 본다. 즉, 우리 민법의 경우 개정전 프랑스 민법전 제1147조와 같이 무과실책임 규정을 가지고 있지 않다는 점에서, 결과채무라고 해서 반드시 무과실책임을 의미한다고 단정할 수는 없기 때문이다.

다음으로, 수단채무의 경우를 살펴본다. 수단채무의 경우에는 채권자가 채무자의 불완전한 급부를 증명하기 위해서는 채무자가 주의의무를 위반하였다는 점을 증명해야 할 것이다. 왜냐하면 수단채무의 경우 불완전한 급부의 개념 안에 채무자의 주의의무위반이 포함되어 있다고 보아야 할 것이기 때문이다. 다만, 이때 채권자는 '채무자가 선량한 관리자의 주의의무를 위반했다는 사실' 전부를 증명해야 할 것인가? 즉, 대법원 판결[101]과 같이 의사의 진료채무에 관해서 의사가 환자의 치유를 위하여 선량한 관리자의 주의의무를 가지고 현재의 의학수준에 비추어 필요하고 적절한 진료조치를 다하지 못했음을 증명해야만 하는 것으로 보아야 하는지의 문제이다. 사견으로는, 수단채무인 경우 채권자는 채무불이행 사실을 증명하는데 필요한 범위 내에서 채무자의 주의의무 위반 사실을 증명하면 충분한 것이고, 채무자가 선량한 관리자의 주의의무를 위반한 사실 전체를 증명하도록 할 것은 아니라고 생각한다. 즉, i) 통설에 의하면 수임인이 수단채무를 부담하는 위임계약에서 위임인은 수임인의 불완전급부에 선량한 관리자의 의무위반이 있었음을 증명해야 한다는 것

제공하는 무형(용역)도급을 구분하고, 무형(용역)도급의 경우에는 하자 추완이 사실상 불가능하다는 점에서 하자담보책임 규정 전부를 직접 적용하는 것이 적절하지 않고, 결과채무에 따른 책임을 부담한다고 보기 때문이다. 이에 대해서는 제3장에서 자세히 논한다.
101) 대법원 1988. 12. 13. 선고 85다카1491 판결.

인데, 이러한 결론은 우리 민법상의 증명책임에 대한 예외의 범위를 지나치게 넓히는 결과가 된다. 학설들은 주로 의료계약만을 예로 들면서 위임인이 수임인의 주의의무 위반사실을 증명해야 한다고 하지만, 결국은 위임계약 전체에 대해서 채권자가 채무자의 선량한 관리자의 주의의무 위반을 증명하라고 주장하고 있기 때문이다. ii) 수단채무의 경우에도 채무자가 구체적으로 어떤 의무를 어떻게 위반하였는지를 모두 채권자가 증명하게 하는 것은 타당하지 않고, 단지 법적으로 채무자가 부담해야 하는 의무의 하한선을 불이행하였다는 점을 증명하면 채무자의 수단채무 불이행을 인정한다는 해석도 충분히 가능한 것이다.[102] 만일 채권자가 채무자가 부담해야 하는 의무의 하한선을 불이행하였다는 점을 증명하는 경우에도 채무자는 선량한 관리자의 주의의무를 다하였음을 증명하여 면책할 수 있을 것이다.

　이런 점에서 수단채무와 결과채무의 구분기준은 채무의 내용을 가지고 구분하되, i) 결과채무 중에는 채무자가 무과실항변을 할 수 있는 경우와 그렇지 못한 경우(즉, 무과실책임인 경우)로 구분되고, ii) 무과실항변을 할 수 있는 결과채무와 수단채무는 단지 채권자가 채무불이행 사실을 증명함에 있어서 채무자의 주의의무 위반사실을 증명할 것인지(즉, 결과채무의 경우에는 당사자가 약정한 결과가 발생하지 않았음을 증명하는 것만으로 충분한 반면, 수단채무의 경우에는 채무자의 주의의무 위

---

[102] 권영준, "최선노력조항(best efforts clause)의 해석", 서울대학교 법학 제55권 제3호, 서울대학교 법학연구소(2014. 9), 87-89면은, 수단채무에 해당하는 최선노력조항에 따른 의무를 부담하는 계약당사자는 최소한 '어떠한' 노력을 해야 할 의무를 부담한다고 하고, 그 말은 처음부터 아무것도 하지 않았다는 의미일 수도 있고, 여러단계의 노력이 필요한 경우에 그 중 특정한 단계의 노력을 하지 않았다는 의미일 수도 있다고 한다. 다만 채무자가 이를 행하지 않았다는 이유로 최선노력의무 위반이 성립하지는 않고 정당한 사유가 있는 경우를 증명하여야 한다고 설명한다. 한편, 채무자는 최선노력조항에 의한 의무를 부담하는 경우에도 합리성의 범위 내에서 필요한 모든 노력을 기울일 의무를 부담한다고 한다.

반 사실을 증명할 것을 요한다)에 대해서만 차이가 있을 뿐, 채무자가 면책을 위하여 자신에게 주의의무 위반이 없다는 점을 증명할 수 있다는 점에 있어서는 차이가 없다고 할 것이다.

4) DCFR에서의 수단채무와 결과채무의 구분기준
가) 결과성취의무

DCFR은 용역제공자가 계약체결시에 고객이 명시하였거나 예견한 결과를 성취할 의무(Obligation to achieve the result[103])를 규정하고 있다. 하지만 고객이 예견한 결과이기는 하지만 명시하지 않은 경우에는 (a) 고객이 결과를 예견하였을 것이라고 합리적으로 기대할 수 있었을 경우, (b) 고객이 결과가 성취되지 않을 중요한 위험이 있을 것으로 신뢰할 만한 이유가 없었을 경우여야 한다(DCFR IV.C.-2:106 제1항). 이 경우 용역제공자는 계약상 요구되는 결과를 달성하기 위한 시도를 했다는 것만으로 그의 채무를 이행한 것으로 볼 수 없고, 고객은 결과를 달성하지 않았다는 사실만을 증명함으로써 용역제공자의 책임을 물을 수 있다. 본조 제1항 (b)호의 결과가 성취되지 않을 중요한 위험이 있는지 여부에 관하여 당사자 사이에 이견이 있는 경우, 용역제공자는 사전에 그 위험을 알리거나(IV.C.-2:102) 계약중에 이를 알려야 하고(IV.C.-2:108), 그렇게 알린 경우에는 고객은 더 이상 결과성취에 중요한 위험이 없다는 점에 대한 신뢰를 가지지 않는 결과가 된다.[104] 이에 대해서, 용역제공자는 고객이 채무자의 불이행을 야기한 경우(III.-3:101 제3항[105]) 또는 불이행이 용역

---

103) C. von Bar et al., *Principles, Definitions and Model Rules of European Private Law - Draft Common Frame of Reference*, vol II. (2010), IV.C.-2:106 Notes I.6, p. 1658 에서는 결과성취의무를 프랑스민법상의 결과채무(obligation de résultat)와 동일한 것으로 설명하고 있다.
104) C. von Bar et al, *DCFRII*, IV.C.-2:106 comment A, p. 1654.
105) 다만, 용역제공자가 고객이 제공한 정보나 지시가 잘못되었음을 알고도 이를 알리지 않은 경우에는 용역제공자는 결과를 제공하지 못한데 따른 책임을 져

제공자의 통제(control)를 벗어나서 발생한 경우에 면책이 가능하다.[106] 하지만, 상당주의의무 내지 수단채무와는 달리, 용역제공자는 계약상 요구되는 주의와 기술로 용역을 성실히 수행했다는 사실에 의해 면책되는 것은 아니다.[107]

나) 상당주의의무

DCFR은 용역제공자가 결과를 실현하기 위해 기울여야 하는 기술 및 주의의무(Obligation of skill and care[108][109])를 규정하고 있다. 또한, 용역제공자는 용역의 이행에 사용되는 일체의 도구 및 재료가 계약 및 관련 법규에 합치하고, 사용되는 특정 목적을 달성하는데 적합하도록 보장하

야 한다. C. von Bar et al, *DCFRII, IV.C.-2:106 comment D*. p. 1657).
[106] C. von Bar et al, *DCFRII, IV.C.-2:106 comment D*. p. 1657.
[107] M. Barendrecht et al., *Principles of European law: Service Contracts* (PELSC)(2007), p. 229.
[108] **DCFR IV.C.-2:105** (기술 및 주의의무) (1) 용역제공자는 용역을 다음과 같이 이행하여야 한다. (a) 합리적인 용역제공자가 그 상황에서 행사할 주의 및 기술로써, (b) 용역에 적용되는 일체의 법률 또는 기타 구속력 있는 법적규정에 합치되도록. (2) 용역제공자가 주의 및 기술에 관한 보다 고도의 기준을 표명한 경우에는 그 제공자는 그러한 주의 및 기술을 행사하여야 한다. (3) 용역제공자가 관련 당국 또는 그 집단 스스로 정한 기준이 적용되는 전문적 용역제공자집단의 일원이거나 또는 그와 같이 칭하는 경우에는 그 용역제공자는 그러한 기준에서 표명된 주의 및 기술을 행사하여야 한다. (4) 고객이 기대할 권리가 있는 주의 및 기술을 결정함에 있어 특히 다음의 사항을 고려하여야 한다. (a) 고객을 위한 용역의 이행에서 관련된 위험의 성질, 규모, 빈도, 예측가능성 (b) 손해가 발생한 경우에는 그 손해 또는 유사한 손해의 발생을 방지할 수 있었던 일체의 예방조치비용 (c) 용역 제공자가 사업자인지 여부 (d) 대가를 지급하는지 여부 및 대가를 지급하는 경우에는 그 액수 (e) 용역의 이행을 위하여 합리적으로 사용할 수 있는 기간 (5) 본조의 의무들은 특히 용역이행의 결과로서 손해가 발생하는 것을 방지하기 위하여 용역제공자가 합리적인 예방조치를 취할 것을 요구한다.
[109] C. von Bar et al, *DCFRII, IV.C.-2:105 Notes II.6*. p. 1651에서는 상당주의의무를 프랑스민법상의 수단채무(obligation de moyens)와 동일한 것으로 설명하고 있다.

여야 한다(DCFR IV. C.-2:104 제3항110)). 그리고, 용역제공자는 해당 용역에 적용되는 일체의 법률 또는 기타 구속력있는 법규에 합치되도록 용역을 제공하여야 한다.111) 다만 용역제공자의 채무불이행이 고객의 작위 또는 부작위에 기인하거나 불가항력적인 사유에 기인한다면 용역제공자는 면책이 된다. 또한 용역제공자는 계약상 요구되는 주의와 기술로 용역을 성실히 수행하였음을 증명함으로써 면책이 될 수도 있다.112)

5) 소결

우리 민법은 도급과 위임의 정의규정(제664조, 제680조)를 두고 있는 이외에 도급에 대해서는 보수지급시기(제665조), 하자담보책임(제667조부터 제672조), 해제권(완성전의 도급인의 해제권에 관한 제673조, 도급인의 파산과 해제권에 관한 제674조)에 관한 규정을 두고 있고, 위임에 관해서는 보수청구권(제686조113)), 수임인의 각종의무(보고의무에 관한 제683조, 취득물 인도의무에 관한 제684조, 금전소비의 책임에 관한 제685조)와 수임인의 권리(수임인의 비용선급청구권에 관한 제687조, 비용

---

110) 이 규정은 용역제공자는 노동과정에서 도구, 재료를 선택하는데 관한 결정을 하는 과정에서 의미를 가진다(C. von Bar et al, *DCFRII, IV.C.-2:105 comment A*, p. 1646).
111) DCFR은 용역제공자에게 결과성취의무와 더불어 기술 및 주의의무를 부과하는 이유로서 다음과 같이 설명한다. 즉, i) 용역제공자에게 기술 및 주의의무를 부과하면 특정한 결과성취의 실패를 사전에 방지하도록 하는 데 유용하고, 이로써 고객이 결과성취에 대하여 안심할 수 있다. ii) 또한 고객으로 하여금 용역제공자의 계약위반사항을 미리 예상할 수 있게 한다. iii) 이를 기초로 고객은 용역제공에 관한 적절한 지시 또는 용역의 하자에 대한 적절한 통지를 할 수 있고, 경우에 따라서 용역제공자에게 확실한 이행의 보장을 요구할 수 있다(C. von Bar et al, DCFRII, IV. C. -2:105,Comment B, p. 1649).
112) M. Barendrecht et al., op cit., p. 229.
113) 민법 제686조 제1항은 특별한 약정이 없으면 수임인은 보수를 청구하지 못하도록 함으로써, 위임계약은 유상계약인 도급과는 달리 무상 또는 유상계약으로 체결할 수 있다.

상환청구권에 관한 제688조), 상호 해지의 자유(제689조)와 복임권의 제한(제682조), 위임의 종료(제690조, 제691조, 제692조)를 두고 있는데, 이들 규정이 위임과 도급을 어떤 기준으로 구분해야 할 것인지를 명확하게 언급하고 있지는 않다. 그렇다면 특정한 계약이 위임과 도급중 어디에 속하는지를 확인하려면 먼저 위임과 도급이 개념상 어떤 차이점을 가지고 있는지를 확인해야 한다. 그런데 우리 민법상 위임과 도급이 가지고 있는 개념상 차이점은 결국, 위임은 타인의 사무를 처리한다는 점이고, 도급은 타인의 일을 완성한다는 점이다. 그런데 우리 민법상 위임에서 '타인의 사무'는 법률행위로 국한하고 있지 않기 때문에 도급에서의 '타인의 일'의 개념과 구분하는 것이 쉽지 않다. 그렇다면 결국 위임과 도급의 차이는 사무를 처리하는 것에 국한하는 것인가 아니면 타인의 일을 완성하는데까지 이르는 것인가를 두고 구분할 수 밖에 없다. 우리 민법은 이 점과 관련하여 도급과 위임의 규율을 달리하고 있다. 즉, 도급은 수급인이 일을 완성하여야 할 의무를 가진다는 점에서 자신이 완성한 일에 하자가 있는 경우에는 무과실책임을 부담시키고 있는 반면(민법 제667조) 위임의 경우에는 단지 수임인이 선량한 관리자의 주의의무를 요하는 것으로 규정한다(제681조). 또한, 수급인은 일을 완성할 수 있다면 자신이 아닌 제3자를 이용하여 일을 하는 것도 허용하는 반면, 수임인은 제3자에게 자신이 맡은 사무를 처리하도록 하는데 제한을 받는다(제682조). 또한, 수급인은 일을 완성할 때까지는 자신이 맡은 일을 수행하는데 있어서 도급인에게 보고의무를 부담하지 않는데 비해서, 수임인은 사무처리 상황을 보고할 의무를 부담한다(제683조, 제684조, 제685조). 마지막으로, 수급인은 계약을 자유롭게 해지할 자유를 가지지 않는 반면, 수임인은 자유롭게 계약을 해지할 자유를 가진다(제689조). 즉, 도급과 위임에 있어서의 이와 같은 규정상 차이는 모두 수급인이 일을 완성할 의무를 가지는데 반하여, 수임인은 그렇지 않다는 점에서 나오는 것이다. 그렇다면 도급과 위임을 구분하는 기준도 이와 같은 차이

점에서 끌어낼 수 밖에 없다고 본다. 즉, 도급은 수급인이 일을 완성할 의무를 부담한다는 점에서 결과채무를 부담한다는 것이고, 수임인은 선량한 관리자의 주의의무를 다하여 사무를 처한다는 점에서 수단채무를 부담한다는 것이다.

그렇다면, 결과채무와 수단채무의 구분은 어떤 기준을 가지고 살펴볼 것인가? 결과채무와 수단채무를 구분하는 것이 무용하다는 견해도 있지만, 채무의 내용상 결과채무와 수단채무를 구분하는 것은 충분히 가능하다고 본다. 첫 번째는 당사자간의 의사가 가장 중요하다. 만일 당사자간 의사가 채무자가 결과채무를 부담하는 것으로 약정한 경우에는 약정한 결과의 불발생으로 채무자가 책임을 부담할 것이기 때문이다. 둘째, 당사자간 의사가 수단채무와 결과채무중 어떤 것을 의도하는 것인지 분명하지 않은 경우에는 결국 제반사정으로 보아 약정한 결과가 우연적인지 여부, 채권자가 채무의 이행에 어떤 역할을 할 것인지를 따져봐야 할 것이다. 결국 위의 프랑스민법상 수단채무와 결과채무의 구분기준으로 소개했던 기준이 유용한 수단이 될 것으로 생각한다. 즉, i) 채권자와 채무자 사이에 합의된 일이 명확한 경우, ii) 채무자가 채무이행을 방해하는 사정을 완전히 통제하는 경우, iii) 채무불이행으로 인한 손해발생 위험이 예측되거나 또는 회피, 극복할 수 있는 경우에는 그 채무자는 결과채무를 부담하는 것으로 보아야 할 것이고, 그렇지 않은 경우에는 채무자는 수단채무를 부담하는 것으로 보아야 할 것이다.

통상, 채권자와 채무자가 약정한 계약이 도급인지 또는 위임인지를 구별하기 어려운 경우는 채무자가 순수하게 용역을 제공하는 경우가 될 것이다. 만일 채무자가 유형물을 만들거나 수리하기로 하는 계약을 체결하는 경우에는 그 계약을 도급으로 인정하는 것이 수월할 것이기 때문이다. 이런 경우 채무자가 맡은 '하는 채무'가 수단채무인 경우에는 위임으로 해석하고, 반대로 채무자가 맡은 채무가 '결과채무'인 경우에는 도급으로 해석하는 것이 타당하다고 본다.[114] 특히 후자의 경우, 즉 수급인이 결과채무인 '하는 채무'를 맡은 경우는 용역을 제공하여 일을 완성할 채무로서 이를 무형도급으로 새기는 것이 타당하다고 본다('무형도급'의 개념과 무형도급의 수급인의 책임에 관해서는 제3장에서 논함). 결국, i) 채권자와 채무자 사이에 합의된 일이 명확한 경우, ii) 채무자가 채무이행을 방해하는 사정을 완전히 통제하는 경우, iii) 채무불이행으로 인한 손해발생 위험이 예측되거나 또는 극복할 수 있어서 채무자가 결과채무를 부담하는 경우라면 도급에 해당한다고 볼 것이고, 채무자가 수단채무를 부담하는 경우라면 위임에 해당한다고 볼 것이다.[115]

2. 고용과 도급의 구분

고용계약과 도급계약을 구분하는 실익은 고용계약에는 노동관계법이 적용되기 때문이다.[116] 고용과 도급의 구분 실익으로서 종래 고용에 대

---

114) 도급은 노무의 제공을 통해 일을 성취하는 것을 급부의 목적으로 하는데 비해서 고용은 노무의 제공 그 자체가 급부의 목적인데, 이들의 판단기준으로는 성취의 여부가 노무활동에 달려있는지 아니면 지배할 수 없는 다른 요소에 의하여 지배되는지, 노무제공자가 성공위험을 부담하는지 아니면 일의 양이나 작업물의 질에 따른 보수가 계산되는지, 보수에는 위험프레미엄이 포함되어 있는지 등이 종합적으로 고려된다는 견해도 내용상 같은 취지로 이해할 수 있다. 김동훈(a), "신종계약의 입법방향", 민사법학 제18호, 한국민사법학회(2000. 5.), 222면.
115) 도급은 노무의 제공을 통해 달성하는 성취를 급부의 목적으로 하는데 비해서 고용은 노무의 제공 그 자체가 급부의 목적인데, 이들의 판단기준으로는 성취의 여부가 노무활동에 달려있는지 아니면 지배할 수 없는 다른 요소에 의하여 지배되는지, 노무제공자가 성공위험을 부담하는지 아니면 일의 양이나 작업물의 질에 따른 보수가 계산되는지, 보수에는 위험프레미엄이 포함되어 있는지 등이 종합적으로 고려된다는 견해도 내용상 같은 취지로 이해할 수 있다. 김동훈(a), "신종계약의 입법방향", 민사법학 제18호, 한국민사법학회(2000. 5.), 222면
116) Paul-Henri Antonmattei, Jacques Raynard, *Droit Civil Contrats spéciaux*, 3e éd. LitecJ, n° 399. 하지만 원래 근로자만을 대상으로 했던 사회보장법이 자유

해서는 근로기준법 등의 노동관계법이 적용된다는 점을 드는 것이 일반적이었다.117) 하지만, 노동관계법을 적용할 것인지 여부는 노무자와 사용자의 계약관계가 형식상 고용계약, 위임계약, 도급계약에 해당하는 경우에도 크게 문제가 되지 않는다.118) 이런 점에서 도급과 고용을 구분하는 실익은 결국, 당사자가 약정한 노무공급계약을 어떤 전형계약에 따른 규율(예를 들어, 제656조의 보수지급시기, 제657조의 권리양도 제한, 제660조에 따른 해지통지 여부)로 포섭할 것인지를 찾는데 있다고 하는 것이 더 타당하다고 본다.

가. 국내에서의 논의

고용과 도급의 구분기준에 관해서는 첫째, 고용은 노무자가 용역에 종사하는 것 자체를 목적으로 하는 것임에 반하여, 도급은 수임인이 일을 완성하는 것을 목적으로 하는 것이어서 용역제공의 결과에 주목할 뿐 용역제공의 과정에는 관심이 없다고 보는 것이 일반적인 견해119)이다. 둘째, 고용에서는 노동의 성과의 여하를 불문하고 보수를 받을 수 있지만, 도급에서는 일이 완성되지 않으면 보수를 받지 못한다. 셋째, 수급인은 도급인에 대한 관계에서 종속적이지 않고 자유롭고 독자적이라는 점에서 피용자가 사용자에 대해 종속적인 지위120)를 가지는 고용과

직업군(travilleurs independants)에게도 확장하고 있다는 점에서, 이러한 구분은 조금씩 약해져가는 경향이다(Philippe Malaurie, Laurent Aynes, Pierre-Yves Gautier, *Droit des contrats spéciaux* 8e éd., L.G.D.J., n° 718)
117) 곽윤직, 채권각론(전게서), 235-237면.
118) 김형배, 노동법 제25판, 박영사(2016), 34면. 대법원 2005. 5. 27. 선고 2005두524 판결 등도 "도급계약의 형식을 빌렸더라도 그 계약내용이 사용종속관계를 유지하고 있다면 노무제공을 하는 자는 근로기준법상의 근로자에 해당한다."고 해석하고 있다.
119) 김용담 편집대표, 주석민법, 채권각칙(4), 제4판, 34면(하경효 집필부분).
120) 민법상 고용계약이 사용자와 노무자간에 종속성을 필수적인 요소로 하는지

차이를 가진다.

하지만, 고용계약에서도 일정한 일을 정해 용역을 공급하도록 정하는 것도 가능하다는 점, 도급계약에서도 일이 완성되기 전에 보수를 지급하는 것이 가능하다는 점, 도급계약에서도 도급인이 수급인의 일에 관여하고 지시하는 것도 가능하다는 점에서 위와 같은 구분기준은 절대적인 것이라고 하기는 곤란하다고 생각한다.[121]

나. 비교법상 논의

1) 독일민법

독일민법은 고용과 도급 모두 유상으로 규정하고 있다는 점에서 공통점을 가진다(제611조, 제631조). 독일에서는 진료계약은 위임계약이 아닌 고용으로 규율하고 있고(제630조a), 고용계약의 목적인 노무는 그 종류를 묻지 않음을 명시적으로 규정하고 있다(제611조). 이에 따라 우리나라에서 고용계약의 특징으로 언급되는 사용자와 노무자 사이의 종속관계는 독일민법에서는 적용되지 않는다고 보아야 한다.

독일민법상 고용과 도급을 구분하는 결정적인 기준은 일을 통해 나온 결과에 대한 위험을 누가 부담하는지에 있다.[122] 용역제공자가 위험

에 관해서 논의가 있으며, 이로 인해 민법상 고용계약이 종속성을 요하지 않는다는 점에서 종속성을 요소로 하는 노동법상의 근로계약과 구분된다는 견해(김형배, 노동법(전게서), 220면, 이하 '구분설')와 민법상의 고용계약도 종속성을 요소로 한다는 점에서 노동법상의 근로계약과 구분할 필요가 없다는 견해(곽윤직, 채권각론(전게서), 238면; 김상용, 채권각론, 화산미디어(2016), 335면, 이하 '비구분설')로 나눌수 있다. 이에 대해 구분설은 독일민법이 위임을 무상계약으로 규율하고 있어서, 자주적인 자영인의 노무급부계약도 민법상 고용에 포함시키고 있다는 점에 기반한 견해에 불과하다는 비판을 받는다(이은영, 채권각론, 5판, 박영사(2005), 498면).

121) 김용담 편집대표, 주석민법 채권각칙(4), 212면(이준형 집필부분).
122) Hk-BGH/*Klaus Schreiber*, §611 Rn. 6.

을 부담하는 경우라면 도급계약이 되고, 반대로 용역의뢰자가 위험을 부담하는 경우라면 고용계약이 된다. 그러므로, 계약에서 의무를 지는 자가 결과가 나올 때까지 계속하여 근로를 제공하고, 의무를 지는 자가 일이 완성된 때에만 보수를 받는다면 이는 도급계약이 되는 것이다.

2) 프랑스민법

프랑스에서도 고용계약에 대해서는 노동법 및 사회보장법의 적용대상이 된다는 점에서 도급계약과의 구별의 실익이 있지만, 근로자만을 대상으로 했던 사회보장법이 자유직업군에 대해서도 확장되고 있다는 점에서 그 경계가 약해져가고 있다는 지적이 있다.[123]

프랑스민법상 도급과 고용의 구분과 관련하여, 피용자는 사용자에 대해 법률적인 종속관계(Subordination juridique)를 가진다는 점에서 독립적으로 일하는 수급인과 차이를 보인다.[124] 이 기준은 아주 추상적이어서 실제 법원에서 이를 구분하는 데는 몇 가지 방법(예를 들어, 대가의 지급방법, 도구의 소유권 등)을 사용하기도 한다.[125] 이와 같이 도급과 고용을 구분하는 기준이 추상적인 결과 프랑스에서도 동일한 용역을 처리하는데 있어서 고용 또는 도급으로 해석이 나뉘어지는 경우가 많다.[126]

한편, 2022년에 프랑스에서는 채권법상의 특수계약의 개정작업이 진행되어 개정안이 제시된바 있다. 이에 따르면, "도급계약은 수급인이 독

---

[123] 이 점에서, 고용과 도급을 구분하는 목적으로, i) 근로자는 수급인과는 달리 상인 또는 장인일 수 없다는 점, ii) 수급인은 위험을 부담하고 있어서 도급인이 목적물을 수령하기 전에 제작물이 불가항력으로 멸실된 경우 도급인에게 보수를 청구할 수 없지만, 근로자는 임금을 받을 수 있다는 점, iii) 수급인은 자신의 모든 귀책과 지연에 대해서 책임을 진다는 점, iv) 수급인의 보수와는 달리 근로자의 임금채권은 보다 강한 보호를 받는다는 점을 강조하고 있는 설명으로, P.-H. Antonmattei et J. Raynard, *op. cit.*, n° 399.
[124] F. Leclerc, *Droit des contrats spéciaux*, 2ᵉ éd., L.G.D.J.(2012), n° 740, p. 417.
[125] J. Huet et al., *op. cit.*, n° 32128.
[126] J. Huet et al., *op. cit.*, n° 32128.

립적인 방법으로, 도급인의 이익을 위하여 일을 완성하는 계약"이라고 하면서(2022년 개정안 제1745조 제1항), "일은 물질적이거나 지적인 것일 수 있다"고 하며(동조 제2항), "이는 재화 또는 용역을 구성한다"(동조 제3항)고 함으로써, 유형도급 외에 용역(무형)도급에 관한 정의를 두고 있다.127)

3) 일본민법128)

일본민법상 고용은 당사자 일방이 노동에 종사할 것을 목적으로 하는 계약으로 규정된 반면(일본민법 제623조), 도급은 일의 완성을 목적으로 하는 계약으로 규정한다(일본민법 제632조). 또한 고용은 노동자가 사용자 측에 종속된다고 해석되는데 반하여 도급에서는 용역제공자의 독립성을 특징으로 한다.129)

---

127) Commission presidee par le professeur Philippe Stoffel-Munck, Avan-projet de reforme du droit des contrats speciaux, juillet 2022.
chrome-extension://efaidnbmnnnibpcajpcglclefindmkaj/https://www.justice.gouv.fr/sites/default/files/migrations/textes/art_pix/avant_projet_brut_juillet2022.pdf 2025.3.15. 최종방문. 아직 입법안이 확정되지는 않았지만, 동 개정안에 의하면, 도급계약의 수행결과 완성된 일을 인도하는 것에 관해서도 유형도급과 무형도급을 구분하여 규정하는 방식을 고려하고 있음을 알 수 있다, 즉, 개정안에서는 특별한 도급계약으로서 동산 도급계약(le contrat d'entreprise mobilière)에 관한 2장(chapitre)과 건설도급계약(le contrat de construction)에 관한 3장으로 나누어 규정하면서, 동산 도급계약의 장에서 종래 수급인의 담보책임에 관한 규정을 두고 있다(프랑스민법 개정안 제1789조: 수급인은 매도인과 마찬가지로, 도급인에게 일을 인도할 의무가 있고, 안전의 결함에 대한 책임을 진다. 마찬가지로, 수급인은 일의 하자 또는 일의 영향을 미치는 적합성 부족에 대해, 그것이 수령시에 숨겨진 것이었건, 도급인측의 유보의 대상이 되었건 책임이 있다. 또한 매도인과 마찬가지로 도급인에게 추탈당하는 것에 대한 보장을 해야 한다)
128) 戰東昇, "役務提供型契約に關する比較法的考察, 中國の立法作業への提言", 九州法學 104호(2012), 114頁 以下.
129) 幾代通·広中俊雄 編輯代表, 新版 注釋民法(16) [幾代通 執筆, 前揭書, 2頁

하지만, 최근 일본에서는 종속성 개념이 상대적인 점을 지적하면서 고용과 도급 사이의 구분이 어렵다는 지적이 제기되고 있다.130) 즉 i) 도급에서 수급인이 독립적으로 용역을 제공한다고 하여도 고객은 명시적이거나 묵시적인 약정에 의하여 지도권능을 가지고 있다는 점에서 종속적이라고 해석될 수 있다는 점, ii) 고용에서 사용자가 노동자에게 지휘명령한다는 의미는 노동자가 제공하는 노무의 내용에 관한 것이 아니라 그 용역제공을 위한 배치, 배열 등에 관하여 지휘권능을 가진다는 의미이므로, 노동자가 전문가인 경우에도 사용자가 그에 대한 배치권한 등을 가지는 경우에는 이를 고용이라고 할 수 있다는 것이다(예를 들어, 회사가 의사로 하여금 직원들의 건강관리 업무에 배치시킨 경우).131)

4) DCFR의 태도

DCFR은 고용계약이 고도의 정치적 이슈로서 국내법에 맡길 것이라는 점을 감안하여 용역제공계약 이외에 고용에 관한 별도의 규정을 두고 있지는 않다.132)

3. 재산권 이전, 이용계약과의 구분

본 논문은 주로 도급 등 용역제공계약을 둘러싼 법률관계를 고찰하기 위한 것이지만, 도급이 가지고 있는 용역제공계약으로서의 본질을 명확하게 하기 위해 매매, 임대차와 도급을 비교해 보기로 한다.

---

130) 이런 점에서 고용, 도급, 위임이라는 전형계약은 당사자 사이의 권리의무를 결정하는데 있어서 단서가 되는 것일뿐, 어떤 법률관계로 규율할 것인지를 최종적으로 결정하는 것은 아니라는 지적으로, 幾代通・広中俊雄 編輯代表, 新版 注釋民法(16) [幾代通 執筆, 前揭書, 7頁.
131) 幾代通・広中俊雄 編輯代表, 新版 注釋民法(16) [幾代通 執筆, 前揭書, 5頁.
132) S. Whittaker, *Contracts for Service in English Law and in the DCFR*, in Service Contracts, Mohr Siebeck(2010), p. 137-138.

가. 매매와의 비교

도급은 수급인이 용역을 제공하여 일을 완성할 채무를 부담한다는 점에서 급부의 대상에 어떠한 용역도 가하지 않는 매매와 구분된다.[133] 로마법 이래로 용역의뢰자가 재료를 제공하는 경우에는 도급으로 보고 용역제공자가 재료를 제공하는 경우에는 매매로 보았지만, 중세 이후 용역제공자가 재료를 제공하는 경우에도 도급이 성립하게 되었다.[134] 용역제공자가 스스로 재료를 제공하는 경우에도 용역을 제공한다는 점에서 차이가 없기 때문이다. 이에 따라 용역제공자가 재료를 제공하여 만든 목적물을 용역의뢰자에게 이전하는 계약을 '제작물공급계약'이라는 이름으로 부르고 있다. 즉, 제작물공급계약은 도급의 요소와 매매의 요소로 이루어지는 계약유형인 것이다. 제작물공급계약중에서 매매와 도급으로 구분하는 기준을 두고 대체물·부대체물설(제작된 물건이 대체물인 경우에는 순수한 매매이며 부대체물인 경우에는 순수한 도급으로 다루어야 한다는 견해)[135], 혼합계약설(물건의 제작이라는 점에서는 도급의 성격을 가지고 물건의 공급이라는 점에서는 매매의 성격을 가지므로 매매규정과 도급 규정을 유추적용하려는 견해) 등이 논의되어 왔다.[136] 이 문제는 결국 제작물공급계약의 특수성을 인정할 것인지에 관한 문제로 귀결된다. 제작된 물건이 부대체물인 경우에는 매매의 요소보다 도급의 요소가 강한 것은 사실이겠지만, 그렇다고 해서 매매의 요소를 무시할 수도 없는 것으로 생각된다. 이런 점에서 대체물인 경우에도 도급에 관한 민법 제673조(주문자 해제권), 제667조부터 제672조의 수급인의 담보책임이 적용되고, 부대체물인 경우에도 매매에 관한 제573조부터 제

---

133) 김용담 편집대표, 주석민법 채권각칙(4), 211면(이준형 집필부분).
134) 김용담 편집대표, 주석민법 채권각칙(4), 171면(이준형 집필부분).
135) 곽윤직, 채권각론(전게서), 256-257면.
136) 대법원은 혼합계약설에 따르고 있다(대법원 1996. 6. 28. 선고 94다42976 판결 등).

574조(대금지불시기, 장소), 제575조(과실의 귀속, 대금의 이자)에 관한 규정이 적용되어야 할 것으로 본다(혼합계약설).137)

매매와 도급은 크게 하자담보책임과 계약해제권에 있어서 차이를 보인다. 즉 도급에서의 하자담보책임은 효력에 있어서 계약해제권, 손해배상청구권 이외에 하자보수청구권을 가진다는 점에서 차이를 보이고(민법 제667조 제1항), 권리행사기간을 '목적물의 인도를 받은 날로부터 1년 이내'로 하고, 토지의 공작물의 경우 5년과 10년의 권리행사기간을 별도로 두고, 하자에 의한 멸실, 훼손의 경우에도 별도의 기간을 두고 있다. 매매에서는 사실을 안 날로부터 6월(민법 제682조)의 기간을 두고 있다. 도급에서는 하자가 도급인이 공급한 재료의 성질 또는 도급인이 준 지시에 유래할 때에는 원칙적으로 담보책임이 적용되지 않는다는 점에서 차이를 가진다. 한편, 도급에서 도급인은 수급인이 일을 완성하기 전에는 언제라도 손해를 배상하고 계약을 해제할 수 있다(민법 제673조). 쓸모없는 일을 계속시켜 도급인의 비용을 증대시킬 필요가 없기 때문이다.138) 매매의 경우에는 이와 같은 해제권이 인정되지 않는다.

나. 임대차와의 비교

임대차의 목적은 임대인이 임차인으로 하여금 목적물을 사용, 수익할 수 있도록 제공하고 임차인은 이에 대해 차임을 지급하는 것이다.139) 이 점에서 수급인이 약정된 일을 완성하고 이에 대해 보수를 받는 도급과 차이를 보인다.

임대차의 법률관계는 임차인의 목적물 사용·수익권과 임대인의 차임

---

137) 편집대표 박준서, 주석민법, 채권각칙(4), 제3판, 169-170면(정종휴 집필부분).
138) 박준서 편집대표, 주석민법, 채권각칙(3), 제3판, 한국사법행정학회(1999), 161면(정현수 집필부분.)
139) 김용담 편집대표, 주석민법 채권각칙(4), 182면(이준형 집필부분).

청구권을 중심으로 규율되고 있다. 먼저 임차인의 목적물 사용·수익권을 살펴보면, 임대차 기간 동안은 임대인에게 목적물 수선의무가 있으므로(민법 제623조), 임차인은 유익비는 물론 필요비도 청구할 수 있다(민법 제623조). 또한, 목적물의 일부멸실 등이 발생한 경우에 임차인은 차임의 감액을 청구할 수 있고(민법 제627조 제1항), 잔존부분으로 임차의 목적을 달성할 수 없는 때에는 계약을 해지할 수 있다(민법 제627조 제2항). 한편 임대인의 차임청구권을 살펴보면, 임차인이 차임지급의무를 위반하는 경우 임대인은 이행청구와 손해배상청구 이외에 계약해지를 할 수 있다[140]. 이와 함께 임대인의 차임청구권 확보를 위하여 일정한 요건하에 질권 또는 저당권이 부여되기도 한다(민법 제648조, 제649조, 제650조).

그런데, 물건의 임대차와 도급을 구분하는 어려움은 주로 물건과 일의 완성이 혼합되는 경우에 발생한다. 이 경우에 물건의 임대차와 도급을 구분짓는 것은 급부의 수혜자가 물건과 일 중에서 어떤 것을 주로 기대하는지에 따라야 할 것이다.[141]

예를 들어 운전자가 있는 차량을 임대차한 경우에 고객은 차량을 임차하는 것을 주로 기대하고 '운전자'의 일로부터 수혜를 받는 것은 부수적이라는 점에서, 이 계약은 부수적인 급부(운전자의 일)를 포함하는 물건(차량)임대차라고 볼 수 있을 것이다.[142] 또한 연극 관람자는 공연장 좌석 자체를 빌리는 것 보다는 공연을 향유하는 것을 기대하는 것이라는 데에서도 이를 임대차가 아닌 도급으로 볼 수 있는 것이다.[143]

---

140) 임대차의 경우 계속적 계약이라는 점에서(곽윤직, 채권각론(전게서), 109면) 도급과 구분된다고 말할 수 있다. 하지만 급부의 계속이라는 것은 상대적 개념이어서 임대차의 경우에도 임대인이 목적물을 인도하기 전에는 계약해제가 가능하다는 점에서 계속적 계약이라는 점을 가지고 도급과 구분된다고 강조하기는 어렵다고 생각한다.
141) P.-H. Antonmattei et J. Raynard, op. cit., n° 396.
142) P.-H. Antonmattei et J. Raynard, op. cit., n° 396.

Ⅲ. 소결

우리나라와 독일, 프랑스, 일본의 민법에서 규율하고 있는 고용, 도급, 위임계약에서 발견할 수 있는 공통적인 특징은 고용과 위임은 용역제공자가 용역 제공 자체를 목적으로 한다는 점이고, 도급은 일의 완성을 목적으로 한다는 점이다. 그러면서도 각국의 민법과 그 해석상으로 세 가지의 용역제공계약은 서로를 구분하는 별도의 징표를 가지고 있다. 독일의 경우에는 위임을 무상계약으로 취급하고 고용에서는 사용자와 노무자와의 종속성을 요구하지 않는다는 점, 프랑스의 경우에는 위임을 수임인이 법률행위 사무를 처리하는 것에 국한하는 한편, 고용에서는 사용자와 노무자와의 종속성을 요구하는 것으로 해석된다는 점, 일본에서는 수임인이 법률행위에 대한 사무처리를 맡고 있음과 동시에 준수임인이 사실행위에 대한 사무처리를 맡고 있다는 점이다.

이와 같이 각국별로 용역제공계약에 관한 규율과 해석을 달리하고 있는 현상은 각국에서 지적 용역제공계약을 해석하는 데에도 영향을 미치고 있다. 즉 독일에서는 의료계약을 비롯한 지적 용역제공계약을 유상계약인 고용계약으로 해석하는 반면, 프랑스에서는 지적 용역제공계약이 법률행위가 아니라는 점에서 위임이 아닌 도급계약으로 취급하며, 일본에서는 지적 용역제공계약을 위임으로 해석하고 있다.

우리의 경우에도 지적 용역제공계약의 대부분을 위임계약으로 해석하고 있다. 그런데 과연 우리 민법이 두고 있는 도급과 위임의 개념에서 볼 때 이와 같은 결과가 타당한 것일까? 우리 민법의 해석상 도급은 일을 완성할 채무를 부담하면서 완성된 일에 대한 책임을 부담하도록 하는 구조를 가지고 있다. 도급계약의 각 규정들은 이를 전제로 존재하고 있다. 이에 비해 위임계약은 수임인이 사무처리를 처리하는 과정에서 발

---

143) A. Bénabent(a), *op. cit.*, n° 490.; Ph. Malaurie et al., *op. cit.*, n° 619.

생할 수 있는 사안들(예를 들어, 각종 보고의무, 복위임의 제한, 해지의 자유)을 위주로 규율하고 있다. 이를 보면, 우리 민법은 수급인에게는 일을 완성할 때까지 일체의 권한을 주면서 그에 따른 엄격한 책임을 지우는데 반하여 수임인에게는 그러하지 않다는 점을 확인할 수 있다.

도급과 위임이 가지고 있는 이와 차이점에 대한 인식을 바탕으로 다음 절 이하에서 아래의 문제에 접근해 보기로 한다.

첫째, 지적 용역제공계약을 모두 위임으로 보는 것이 타당한지에 관한 것이다. 여기서는 종래 지적 용역제공계약으로 다루어왔던 의료계약, 변호사와의 계약을 비롯하여 변리사, 법무사, 공인회계사, 세무사, 건축사, 감리사 등이 제공하는 지적 용역제공계약에 대해서도 함께 다룬다(제2장 제2절).

둘째, 순수하게 용역만을 제공하는 것을 내용으로 하는 기타 용역제공계약을 어떻게 처리할 것인가에 관한 문제이다. 종래 우리 민법은 위임을 용역제공계약의 통칙으로 취급하는 입장에서 대부분의 기타 용역제공계약을 위임으로 처리해 왔다. 하지만 기타 용역제공계약 중에는 수급인이 용역제공의 성공에 대한 일체의 위험을 부담하는 경우도 있어서 이를 위임으로 보기에 적절하지 않다. 일본에서는 이런 유형의 용역제공계약에 대해서 새로운 전형계약으로 규율하려는 입법적 논의도 있었는데 우리 나라에서 그와 같은 논의가 타당한지에 관해서도 살펴본다(제2장 제2절).

제2절 지적 용역제공계약 등의 규율방법

본절에서는 종래 위임으로 규율되어온 지적 용역제공계약과 기타의 용역제공계약을 어떻게 규율할 것인지를 살펴보고자 한다. 본장 제1절에서 본 바와 같이 고용, 도급, 위임은 각각의 개념의 징표를 가지고 있지만, 그 개념들이 각각 잘 짜여져 있어서 어떠한 개념에 속하면 다른 개념에 전혀 속하지 않는 구조로 되어 있지는 않다. 이에 따라 종래부터 지적 용역제공계약에 속하는 것으로서 의료계약 및 변호사와의 계약이 어떤 전형계약에 속하는지를 두고 논의가 있어 왔고, 그 논의의 범위는 회계사, 세무사의 용역제공계약, 설계계약, 감리계약 등에도 확대할 수 있다. 한편, 이들 지적 용역제공계약과는 달리 고객이 원하는 용역을 용역제공자가 제공하는 기타 용역제공계약은 그리 주목을 받지는 못하면서 주로 위임계약으로 논의되어 왔다. 아래에서는 이들 지적 용역제공계약 및 기타 용역제공계약의 규율에 관해서 살펴보기로 한다.

Ⅰ. 지적 용역제공계약의 규율

종래 지적용역제공계약으로서의 의료계약과 변호사계약은 로마법 이래의 전통에 따라 무상계약으로서 위임에 해당한다는 입장과 무형의 일에 대해서도 도급으로 포함시키는 경향에 맞추어 무형도급에 해당한다는 입장이 대립되어 왔다. 그에 더해서 최근에는 전문가집단이 다양화되고 있어서 전문가가 제공하는 각종의 지적 용역제공계약도 어떤 성격에 해당하는지에 관해서도 살펴볼 필요가 있다. 아래에서는 우리 나라에서의 지적 용역제공계약의 취급을 위주로 살펴보기로 한다.

1. 의료계약, 변호사 계약

가. 견해의 대립

지적 용역제공계약으로서 종래부터 논의되어 오던 것이 의료계약과 변호사계약이다.

먼저 의료계약의 경우에는 의사가 환자를 진단하고 치료하며 입원시키는 등의 다양한 모습이 존재한다.[144] 특히 환자가 입원하는 경우에는 입원시설에 대한 임대차, 비품에 대한 매매계약 등과 혼합된 계약이 체결되기도 하고,[145] 회사내에서 전속으로 일하는 의사가 회사의 직원들의 건강을 돌보는 경우에는 그 의사와 회사와의 계약은 고용계약으로서의 성질을 가지기도 한다. 종래, 의료계약은 진료계약과 동일한 것으로 보아서, 환자가 의사로부터 검사, 진찰, 치료, 교정, 성형, 요양 등의 의료행위를 제공받고 보수를 지급하는 것으로 해석해왔다. 이에 비해서 오늘날 의사와 환자관계가 진료관계에 머무르지 않고, 설명이나 조언, 환자의 협력, 보수지급, 고지, 제기록의 작성과 그 이용 등에 걸쳐 확인할 수 있다는 점을 들어 이들 모든 관계를 의료계약으로 포괄하는 견해도 제시되어 있다.[146] 하지만, 의료행위는 의사가 환자를 진료하여 치료하는 행위를 주된 급부로 하는 것으로 보아야 하고, 설명이나 조언의무, 제기

---

144) 진단과 치료만을 목적으로 하는 의료계약을 진료계약으로 부르면서, 그 목적이 진단만인 경우, 또는 입원특약도 포함하는 경우, 의료용구 제작공급인 경우 등 모든 각종 의료행위를 목적으로 하는 계약을 포괄적으로 의료계약으로 부르는 설명으로, 김천수, "진료계약", 민사법학 제15호, 한국민사법학회(1997. 4), 147면.
145) 박수곤(a), "의료계약의 민법편입과 과제", 민사법학 제60호, 한국민사법학회 (2012. 9), 195면.
146) 송오식(b), "의료과오의 계약법적 구성", 법학연구 제48권 제1호, 부산대학교 법학연구소(2007. 8), 6면.

록 작성의무, 고지의무 등은 부수적 의무로 취급하는 것이 가능할 것이다. 물론 이런 부수적 의무도 당사자간 합의로 주된 급부로 정하는 것도 가능할 것이다. 본 논문에서는 의료계약을 의사가 환자를 진료하여 치료하는 행위로 이해하고 아래의 논의를 진행하고자 한다.[147]

한편, 변호사가 의뢰인을 위하여 제공하는 용역에도 다양한 모습이 존재한다. 예를 들어, 변호사가 타인의 소송을 처리하는 것과 타인을 위하여 공증을 처리하는 것, 의뢰인을 위하여 계약협상을 하는 것, 강제집행을 대행하는 것, 변호사가 타인으로부터 법률검토를 의뢰받아 의견서를 작성하거나 계약서를 작성하는 등의 업무 등이 그것이다(이하 총칭하여 '변호사계약').

이들 두 가지 계약에 관해서는 고용, 도급, 위임중 어느 영역으로 포함시켜야 하는지를 두고 논의되어 왔다.

① 위임계약설 중에서는 우리나라에서 행해지는 병의 치료나 소송의 의뢰는 모두 위임이라고 견해도 있고[148], 치료, 소송은 일의 완성 여부가 예견하거나 통제하기 어려운 외부원인에 의해 좌우되므로, 이를 무형도급보다는 위임으로 보아야 하는 경우가 많다는 견해[149]도 있다.

이와 같이 의사와의 의료계약이나 변호사와의 계약을 일괄적으로 위임으로 해석하는 것에 대해서는 다음과 같은 비판이 제기될 수 있다.

첫째, 위임규정중 선량한 관리자의 주의의무를 제외한 어떤 규정도

---

147) 2013년 민법개정위원회 실무위원회에서 만든 의료계약에 관한 시안에서는 의료계약의 의의로서 '의료계약은 당사자 일방이 의료행위를 할 수 있는 상대방에 대하여 자기 또는 제3자에게 의료행위를 할 것을 위탁하고 상대방이 이를 승낙함으로써 그 효력이 생긴다.'고 하였다. 실무위원회는 의료행위를 진단, 치료 기타 의료적 처치를 행하는 것을 의미하는 것으로 이해하고 있다. 이에 대한 설명으로, 박수곤(a), 전게 논문, 208-210면.
148) 김증한·김학동, 채권각론, 제7판, 박영사(2006), 495면; 준위임계약설로 이보환, 전게 논문, 23면.
149) 김용담 편집대표, 주석민법 채권각칙(4), 219면(이준형 집필부분).

의료계약 또는 변호사계약에 적용하기에는 곤란하다는 것이다.150) 가령 의사가 환자를 치료하는 상황에서 다른 의사에게 병의 치료를 맡길 수 있고(민법 제682조의 부적용), 위임사무의 처리상황을 지체없이 보고할 의무가 없는 위급한 상황도 예상되며(민법 제683조의 부적용), 의사가 위임사무의 처리로 인하여 받은 금전 기타의 물건 및 그 수취한 과실을 위임인에게 인도할 의무를 부담하지 않을 수 있으며(민법 제684조, 제685조의 부적용), 의사가 환자의 파산으로 위임관계가 종료한다고 할 수 있을지는 의문이라는 지적이다(민법 제690조의 부적용). 하지만 의료계약이나 변호사계약이 위임으로 해석되는 경우에는 의사 또는 변호사의 처리상항 보고의무, 금전 기타 물건의 인도의무, 환자 파산으로 인한 위임관계 종료 등도 적용될 수 있다는 점에서 적절한 지적으로 보기는 어렵다고 생각한다.

둘째, 비교법적으로 독일에서는 의료계약을 고용계약에 포함시키고 있고, 프랑스에서는 지적 급부를 도급계약으로 해석하고 있다.151) 일본에서는 의료계약과 변호사계약을 준위임으로 해석하여 위임과 같이 처리하고 있지만, 이는 필연적인 이유가 있어서가 아니라 고용계약을 사용자와 피용자 사이의 종속적인 것으로 해석하고 있는 상황과 도급계약을 일을 완성하는 것으로 해석하고 있는 상황을 감안한 부득이한 해석인 것이다. 이런 측면에서 비교법적으로 의료계약이나 변호사계약을 위임에 포함시킬 필연적인 이유는 없다는 점을 지적할 수 있다. 하지만 비교법적으로 의료계약이나 변호사계약이 고용이나 도급으로 취급되는 것은 각 나라의 사정에 따른 결론이라는 점에서 우리의 경우에도 적용시키기에 적절한 지적이라고는 할 수 없다.

② 무명계약설은 위임규정 가운데 의료계약에 적용되는 것은 제681

---

150) 김천수, "진료계약", 민사법학 제15호, 한국민사법학회(1997.4.), 167면부터 169면
151) F. Labarthe·C. Noblot, op. cit., p 5. 프랑스민법의 입법자는 일의 임약은 원래 지적급부를 포함하지 않고 지적급부는 위임에 해당한다고 생각하였다.

조밖에 없다고 보면서 의료계약을 부득이하게 무명계약으로 보아야 한 다고 설명한다.152)

③ 혼합된 비전형계약설153)은 환자의 치료를 주된 내용으로 하는 의료계약은 위임에 가까운 무명계약으로 인정되지만, 치료 이외의 검사, 성형, 교정, 불임 등과 같은 의료행위를 내용으로 하는 의료계약은 도급 또는 고용으로 이해될 수 있으며, 특히 입원계약의 법적성질은 위임, 도급, 임대차, 매매계약이 혼합된 비전형계약으로 이해하기도 하는 견해와,154) 의료계약과 변호사계약을 위임이라고 하면서 예외로서 도급의 성질(예로서, 의치의 제작)을 가질 때도 있고, 도급과 위임이 혼합된 무명계약(성형수술은 위임과 도급이 혼합된 경우가 보통이라고 한다)으로 이해하는 견해가 있다.155)

④ 한편, 의사에게 질병의 치료를 맡기는 의료계약이 병의 완치를 목적으로 하면 도급이 되지만 병의 치료라는 일 내지 사무의 처리를 목적으로 하면 위임이 된다고 보는 견해156)도 있다. 이에 따르면, 의치를 해 넣는 의료계약은 도급으로, 원인이 불확실하거나 완치가 불가능한 병의 치료를 목적으로 하는 의료계약은 위임으로 본다.157) 변호사와 소송의 승소를 특약한 경우에는 도급이 된다는 견해도 이와 같은 맥락으로 볼 수 있다.158)

---

152) 김천수, 전게 논문, 167면부터 169면.
153) 김형배, 채권각론(계약법), 신정판, 박영사(2001), 862면.
154) 김형배, 채권각론(전게서), 862면. 한편, 의료계약을 혼합계약으로 하는 경우의 권리의무의 확정, 계약위반과 해소시의 효과 등에 대한 문제가 예상되므로, 독자적인 전형계약으로서의 입법이 필요하다는 견해로서, 박수곤(a), 전게 논문, 195면.
155) 곽윤직, 채권각론(전게서), 250면.
156) 곽윤직 편집대표, 민법주해XV, 427면(김용담 집필부분)은 '의사에게 치료를 맡기는 의료계약이 병의 완치를 목적으로 하면 도급이 되지만, 병의 치료라는 일 내지 사무의 처리를 목적으로 하면 위임이 된다.'고 한다.
157) 김형배, 채권각론(전게서), 614면.

이 견해는 의료계약과 변호사계약이 경우에 따라 도급계약이 되기도 하고 위임계약이 되기도 한다는 점에서는 타당하다고 생각한다.159) 하지만 의료계약에서 반드시 병의 치유만을 일의 완성으로 보는 것은 타당하지 않다고 본다. 즉, 환자를 치료하는 경과를 보면 병의 치유가 아닌 일정한 정도의 치료만으로도 일의 완성으로 볼 수 있는 경우가 있기 때문이다. 예를 들어, 심각한 당뇨환자를 치료함에 있어서 당뇨수치가 여전히 환자의 수준에 있다고 하더라도, 생명에 지장이 있을 정도의 수치는 벗어났다고 하면 이를 일의 완성으로도 볼 수 있을 것이다. 둘째, 위임과 도급은 고객으로부터 재량을 가지고 용역을 제공한다는 점에서 차이점을 가지지 않는데 위와 같이 상대적인 개념에 지나지 않는 '일의 완성' 여부라는 기준만으로 용역제공자의 책임을 구분하는 것은 부당하다는 것이다.160)

---

158) 곽윤직, 채권각론(전게서), 250면; 최문기, 채권법각론, 세종출판사(2014), 393면; 곽윤직 편집대표, 민법주해XV, 437면(김용담 집필부분).
159) 진료채무에 관해서 완치의 특약을 일의 완성에 대한 예측가능성과 결부시켜 그와 같은 특약이 있는 경우에는 의료계약이 도급으로 된다는 견해는 문제가 있다는 견해(박수곤(a), 전게 논문, 196면)가 있다. 이 견해는 사람의 병세를 예측한다는 것이 불합리하다는 점, 완치의 특약을 한 경우에도 치료후 부작용이 발생하여 사망에 이른 경우에는 그 완치 여부(예를 들어, 의치제작의 완료)는 별다른 의미가 없다는 점을 근거로 든다. 하지만 용역제공자의 경험은 물론 객관적인 임상의 결과등을 토대로 일의 완성에 대한 예측가능성이 있는 경우가 없다고 할 수 없고(가령 CT촬영의 부작용이 10만명중의 1정도에 그치는 경우라면 완벽한 CT촬영에 대한 완성의무는 결과채무라고 볼 수 있을 것이다), 결과채무를 부담한 경우에도 환자에게 위험이 나타난 경우에는 불가항력 여하에 따라 면책여부를 결정할 수 있으며, 완치의 특약을 하였음에도 환자가 사망에 이르게되어 약정한 완치의 특약이 의미가 없게 된 경우에도 의사의 치료행위와 사망간의 인과관계와 의료인의 귀책사유 여하에 따라 배상책임을 인정하면 된다고 생각한다.
160) 변호사 계약상의 변호사의 채무를 결과채무가 아니라, 수단채무로 파악하는 견해로, 대법원 2002. 11. 22. 선고 2002다9479 판결; 윤석찬, "변호사의 전문가 책임에 관한 소고", 동아법학 제55호, 동아대학교 법학연구소(2012. 5.), 232면.

결국, 의사와 변호사계약은 일률적으로 어떤 전형계약에 포함된다고 하기는 어렵고 경우에 따라 도급이 되기도 하고 고용이 되기도 하며, 위임이 되기도 한다고 본다. 고용의 경우에는 용역제공자와 고객 사이에 종속적 지휘, 감독관계가 필요하다는 점이 구분기준이 되어야 할 것이다. 또한 도급과 위임을 구분하는 기준은 위에서 이미 언급된 기준(즉, 병의 치유를 목적으로 하는 경우에는 도급이 되고 병의 치료를 목적으로 하는 경우에는 위임이 되는 것)보다는 객관적이고 일반적인 기준이 제시되어야 한다고 본다. 이에 관해서는 앞에서 도급계약을 결과채무로 보고 위임계약을 수단채무로 본데서도 확인할 수 있었던 바와 같이, 프랑스에서의 결과채무·수단채무론에서 논의되고 있는 구분기준이 일응 기준이 될 수 있다고 본다.

나. 대법원의 태도

우리 대법원은 의료계약과 변호사계약 일체를 위임계약으로 취급해 왔다. 아래에서는 의료계약과 변호사계약에 관한 대법원 판례가 이들 계약들을 위임계약으로 판단하고 있는 기준을 중심으로 살펴보기로 한다.

1) 의료계약

대법원 2001. 11. 9. 선고 2001다 52568 판결
[사실관계]
　① 피고가 원고병원에서 척추전후유압술 및 장골이식술을 받은 후 하반신 완전마비의 후유증이 남게 되어 약 8년을 원고 병원에서 입원 치료를 받았다.
　② 피고가 원고병원을 상대로 의료과오를 원인으로 한 손해배상청구 소송을 제기하여 원고병원측에 치료상의 과실은 인정되지 아니하나, 원고 병원측이 피고들에게 치료방법의 내용, 필요성, 발생이 예상되는 위험 등에 관하여 충분한 설명을 하지 못하여 피고들이 위 수술을 할 것인지에 대한 선택

의 기회를 잃고 자기결정권을 행사할 수 없었다는 점이 인정되어 손해배상금 지급판결을 받았다.

③ 이와는 별도로 원고 병원은 피고를 상대로 위임계약에 따른 진료비청구를 하였다.

[판결내용]
대법원은 '의사가 환자에게 부담하는 진료채무는 질병의 치료와 같은 결과를 반드시 달성해야 할 결과채무가 아니라 환자의 치유를 위하여 선량한 관리자의 주의의무를 가지고 현재의 의학수준에 비추어 필요하고 적절한 진료의료를 다해야 할 채무 즉, 수단채무라고 보아야 할 것이므로, 위와 같은 주의의무를 다하였는데도 그 진료 결과 질병이 치료되지 아니하였다 하더라도 그 치료비는 청구할 수 있다 할 것이다.'고 판시하였다.

대법원은 이 사안에서 의료채무를 의사가 환자의 치유를 위하여 선량한 관리자의 주의의무를 가지고 현재의 의학수준에 비추어 필요하고 적절한 진료의무를 다한다는 의미의 수단채무로 파악하면서, 질병 치료가 실패하는 경우에도 의료인의 의료비채권을 긍정하고 있다. 위 판결에서 의사가 척추수술 및 이식수술에 대한 수단채무를 가진다는 점을 전제로 당사자들이 위임계약을 체결한 것으로 본 것은 타당하다고 본다. 다만, 위에서 논한 바와 같이 의료채무를 수단채무로 볼 것인지 또는 결과채무로 볼 것인지 여부는 일률적으로 말할 수 있는 것은 아니고 위에서 언급한 수단채무와 결과채무의 구분기준에 따라 구분해야 한다고 본다. 즉, 의사의 의료채무는 의사가 일을 수행함에 있어서 피할 수 없는 위험이 도사리고 있다는 점에서 수단채무로 보는 것이 일반적이지만, 특정한 의료행위는 i) 의학기술이 완벽해져서 더 이상 위험을 수반하지 않는다는 점에서 환자와 의사간에 합의된 일이 명확하고, ii) 의사가 채무이행을 방해하는 사정을 완전히 통제하고 있으며, iii) 의사의 채무불이행으로 인한 손해발생 위험이 예측되거나 또는 극복가능할 수 있다는 점에서 결과채무로 해석할 수 있을 것이다. 그러한 의료행위로서는 혈액검사(당뇨, 콜레스테롤 검사) 등을 들 수 있을 것이다. 하지만 그와 같은 검사 및 진단행위는 임상실험을 통하여 극히 낮은 오진율이 검증된 경우로 국한되어야 할 것이다. 이렇게 본다면, 환자로서는 의사의 혈액검사 등의 잘못으로 손해를 입게 될 경우에 결과채무에 따른 책임을 물을 수 있게 될 것이다. 이와 같은 결론은 의료행위 종사자의 책임을 과중하게 하는 것일까? 환자가 의사의 의료행위가 약정한 결과에 미치지 않았음을 입증하기 위해서는 의료행위에 오류가 있었음을 증명해야 할 것이다. 환자측이 의사의 의료행위에 '오류'가 있었음을 입증하려면 의료행위 종사자가 부담해야 하는 의무의 하한선을 불이행하였음을 증명해야 한다고 본다. 그와 같이 환자가 의료행위 종사자가 부담해야 하는 의무의 하한선을 불이행하였음을 증명한 이후에 의사가 책임을 면하기 위해서는 자신이 통상적인 의료행위의 수준에 따른 모든 조치를 했다는 점 또는 불가항력(예를 들어, 원고인 환자가 임상실험에서 예상한 것과는 다른 특이체질이 있었다거나, 검사기계에 오작동이 있었다는 등)의 사정을 증명해야 할 것이다. 오히려 환자가 어렵게 의사가 오류를 가진 의료행위를 하였음을 입증하였음에도 불구하고, 또다시 의사에게 과실이 없었음을 입증하는 것을 허용하는 것은 환자에게 과중한 부담을 지우는 것이라고 생각한다.

 한편, 이 사건 사실관계를 보면 원고 병원의 치료상의 과실은 인정하지 않으면서도 원고가 환자의 상태를 제대로 설명하지 않아서 피고들이 위 수술을 할 것인지에 대한 선택의 기회를 잃고 자기결정권을 행사할 수 없었음을 인정하고 있다. 생각건대 의사가 환자의 상태를 제대로 설명할 의무를 결과채무인지 또는 수단채무인지를 일률적으로 단언할 수는 없다. 가령 의사가 제공하는 정보가 전문가로서의 '평가'가 포함된 정보(예를 들어, 새로 나온 치료법에 관한 정보로서 치료성공여부를 확신하기 어려운 경우)인 경우에는 의사로서는 수단채무를 부담한다고 해석할 것이다. 반대로 의사가 제공하는 정보가 '사실'에 관한 정보(예를 들어, 임상실험으로 오류의 가능성이 극히 드문 것으로 인정된 검사결과 제공의무)인 경우에는 결과채무라고 볼 수 있을 것이다.

다만, 이와 같이 의사가 환자에게 부담하는 설명의무는 의료계약중 부수적 채무에 해당하므로, 의사가 이와 같은 설명의무를 부담한다고 해서 의사와 환자와의 계약을 도급계약으로 보기는 곤란하다고 본다. 다만 당사자가 이를 주된 급부로서 약정하는 경우에는 설명의무를 내용으로 하는 도급계약도 성립할 수 있을 것이다. 이런 경우에는 의사가 제대로 된 설명의무를 이행하지 않음에 따라 의사는 결과채무에 따른 무과실책임(이에 대해서는 제3장에서 자세히 살펴본다)을 부담하게 할 수 있다고 생각한다.

2) 변호사 계약

가) 대법원 2002. 11. 22. 선고 2002다9479 판결

[사실관계]

① 피고 변호사가 원고의 위임에 따라 이 사건 각 수표의 지급제시 및 사고신고 담보금의 예치가 이루어지기 전에 이 사건 각 수표 사본을 서증으로 첨부하여 이 사건 각 수표의 원인관계에 기하여 그 액면금 상당의 대여금 청구소송을 제기하였다.

② 그 후 원고의 판단에 따라 이 사건 각 수표가 소외 1을 통하여 지급제시되었으나 발행인인 소외 2의 피사취신고 및 사고신고 담보금 예치로 지급이 거절되었다.

③ 그러자, 원고를 대리한 소외 1이 피고 변호사에게 소외 2가 이 사건 각 수표 액면금 상당의 사고신고 담보금을 예치하였다는 사실을 알려주면서 적절한 조치가 무엇인지를 질의하였다.

④ 소외 1의 문의에 대하여 피고 변호사는 "통상 수표에 대한 사고 신고담보금

에 대하여는 소지인이 발행인을 상대로 법원에 소송을 제기하였다는 사실을 증명하는 서류를 지급은행에 제출하여 그 반환정지 요청을 하면 되고, 별도로 가압류를 할 필요가 없는데, 현재 진행 중인 소송이 대여금 청구소송이라 그와 같은 소송이 제기되었다는 사실을 증명하는 서류로도 사고신고 담보금의 반환정지 요청이 가능한지는 잘 모르겠다. 소장과 변론기일소환장을 복사해 줄테니 은행에 가서 위 서류로도 사고신고 담보금의 반환정지 요청이 가능한지 문의하여, 가능하다면 반환정지 요청을 하고, 가능하지 않다면 그 때 다시 검토해 보자."고 말하면서, 위 대여금 청구소송의 소장과 변론기일소환장을 복사하여 건네주었다.

⑤ 그 후 피고 변호사가 소외 1에게 사고신고 담보금에 대한 권리 보전조치를 취하였는지를 물었는데, 소외 1이 "은행에서 위 대여금 청구소송의 소장과 변론기일소환장으로도 반환정지 요청이 가능하다고 하여 반환정지 요청을 하였다."고 대답하자, 변호사는 소외 1이 지급은행에 소송계속중인 사실을 증명하는 서면인 위 소장부본 등을 제출하여 사고신고 담보금에 대하여 권리 보전조치를 적절히 취한 것으로 생각하였고, 나중에 지급은행에 이를 확인하거나 또는 피고 변호사가 위 서면을 지급은행에 다시 제출하는 등의 조치는 취하지 아니하였다.

⑥ 그 후 피고 변호사는 원고와 소외 1로부터 사고신고 담보금에 대하여 별도로 가압류까지 하여야 하는 것이 아닌가 하는 질의를 몇 차례 받았으나, 그 때마다 원고와 소외 1에게, 사고신고 담보금에 대하여 지급은행에 반환정지 요청이 되었다면 별도의 가압류는 필요하지 않다고 대답하였고, 원고와 소외 1도 피고의 그와 같은 말을 믿고 사고신고 담보금에 대하여 별도의 가압류 조치를 취하지는 아니하였다.

⑦ 그런데 원고나 소외 1이 지급은행에 소송계속중인 사실을 증명하는 서면을 제출하지 아니한 상태에서 지급제시일로부터 6개월이 경과하자 소외 2가 위 사고신고 담보금을 반환받아 갔다.

⑧ 이에 따라 원고는 피고를 상대로 손해배상청구를 하였다.

[판결내용]

① 변호사는 승소 판결금을 회수하는 데 있어 실효성 있는 방안을 위임인에게 설명하고 필요한 정보를 제공하여 위임인이 그 회수를 위하여 필요한 수단을 결정하도록 법적 조언을 할 보호의무가 있는데, 이 사건에서 피고 변호사는 대여금 청구소송의 소장과 변론기일소환장의 사본을 주면서 이 사건 수표에 관해 소송계속중인 사실을 지급은행에 신고하라고 설명하고 조언한 이상 필요한 보호의무를 다하였다는 취지로 판시하였다.

② 다만, 변호사가 이와 같은 위임범위를 넘어서서 의뢰인의 재산 등 권리의 옹호에 필요한 모든 조치를 취하여야 할 일반적인 의무가 있다고 할 수는 없으므로, 별도의 위임없이 적극적으로 사고신고 담보금에 대한 권리 보전조치로서 지급은행에 소송계속중임을 증명하는 서면을 제출할 의무는 없다.

이 사안은 변호사와 고객간의 소송계약의 범위에 관하여 판시하고 있다. 위에서 논한 바와 같이 변호사의 소송대리업무, 강제집행 대행업무, 공증업무, 본인을 대신하여 계약협상을 하는 경우 변호사가 부담하는 대부분의 채무는 위임의 규정이 적용되는 수단채무라고 볼 것이다.161) 변호사가 소송을 수행하는 것은 i) 그 소송의 결과는 물론이고 소송수행과정의 기간, 내용 등이 변호사가 고객과 합의한 대로 진행되지는 않는다는 점에서 고객과 변호사가 합의한 일이 명확하다고 볼 수 없고,

---

161) 변호사의 업무 이외에 변리사 또는 법무사의 업무도 같은 기준이 적용되어야 한다고 본다. 즉, 변리사에게 특허출원을 맡기는 일, 법무사에게 등기를 맡기는 일 모두 고객이 특허출원 여부 및 특허출원 내용을 모두 통제하고 있다는 점, 고객이 등기신청 여부에 대하여 통제하고 있다는 점에서 위임으로 보아야 할 것이다. 한편, 변리사에게 특허출원 가능성을 검토시키는 일이나 법무사에게 등기인용 가능성을 검토시키는 것은, 변리사(또는 법무사)가 채무이행을 방해하는 사정을 완전히 통제하고 있거나, 채무불이행으로 인한 손해발생의 위험을 예측하거나 극복가능한 경우에는 도급으로 보아야 할 것이고 그렇지 않은 경우에는 위임으로 보아야 할 것이다.

ii) 변호사가 채무이행을 방해하는 사정을 완전히 통제할 수 없고(예를 들어, 고객의 이름으로 소송을 제기할 것인지 여부는 변호사가 단독으로 결정할 수는 없다), 채무불이행으로 인한 손해발생의 위험을 예측하거나 극복할 수는 없기 때문이다. 이런 점에서 볼 때, 위 판결에서 당사자간에 체결된 소송계약을 위임계약에 해당하는 것으로 판단한 것은 일면 타당하다고 본다. 한편, 위 판결은 이 사건 소송계약이 '권리보전을 위한 실효성있는 방안에 관한 설명의무 및 정보제공의무'를 포함한다고 판시하면서도 그 설명의무 및 정보제공의무의 성질에 대해서는 명확한 해석을 내놓고 있지 않다. 생각건대 변호사의 설명의무 및 정보제공의무에 관해서는, 설명할 내용 또는 정보의 내용에 따라 수단채무 또는 결과채무로 분류할 수 있다고 본다. 즉 변호사가 계약에서 약정한 채무의 이행 결과에 대한 위험을 모두 부담하기로 하고 채무이행을 방해하는 사정을 모두 통제하고 있는 경우에는 이를 결과채무로 볼 수 있을 것이다. 예를 들어, 대법원 2004. 5. 14. 선고 2004다7354 판결은 위임사무의 종료 단계에서 패소판결이 있었던 경우에는 의뢰인으로부터 상소에 관하여 특별한 수권이 없는 때에도 상소하는 때의 승소가능성에 대하여 .. 설명하고 조언하여야 할 의무'가 있다고 하였는데, 변호사가 의뢰인에게 상소하는 경우의 승소가능성을 설명하거나 조언할 채무는 부수적 의무이기는 하지만 결과채무로 분류할 수 있다고 본다. 즉, 소송에서 패소한 경우 변호사가 의뢰인에게 상소하는 경우의 승소할 가능성을 설명하거나 조언하지 않는다면 그 자체로 변호사는 결과채무를 이행하지 않은 것으로 해석해야 할 것이다. 다만 그 설명 및 조언의무는 부수적 의무에 그치는 이상 도급계약상의 무과실책임과 같은 엄격한 책임을 묻기는 곤란하다고 본다.

나) 대법원 1996. 12. 10. 선고 96다36289 판결

대법원은 이 사건에서 '인접 대지 소유자가 자신의 대지 일부를 침범

하여 건물을 소유하고 있음을 이유로 한 건물철거 및 대지인도청구소송을 수임한 변호사가 판결정본이 송달된 것을 간과하여 항소제기기간을 도과시키는 바람에 위임인의 의사에 반하여 상대방의 취득시효 항변을 받아들인 위임인 패소판결이 확정된 경우'에 위임계약상의 선관주의의무 위반을 인정하였다.

이 판결에서는 소송 수행 변호사가 판결정본을 송달받고도 항소기간 내에 항소장을 제출하지 않은 것에 대해서 위임계약상의 선관주의의무 위반을 인정하였다. 그런데 과연 이 경우에도 변호사로 하여금 선관주의의무를 위반한 사실이 없다는 항변을 인정하는 것이 타당한 것인가에 대해서는 의문이 있다.

생각건대, 위 사안에서 위임계약중 항소기간내에 항소장 제출의무가 포함되는 경우에 이를 위임계약상의 부수적 의무에 불과하다는 견해도 있을 수 있다. 하지만 변호사와 의뢰인이 항소기간내에 항소장 제출의무를 약정하였다면 이 채무는 의뢰인의 권리보호에 중요한 영향을 미친다는 점에서 주된 급부의무로 보아야 할 것이다. 그렇다면 변호사와 의뢰인간의 계약은 단순히 소송수행에 관한 위임계약에 그치는 것이 아니라, 불변기간을 준수하여 항소장을 제출할 의무를 포함하는 도급계약도 포함되어 있다고 못볼바 아니다. 그렇다면 변호사가 항소장 제출의무를 이행하지 못하여 의뢰인의 권리주장이 봉쇄된 경우에는 결과채무 불이행에 따른 무과실책임을 부담하여야 할 것이고, 변호사가 이 책임에서 면책하려면 불가항력의 사유(예를 들어, 법원 전산망이 알 수 없는 이유로 마비되어 항소장 제출이 불가능한 경우)를 들어야 할 것으로 본다(무형도급의 수급인의 결과채무 불이행에 따른 무과실책임에 대해서는 제3장에서 자세하게 살펴본다). 이에 대해 변호사가 위임계약에 따른 채무불이행책임을 부담하는 것으로도 충분하다는 견해는 면책을 주장하려는 변호사가 자신에게 과실이 없었다는 증명을 할 수 있다고 할 것이다. 하지만, 의뢰인이 변호사의 항소장 불제출 사실을 입증한 경우, 항소장 불제출이라는 사실관계 속에는 이미 변호사의 귀책사유가 포함되어 있다고 보는 것이 타당하고, 변호사는 자신에게 귀책사유(즉, 고의, 과실)가 없다는 주장을 할 수 없는 반면, 불가항력을 이유로 면책을 주장할 수 있다고 해석할 것이다.

2. 기타 지적 용역제공계약

종래 전통적인 지적 용역제공계약 이외에도 전문가 집단이 제공하는 용역제공계약도 변호사계약이나 의료계약과 구분하여 취급할 이유는 없다고 본다. 공인회계사에게 회계조사를 맡기는 경우, 세무사에게 세무신고를 비롯한 세무관리업무를 맡기는 경우, 건축사에게 건축설계를 맡기는 경우, 감리자에게 건축공사감리를 맡기는 경우 등을 들 수 있다.

가. 견해의 대립

학설에 따라 이들 계약들을 무형도급으로 이해하는 견해와 위임으로 이해하는 견해로 구분할 수 있다.

무형도급으로 해석하는 견해[162]는 건축사에게 설계를 맡기는 등 정신적 노동을 산출하게 하는 계약을 무형도급으로 새기고 있다. 이 견해는 공인회계사의 회계조사, 세무사에의 세무 등을 맡기는 것, 감리자에게 건축감리를 맡기는 것을 어떻게 처리해야 할 것인지에 관해서는 명확하게 밝히고 있지 않지만 이들 모두 정신적 노동을 제공하는 계약이라는 점에서 무형도급으로 새길 것으로 생각된다.

위임으로 보는 견해[163]는 공인회계사에의 회계조사, 세무신고등의 위탁은 물론, 감리자에의 건축공사 감리계약 위탁 등을 위임으로 보고 있다.

---

162) 김용담 편집대표, 주석민법 채권각칙(4), 217면(이준형 집필부분).
163) 김용담 편집대표, 주석민법 채권각칙(4), 523면(정현수 집필부분).

하지만, 이들 각 지적 용역제공계약에 대해서도 변호사계약과 의료계약에서 살펴본 바와 같은 기준(즉, 수단채무와 결과채무의 구분기준)이 적용되어야 한다고 본다. 사건으로는, 회계사, 세무사, 건축사, 감리자 등의 업무 중에서 i) 고객과 용역제공자가 합의한 일이 명확한 경우, ii) 용역제공자가 채무이행을 방해하는 사정을 완전히 통제할 수 있거나(예를 들어, 세무사가 확립된 세무 관련 판례를 바탕으로 세무 의견서를 작성하는 경우), 채무불이행으로 인한 손해발생의 위험이 예측되거나 극복 가능한 경우에는 결과채무로서 도급계약에 해당한다고 할 것이고, 그렇지 않은 경우에는 수단채무로서의 위임에 해당한다고 볼 것이다. 결과적으로, 의료계약이나 변호사계약과 마찬가지로 기타의 지적인 용역을 제공하는 계약 역시 도급계약 또는 위임계약으로 해석할 수 있다고 본다.

나. 대법원의 태도

1) 세무사와의 세무신고계약

가) 대법원 2018. 9. 13. 선고 2015다48412 판결

[사실관계]

① 원고를 대리한 소외 1(원고의 처)은 소외 2의 중개로 이 사건 농지를 매도하고 그 소유권이전등기를 마쳐주었고, 소외 2는 2013. 4. 30. 원고 부부에게 양도소득세 신고 대리를 위해 피고 운영의 세무사사무소를 제안하여 승낙을 받았다.

② 소외 2는 원고로부터 받은 농지원부, 주민등록표 초본 및 자신이 보관 중이던 이 사건 농지에 관한 매매계약서를 피고에게 팩스로 송부하면서, 피고에게 전화로 "8년 이상 자경농지이고, 그 옆에 살고 있어서 감면대상이니까 그렇게 처리해 주십시오."라고 말하였다.

③ 소외 1은 송금인을 원고로 하여 피고의 사무장 계좌로 세무대리에 대한 보수

150,000원을 송금하였다.

④ 피고는 세무서에 원고의 이 사건 농지 매도에 따른 양도소득세 예정신고를 대리하면서, '원고가 8년 이상 이 사건 농지 소재지에 거주하면서 이를 직접 경작하였으므로, 조세특례제한법 제69조 제1항에 따라 양도소득세 전액의 면제를 구한다'는 신청을 하였고, 그 양도소득세 예정신고서 및 면제신청서에 원고의 주민등록표 초본, 이 사건 농지에 관한 매매계약서, 농지원부의 각 사본을 첨부하였다.

⑤ 세무서장은 실사를 한 결과, 원고가 8년 이상 이 사건 농지 소재지에 거주하면서 이를 직접 경작하였다는 주장을 사실이 아닌 것으로 판단하여, 원고에게 양도소득세에 신고불성실 가산세를 추가하여 통지하였다.

[판결내용]

① 세무사와 조세 신고의 대리업무를 맡긴 납세자 사이의 법률관계는 민법상의 위임관계와 같은바, 소외 2는 원고의 대리인으로서 피고에게 세무대리를 위임한 것이라고 할 수 있다.

② 소외 2가 피고에게 원고의 양도소득세 면제신청 관련 필요 서류 전부를 보내면서 "8년 이상 자경농지이고, 그 옆에 살고 있어서 감면대상이니까 그렇게 처리해 주십시오."라고 말하였고, 원고 명의로 보수가 입금된 이상, 세무대리 위임의 의사와 구체적 위임사무의 내용이 명확하다고 할 수 있어, 피고가 본인인 원고의 진정한 의사를 확인해야 할 만한 특별한 사정이 있었다고 보기 어렵다고 하면서, 피고의 선관주의의무위반을 이유로 인용한 원심판결을 파기하였다.

위 판결은 세무사에의 세무신고를 위임계약으로 본 사안이다. 위에서 논한 바와 같이 위임인이 세무신고서 작성 및 제출에 관한 결정권한을 가지고 있다는 점에서 세무사가 채무이행을 방해하는 사정을 완전히 통제하고 있다거나 또는 채무불이행으로 인한 손해발생위험을 예측하거나 극복가능하다고 볼 수는 없다고 본다. 이 점에서 판례가 위 사안을 수단채무인 사무처리 의무를 부담하는 위임계약으로 본 것은 타당하다고 본다.

나) 청주지방법원 2012. 8. 17. 선고 2011가단18727 판결
한편, 세금 신고업무중에서도 세무사가 도급계약상의 일을 완성할 채무를 부담한다고 볼 수 있을만한 사례를 찾아볼 수 있다.

[사실관계]
① 피고는 소외회사의 세무업무를 위임받아 처리해왔는데, 원고는 소외 회사를 인수함에 있어서 발생할 세무에 대한 상담을 피고로부터 받았다.
② 세무상담당시 원고는 피고에게 '가족명의로 소외 회사의 주식을 인수해도 문제가 없는지'를 물었고, 피고는 문제없다는 취지로 답변하였다.
③ 세무상담 이후 원고는 소외 회사의 주식을 원고 및 원고 아들들의 명의로 취득하였고, 피고는 원고를 위하여 주식양수도계약서와 주식양도의 신고업무를 대행하였다.
④ 피고의 상담내용과 달리 원고는 소외 회사의 과점주주로 인정되어 관청으로부터 취득세 및 농어촌특별세를 부과받았다. 이에 원고는 피고를 상대로 관련 법령을 제대로 검토하지 아니한 채 세무상담을 한 과실을 이유로 한 손해배상을 청구하였다.

위 판결은 '소외회사의 세금 관련 업무를 위임받아 처리하던 세무사 피고가 소외회사를 인수하려는 원고에게 가족 명의로 소외회사의 주식을 인수해도 문제가 없다는 취지로 세무 상담을 해준 뒤 수수료를 받고 주식양수 관련 계약서 작성 및 신고업무를 대행하였으나, 피고의 세무 상담과 달리 원고가 소외회사의 과점주주로 인정되어 취득세 등을 부과받은 사안'에서, 피고의 잘못된 정보제공으로 원고가 세금을 부과 받음으로써 받은 손해를 배상하도록 판시하였다.

이 사안에서 법원은 피고가 선량한 관리자의 주의의무를 다하여 관련 법령을 검토해야 한다고 판시하였으나, 용역의뢰자가 질의한 과점주주여부는 지방세법을 검토하면 별다른 어려움 없이 확인할 수 있는 사항이어서 세무사는 용역제공의 결과에 대한 통제권을 가지고 있다는 점에서 세무사와 용역의뢰자 사이에는 도급계약이 체결된 것으로 해석하는 것이 타당하다고 하겠다. 위에서 언급한 대법원 2015다48412판결은 피고인 세무사가 단지 세무신고사무를 위탁받아 처리한 사안으로서, 원고인 고객이 여전히 세무신고업무에 관한 결정권한을 가지고 있다고 보아야 할 것인데 반하여, 위 하급심판결(2011가단18727판결)은 피고 세무사의 세무상담이 원고 고객이 소외 회사의 주식을 인수하는데 결정적인 역할을 하였다는 점, 주식양수도 계약서 및 신고업무를 대행했다는 점에서 피고 세무사가 원고를 위한 세무 상담 및 세무 신고업무의 완성에 대한 의무, 즉, 도급계약상의 결과채무를 부담한다고 보는 것이 타당하다고 생각한다.

2) 감리자와의 건축공사감리 위탁계약

대법원 2003. 10. 10. 선고 2002다11236 판결

[사실관계]

① A건설사와 B주택조합은 C건축사사무소와 원고 사이에 용역계약을 체결하여 아파트 신축공사에 대한 건축 및 전기부분 책임감리를 원고와 C가 공동으로 수행하고 이에 대해 A와 B가 균등 분할하여 감리비를 지급하기로 하였다. A는 이에 따라 원고 및 C에게 계약금액의 10%를 감리비 선급금으로 지급하였다.

② 피고는 원고 및 C에 대하여 A가 감리비 지급채무를 불이행함으로써 감리자가 입은 손해를 보상하기로 하는 내용의 감리비 지급보증을 하였다.

③ 원고와 C는 감리업무를 수행하여 오던 중 A의 부도로 인하여 공사가 중단되자 피고의 요청에 따라 감리업무를 중단하였다.

④ 원고와 C는 세 차례에 걸쳐 A로부터 감리기성금중 일부를 지급받았다.

⑤ A는 원고에 대한 나머지 감리기성금을 지급하지 않은 채 파산선고를 받았다.
⑥ 원고는 A로부터 지급받지 못한 감리비 상당액을 A의 지급보증인인 피고에게 청구하였다.

[판결내용]
① 주택건설촉진법에 따른 공동주택건설사업계획 승인을 얻은 사업주체는 사업계획 승인권자가 지정한 감리자와 감리계약을 체결하도록 되어 있다.
② 지정된 감리자에게 업무상 부정행위 등이 있는 경우에 한하여 사업계획 승인권자가 감리자를 교체할 수 있을 뿐, 사업주체가 함부로 감리자를 교체할 수도 없도록 되어 있는 점 등에 비추어 보면, 위 법령에 따라 체결된 감리계약은 당사자 사이의 신뢰관계를 기초로 하는 것이라기보다는 공동주택건설사업의 원활하고도 확실한 시공을 고려한 사업계획 승인권자의 감리자 지정에 기초하고 있는 것이다.
③ 사업주체의 파산으로 당연히 감리계약이 민법 제690조에 따라 종료하였다고 볼 수는 없다 하더라도, 원고가 지급받을 수 있는 감리비에는 차이가 없다[164].

이 사안은 전문가가 제공하는 지적 용역제공계약의 일종인 감리계약의 성질을 위임계약으로 보면서도 민법 제690조의 적용을 배제하였다. 그런데 이 사안에서 체결된 감리계약에서 A건설사가 원고에게 감리비를 균등 분할하여 지급하기로 약정했다는 이유만으로 감리계약을 위임계약으로 단정하는 것은 곤란하다고 생각한다. 더욱이 위 판결에서 언급한 바와 같이 위 감리계약은 당사자 사이의 신뢰관계를 기초로 체결된 것이 아니라는 점에서도 위임계약이라고 보기는 어렵다. 위 판결에서 감리

---

164) 원심은 사업주체인 A의 파산으로 당연히 감리계약이 종료되어 원고는 피고로부터 원고가 이미 제공한 감리업무에 따른 기성감리비 중 충당이 예정된 선급금과 이미 지급받은 감리비를 공제한 금원을 지급받을 수 있다고 판단하였는데, 대법원은 판결이유를 달리하면서도 원고가 지급받을 수 있는 감리비에는 차이가 없다는 취지로 판결하였다.

계약을 위임으로 해석한 이유는 건축공사의 특성상 감리인에게 일의 결과에 관한 위험일체를 부담지우는 것이 과하다는 판단에 기인한 것으로 본다. 하지만 감리인이 자신이 가지고 있는 지식과 경험에 비추어 감리업무에 관한 일체의 위험을 부담하는 것은 오히려 당연하다고 생각한다. 이에 따라 감리업무가 계약에 부적합한 것이 밝혀진 경우 감리자는 도급계약165)에 따른 결과채무를 부담하는 한편, 감리업무를 이행하지 못한 데 대해 불가항력이 있는 경우에 면책을 인정하는 것이 감리자라는 전문가에게 감리업무를 맡기는 취지에 부합하는 것으로 생각한다. 만일 감리자의 책임이 과중해지는데 따른 문제는 강제보험 등의 방식을 통해 완화하는 방안을 강구하는 것이 타당하다고 본다. 이러한 결론은 대법원 판결이 민법 제690조166)를 적용하지 않는 결론과도 부합할 수 있다고 본다.

II. 기타 용역제공계약의 규율

1. 계약유형별 논의

본절 제1항에서 지적용역제공계약에 해당하는 계약들을 살펴보았고, 이제 기타 용역제공계약을 살펴보고자 한다. 이들 계약들은 용역제공자가 용역의뢰자와 대등한 관계를 가지면서 용역을 제공한다는 점에서 고용과는 구분된다. 또한, 기타 용역제공계약들은 용역제공자가 요구하는

---

165) 감리계약은 기본적으로는 위임계약이라고 하더라도 전형적이고 순수한 의미의 위임계약이라고 하기는 어렵고, 감리사무의 완성을 목적으로 하는 도급계약으로서의 성격도 일부 포함하고 있다고 해석하는 견해로서, 박종권, "감리계약에서 위임계약 종료에 관한 민법 제609조의 적용여부", Jurist plus 통권 411호.(2006), 553면.
166) 민법 제690조: 위임은 당사자 일방의 파산으로 종료된다.

바에 따라 순수하게 용역(유형물 제공을 제외한다)만을 제공하는 계약들로 범주화하고자 한다.[167] 그 이유는 '유형물 제공'이라는 요소가 포함되는 경우, 이를 도급계약으로 이해하는 것이 쉬워지는 데 반해, 순수한 용역계약을 대상으로 하는 경우에는 용역 자체의 제공으로 도급계약의 성질을 인정할 수 있는지 여부를 살펴볼 수 있기 때문이다.

종래 기타 용역계약들은 주로 위임계약 또는 비전형계약으로 해석되어 왔다. 예를 들어 위임계약으로 해석되어 오던 것으로는 i) 부동산 매매 및 임대차 중개, 부동산 관리계약, ii) 채권의 추심·채무의 변제위탁, 보증의 위탁, iii) 경비업무의 위탁(名古屋地判平2年3月1日 判時 1366·102), 인증시험업무의 위탁(東京地判平18年4月21日 判時 1956·111)이 있고(이하 총칭하여 '위임계약형'), 비전형계약으로 해석되어 오던 것으로 iv) 정보제공계약 v) 전속계약 등(이하 '비전형계약형')을 들 수 있다.

가. 위임계약형

우리 민법상 도급은 수급인이 일을 완성할 의무로서 결과채무를 부

---

[167] 노인요양의 위탁, 교육계약, 유아감호계약(대법원 2003. 10. 10. 선고 2002다41794 판결), 탁아소에서 영아를 돌보는 계약(名古屋地判昭59年3月7日 判時 1123·106) 등도 주로 용역을 제공하는 계약으로서 위임계약으로 해석되어 왔는데, 이들 계약들은 시설사용등이 포함되어 순수한 용역제공계약에 해당하지는 않는다는 의미에서 기타 용역제공계약에서는 제외하기로 한다.
즉, 노인요양계약의 경우 시설에 대한 임대차계약과 급식에 대한 매매계약, 시설 운영자를 비롯한 담당자들에 대한 위임 또는 도급계약이 혼재할 수 있다고 본다(양로원 입소계약을 혼합계약으로 보는 견해로, 김동훈(a), 전게 논문, 221면) 또한 교육계약이나 유아감호계약의 경우에도 시설에 대한 임대차계약과 강의 또는 보육에 대한 위임계약 또는 도급계약(즉, 강사 또는 보육사에게 채무이행을 방해하는 사정에 대한 통제권한이 있는 경우 또는 채무불이행으로 인한 손해발생의 위험이 예측되거나 극복할 수 있는 경우에는 도급으로 보고 그렇지 않은 경우에는 위임으로 볼 것이다)이 혼재할 수 있다고 본다.

담하고, 고용은 용역제공자가 용역의뢰인과 종속적인 관계가 있기 때문에, 용역제공자가 용역의뢰자와 대등한 관계에서 용역을 제공하는 대부분의 계약은 위임에게 맡겨져 있다. 다만 수급인이 일을 완성할 의무라는 것도 상대적이어서 용역 그 자체를 제공하고 싶은 것인지 아니면 일의 결과를 의도한 것인지를 구분하는 것이 용이하지 않다는 비판168)이 있다는 점에서 우리의 위임계약들에 대해서도 다른 해석의 여지가 없는지를 검토해보기로 한다.

1) 위임계약으로 해석하는 견해

우리나라에서는 부동산매매, 임대차 중개위탁(대법원 2015. 1. 29. 선고 2012다74342 판결 등), 부동산관리, 채권의 추심이나 채무의 변제의 위탁, 보증의 위탁 등을 위임의 예로 들고 있다.169) 또한 일본 판례중에는 경비업무위탁계약 및 인증업무위탁계약을 준위임으로 다룬 사례를 찾아볼 수 있다. 위임은 법률행위이건 사실행위이건 무관하게 수임인이 선량한 관리자의 주의의무로 사무를 처리한다는 점을 근거로 한다.

2) 고용으로 해석하는 견해

우리 민법상 고용계약에서 사용자와 피용자 사이의 종속관계를 배제함으로써 노동법상의 고용계약과 구분하는 견해170)는 위에서 언급한 위임계약형 계약들도 고용계약에 해당한다고 해석할 수도 있을 것이다. 하지만 이 견해는 독일민법상의 특수성(즉, 독일민법상 위임이 무상계약이어서 유상의 용역제공계약을 고용에 포섭하려는 필요성)에 기인한 것이라는 비판이 가해지고 있음은 위에서 살펴본 바와 같다. 한편, 고용계약이 사용자와 피용자 사이의 종속관계를 전제로 한다고 보는 통설에 따

---

168) 幾代通·広中俊雄 編輯代表, 新版 注釋民法(16) [幾代通 執筆, 前揭書, 4頁.
169) 김용담 편집대표, 주석민법 채권각칙(4), 523면(정현수 집필부분).
170) 김형배, 노동법, 211면.

르면 고객과 용역제공자 사이에 종속관계가 없는 기타 용역제공계약에 고용규정을 적용하기가 곤란하다. 또한, 민법상의 고용계약과 노동법상의 고용계약을 구분하는 경우에는 일반법인 민법의 고용계약이 노동법상의 고용계약을 포괄한다고 보아야 할 것인데, 그런 경우 민법상의 고용계약에는 사용자와 피용자간의 종속성이 있는 고용계약과 종속성이 없는 고용계약이 함께 존재하게 된다. 그런 경우 서로 이질적이어서 서로 다른 규율을 받게 되는 계약 일체를 '고용'으로 취급하는데 따른 계약 해석상의 혼란을 피할 수 없다고 본다. 특히 계약당사자는 자신이 체결하는 고용계약이 민법상의 고용계약인지 노동법상의 고용계약인지를 명확하게 밝혀야 할 것이고, 계약상 명확하지 않은 경우에는 어떻게 처리할 것인지도 명확하지도 않다. 이런 점에서 고용계약은 통일적으로 사용자와 피용자 사이의 종속성을 개념요소로 하는 것이 타당하다고 생각하고, 위에서 본 위임계약형 계약들을 고용으로 해석하는 것은 타당하지 않다고 본다.

3) 도급으로 해석하는 견해

부동산매매 및 임대차 중개, 부동산관리, 채권의 추심, 채무의 변제위탁, 보증의 위탁 등의 경우, 일의 완성의 개념을 상대적으로 해석하여 용역제공자가 각 계약에서 정한 일을 완성할 것을 약정할 수 있다는 점에서 도급으로 보아야 한다는 견해가 있을 수 있다.

하지만, 도급은 일을 완성할 때까지의 용역의 성과 실현에 관한 위험을 용역제공자가 부담한다는 점,171) 수급인이 일의 완성을 방해하는 상황을 통제해야 한다는 점, 수급인이 채무불이행으로 인한 손해발생 위험을 예측하거나 또는 극복 가능해야 한다는 특성을 요구한다는 점에서 이들 각 용역제공계약들 모두가 결과채무를 부담한다고 보아 도급계약

---

171) 幾代通·広中俊雄 編輯代表, 新版 注釋民法(16) [幾代通 執筆, 前揭書, 2頁.

으로 해석할 수는 없다고 생각한다.

4) 검토

아래에서 ① 부동산 매매 및 임대차 중개, 부동산 관리와, ② 채권의 추심, 채무의 변제위탁, 보증의 위탁, ③ 경비업무위탁, 인증업무위탁 등으로 구분하여 살펴본다.

가) 부동산매매 및 임대차 중개 등

부동산매매 및 임대차 중개의 경우에는 부동산 매매 및 임대차 여부 및 조건을 결정하는 것은 용역의뢰자만 할 수 있다는 점에서 용역제공자가 일의 완성을 방해하는 상황을 통제한다고 보기 어렵다. 이런 점에서 부동산매매 및 임대차 중개계약은 위임의 성질을 가지고 있다고 보아야 할 것이다.[172] 대법원도 중개의뢰를 받은 중개업자는 선량한 관리자의 주의로 중개대상물의 권리관계 등을 조사·확인하여 중개의뢰인에게 설명할 의무가 있다고 보고 있다.[173] 이에 대해 부동산중개인이 일정

---

[172] 대법원 2015. 1. 29. 선고 2012다74342 판결: 갑 등이 부동산중개업자 또는 중개보조원인 을 등의 중개로 아파트 건설을 추진하던 병 지역주택조합과 조합원 가입 계약을 체결하였는데, 조합 설립인가 지연 중 사업부지가 재정비촉진구역으로 지정되어 지역주택조합 방식으로는 아파트 건축이 불가능하게 되자, 을 등을 상대로 손해배상을 구한 사안에서, 조합 가입을 중개한 시점에 조합 설립인가 또는 아파트 건설사업이 무산될 위험이 존재하였는지와 위험의 존재를 확인할 수 있었는지를 심리하여 을 등이 선량한 관리자의 주의로써 위와 같은 위험을 확인·조사하여 고지할 의무를 부담하는지와 그러한 의무를 위반하였는지를 판단하였어야 하는데도, 이를 심리하지 않은 채 을 등이 조합 설립 여부와 정비구역 지정 여부 및 그에 따른 영향 등에 관한 사항을 정확하게 설명할 업무상의 일반적인 주의의무나 신의칙상 의무를 위반하였다고 본 원심판결에 수임인의 선관의무에 관한 법리오해 등의 위법이 있다고 한 사례. 이 밖에 대법원 2013. 6. 28. 선고 2013다14903 판결 참조.
[173] 대법원 2015. 1. 29. 선고 2012다74342 판결: 갑 등이 부동산중개업자 또는 중개보조원인 을 등의 중개로 아파트 건설을 추진하던 병 지역주택조합과 조합

한 사정에 대한 금지의무, 공정하게 업무를 처리할 의무, 비밀을 지킬 의무 등의 선량한 주의의무를 부담하는 점에서 위임계약의 특성을 가지고 있을 뿐 아니라, 부동산중개인은 일을 완성할 때까지는 보수를 청구하지 못한다는 점에서는 도급의 성질을 가지고 있다는 점에서 비전형계약이라고 보는 견해[174]도 있다. 하지만, 비록 부동산중개계약이 보수청구권에 관해서는 도급에 가까운 효력을 가지고 있다고 하더라도 용역제공자가 일의 완성에 대한 위험 일체를 부담하는 것은 아니라는 점에서 위임계약으로 해석하는 것이 타당하다고 하겠다. 다만, 결혼중개업소가 결혼중개시 몇 명을 소개하면 돈을 받기로 하는 경우에는 용역제공자가 일의 완성에 대한 모든 권한과 책임을 가진다고 볼 수 있다는 점에서 이를 도급으로 보는 것이 타당하다고 본다.

한편, 부동산 관리의 경우에는 위임으로 계약하는 것이 일반적인 것으로 보이지만, 용역제공자가 용역의 성과 실현에 대한 위험을 모두 부담하는 것이 가능하고, 채무이행을 방해하는 사정을 완전히 통제하고, 채무불이행으로 인한 손해발생 위험이 예측되거나 극복가능할 수가 있

원 가입 계약을 체결하였는데, 조합 설립인가 지연 중 사업부지가 재정비촉진구역으로 지정되어 지역주택조합 방식으로는 아파트 건축이 불가능하게 되자, 을 등을 상대로 손해배상을 구한 사안에서, 조합 가입을 중개한 시점에 조합 설립인가 또는 아파트 건설사업이 무산될 위험이 존재하였는지와 위험의 존재를 확인할 수 있었는지를 심리하여 을 등이 선량한 관리자의 주의로써 위와 같은 위험을 확인·조사하여 고지할 의무를 부담하는지와 그러한 의무를 위반하였는지를 판단하였어야 하는데도, 이를 심리하지 않은 채 을 등이 조합 설립 여부와 정비구역 지정 여부 및 그에 따른 영향 등에 관한 사항을 정확하게 설명할 업무상의 일반적인 주의의무나 신의칙상 의무를 위반하였다고 본 원심판결에 수임인의 선관의무에 관한 법리오해 등의 위법이 있다고 한 사례. 이 밖에 대법원 2013. 6. 28. 선고 2013다14903 판결 참조.

[174] 소성규, "부동산중개계약에 관한 판례의 동향", 부동산학연구 제4집, 한국부동산분석학회(1998. 10), 210면, 212면. 특히 이 견해에 따르면 부동산 중개업자는 일을 완성할 의무를 가지는 것도 아니고 의뢰인도 일을 수령할 의무를 가지는 것도 아니라는 점을 들어 도급과는 거리가 멀다는 점을 강조하기도 한다.

다는 점에서 도급으로 해석되는 경우도 있다고 본다.

나) 채권의 추심, 채무의 변제위탁, 보증의 위탁

채권의 추심, 채무의 변제위탁, 보증의 위탁에 대해서는 채권추심, 채무의 변제, 보증 여부에 대한 결정을 용역의뢰자가 최종적으로 한다는 점에서 용역제공자가 일의 완성에 대한 일체의 위험을 부담한다고 보기 어려우므로 도급보다는 위임에 해당하는 경우가 많다고 본다. 다만 용역제공자가 채권의 추심, 채무의 변제, 보증 등에 관하여 채권추심, 채무변제, 보증 여부 및 그에 따른 조건의 결정에 관한 권한을 행사하고, 일의 성과를 기준으로 보수를 정한다면 이를 도급으로 보는 것이 타당하다고 본다.

다) 경비업무위탁, 인증업무위탁

통상적으로 경비업무를 제공하는 용역제공자와 인증업무를 제공하는 용역제공자는 선량한 관리자의 주의의무로 용역을 제공하는데 그치는 점에서 위임계약으로 볼 수 있을 것이다. 예를 들어 용역제공자가 자신이 가지고 있는 경험과 능력을 기반으로 인증업무를 처리하는 경우에 인증업무와 관련된 사정을 모두 통제하는 것이라고 볼 수는 없고, 채무불이행의 가능성을 예견하고 방어하는 것이 가능하다고 보기는 어렵기 때문이다. 하지만 용역제공자가 자신이 제공하는 업무와 관련하여 일체의 상황을 통제하고 있는 경우에는 도급으로 볼 수 있다. 예를 들어 용역제공자가 특정한 자격을 가지고 인증업무 또는 경비업무를 하는 경우에는 자신의 업무에 대한 사정을 모두 통제하고 있고, 채무불이행의 가능성을 예견하고 극복하는 것이 가능하다고 보아야 할 것이기 때문이다. 만일 용역제공자의 예견을 넘어선 위험이 발생한 경우에는 결국 불가항력을 이유로 한 면책이 가능하다고 보아야 할 것이다.

나. 비전형계약형

1) 정보제공계약

정보제공계약이란 계약 당사자 일방이 타방에게 일정한 범위의 정보를 제공하기로 하는 계약으로서,175) 정보제공계약이 단독으로 체결되는 경우도 있고 전문가와의 위임계약에 부수하여 체결되는 경우도 있다.

정보제공계약의 성질에 관해서는 종래 도급으로 보는 견해와 비전형계약으로 보는 견해가 제시되어 왔다.176) 두 견해 모두 도급에서의 하자담보책임이 적용되는 것으로 새기고 있다.

생각건대, 정보제공계약은 두 가지로 나누어 용역제공자가 '사실적 정보'를 제공하는 경우(가령, 신용정보업자가 고객으로부터 요청받은 정보가 '고객이 거래하고자 하는 상대방이 특정한 타인과 거래중에 있는지 여부를 확인해 달라'는 것인 경우)와 '평가에 대한 정보'(가령, 신용정보업자가 고객으로부터 요청받은 정보가 '고객이 거래하고자 하는 상대방이 어느 정도의 금전 지불능력을 가지고 있는 자인지 확인해 달라'는 것인 경우)를 제공하는 경우로 구분하여 살펴볼 필요가 있다(이는 DCFR IV.C.에서의 정보제공계약에 대한 규정과 같은 취지이다. 이에 대해서는 제4장 제2절에서 자세히 살펴본다). 이때 '사실적 정보'를 제공하는 경우에는 용역제공자는 제공하고자 하는 사실정보가 정확한 것인지에 대한 충분한 검증능력177)을 보유하고 있다는 점에서 채무이행을 방해하는 사정을 완전히 통제하고 있다고 보아야 하고, 채무불이행으로 인한 손해발생을 예측하거나 극복할 수 있다고 보아야 할 것이다. 이런 점에서 사실정보를 제공하는 계약은 도급계약으로 볼 수 있을 것이다. 반면에 '평가

---

175) 이은영, 채권각론(전게서), 548면.
176) *Ibid.*
177) 만일 용역제공자가 계약체결당시부터 사실확인에 대한 검증능력을 가지고 있지 않다고 한다면 그 자체로 채무불이행에 해당할 것이다.

에 대한 정보'를 제공하는 경우에는 용역제공자로서는 선량한 관리자의 주의의무로 채무를 이행한다고 보는 것이 더욱 정확할 것이다. 이런 점에서 평가에 대한 정보를 제공하는 계약은 위임계약으로 보는 것이 타당하다고 본다.

2) 전속계약

전속계약은 예·체능적 활동의 노무제공자가 특정의 사업자에게 전속되어 그에게 독점적으로 노무를 제공하기로 하고 그 대가로서 사업자로부터 전속료를 받는 계약이다.[178] 여기에는 방송출연계약, 프로덕션계약(프로덕션이 전문인의 모든 활동을 책임지고 보호, 육성하는 반면, 전문인은 프로덕션이 그를 대리하여 체결한 출연계약의 내용에 따라 연예활동을 하는 계약을 말한다), 매니져계약, 전속매니지먼트계약, 스폰서계약, 에이전트계약, 구단전속계약을 포함한다.[179]

전속계약의 성격에 관해서 도급에 가까운 독립적 성격의 비전형계약이라는 견해[180]는 출연계약에 의하여 연예수요자가 연예인의 실연을 청구할 권리를 취득하기도 하고 예능인의 출연을 중개해주는 사업자가 계약당사자가 되기도 한다는 점을 근거로 들고 있다.

한편, 전속계약은 사업자의 승낙없이 또는 사업자의 승낙과 관계없이 타사에 출연하여 같은 내용의 노무를 제공하는 것이 금지된다는 점에서 고용계약의 성격을 가지고 있고, 출연이라고 하는 무형의 일의 완성을 목적으로 하는 도급으로서의 성격을 가지고 있으며, 연예인의 개인적인 능력과 기예 등에 의하여 노무를 제공하고 연예인 자신의 의견과 자유

---

178) 김동훈(a), 전게 논문, 213면.
179) 장재현·권기덕, "전문직종사자 전속계약의 특질", 법학논고 제22집, 경북대학교 법학연구소(2005. 6), 17면.
180) 이은영(b), "엔터테인먼트계약의 다양한 모습", 외법논집 제13집, 한국외국어대학교 법학연구소(2002. 12), 10면.

재량의 여지를 인정하며 사무처리과정을 중시하고 당사자간의 신뢰관계가 긴밀하다는 점에서 위임계약과 유사하다는 점에서 고용, 도급, 위임의 세가지 전형계약의 성질을 갖춘 비전형계약이라고 해석하는 견해도 있다.181)

이와 관련하여 법원은 전속계약의 법적 성질에 대해서 도급적 성격이 짙게 깔린 비전형 무명계약(서울지방법원 1985. 4. 3. 선고 84가합1302 판결)이라고도 하고, 고용계약에 속한다고도 한다(대법원 1990. 11. 9. 선고 90다카7262 판결).

생각건대, 전속계약은 용역제공자의 용역제공의 내용 및 책임, 보수의 지급방법, 계약해지의 자유성 등에 관하여 다양한 모습을 띨 수 있어서 일률적으로 법적 성질을 단정하는 것은 곤란할 것이다.182) 이에 따라 고용계약, 도급계약, 위임계약의 성질을 모두 가지는 경우에는 혼합계약으로 볼 수 밖에 없는 경우도 있을 것이다. 다만 여전히 용역제공자가 부담하는 주된 급부의무의 성격이 결과채무의 성격을 가지는지 수단채무의 성격을 가지는지를 구분할 실익이 있다고 본다. 특히 용역제공자의 주된 급부의무가 결과채무인 경우에는 이를 이행하지 못한데 따른 무과실책임(민법 제676조에 따른)을 부담하는 경우도 있다. 예를 들어, 오페라 가수가 기획사와 전속계약을 체결하고 다른 기획사에서 주최하는 공연에는 출연하지 않기로 하였다고 하더라도(즉, 고용계약의 성격을 가지더라도) 기획사와 약정한 공연에서 자신의 능력을 충분히 발휘하지 못

---

181) 한상호, "전속출연계약(상)", 사법행정 제30권 제3호, 한국사법행정학회(1989. 3) 79면; 곽윤직 편집대표, 민법주해XV, 431면(김용담 집필부분).
182) 사동천, "전속계약의 법리", 민사법학 제37호, 한국민사법학회(2007. 6), 259면. 이 논문에서는 전속계약에서 도급의 성질을 띠는 것을 전제로(예를 들어, 전속계약한 예체능인), 예체능인의 노무제공은 사업자의 수령과 동시에 이루어지는 것이 보통이므로, 노무제공의 현장에서 또는 노무제공 때로부터 상당한 기간내에 민법 제667조 제1항에 의한 담보책임을 물을 수 있어 보이지만, 그 밖의 경우에는 담보책임의 적용이 제한되어야 한다고 설명한다.

하였다면 그에 따른 무과실책임을 부담해야 할 것이다(무형도급 수급인의 무과실책임에 관해서는 제3장 제2절 참조).

2. 입법으로 해결하는 입장

위에서 논한 용역제공계약 이외에도 새롭게 생겨나는 용역제공계약은 종래의 고용, 도급, 위임으로는 설명하기 곤란하거나 세 가지 계약이 혼합되어 있는 경우를 흔히 찾아볼 수 있다. 이에 대해서는 최근에 우리 민법에서 입법화된 여행계약과 같이 입법적으로 해결하는 방안도 고려해 볼 수 있다. 특히 2009년 일본민법 개정안에서는 고용, 도급, 위임과 구분되는 용역제공에 관한 일반규정을 두어 고용, 도급, 위임계약으로 처리되지 않는 계약에 대해서는 일반규정이 직접 적용되도록 하는 방안도 고려한 바 있다.[183] 이와 같은 일반규정은 용역제공계약에 대한 통칙적인 규정으로 작용하면서 새롭게 나타나는 용역제공계약에 대한 규율에 도움이 될 수 있다. 또한 DCFR과 같이 용역제공계약에 대한 일반규정을 두면서 종래의 전형계약(위임, 도급)을 해체하여 채무의 내용별로 용역제공계약을 규율하는 태도도 제시되어 있다. 아래에서는 일본과 DCFR의 태도를 중심으로 살펴보도록 하겠다.

가. 일본의 경우

제2장에서 논한 바와 같이 일본에서는 일방 당사자가 타인을 위하여

---

[183] 다양한 노무공급계약에 탄력적으로 적용되며 방향제시의 역할을 할 수 있는 총칙적 규정이 없다는 문제점을 지적하면서 일의 완성을 표지로 하는 도급이나 당사자간의 신뢰관계에 기초한 사무처리를 내용으로 하는 위임을 포괄하는 노무공급계약의 일반규정을 만들 필요가 있다는 지적으로, 김동훈(a), 전게 논문, 224면부터 225면.

용역을 제공하는 계약(일본에서는 이와 같은 계약을 '역무제공계약'[184)185)] 이라 하고 이에 관한 논의를 '역무제공계약론'이라고 부른다[186)])을 준위임 에 해당하는 것으로 해석해 왔다.[187)] 즉, 용역제공자가 고객에 종속되어 있지 않아서 고용이라고 할 수도 없고, 물건을 맡기는 계약도 아니어서 임치도 아니며, 일을 완성하는 것을 목적으로 하는 것도 아니라는 점에 서 도급이라고 할 수도 없는 계약을 준위임으로 귀속시켜왔던 것이다.

일본에서 준위임으로 인정된 사례[188)]로는, 탁아소에서 영아를 돌보는 계약[189)], 경비업무 위탁계약[190)], 인증시험 업무위탁계약[191)] 등을 들

---

184) 일본에서 역무제공계약의 특성으로 일반적으로 언급되는 것은 i) 역무의 불가시성, 무형성, ii) 품질의 객관적 평가의 곤란성, iii) 복원반환의 곤란성, iv) 저장불가능성, v) 인적의존성, 신용공여적성격, vi) 당사자의 완전성이익보호의 중시, vii) 제공태양의 다양성등이다(北居功(b), "役務提供契約の構造-契約類型に応じた給付の顧客適合性の確立プロセス-", 民法研究 第2集(東アジア編3号), 信山社(2017), 55頁).
185) 山本敬三, "契約法の改正と典型契約の役割", 『債權法改正の課題と方向 -民法100周年を契機として-』, 商事法務(1998), 16頁; 山本敬三, 民法講義 4-1 有斐閣(2005), 643頁, 710頁은 위임이나 준위임에서도 사무내용이 정형적이어서 결과를 관념할 수 있는 경우에는 도급과 유사함을 시인하면서, 이들 계약을 도급이라고도 부를 수 있다고 하고, 다만 이를 역무를 내용으로 하는 도급과 위임을 통합하여 역무제공계약으로 통합하는 것이 타당하다고 설명한다.
186) 民法(債權法)改正檢討委員會編, 詳解 債權法改正の基本方針(V) 各種の契約(2). 商事法務(2010), 6頁.
187) NBL編輯部, 前揭書, 95頁; 內田貴(b), 債權法の新時代-「債權法改正基本方針」の概要, 商事法務(2009), 196頁.
188) 이하 사례들은 長坂純, 契約責任の構造と射程-完全性利益侵害の帰責構造を中心に, 勁草書房(2018), 258頁以下 참조
189) 名古屋地判昭59年3月7日 判時 1123·106
   사실관계 Y가 경영하는 무허가 탁아소 안에서 영아들이 취침 중에 구토물을 흡입하여 질식사한 것에 대해서 그 부모들이 Y에 대해 손해배상을 청구하였다.
   판결 탁아소의 경우 사고의 위험으로부터 지키기 위한 선관주의의무의 정도는 가중될 수 밖에 없다고 하면서 원고의 청구를 인용하였다.
   이 판결과 관련하여 일본 학설이 보육계약상의 보호의무를 신의측상의 부수의무가 아니라 급부의무로서 해석하는 경향이 강하다고 하면서, 그렇게 보면

수 있다. 위에서 논한 바와 같이 일본민법 제정 당시에는 지금과 같이 준위임이 고객에 대한 용역제공 일체를 규율하려는 의도는 없었던 것으로 보인다. 즉, 위임은 법률행위의 위탁에 한하기 때문에 대리가 인정되는데 반하여 준위임은 법률행위가 아닌 사무의 위탁을 요소로 하기 때문에 수임자가 대리권을 가지는 일이 없다는 정도가 양자의 차이라고 보고 있었기 때문이다[192]. 이러한 사정은 2009년 일본민법 개정안에서 준위임 규정[193]을 '본인이 제3자와의 관계에서 하고자 하는 사실행위'로 규율하려고 시도했다는 점에서도 엿볼 수 있다. 이런 점에서 본다면 일본에서 준위임을 역무제공계약의 일반규정으로 자리매김해 온 것에 대해서는 비판이 따를 수 밖에 없는 일이었다. 이와 관련해서 학설들은 일본 최고재판소의 판결에 주목하였다. 즉 학교와 학생간의 재학계약(교육용역 제공을 말한다)과 같이 용역제공과 금전을 교환하는 계약을 준위임이 아닌 무명계약으로 판단한 것이다.[194] 그 판례의 여파로 일본에서

아이를 맡은 사람의 채무는 수단채무라기 보다는 결과채무적인 성격이 현저한 것으로 이해된다는 설명으로 長坂純, 前揭書, 271頁.
190) 名古屋地判平2年3月1日 判時 1366·102
   [사실관계] 상품 판매업자 X는 경비회사 Y와 점포내 도난예방 등을 위한 경비업무 위탁계약을 체결하였는데, X가 보석류를 도난당하자 Y에 대해 손해배상을 청구하였다.
   [판결] 본건 도난사고 당시, Y가 절도범이 센서의 아래 주변을 지나면서 물색하였는데도, 이상 사태를 간파해 통보하지 않은 사실을 과실로 인정하여 X의 손해배상청구를 인용하였다.
191) 東京地判平18年4月21日 判時 1956·111
   [사실관계] 발전기 제조업자 X는 캐나다에 발전기 수출을 하기 위하여 품질보증기관인 Y와 캐나다 제품규격에 적합하도록 지도를 받는 계약(인증시험 업무위탁계약)을 체결하고 지도를 받았지만, Y가 지도를 잘못하여 제품하자에 따른 보수를 하게 됨에 따른 손해를 입게 되어 Y에 대해 손해배상을 청구하였다.
   [판결] Y 담당자인 A는 X가 제조한 발전기 등에 규격을 충족시키지 못한 결함이 있음에도 이를 지적하지 않고 보고를 하여 계약상 채무를 이행하지 않은 것이 인정된다고 하면서 손해배상을 인정하였다.
192) 幾代通·広中俊雄 編輯代表, 新版 注釋民法(16) [中川高男 執筆], 前揭書, 303頁.
193) 2009년 일본 채권법 개정안에서 준위임의 정의로서 '본장의 규정은 당사자 일방(위임인)이 그의 상대방(수임자)에 대하여, 제3자와의 사이에 법률행위가 아닌 사무를 하도록 하는 위탁을 하는 경우에 대해서 준용한다.'고 하고 있다. (3.2.10.02). 民法(債權法)改正檢討委員會編, 前揭書, 90頁.

는 종래의 준위임의 역할에 대한 회의론이 제기됨과 아울러 종래 준위임으로 해석해왔던 역무제공계약을 어떻게 규율할 것인지를 두고 논의가 제기된 것이다.195) 아래에서는 일본민법 개정과정에서 역무제공계약을 둘러싸고 논의되었던 내용을 위주로 살펴보기로 한다.

---

194) 日本 最判平成18年11月27日 民集60卷9号3437頁
[사실관계]
평성 13년 원고X는 피고 대학 연극학과에 합격하고, 피고 대학의 입학절차 등에 따라 입학금, 수업료, 후원회비 등을 납입하여 입학 수속을 마쳤다. 피고 대학의 입학수속서류에는 입학금은 어떤 이유로도 반환하지 않는다는 취지가 기재되어 있었다. 원고X는 피고대학에 대한 퇴학원을 제출하고 나서, 피고대학과의 사이에 재학계약을 해제했다는 점을 들어 피고대학에 납부금 상당액 및 이에 대한 지연이자의 지급을 청구하였다.
[판결요지]
이 판결의 결론은 대학 입학 시험의 합격자가 해당 대학 사이에 재학 계약을 체결하고 해당 대학에 입학할 위치를 취득하기 위한 대가로서의 성질을 가진 입학금을 납부했다가 나중에 이 계약이 해제되거나 취소되더라도 해당 대학은 해당 합격자에게 입학금을 반환하는 의무를 지지 않는다고 하였다. 이때 대학 입학 시험 합격자가 해당 대학 사이의 재학 계약의 납부된 수업료 등을 반환하지 않겠다는 내용의 특약은, 재학 계약 해제에 따른 손해 배상액의 예정 또는 위약금의 운명의 성질을 가진다고 하였다.
한편, 최고재판소는 대학과 재학생 사이에 체결되는 재학계약의 성격에 관해서 상세하게 판시하고 있다. 즉 대학이 학생에게 강의, 실습 및 실험 등의 교육 활동을 실시하는 방식으로 그 목적에 맞는 교육 업무를 제공하고 이에 필요한 교육시설등을 이용하게 할 의무를 부담하는데 반해, 학생은 이들에 대한 대가를 지급할 의무를 가지는 것이다. 그 교육 역무의 제공 등은 각 대학의 교육 이념이나 교육 방침하에, 그 인적물적 교육 설비를 이용해 학생과의 신뢰관계를 기초로 계속적, 집단적으로 행해지는 것이며, 재학계약은 학생이 대학의 구성원으로서의 학생의 신분, 지위를 취득, 유지하고 대학의 포괄적인 지도 규율에 복종하는 요소를 가지고 있다. 이와 같이 재학계약은 복합적인 요소를 가진 것인데, 대학의 목적이나 대학의 공공성으로부터 교육법규와 교육의 이념에 따른 규율이 되는 것이 예정되어 있으며, 거래법의 원리에는 어울리지 않는 측면도 상당히 가지고 있다. 이상의 점에 비추어보면 재학계약은 사법상의 무명계약으로 해석하는 것이 상당하다고 보고 있다.
195) 이 판결이 대학과 해당 대학의 학생 사이에 체결되는 재학계약을 사법상의 무명계약이라고 하면서 준위임에 관한 규정을 회피하고 있다는 점을 들어, 준위임의 문제점을 단적으로 나타내는 것이라는 설명으로, 民法(債權法)改正檢討委員會編 前揭書, 6頁.

1) 2009년 일본민법 개정안

일본민법 개정작업을 하면서 2009년에 민법개정안(이하 '2009년 일본민법 개정안')이 정리되어 배포되었다. 그 후 학계에서 오랫동안 검토가 이루어진 후 2017년에 민법 개정안이 통과되었다. 2009년 일본민법 개정안에서는 용역제공계약에 관한 일반규정이 포함되었는데, 최종 개정안에 포함되지는 않았지만 이 내용은 일본민법학계에서 여전히 논란이 되고 있다.

첫째, 2009년 일본민법 개정안에서는 용역제공의무로서 결과채무와 수단채무를 규정하였다. 이 중에서 결과채무는 당사자가 계약에서 정한 목적 또는 결과를 실현할 것을 약속한 경우에 성립하고, 수단채무는 결과채무에 관한 합의가 인정되지 않는 경우 역무제공자가 계약에서 정한 목적 또는 결과의 실현을 향하여 선량한 주의의무를 다해 역무제공을 할 의무로서 규정되었다(일본민법 개정안 3.2.8.02.[196]).

둘째, 2009년 일본민법 개정안은 '역무제공계약'이 법률 기타 법령에 특별한 정함이 있는 경우를 제외하고 도급, 위임, 임치, 고용 기타 모든 역무 제공계약에 적용된다고 규정함으로써, '역무제공계약'이 전형계약의 유형을 넘어 역무제공 일반에 타당한 총칙규정임을 명확히 하고 있다(일본민법 개정안 3.2.8.03.).

셋째, 2009년 일본민법 개정안은 역무제공계약의 보수지급방식으로서 성과완성형과 이행비율형을 규정하고 있다. 즉 성과완성형은 역무제공으로 인한 성과완성에 대해 보수를 지급하는 것이 합의된 경우에 성과를 완성하지 못하면 보수를 청구할 수 없다고 규정하고, 이행비율형은 성과완성형의 합의가 없는 경우 제공한 역무의 비율에 따른 보수를 청구할 수 있다고 규정한다(일본민법 개정안 3.2.8.05). 다만, 양자의 구별

---

[196] 일본민법(채권편) 개정검토위원회편, 일본채권법개정의 기본방침, 법무부 (2009), 624면.

은 개별 사안에 따라 상대적인 것이어서 역무제공의 이행비율에 따른 보수를 지급하는 것에 더하여 일정한 성과를 거둔 경우에 소정의 보수를 지급하는 등 양자를 병행할 수도 있다.197)

넷째, 2009년 일본민법 개정안은 역무 제공의 종료에 관하여, 역무수령자와 역무제공자의 계약해제권을 모두 규정하고 있다(일본민법 개정안3. 2. 8. 10.). 역무수령자는 역무제공자가 역무제공을 완료하지 않은 동안은 언제라도 계약을 해제할 수 있는데 반하여,198) 역무제공자는 유상역무의 경우와 무상역무의 경우를 나누어 규율하는 방안을 제시하고 있다. 즉 무상역무의 경우에는 역무제공자도 언제든지(다만, 역무수령자에게 불리한 시기에 해제하고 그 해제가 당사자의 신의에 반하는 경우에는 역무수령자가 받은 손해를 배상해야 함) 계약을 해제할 수 있지만, 유상역무에서는 역무제공자의 해제권을 인정할 것인지를 두고 견해의 대립199)이 있었다. 이에 따라, 2009년 일본 채권법개정안은 유상역무제공의 경우 역무제공자의 임의해제권을 인정하지 않는 안(제1안)과 부득이한 경우에는 계약을 해제할 수 있게 하는 안(제2안)을 함께 제안하였다.200)

2) 최종 개정 내용

2009년 일본민법 개정안에 의하면, 종래 해석상 역무제공계약의 근거조항으로서 활용되던 준위임을 제3자와의 관계에서 사실행위를 위탁받

---

197) 일본민법(채권편) 개정검토위원회편, 전게서, 624면.
198) NBL編輯部, 前揭書, 98頁에 의하면, 재산권 이전형 계약의 매수인은 계약체결 후 재산권 취득이 무익해진 경우 그 재산을 다른 곳에 처분하는 것이 가능하지만, 용역의 경우에는 용역수령자가 이를 타인에게 처분하는 것이 어렵다는 점에서 역무수령자의 자유로운 계약해제권을 인정한 것이라고 설명한다.
199) 일본에서 위임의 경우에는 수임인의 임의해제권을 규정하고 있었지만(개정 전 일본민법 제651조), 이는 위임이 당사자간의 신뢰관계를 기초로 하는 점을 감안한 것이었으므로 여타의 역무제공계약에 일반화시키는 것에는 신중하고자 했던 것으로 보인다(NBL編輯部, 前揭書, 99頁).
200) 일본민법(채권편) 개정검토위원회편, 전게서, 630면.

는 경우로 국한시키고, 준위임 대신에 역무제공계약을 기타 용역제공계약의 근거조항으로 삼는다는 것이었다.

하지만 일본에서는 고용, 도급, 위임의 경계가 명확하지 않은 가운데서 역무제공계약이라는 새로운 규정을 두는 것은 또 다른 임기응변에 그칠 수 밖에 없다는 지적이 제기되었다.[201] 즉, 역무제공계약은 다른 전형적인 용역제공계약과 명확한 경계를 두는 것이 쉽지 않고, 더욱이 준위임 대신에 역무제공계약을 두는 것으로 인한 실익도 분명하지 않다는 점에서 비판을 받았다.[202]

결국, 2017년 일본민법개정에서는 역무제공계약을 직접 규정하지 않는 대신에 역무제공계약에서 규정하려고 했던 내용을 고용과 위임에 포함시키는 것으로 개정작업을 마무리하였다.

첫째, 고용, 도급, 위임에 있어서 고객의 귀책으로 돌릴 수 없는 사유로 인하여 노무제공이 불가능하게 되었을 때와 계약이 중도에 종료된 경우에 노무제공자가 보수를 청구할 수 있도록 규정하였다(프랑스민법전 제624조의2, 제634조, 제648조 제3항). 이 내용은 종래 2009년 민법개정안에서는 '역무제공계약'의 개정내용에 포함되어 있었으나, 역무제공계약에 관한 규정들이 최종 개정안에서 철회되자 각 전형계약에 분산하여 최종개정안에 포함된 것이다.[203]

둘째, 고용, 도급, 위임에 있어서 계약해지에 따라 상대방에 생기는 불이익을 방지하기 위한 규정(개정 일본민법 제626조 제2항, 제627조 제2항, 제641조, 제651조 제2항[204])을 두었다.

---

201) 坂本武憲, "役務提供型契約の規定方法-日本の民法(債權法)改正における動向" 南開大學 記念講演(平成15年), 20頁./https://core.ac.uk/download/.pdf/71792904.pdf 2023.2.2. 방문
202) 東京弁護士会, 「民法(債權関係)の改正に関する中間的な論点整理」に対する意見書 II(全体版), (平成23年), 337, 363頁. https://www.toben.or.jp/message/file/20110719-2.pdf 2023.2.2. 최종방문
203) 芦野訓和, 前揭論文, 64頁.

또한, 원래 2009년 일본민법 개정안에서는 도급의 규정을 유형도급으로 제한하고,205) 준위임규정에 제3자와의 거래를 전제로 함으로써 제한하는 규정206)을 포함하였으나, 최종 개정안에서는 철회되었다.

3) 후속 논의

일본에서의 역무제공계약에 관한 논의는 2017년 민법 개정 이전의 상태로 돌아간 상황이다. 이에 따라 종전의 통설과 같이 역무제공계약을 준위임으로 해석하고자 하는 견해 이외에 민법상 고용규정을 노동법상의 근로계약과 구분함으로써 고용계약을 역무제공계약의 일반규정으로 해석하고자 하는 견해도 제시되고 있다.207) 이 주장은 형사처벌이나 행정감독에 의한 공법적 규제를 주된 내용으로 하는 근로기준법이 대상으로 하는 노동계약과 당사자의 계약자유를 내용으로 하는 민법이 대상으로 하는 고용은 차이가 있음을 들어서,208) 대등하고 평등한 당사자를 상정하여 규정된 민법상이 고용규정은 당사자의 신뢰관계가 강조된 준위임규정에 비해서 용역제공계약의 총칙적 기능을 수행하는데 유리함을 근거로 들고 있다.

---

204) **개정 일본민법 제651조 제2항**: 위임의 해제를 한 자는 다음 각호의 경우에는 상대방의 손해를 배상하여야 한다. 다만 부득이한 사유가 있는 때에는 그러하지 아니하다. 1호. 상대방에게 불리한 시기에 위임을 해제했을 때, 2호. 위임인이 수임인의 이익(독점적으로 보상을 받는 것을 제외한다)도 목적으로 하는 위임을 해제했을 때
205) 2009년 일본민법 개정안 3.2.9.01은 '도급은 당사자의 일방이 특정 일을 완성하여 그 목적물을 인도할 의무를 부담하고,'라고 함으로써, 유형도급에 국한하여 도급을 규정하고 있다. 民法(債權法)改正檢討委員會編, 前揭書, 46頁.
206) 그 취지는 준위임을 수임자가 위임자를 대신해 타인과의 관계에서 업무를 행하는 경우에 한해서 인정함으로써, 준위임을 역무제공계약의 일반규정으로 운영하지 않는 것을 분명하게 하는 취지라는 설명으로 民法(債權法)改正檢討委員會編, 前揭書, 90頁.
207) 芦野訓和, 前揭論文, 73頁.
208) *Ibid.*

나. DCFR의 경우

앞에서 살펴본 바와 같이 용역제공계약에 관한 법률체계는 각 국가마다 서로 일관되지 않아서 특정한 법률이 유럽 통합 규정의 시작점이 될 수는 없었다.[209] EU차원에서는 1991년 1월에 용역제공자의 책임에 관한 지침 제안(Proposal for a Council Directive on the liability of suppliers of services)이 있었지만[210] 각국의 입장이 달라서 철회되었고, 2006년에 '역내시장에서의 용역에 관한 지침'이라는 이름으로 일반규정을 두려는 시도가 재개되었다.[211][212] 이후 유럽민법전 연구회(Study Group on a European Civil Code, 이하 '스터디 그룹'또는 '유럽민법전 연구회')를 중심으로 유럽민사법의 공통참조 기준을 작성하려는 작업중 용역계약에 관한 유럽법 원칙(Principles of European Law on Service Contracts, 이하 'PELSC')을 정하는 작업이 시작되었다. PELSC는 본래 10개의 용역(조언, 위임, 건설, 설계, 정보, 중재, 가공, 임치, 운송, 치료)를 대상으로 하려고 했지만 2007년에 이중 총 6가지(건설, 가공, 임치, 설계, 정보, 치료)만을 먼저 다루었다.[213] 위임의 경우는 PELSC에서 다루어지지 않고 별도의 스터디팀인 PELMC(Principles of European on Mandate Contracts, 이하

---

[209] Marco B.M. Loos, *Towards a European civil code*, 4th edition, Wolters Kluwer (2011), p. 759.

[210] Proposal for a Council Directive on the liability of suppliers of services COM(90) 482. https://eur-lex.europa.eu/legal-content/EN/TXT/PDF/?uri=CELEX:51990PC0482&qid=1551010757600&from=EN 2023. 2. 2. 최종 방문.

[211] DIRECTIVE 2006/123/EC OF THE EUROPEAN PARLIAMENT AND OF THE COUNCIL of 12 December 2006 on services in the internal markethttps://eur-lex.europa.eu/legal-content/EN/TXT/PDF/?uri=CELEX:32006L0123&qid=1551011363886&from=EN 2023. 2. 2. 최종 방문.

[212] Marco B.M. Loos, *op. cit.*, p758-760에서 유럽에서의 용역제공계약(service contracts)의 통일을 위한 과정이 설명되어 있음.

[213] Marco B.M. Loos, "*Towards a European Law of Service Contracts*"European Review of Private Law, Issue 4(2001), p. 572.

'PELMC')에 의해서 다루어졌다. 그 이유는 PELMC는 PELSC의 연구가 완료되던 즈음인 2005년에야 시작될 수 있었는데, 이때 이미 유럽위원회(European Committee)는 용역에 관한 연구결과를 출간할 것을 요구하고 있었기에 위임에 관한 규정(DCFR 제4권 D편)은 용역에 관한 규정(DCFR 제4권 C편)과는 별도로 정리될 수 밖에 없었기 때문이다.[214] DCFR 제4권 C편은 PELSC의 용역제공계약의 내용을 그대로 승계하여 규정하였는데, 용역제공계약에 관한 일반규정으로서 상당주의의무, 결과성취의무를 함께 규정하고 있다.

다. 소결

2009년 일본민법 개정안이나 DCFR은 용역제공계약에 관한 일반규정을 둠으로써 종래의 고용, 도급, 위임으로 처리되기 어려운 용역제공계약을 규율하고 새롭게 생겨나는 용역제공계약을 규율하려고 하였다.

다만, 일본민법 개정과정에서 나온 비판론과 같이 용역제공계약에 대한 일반규정을 두는 경우에도 용역제공계약에 관한 종래의 전형계약과의 관계정립 문제 등은 용이한 문제가 아닐뿐더러, 새로운 해석상 문제를 야기한다는 점에서 우리나라에서 받아들일 방안은 아닌 것으로 생각한다.

또한, DCFR이 용역제공계약에 관한 일반규정으로서 상당주의의무와 결과성취의무를 병행시키고 있지만 이러한 태도는 우리 민법의 태도와는 맞지 않고 오히려 혼동을 야기할 우려가 있다고 본다. 즉, 우리 민법은 도급에 관한 제664조에서 수급인이 일을 완성할 채무를 부담하고, 위임에 관한 민법 제680조, 제682조에서 수임인이 선량한 관리자의 주의로 위임사무를 처리할 것을 규정함으로써, 수급인은 결과채무를 부담하고

---

214) Marco B.M. Loos, op. cit., p761-762에서 DCFR IV.D.의 연구과정이 설명되어 있음.

수임인은 수단채무를 부담한다는 점을 분명히 구분하고 있다. 둘째, DCFR의 위임규정인 제4권 제D편(DCFR IV.D. 이하)은 법률행위만을 대상으로 하고 있고, 사실행위를 대상으로 하는 위임은 DCFR 제4권 제C편(DCFR IV.C.)에서 취급되고 있다. 결국, DCFR의 용역제공계약에는 우리 민법상 도급과 위임이 혼재하고 있는 것이다. 이렇게 보면 DCFR의 제4권 제C편(DCFR IV.C.)의 용역제공자가 수단채무를 부담하는 계약들은 우리 민법상 도급계약이 아니라 위임계약에 해당하는 것으로 새길 수 있는 것이다.

결국, 우리 민법에서 일본이나 DCFR의 태도를 좇아 용역제공에 대한 별도의 일반규정을 두는 것 보다는 기존의 전형적인 용역제공계약의 범위 내에서 처리하는 방안이 더욱 타당하다고 본다.[215] 특히 우리민법상 위임국정은 일본과는 달리 법률행위와 사실행위를 구분하지 않고 '사무처리의 위탁'에 관한 포괄적인 규정을 두고 있어서, 위에서 논의한 기타 용역제공계약을 위임규정으로 규율할 수 있는 영역이 크다는 장점을 가지고 있다. 다만, 종래 위임으로 다루어지던 계약들 중에서 성질상 결과채무적인 성격을 가지는 계약들은 무형(용역)도급으로 해석함으로써 용역의뢰자인 고객보호에 충실할 수 있다는 점은 고려해야 할 것이다.

III. 소결

본절에서는 의료계약이나 변호사계약 등과 같은 지적 용역제공계약과 용역제공자가 고객과의 대등한 지위에서 순수하게 용역만을 제공하

---

[215] 坂本武憲, 前揭講演, 20頁은 '현재 민법이 채택한 입법에는 고용, 도급, 위임이 통일한 기준을 시민에게 줄 수 있는 장점이 있고, 이에 반해 개정위원회의 시안에서는 역무제공형계약에 대해서는 통일된 기준이 없는 유동적 임기응변적인 해결이 이루어진다는 우려를 시민에게 갖게 될 수 있다.'고 지적하고 있다.

는 기타의 용역제공계약 중에는 위임이 아닌 도급으로 규율하는 것이 타당한 것도 있다는 점을 살펴보았다.

그렇다면 지적 용역제공계약과 기타 용역제공계약이 위임인지 또는 도급인지를 구분하는 기준이 필요한데, 계약당사자가 자신들이 체결할 계약을 위임과 도급중 어느 규율에 적용시킬 것인지를 정하는 경우에는 그 합의에 따르지만, 그와 같은 합의가 없는 경우에는 그 구분 기준은 결국 용역제공자가 일을 완성할 채무를 가지는 결과채무를 지는 것인지(도급) 아니면 선량한 관리자의 주의의무로 맡은 사무를 처리할 수단채무를 지는 것인지(위임)가 될 것이다. 즉, 용역제공자가 채무이행을 방해하는 사정을 통제하고 있는 경우, 채무불이행이 발생할 것을 예측하거나 극복할 수 있는 사정이 있는 경우에는 이를 결과채무인 도급계약으로 해석할 수 있다고 생각한다.

이에 대한 논의는 비단 고용, 도급, 위임에 관한 규정 해석의 문제에 그치는 것이 아니라, 현대사회에서 과학기술의 발달과 거래계의 요구에 따라 새롭게 나타나는 용역제공계약에 대한 규율을 위해서도 의미를 가진다.

제3장부터는 지적 용역제공계약과 기타 용역제공계약을 포함한 도급계약의 수급인의 책임에 관해서 살펴보고자 한다. 먼저, 도급의 대상을 기준으로 도급의 유형을 구분하고, 지적 용역제공계약과 기타 용역제공계약과 같이 용역제공만을 제공하는 것을 목적으로 하는 무형(용역)도급에 대해서 하자담보책임이 그대로 적용되는 것으로 보아야 하는지를 살펴본다. 이를 바탕으로, 무형(용역)도급의 수급인의 책임을 결과채무에 따른 무과실책임을 부담하는 것으로 해석할 수 있는 가능성과 그 책임의 구체적인 모습을 살핀다.

제3장
도급에서의 하자담보책임 문제

제1절 도급의 유형과 하자담보책임의 인정범위

Ⅰ. 도급의 유형

제2장에서는 지적 용역제공계약과 기타 용역제공계약중 용역제공자가 채무이행을 방해하는 사정에 대한 통제가능성, 채무불이행을 예측하거나 회피할 수 있는 가능성이 있는 경우에는 도급계약에 해당할 수 있다는 점을 살펴보았다. 본 장에서는 이들 계약들도 도급계약의 내용으로 파악하고자 한다. 한편, 종래 도급의 대상이 유형물인지 또는 무형물인지에 따라 유형도급과 무형도급으로 구분하여 왔지만, 본장에서 다루는 도급계약상 하자담보책임이 직접 적용될 수 있는 가능성과 관련하여 유형도급과 무형(용역)도급을 구분하는 논의를 진행하기로 한다.

1. 유형도급과 무형도급

도급계약에서 목적으로 하는 '일'의 개념 안에 유형적 결과와 무형적 결과가 포함되어 있다고 보는 것이 통설인데, 이에 따르면 도급계약은 건물의 신축, 선박의 건조, 가구의 제작이나 수선과 같은 유형적 결과를 산출하는 것(소위 '유형도급')뿐만 아니라, 원고의 출판, 운송, 병의 치료, 소송사건의 처리, 음악의 연주와 같은 무형적인 결과를 산출하는 것(소위 '무형도급')을 포함한다고 설명한다.[216]

---

[216] 곽윤직, 채권각론(전게서), 250면; 김형배, 채권각론(전게서), 611면; 박준서 편집대표, 주석민법 채권각칙(4), 177면(정종휴 집필부분).

가. 유형도급과 무형도급의 구분실익

우리 민법은 도급계약상 완성된 목적물의 인도를 요하는지 여부에 따라 대금의 지급시기(민법 제665조[217]), 하자담보책임의 존속기간의 기산점(제670조[218])을 구분하고 있다. 이를 근거로 완성된 목적물의 인도를 요하는지 여부에 유형도급과 무형도급을 구분하는 실익이 있다고 전제하는 견해[219]도 있지만, 유형도급의 경우에도 목적물의 인도를 요하는 경우와 목적물의 인도를 요하지 않는 경우(예를 들어, 건물의 수선의 경우)가 있다는 점에서 타당한 설명이라고 보기는 어렵다.

또한, 통설은 도급계약을 유형적 결과(선박의 제작, 주택의 제작, 수리 등)를 대상으로 하는 유형도급과 무형적 결과(원고의 출판, 운송, 병의 치료, 소송사건의 처리, 음악의 연주)를 대상으로 하는 무형도급으로 구분하면서, 유형도급과 무형도급 모두 수급인의 하자담보책임 등에 관한 규정이 적용되는 것으로 해석하고 있다.[220] 이에 따르면 유형도급과 무형도급은 사실상 그 구분의 실익을 찾기 어려운 것으로 귀결된다.[221]

---

217) 민법 제665조 제1항은 '보수는 그 완성된 목적물의 인도와 동시에 지급하여야 한다. 그러나 목적물의 인도를 요하지 아니하는 경우에는 그 일을 완성한 후 지체없이 지급되어야 한다.'고 규정한다.
218) 민법 제670조는 '..하자의 보수, 손해배상의 청구 및 계약의 해제는 목적물의 인도를 받은 날로부터 1년내에 하여야 한다.'고 하면서(제1항), '목적물의 인도를 요하지 아니하는 경우에는 .. 일의 종료한 날로부터 기산한다.'고 규정한다.
219) 곽윤직 편집대표, 민법주해XV, 전게서, 439면(김용담 집필부분).
220) 곽윤직, 채권각론(전게서), 252면.
221) 우리 민법이 도급계약상 완성된 목적물의 인도를 요하는지 여부에 따라 대금의 지급시기(민법 제665조), 하자담보책임의 존속기간의 기산점(제670조)에 차이를 두는 것을 두고, 여기에 유형도급과 무형도급을 구분하는 실익이 있다고 전제하는 견해(곽윤직 편집대표, 민법주해XV, 전게서, 439면(김용담 집필부분)도 있지만, 유형도급의 경우에도 목적물의 인도를 요하는 경우와 목적물의 인도를 요하지 않는 경우(예를 들어, 건물의 수선의 경우)가 있다는 점에서 타당한 설명이라고 보기는 어렵다고 본다.

한편, 독일에서는 유형도급과 무형도급을 구분하게 된 배경으로, 독일민법이 위임을 무상으로 규정하여 위임의 범위가 제한되는 반면 도급계약의 범위가 지나치게 확대됨에 따라 도급계약의 규정(특히 하자담보책임) 적용을 제한하려는 목적이 있었다고 설명되기도 한다.[222]

또한, 최근 프랑스민법의 채권법 각론의 개정작업이 진행되고 있는데[223], 이중에서 도급계약에 관한 개정안으로서 지적 용역에 관한 내용을 도급계약에 명시하는 개정안이 제시되어 있다.[224]

그런데, 민법상 수급인의 하자담보책임에 관한 규정이 도급계약 일체(유형적 결과 및 무형적 결과를 대상으로 하는 경우)에 공통적으로 적용되는 것으로 보아야 할 것인가? 또한, 무형적 결과를 대상으로 하는 중에서도 순수하게 용역만을 제공하는 경우(예를 들어, 음악의 연주, 공연의 기획 등)에도 적용되는 것으로 보아야 하는가? 이를 검토하기 위해서는 우리 민법상 하자담보책임을 유형도급과 마찬가지로 무형도급에도 지워야 하는지를 살펴보아야 한다. 그에 앞서 유형도급과 무형도급의 구분기준을 먼저 살펴본다.

---

[222] 김용담 편집대표, 주석민법 채권각칙(4), 214면(이준형 집필부분).
[223] 프랑스 법무부는 학자와 실무자로 구성된 실무그룹에 특별계약을 현대회하는 초안작업을 맡겼다. 이에 따라 매매, 교환, 임대차, 도급, 소비대차, 위임 등 계약에 관한 개정논의가 이루어지고 있다. 2022년 7월부터 2023년 1월까지 실무그룹의 예비초안에 대한 공청회가 개최되어 법률전문가들로부터 65건의 의견이 수집되었고, 그 작업이 진행되고 있다. https://www.justice.gouv.fr/actualites/espace-presse/projet-reforme-du-droit-contrats-speciaux. 2025. 3. 14. 최종방문.
[224] Ph. Stoffel-Munck, P. Puig et Y. Maunand, Presentation de l'avant-projet de reforme du contrat d'entreprise, p. 1.,
https://www.justice.gouv.fr/sites/default/files/migrations/textes/art_pix/ presentation_textes_contrat_entreprise.pdf. 2025. 3. 14. 최종방문.

나. 유형도급과 무형도급의 구분기준

유형도급과 무형도급에 포함되는 일의 내용에 관한 견해의 대립을 정리해 보면 다음과 같다.

① 다수설의 태도

유형도급에는 건물의 건축, 선박의 건조, 양복의 제작, 가구의 제작, 수선이 해당되는 반면, 무형도급에는 i) 문화적, 정신적 노동(학술적, 예술적 급부)으로서 설계도면, 시나리오, 감정서의 작성, 영상물의 촬영·제작, 외국문헌의 번역, 원고의 출판, 악곡의 작사·작곡·연주, ii) 소프트웨어의 개발 및 공급(프로그램의 설계·작성·설치, 시험운용 및 프로그램의 수정·보완), iii) 사람의 신체를 대상으로 용역을 제공하여 일정한 결과의 발생을 일으키는 것(사람의 운송, 이발·미용), iv) 물건의 위치이동이 포함되는 것으로 보고 있다.225)

다만, 문화적, 정신적 노동의 산물을 제작하거나 소프트웨어를 개발, 공급하는 경우에는 수급인이 제작한 무형의 권리를 도급인에게 이전한다는 점에서 유형물을 제작, 공급하는 것과 차이를 둘 이유가 없다고 본다.226) 또한 사람의 신체를 대상으로 용역을 제공하여 일정한 결과의 발생을 일으키는 것이나 물건의 위치이동도 유형물을 대상으로 하는 것으로서 유형도급으로 다루어야 할 것으로 생각한다.

② 물건형 도급과 용역형 도급으로 구분하는 견해

이 견해에 따르면, 물건형 도급에는 새로운 물건을 제작하는 경우(건축, 제조, 가공업)를 포함시키고, 용역형 도급에는 i) 원고의 작성, 번역

---

225) 김기선, 한국채권법각론, 법문사(1982), 250면; 김증한·김학동, 전게서, 495면.
226) 곽윤직 편집대표, 민법주해(XIV), 채권(7), 박영사(1999), 497면(남효순 집필부분)면에서는 매매에 관한 하자담보책임규정은 소유권 이외의 재산권의 매매에도 그 성질에 반하지 않는한 유추적용 된다고 보고 있다. 예를 들면 광업권에 하자가 있는 경우를 들 수 있다. 이점에서 보더라도 본조의 경우 유체물과 무체의 권리를 유형도급으로 묶어서 취급하는 것이 타당하다고 본다.

의 의뢰, 강연, ii) 소프트웨어의 개발, 영상 제작, iii) 이발, 미용계약을 포함시키고 있다.[227]

이 견해는 용역형 도급을 도급에 포함시킬 필요가 있는지에 대해 의문을 삼고 있으나, 우리 민법이 일의 완성을 도급의 징표로 삼고 있는 이상 용역형 도급 역시 도급계약에 해당된다고 본다. 또한, 소프트웨어의 개발, 영상제작, 원고의 작성, 번역의 의뢰의 경우 수급인이 제작한 지적재산권을 도급인에게 이전해야 한다는 점에서 유형도급과 달리볼 이유가 없다고 본다. 또한 이발, 미용의 경우에도 사람의 몸에 유형적인 변화를 일으키는 만큼 유형도급에 해당하는 것으로 본다.

③ 유형도급과 용역도급으로 구분하는 견해

이 견해는 무형도급을 용역도급이라 명칭하면서, i) 기술용역계약으로서, 이발, 미용, 화장, 사진촬영, 세탁, 특수기계 청소, 소프트웨어의 개발 및 설계를 포함하고, ii) 철거계약으로, 건축물 및 공작물 철거를 포함하며, iii) 수리계약으로서, 기계·기구·가방·신발의 수리계약을 포함하고, iv) 정보제공계약으로서, 심부름센터·흥신소·배우자 단체 등과의 정보제공계약을 포함하며, v) 창작도급계약으로서, 건축사, 감정사, 극작가등과의 계약을 포함하고, vi) 행사개최준비 및 실시계약으로서, 연극, 협주회, 스포츠, 강연 등을 포함시키고 있다.[228]

위에서 무형도급으로 분류한 것 중에서 순수한 용역도급(정보제공계약, 행사개최준비 및 실시계약)은 무형도급에 속한다고 본다. 다만 유형물에 용역을 제공하는 경우(예를 들어, 철거계약, 수리계약, 이발, 미용, 화장, 사진촬영, 세탁, 청소 등의 기술용역계약 등)는 유형도급에 포함시켜야 할 것이다. 또한 기술용역계약중 일부(소프트웨어의 개발 및 설계계약)와 창작도급계약 일체를 무형도급으로 두고 있으나, 이들의 경우

---

[227] 박준서 편집대표, 주석민법 채권각칙(4), 160면(정종휴 집필부분).
[228] 정광수, "수급인의 하자담보책임에 관한 연구", 고려대학교 박사학위논문(1995), 91면.

수급인이 제작한 지적재산권을 도급인에게 이전하게 된다는 점에서 유형물을 목적으로 하는 도급과 차이가 없다는 점을 지적할 수 있다.

④ 무형도급을 정신적 일의 산물로 보는 견해

이 견해는 유형도급으로서, i) 새롭게 물건을 제작하는 것, ii) 기존에 이미 존재하는 물건의 형상을 변화시키는 것(동산·부동산의 조립, 수선, 세탁, 리모델링, 철거). iii) 물건의 위치 이동(조립식 주택의 이전, 철거잔해를 치우는 일), 운송 iv) 사람의 신체를 대상으로 용역제공을 통하여 일정한 결과의 발생을 일으키는 것(사람의 운송, 이발, 미용)[229]을 들고 있다. 한편, 무형도급으로는, 문화적·정신적 노동의 산물(학술적, 예술적 급부)을 제작하는 것으로서, 설계도면, 시나리오, 감정서의 작성, 영상물의 촬영·제작, 외국문헌의 번역, 원고의 출판[230], 악곡의 작사·작곡·연주, 소프트웨어의 개발 및 공급(프로그램의 설계, 작성, 설치, 시험운용 및 프로그램의 수정, 보완) 등과 같은 문화적·정신적 노동의 산물, 즉 학술적·예술적 급부결과의 실현으로 국한하고 있다.

이 견해는, 다수설이 무형도급에 포함시켰던 i) 물건의 위치 이동(조립식 주택의 이전, 철거잔해를 치우는 일) ii) 사람의 신체를 대상으로 용역제공을 통하여 일정한 결과를 일으키는 것(사람의 운송, 이발, 미용)을 유형도급에 포함시키는 차이를 보이고 있다. 그 결과 무형도급은 문화적·정신적 노동의 산물로서 저작권을 취득하는 것에 국한시킨다.[231]

이 견해가 물건의 위치 이동과 사람의 신체를 대상으로 용역제공을 통하여 일정한 결과를 일으키는 것을 유형도급으로 분류하는 것은 타당하다고 본다. 다만 문화적·정신적 노동의 산물로서 도급인이 저작권을

---

229) 김용담 편집대표, 주석민법 채권각칙(4), 216면(이준형 집필부분).
230) 김용담 편집대표, 주석민법 채권각칙(4), 216면(이준형 집필부분). 하지만, 도급인이 수급인에게 원고를 주면서 책으로 출판해 줄 것을 약정하는 경우, 수급인은 원고를 받아 편집, 인쇄, 출판에 관한 행정처리 등을 맡아서 처리하는 것으로서 유형도급으로 보는 것이 타당하다고 본다.
231) 김용담 편집대표, 주석민법 채권각칙(4), 219면(이준형 집필부분).

취득하는 것(컴퓨터 소프트웨어, 웹사이트 제작, 원고의 출판도 같음)은 수급인이 만든 산물에 대한 지적재산권을 도급인에게 이전한다는 점에서 유형물의 제작과 다르게 볼 이유가 없다는 점에서 유형도급으로 분류하는 것이 타당하다고 본다.

⑤ 생각건대 유형도급과 무형도급을 구분하는 것은 단순히 도급의 대상을 유형물과 무형물로 구분하여 대금의 지급시기(민법 제665조)와 하자담보책임의 존속기간의 기산점(민법 제670조)을 달리하는 것과는 다른 의미를 가진다고 본다. 즉, 유형도급의 도급인은 수급인이 완성한 일의 목적물에 하자가 있는 경우에 그 하자에 대한 보수청구, 계약해제 및 손해배상청구를 통해 수급인의 책임을 물을 수 있는데 반하여, 무형도급의 도급인은 수급인이 완성한 일이 무형적이라는 점으로 인해서 하자에 대한 보수청구가 곤란하기 때문이다. 결국 무형도급의 경우 주로 손해배상청구 또는 대금감액청구를 통해 수급인의 책임을 물을 수 밖에 없는 특이점이 있다고 본다(이에 대해서는 본장 제2절 참조).

결국, 무형도급과 유형도급이 수급인의 책임을 묻는데 있어서 차이점을 가진다고 보는 본 논문의 입장에서 유형도급과 무형도급을 다음과 같이 구분하고자 한다.

즉, 유형도급은 i) 유형물의 제작·수선, ii) 기존에 이미 존재하는 물건의 현상을 변화시키는 것(동산·부동산의 조립, 수선, 세탁, 리모델링, 철거), iii) 문화적, 정신적 노동의 산물과 관련된 것(설계도면, 시나리오, 감정서의 작성, 영상물의 촬영·제작, 외국문헌의 번역, 원고의 출판, 악곡의 작사·작곡, 소프트웨어의 개발·공급), iv) 물건의 위치이동(예를 들어, 조립식 주택의 이전, 철거잔해를 치우는 일), v) 사람의 신체를 대상으로 용역제공을 통하여 일정한 결과의 발생을 일으키는 경우(사람의 운송, 이발, 미용 등) 등을 포함하는 것으로 본다.

반면에 무형도급은 순수하게 용역을 제공하는 도급들로 구성된다. 예를 들어, i) 강연, 연주 및 공연,[232] 행사개최 준비행위[233] 등과 함께,

ii) 인증업무 위탁계약, 경비위탁계약,234) 정보제공계약, 의료계약, 변호사계약, 교육제공계약235)중에서 용역제공자가 결과채무를 부담하는 것으로 인정되는 경우(제2장에서 논의한 기타 지적용역제공계약도 이에 준하여 보기로 한다)를 들 수 있다(이하 총칭하여 '용역도급', '무형(용역)도급'이라 함)을 들 수 있다. 이와 같이 보면, 무형(용역)도급은 수급인이 완성한 일이 눈에 보이지 않고 저장되지 않는다는 점에서 수급인이 이를 추완하는 것이 곤란한 것으로 정리해 볼 수 있겠다. 따라서 이에 대해서는 종래 유형도급을 중심으로 논의되어 온 하자담보책임에 관한 논의와는 다른 해석이 필요하다고 본다.

2. 용역의 내용에 따른 분류

거래계에서 발견되는 도급계약의 내용은 매우 다양하지만, 우리 민법에서는 용역의 내용을 기준으로 도급계약을 분류하는 시도를 하고 있지 않다. 한편 DCFR은 제4권 D편에서 위임계약을 규정하면서도 도급계약을 별도로 규정하고 있지는 않다. 다만, 제4권 C편은 용역계약을 규정하면서 건설, 가공, 보관, 설계, 정보제공 또는 조언, 치료계약을 개별적으로 규정하고 있는데 이들 각 계약은 보관(임치)를 제외하고는 대부분 우

---

232) 연예인이 기획사와 전속계약을 체결하는 전속계약에 따라 강연, 연주 및 공연을 제공하는 경우에는 고용, 위임, 도급의 성질을 함께 가지는 혼합계약이 발생할 수 있다는 점에 대해서는 전술하였다(제2장).
233) 정광수, 전게 논문, 98면에 의하면, 연극, 협주회, 스포츠, 강연을 대상으로 하는 도급을 무형도급으로 새기고 있다.
234) 의료계약, 변호사계약, 인증업무 위탁계약, 경비위탁계약, 정보 제공계약에서 계약의 내용에 따라 위임이 되는 경우와 도급이 되는 경우의 구분기준에 관해서는 제2장 제2절에서 살펴보았다.
235) 의료계약, 변호사계약, 교육 영역에서도 수급인이 결과채무를 부담함으로써 도급으로 볼 수 있는 영역이 있다는 점에 대해서는 제2장 제2절에서 살펴보았다.

리 민법의 입장에서 도급 또는 위임에 포함될 수 있는 전형계약들로 구성되어 있다. 특히 DCFR은 위임계약을 법률행위를 처리하는 경우로 국한하고 있어서 우리 민법상 사실행위의 위임에 해당하는 계약들은 제4권 C편의 용역제공계약으로 취급되고 있다는 점에 관해서는 전술하였다.

DCFR은 제4권 C편 제2장에 용역 일반에 적용되는 규정을 두고 있는데, 여기서는 용역제공자가 그 상황에서 행사할 주의와 기술(skill and care)로써 용역에 적용되는 여하한 법률 또는 기타 구속력 있는 법적 규정에 합치되도록 이행하는 내용의 기술 및 주의의무(obligation of skill and care, IV.C.-2:105조 제1항)와 함께 용역 제공자가 용역의뢰인이 계약의 체결시에 진술하거나 상정한 특정한 결과를 달성할 의무(obligation to achieve result)를 규정하고 있다(IV.C.-2:106조 제1항).

이와 함께, DCFR 제4권 C편 제3장부터 제8장까지는 용역 제공자가 제공하는 용역의 내용에 따라, 건설, 가공, 보관, 설계, 정보제공 또는 조언, 치료계약을 규정하고 있다. DCFR 4권 C편 제3장 이하에 규정한 6개의 계약들은 우리 민법상의 도급에 해당하는 것도 있고, 위임에 해당하는 것도 있으며, 임치에 해당하는 것도 찾아 볼 수 있다. 그런데 DCFR은 이들 각 계약에서 용역제공자가 용역제공과 관련하여 계약에서 요구하는 품질 및 성상을 보장하여야 한다는 내용의 '합치(conformity)'규정과 합리적인 용역제공자가 그 상황에서 행사할 주의와 기술로서 용역을 수행할 것을 내용으로 하는 '기술 및 주의의무(obligation of skill and care)' 규정을 두고 있다. DCFR은 이중에서 용역제공자가 합치(conformity)의무를 이행해야 하는 경우를 결과채무로 설명하고 있고, 기술 및 주의의무(obligation of skill and care)를 이행해야 하는 경우를 수단채무라고 설명하고 있다.

한편, 이들 각 계약들중 용역제공자가 합치(conformity)의무를 부담하는 것으로 규정하는 계약으로는 건설, 설계, 정보 또는 조언계약이 있고,[236] 기술 및 주의의무(obligaton of skill and care)를 규정하고 있는 계

약으로는 설계, 정보 또는 조언계약, 치료계약이 있다.[237]

  이들 각 계약에서 규정한 '합치(conformity)' 규정과 '기술 및 주의의무(obligation of skill and care)' 규정은 DCFR IV.C. 2장에서 규정한 '용역 일반에 적용되는 규정'보다 우선하여 적용되도록 규정되어 있다(IV. C. 1:103 (b)).

  결국, 위에서 본 바와 같이 위임과 도급의 구분기준으로 수단채무와 결과채무의 구분기준을 활용하고자 하는 본 논문의 입장에서는, DCFR의 6가지 계약에는 우리 민법상 도급에 해당하는 계약(결과채무에 해당하는 계약)과 위임에 해당하는 계약(수단채무에 해당하는 계약)이 혼재하고 있는 것으로 정리할 수 있겠다.

---

[236] 건설계약에서 건설자는 구조물이 계약에서 요구하는 품질 및 성상임을 보장해야 하고(DCFR IV.C.-3:104), 설계계약에서 설계는 그것이 설계의 이용자로 하여금 합리적으로 기대될 수 있는 기술 및 주의로써 설계를 실행함으로써 특정한 결과를 성취할 수 있도록 하지 않는 경우에는 계약에 합치하지 않는다고 하며(DCFR IV.C-6:104). 정보 또는 조언계약에서 제공자는 계약이 요구하는 수량, 품질 및 내용의 정보를 제공하여야 한다(DCFR IV.C.-7:106).

[237] 즉, 설계계약에서, 설계자의 기술 및 주의의무에 따라 설계자는 설계작업을 의뢰인과 계약한 다른 설계자들의 작업에 맞출 의무, 필요한 다른 설계자들과의 작업을 통합할 의무, 평균적 능력을 가진 설계의 이용자가 설계 실행을 위하여 필요한 설계의 해석을 위한 여하한 정보를 포함할 의무, 설계이용자가 정당한 제3자의 권리에 기한 방해없이 설계를 실행할 수 있도록 할 의무, 기술적으로 효과적인 실현이 가능한 설계를 제공할 의무를 부담한다(DCFR IV.C.-6:103).
또한 정보제공 또는 조언 계약에서 용역제공자는 기술 및 주의의무에 따라, 의뢰인이 정보의 내용을 이해할 수 있도록 합리적인 조치를 할 의무, 합리적인 정보제공자가 평가적 정보를 제공할 때 그 상황에서 행사하였을 주의 및 기술로써 행위할 의무, 의뢰인의 결정에 영향을 미칠 것으로 합리적으로 기대할 수 있는 한 위험을 의뢰인에게 알릴 의무를 부담한다(DCFR IV.C.-7:104). 마지막으로 치료계약에서 치료제공자의 기술 및 주의의무에 따라 치료제공자는 환자에게 주의와 기술을 행사하고 표방하는 합리적인 치료제공자가 주어진 상황에서 행사할 주의와 기술을 제공하여야 한다(DCFR IV.C.-8:104).

3. 기타의 견해

도급계약이 목적으로 하는 일의 내용을 기준으로 도급계약을 구분하는 견해238)가 있다. 이 분류는 도급인이 소유한 시설물에 대한 일(시설물의 설치, 수리, 청소 등), 도급인이 맡긴 물건에 대한 일(차량의 엔진오일 교환의뢰239), 자동차수리, 세차240) 등), 수작업(사진현상, 수도장치, 변기 등의 수선, 잠겨진 문을 열어주는 일), 정신적인 작업(감정, 기획, 번역, 시장조사, 예술공연), 도급인의 신체에 관한 일(안경사, 치과의 기공사, 이발사), 건설(건축물시공, 해체, 토석 채취241) 등), 운송으로 구분하고 있다.242)

이러한 분류는 도급계약의 일의 내용이 광범위하고 다양함을 잘 설명하는 장점이 있다고 보인다. 하지만 일의 내용을 가지고 도급계약을 구분하였지만 각 도급계약을 구분하는 실익을 찾기는 곤란하다는 단점을 지적할 수 있다.

---

238) 김형배, 채권각론(전게서), 611면, 중국 계약법 제251조 제2항의 규정에서 가공계약, 주문제작계약, 수리계약, 건물 등 부동산의 수선·재건축계약, 개선계약, 인쇄계약, 복제계약, 시험계약, 검사계약, 기타 작업(이발, 미용, 화장, 사진, 그림, 세차, 등)으로 구분하는 것도 이와 마찬가지의 태도로 생각된다[전대규, 중국민법(하), 법률정보센타, 박영사(2008), 266면부터 269면 참조].
239) 대법원 1987. 7. 7. 선고 87다카449 판결.
240) 대법원 1976. 10. 26. 선고 76다517 판결.
241) 대법원 1983. 8. 23. 선고 82다카1596 판결: 토석 채취허가를 받은 자와의 계약에 의하여 허가 명의자의 비용과 책임 하에 토석을 채취하고 그 채취된 토석을 허가 명의자가 소유하되 그 가액을 나누기로 한 경우 광업법상의 덕대계약이 아니라 일종의 도급계약이다.
242) 김형배, 채권각론(전게서), 611면.

II. 무형(용역)도급에서의 하자담보책임 적용여부

1. 우리 민법상 담보책임 규정

우리 민법은 매매계약에서 담보책임 규정을 두는 한편(제569조부터 584조), 이자부 소비대차243)(제602조244))와 이자부 소비임치(제702조가 소비대차를 준용함)에서는 매매계약에서의 담보책임을 준용한다. 한편, 도급은 완성된 일의 목적물에 하자가 있는 경우에 하자담보책임을 규정하고(제667조부터 제672조까지), 2015년 2월 민법개정에서 포함된 여행계약도 여행에 하자가 있는 경우의 담보책임(제674조의6부터 제674조의8까지)을 규정하고 있다.

한편, 매매에 관한 민법 제567조가 '본장의 규정은 매매외의 유상계약에 준용한다.'고 하고 있어서, 해석상으로는 다른 유상계약에서도 담보책임을 물을수 있는데, 교환의 경우에는 매매의 하자담보책임이 준용된다고 해석된다.245) 또한, 임대차의 경우에는 별도의 규정을 두고 있지 않지만 학설은 임대차 역시 유상계약이므로 담보책임 규정을 준용하는 것으로 보아,246) 임대차의 목적물에 하자가 있는 때에는 임차인은 임대인에게 손해배상을 청구할 수 있고, 목적물의 수량이 부족한 때에는 차

---

243) 소비대차에서 대주의 담보책임은 대주의 급부의무에 기초한 것으로 해석된다[김용담 편집대표, 주석민법, 채권각칙(3), 제4판, 한국사법행정학회(2013), 433면(정병호 집필부분)].
244) **민법 제602조 제1항**: 이자있는 소비대차의 목적물에 하자가 있는 경우에는 제580조 내지 제582조의 규정을 준용한다. **제2항**: 이자없는 소비대차의 경우에는 차주는 하자있는 물건의 가액으로 반환할 수 있다. 그러나 대주가 그 하자를 알고 차주에게 고지하지 아니한 때에는 전항과 같다.
245) 교환에서의 담보책임은 인도받은 목적물에 하자가 있는 경우를 의미한다는 설명으로, 김용담 편집대표, 주석민법 채권각칙(3), 411면(최봉경 집필부분).
246) 임대차에서의 담보책임은 인도받은 목적물에 하자가 있는 경우를 의미한다는 설명으로, 김용담 편집대표, 주석민법 채권각칙(3), 587면(정병호 집필부분).

임의 감액을 청구할 수 있으며, 하자로 인하여 임대차의 목적을 달성할 수 없는 때에는 계약을 해제할 수 있다고 보고 있다.[247]

그 밖에 용역제공계약인 고용, 위임은 유상계약이기는 하지만 담보책임 규정을 두고 있지도 않고, 학설도 담보책임을 인정하는 견해를 찾아볼 수 없다.

---

[247] 대법원은, 원고(임차인)가 자신이 임차한 점포가 근린생활시설로 되어 있어 임차점포를 스탠드바로 개업하기 위한 영업허가를 받지 못하였다는 이유로 피고(임대인)의 담보책임을 물어 임대차계약을 해제하고 자신의 차임채무가 소급적으로 소멸하였다고 주장한 사안에서, '임차인이 임대차계약에 따라 임대인으로부터 임차목적물을 명도받아 점유를 계속해 온 경우에는, 임대목적물에 있는 법률적 제한으로 말미암아 임차의 목적을 달성할 수 없게 되어 임대인의 담보책임을 묻는다 하더라도 계약의 효력을 장래에 향하여 소멸하게 하는 해지를 할 수 있으나, 그 효력을 소급적으로 소멸시키는 해제를 할 수는 없다.'고 하였다(대법원 1994. 11. 22. 선고 93다61321 판결).
한편, 대법원 1995. 7. 14. 선고 94다38342 판결은 건물 일부의 임대차계약을 체결함에 있어 임차인이 건물면적의 일정한 수량이 있을 것이라고 믿고 계약을 체결하였고, 임대인도 그 일정 수량이 있는 것으로 명시적 또는 묵시적으로 표시하였으며, 또한 임대차보증금과 월임료를 그 수량을 기초로 정한 경우 그 임대차를 수량을 정한 임대차라고 하면서, '임대차계약에서 임대차면적에 따른 임대차보증금(전세금)을 일단 계산한 후 그 금액의 15%내외의 금액을 임대차보증금으로 지급하고 그 나머지 금액에 월 2%를 곱한 금액을 월 임료로 지급하기로 약정한 경우, 임차인은 임대인에게 귀책사유가 있는 목적물의 면적 부족분에 해당하는 임대차보증금 과다지급분에 대해서는 그 금액에 월 2%를 곱한 금액만큼의 임료를 지급하지 않아도 될 것임에도 불구하고 그에 상당한 금액을 임료로 과다지급함으로써 손해를 입었다고 할 것이므로, 그렇게 얻어진 부당이득액에 다시 법정이율에 따른 지연손해금을 지급한 것이 정당하다.'고 하였다. 판례는 임차인이 부당이득을 근거로 임료를 반환청구할 수 있다는 취지로 판시하고 있고 임대차의 담보책임을 근거로 임대인의 책임을 인정한 것이라고 명시하고 있지는 않다. 하지만 목적물의 수량부족을 이유로 담보책임으로서 차임감액을 청구하고, 이미 지급한 임료를 반환청구하는 것으로 해석하는 것이 가능할 것이다[김용담 편집대표, 주석민법 채권각칙(3), 587면(정병호 집필부분)].

2. 하자담보책임의 대상

가. 매매의 경우

본 논문에서 도급에서의 하자담보책임의 대상이 무엇인지를 살펴보기 전에 연혁적으로나 비교법적으로 매매에서의 하자담보책임의 대상이 무엇인지를 먼저 살펴보고자 한다.

로마법에서 하자담보책임이 형성된 배경[248]을 살펴보면 i) 주로 장악행위(*mancipatio*)에 의해 이루어진 토지매매에서 토지의 면적이 부족한 경우(토지면적소권), 노예나 동물매매에서 매도인이 아무런 하자가 없다는 문답계약을 체결하는 경우(문답계약소권), 매도인이 매매목적물에 일정한 성질이 있다고 보증하였으나 그 성질이 결여된 경우(매수인소권)에 매수인을 보호하기 위한 것이거나, ii) 노예와 동물에 대한 시장거래를 감독한 안찰관고시(edictum aedilium circulium[249]))에 따라 매도인이 자신의 목적물에 존재하는 모든 하자를 고지해야 하고, 만일 고지하지 않은 하자에 대해서는 매매 당시에 매도인이 이를 알지 못한 경우에도 책임을 지도록 하기 위한 것이었으며, iii) 유스티니아누스 시대가 되어서는 노예, 동물의 매매뿐 아니라 부동산매매 등의 모든 매매에 대해서도 확대되었다. 이처럼 로마법상 담보책임은 토지, 노예, 동물과 같은 '목적물'의 매매를 전제로 한 것이었다.

한편, 프랑스민법에서 매매에서의 하자담보책임은 매매목적물의 숨은 하자로 인하여 목적물이 예정된 용도에 따라 사용하기에 적합하지 않거나 매수인이 이를 알았더라면 매수하지 않았거나, 보다 적은 대금을 지불하였을 정도로 목적물의 용도가 감소한 경우에 적용하는 것으로 규

---

248) 곽윤직 편집대표, 민법주해XIV, 190면부터 193면(남효순 집필부분).
249) 담보책임은 노예나 가축의 질병에 대해서 단기간 내에 제소할 것으로 보는 로마법상의 안찰관 소권에 기원한다는 설명으로, A. Bénabent(a), *op. cit.*, n° 231.

정하고 있다(프랑스민법전 제1641조). 프랑스민법상 매매에서의 하자담보책임은 물질적 하자를 의미한다고 보는데에 학설이 일치하고 있다.250) 도급에 관해서도 제1788조에서 '수급인이 재료를 제공하는 경우에 있어서 그 물건이 인도되기 전에 어떠한 사유로든 멸실된 때에는 수급인이 멸실에 대하여 책임을 진다'고 규정함으로써, 수급인이 재료를 제공하여 목적물을 만드는 경우 수급인이 매도인의 담보책임과 같은 정도의 책임을 지는 것으로 해석되고 있다.251)

결국 연혁적으로나, 비교법적으로 매매에서의 하자담보책임은 매매목적물(여기에는 유형물뿐만 아니라 무형의 권리도 포함된다)이 가지는 물질적인 하자로부터 매수인을 보호하기 위한 것임을 알 수 있다.

나. 도급의 경우- 무형(용역)도급

도급에서 수급인의 하자담보책임을 인정하게 된 이유에 관해서는 수급인의 '미숙련'을 '과실'과 동일시하기 위한 장치라고 설명되고 있다. 즉, 매매에서의 하자담보책임이 과실책임과는 무관하게 출발한 것과는 달리, 도급에서의 하자담보책임은 숙련되지 않은 수급인이 행한 일의 결과에 대한 책임을 쉽게 인정하기 위한 제도였다.252)

---

250) 곽윤직 편집대표, 민법주해XIV, 190면부터 204면(남효순 집필부분)
251) 일본민법의 기초가 된 보아소나드 민법전 제278조[번역은 김용담 편집대표, 주석민법 채권각칙(4), 308면(이준형 집필부분) 참조]: 도급인이 이의를 유보하지 아니하고 공작물을 수취한 경우에도 나중에 그 물건의 사용에 부적당한 숨은 하자를 발견한 때에는 도급인은 그 수취를 취소하고 대가의 감쇄나 그 일부의 반환을 청구할 권리를 잃지 아니한다(제1항), 제1항의 권리에 기한 소권은 도급인에게 속한 동산이나 부동산에 대하여 시행한 일의 경우는 공작물 전부를 수취한 후 3개월로 소멸한다(제2항), 직공이 재료를 제공한 제작물의 경우는 제99조(필자주: 매매의 담보책임 규정임)의 규정을 적용한다(제3항). 이와 같이 보아소나드 민법전은 수급인이 재료를 제공하여 물건을 제작하는 경우 매도인의 담보책임과 같은 책임을 부담하는 것을 분명히 하고 있다.

그런데, 용역제공계약인 도급에서는 민법 제667조가 '완성된 목적물 또는 완성전의 성취된 부분에 하자가 있는 때'에는 수급인이 하자담보책임을 부담한다고 하고 있고, 이에 대해서 우리의 종래 학설들은 유형도급이건 무형도급이건 구분하지 않고 하자담보책임 규정이 적용된다고 새기고 있다. 하지만 순수한 '용역'만을 제공하는 무형(용역)도급 계약의 경우에는 일의 결과로 남아있는 유형물이 없어서 하자담보책임중 하자보수를 하는 것이 사실상 불가능한 경우가 많다는 점을 고려하면, 무형(용역)도급의 수급인의 엄중한 책임을 묻는 수단으로 반드시 하자담보책임 규정을 직접 적용해야 하는지에 관해서는 의문이 있다. 아래에서 살펴보기로 한다.

1) 하자담보책임 직접 적용설

학설상으로는 도급계약의 경우 유형도급이건 무형도급이건 구분하지 않고 모두 하자담보책임을 적용해야 한다는 견해[253]가 대부분이다. 이 견해는 무형도급에 하자담보책임이 적용되는 예로서 병의 치료, 소송사건의 처리, 회사의 회계보고서의 작성 등을 들면서, 일을 불완전하게 처리한 것이 하자라고 설명한다.

이에 따르면, 용역도급계약으로서 기술용역계약(이발, 미용, 화장, 사진촬영, 세탁, 특수기계청소, 소프트웨어의 개발 및 설계), 철거계약(건축물 및 공작물 철거), 수리계약(기계, 기구, 가방, 신발 등 수리), 정보제공계약(심부름센터, 흥신소 등), 창작계약(건축사, 감정가, 극작가 등과의

---

252) 김용담 편집대표, 주석민법 채권각칙(4), 286면(이준형 집필부분).
253) 곽윤직, 채권각론(전게서), 258면; 김주수, 채권각론, 삼영사(1997), 396면; 정광수, 전게 논문, 95면. 이에 반하여 무형적인 일을 완성해야 하는 용역도급계약에서는 성질상 하자보수가 가능하지 않다는 견해로, Weyers, Hans-Leo, Typendifferenzierung im Werkvertragsrecht, ACP 182(1982), SS 65-66, 위 정광수 전게 논문에서 재인용.

계약), 행사개최준비 및 실시계약(연극, 협주회, 스포츠, 강연 등)을 들면서, 이 경우 모두 수급인이 하자담보책임(하자보수의무, 손해배상, 계약해제)을 부담한다고 한다.[254] 이 견해는 민법이 목적물 인도를 요하지 않는 채무에 대해서도 하자담보책임을 규정하고 있는 점을 들어(민법 제670조) 우리민법이 용역도급에 대해서도 하자담보책임을 긍정하고 있다고 본다.

한편, 2016년 개정민법에 편입된 여행계약에서 하자담보책임을 규정하는 것을 들어서(민법 제674조의6부터 제674조의8), 우리 민법상 무형도급에 대해서도 하자담보책임이 전면적으로 적용되는 것으로 새겨야 한다는 견해가 있을 수 있다. 여행계약에서 하자담보책임을 물을 수 있는 사례들을 보면, 호텔등급이 약정된 등급보다 낮은 경우, 침실이 지저분한 경우, 주변의 건축으로 소음이 심하여 수면을 취하기 어려운 경우, 부패한 음식을 제공한 경우, 관광코스[255]의 일부를 생략한 경우 등으로서,[256] 여행주최자가 맡은 여행 관련 용역제공의무를 제대로 이행하지 못한 것이라고 할 수 있다. 이런 점에서 여행계약상 여행주최자는 일종의 무형도급의 수급인에 해당한다고 볼 수 있다.

하지만, 다음과 같은 이유를 보면 무형도급에서 하자담보책임을 전면적으로 적용하는 것에 대해서는 의문이 있다.

첫째, 우리 민법 제정당시 우리 민법 제정자들은 '일의 완성'과 '완성된 일의 목적물'의 차이를 인식하고 있었던 것으로 보인다.[257] 이를 보

---

254) 이 견해는 하자담보책임을 물을 수 있다고 설명하면서도 하자보수청구 또는 하자보수에 갈음하는 손해배상청구를 할 수 없다고 설명한다(정광수, 전게논문, 104면).
255) 관광코스의 일부를 생략한 경우에도 여행객을 포함한 물품의 운송, 식사의 제공, 설명용역 등의 종합적인 용역은 유형적인 용역이라고 볼 수 있다는 점에서 하자담보책임이 가능하다고 생각한다.
256) 송덕수, 채권법각론, 제6판, 박영사(2023), 375면.
257) 民法案審議錄(上卷), 民議院 法制司法委員會 民法案審議小委員會, 388면 이하

면 우리 민법 입안자들은 도급의 담보책임의 대상으로 일의 하자를 대상으로 할 것인지 아니면 일의 목적물(유형물이건 또는 무형의 권리이건)에 대한 하자가 있는 경우에 담보책임을 부여할 것인지를 구분하고 있었고, 그 중에서 일의 목적물에 하자가 있는 경우에만 하자담보책임을 규정하기로 결정한 것으로 보아야 할 것이다.[258]

참조. 즉, 우리 민법 입안자가 검토했던 당시의 독일민법은 도급에서의 하자담보책임에 관하여 '하자가 없는 일을 완성할 의무'를 부담하는 것으로 규정하고 있었고(개정전 독일민법 제633조), 스위스 채무법은 '일의 주문자에 대하여 .. 현저한 하자를 보이거나 또는 심히 계약과 상위하는 때'에 담보책임을 물을 수 있다'고 규정하였으며(스위스 채무법 제368조), 당시 중화민국민법은 '일에 하자가 있는 때'를 규정함으로써(제493조) 모두 '일' 자체에 하자가 있는 경우를 상정하고 있었다. 이에 반해서 당시의 만주국민법(제643조)과 의용민법(제634조)은 도급에서의 담보책임을 '일의 목적물'에 하자가 있는 때라고 규정하고 있었다.

[258] 일본민법 제정당시 일본민법 기초안(일본민법 제정 기초위원이 검토한 안으로서, 도급에 관해서는 제639조부터 제649조까지 규정되어 있음) 제641조(메이지 민법 제634조에 해당하고, 우리 민법 제676조와 유사함)의 검토에 참가했던 橫田國臣(요코타 구니오미)은 '지금까지 공작물의 하자가 있는 경우라고 논의해 왔는데, 공작물이라는 단어는 서적을 복사하거나 번역을 요청하는 경우까지 감안하면 적당한 단어라고 보기 어렵고, 오히려 도급물이 좋을 것 같다.'고 제안하였다는 대목이 나온다(法典調査會 民法議事速記錄(四), 法務大臣官房司法法制調査部監修. 社團法人 商事法務研究會, 548頁). 당시의 사정을 추측해 본다면, 적어도 입법자들은 유체물 이외에 서적을 복사하거나 번역을 하는 경우는 하자담보책임에 포함시키고자 했던 것으로 보인다(본 서에서도 서적을 복사하거나 번역을 하는 경우에도 유형도급에 해당하는 것으로 보고 있다). 다만 본 논문에서 논의하는 무형도급, 즉 순수하게 수급인이 용역만을 제공하는 도급에 대해서는 별다른 언급이 없다.
한편, 메이지 민법 제634조에서 '일의 목적물에 하자가 있는 때'라고 한 것과 관련하여 일본 메이지 민법 제정에 관여하였던 梅謙次郞(우메 겐지로)은 본 조 이하의 규정은 어디까지나 '일의 목적물에 하자가 있는 경우'를 전제로 한 것이고, 유형의 목적물이 없는 경우에는 가령 하자가 있더라도 도저히 이를 보수할 수 없기 때문에 이들 조문의 규정을 적용할 수 없으며, 오로지 일반규정에 의하여 배상 또는 해제를 청구할 수 있다고 하였다(梅謙次郞, 民法要義

둘째, 용역거래의 특징을 보면 눈에 보이는 것이 아니어서 이미 제공받은 용역을 저장하거나 반환하는 것이 어렵기 때문에 하자를 보수하는 것이 사실상 불가능하다.[259] 이에 따라 무형(용역)도급에서는 민법상 도급에서의 하자담보책임중 가장 중요한 위치를 차지하는 하자보수청구권을 전제로 하는 규정들을 곧바로 무형(용역)도급에 적용하는데는 문제가 따르는 것이다.[260] 예를 들어 민법 제667조는 완성된 목적물에 하자가 있는 때에는 '하자의 보수'를 청구할 수 있고, '하자가 중요하지 아니한 경우에 그 보수에 과다한 비용을 요할 때'에는 보수청구를 할 수 없다고 규정하는데, 무형(도급)에 있어서는 하자의 보수를 상정하는 것이 어려운 것이다. 또한, 제667조 제2항은 '하자의 보수에 갈음하여 또는 보수와 함께 손해배상을 청구할 수 있다.'고 하는데, 무형(용역)도급에서 보수청구가 곤란한 상황을 감안하면 민법 제667조 제2항을 그대로 적용하는 것도 곤란하다.

셋째, 무형도급에서도 하자담보책임이 직접 적용된다고 보는 견해가 들고 있는 가장 중요한 근거로는 민법 제670조가 목적물의 인도를 요하지 않는 경우에도 하자담보책임을 인정하고 있다는 것이다. 하지만 민법 제670조는 유형도급으로서 목적물의 인도가 필요하지 않은 경우를 규정한 것으로 새기는 것이 가능하다. 예를 들어, 수급인이 집 수리를 하는 경우는 유형도급에 해당하지만 목적물의 인도를 요하지 않는 경우에 해

卷之三, 債權編 31版(法政大學, 1903), 707頁), 이준형(a), "일본 메이지민법(채권각론 중 도급)의 입법이유: 메이지민법 제633조 내지 제642조", 민사법학 제75호, 한국민사법학회(2016. 6), 342면에서 재인용).

259) 松本恒雄, "サービス契約", 『債権法改正の課題と方向 -民法100周年を契機として-』, 商事法務(1998), 210-211頁.

260) 독일의 근대법 제정과정에서 도급에서의 하자담보책임이 로마법과 다른 양상으로 독자적으로 발전되었음에 주목하면서, 특히 1794년 프로이센 일반란트법과 바이에른 민법초안, 드레스덴 채권법 초안에서는 유체물 도급에 대해서만 하자담보책임이 적용되었다는 점을 지적하는 설명으로, 이준형(a), 전게논문, 142면, 148면, 149면.

당하는 것이다. 결국 본조를 근거로 무형(용역)도급에 대해서까지 하자담보책임이 직접 적용된다고 단정하기는 곤란한 것으로 생각된다.

넷째, 스위스에서는 정신도급(Geistwerkverträge)을 스위스 채무법 제363조[261]의 도급계약에서 제외하면서 그 근거로 도급계약법 중 담보규정(Gewährleistungsreglen, 스위스 채무법 제367조부터 제371조)이 유형의 도급계약(Sachwerkverträge)에 맞추어져 있고, 정신도급에는 적절하지 않다고 주장하는 견해가 있다.[262][263] 이 견해에 따르면, 유형도급만이 도급계약에 포함되어 하자담보책임이 적용되고, 정신도급은 위임으로 다루어진다는 것이다. 이 견해가 하자담보책임이 유형도급을 대상으로 하는 것으로 설명하는 것은 타당하다고 본다.[264]

---

261) **프랑스민법전 Art.363**: Le contrat d'entreprise est un contrat par lequel une des parties (l'entrepreneur) s'oblige à exécuter un ouvrage, moyennant un prix que l'autre partie (le maître) s'engage à lui payer.
262) 이와 더불어 스위스에서는 스위스 채무법 제363조의 도급계약이 어떠한 제한도 두고 있지 않음을 들어 정신도급도 도급계약에 포함된다는 견해와, 중도적인 견해로서 정신적인 일도 정확함(Richtigkeit)이 객관적으로 검증된다면 스위스 채무법 제363조의 도급계약에 포함시킬 수 있다는 견해로 나뉘어 있다. 이들 각 학설에 관해서는 A. Koller, Schweizerisches Werkvertragrecht, §2 Rn. 63.에서 재인용.
263) 스위스 연방법원은 정신도급을 스위스 채무법 제363조의 도급계약에 포함시킬 것인지를 두고 변화를 겪어 왔다. 즉 연방법원은 종전에는 제한 없이 정신도급을 스위스 채무법 제363조의 도급에 포함시켰다(BGE 70 II 215E. 3.). 그 후, 정신도급을 제363조의 도급에서 제외하고 유형도급만을 도급계약에 포함시켰다(BGE 98 II 305 E.3b). 그 이후 연방법원은 또다시 정신도급을 제363조의 도급에 포함시켰는데(BGE 109 II 34 E.3=Pra 1983 Nr.147). 이에 따라 건축 디자인 계약(BGE 109 II 462 E.3c)등이 도급계약에 포함되었다. 다만 무형적인 일이 도급계약에 포함되기 위해서는 일의 결과가 객관적으로 검증할 수 있고 옳고 그른 일을 구별할 수 있어야 한다고 판단하고 있다(BGE 127 III 328 E.2c). 이와 같은 판례의 변화에 대해서는 A. Koller, Schweizerisches Werkvertragrecht, §2 Rn. 62.에서 재인용.
264) 다만, 이 견해는 모든 도급계약에는 반드시 하자담보책임이 적용된다는 전제에 서 있는 것으로 보인다. 그렇게 새겨야 하자담보책임이 적용되는 유형도

다섯째, 우리 민법상 일종의 무형도급계약인 여행계약에 대해서 여행주최자의 담보책임을 규정하고 있다고 해서, 우리 민법상 모든 무형도급의 수급인에게 도급에서의 하자담보책임이 전면적으로 적용된다고 해석할 수는 없다고 본다. 오히려 무형도급의 수급인에게 도급에서의 하자담보책임이 적용되는 것이 분명하다면 굳이 여행계약에 대해서 여행주최자의 담보책임을 규정할 이유도 없었다고 본다. 즉, 여행계약이 가진 무형도급으로서의 특징을 감안한 규율(특히, 여행주최자의 책임)을 분명히 하기 위해 도급과는 별도의 규정을 마련한 것이라고 볼 수 있는 것이다. 또한 여행계약에 관한 민법개정자료에서 여행계약이 '무형적 결과 실현'을 목적으로 한다고 하였지만, 여행계약상 제공하는 용역은 순수한 용역제공(예를 들어, 관광코스 인솔 용역의 제공)뿐만 아니라 용역과 관련된 유형물 제공(예를 들어, 호텔방의 제공, 음식 제공)도 포함되므로, 여행주최자가 하자담보책임을 지는 것은 순수한 용역제공에 대한 하자담보책임은 물론, 유형물 제공에 대한 하자담보책임도 포함하는 것이다. 이런 점에서 보면 여행계약상 여행주최자의 담보책임을 규정한 것은 오히려 순수 용역제공 도급의 경우에는 하자담보책임을 지우기 어렵다는 점을 감안한 것이라는 해석을 할 수 있는 것이다.

한편, 여행계약에서의 담보책임과 도급에서의 담보책임을 비교해 보면 여행계약에서는 무형도급의 특성을 감안하여 도급에서의 담보책임과 서로 다른 규정들을 두고 있는 것을 확인할 수 있다. 즉, ① 여행계약에서는 도급인의 하자보수청구권과 달리 여행자의 시정청구권을 규정한다. 여행자의 시정청구권의 법적 성질은 완전이행청구권으로서,[265] 단지

급만을 도급계약에 포섭할 수 있기 때문이다. 하지만 무형(용역)도급을 도급계약에 포함시킨 것은 무형도급에서도 수급인이 일을 완성할 채무를 부담하기 때문이므로, 무형도급에 하자담보책임이 적용되지 않는다고 해서 도급계약의 영역에서 제외한다는 해석은 타당하다고 보기 어렵다.

[265] 편집대표 김용담, 주석민법, 채권각칙(4), 제4판, 441면(백태승 집필부분).

하자있는 부분만을 보수하는 것을 의미하는 도급인의 하자보수청구권과는 구분된다.266) 무형도급의 경우 하자있는 부분만을 보수하는 것만으로는 계약의 목적을 달성하는 것이 곤란하기 때문이다. ② 여행계약에서는 도급에서의 담보책임과 달리 대금감액청구권(제674조의6 제1항 본문)을 규정하고 있다. 특히 제676조의6조에서는 무형도급에서 하자보수 또는 시정청구가 불가능한 경우가 많다는 점을 감안하여 시정청구와 대금감액청구를 선택할 수 있도록 하였다. ③ 여행계약에서는 여행에 중대한 하자가 있는 경우에 여행을 장래적으로 해지할 수 있도록 규정하고 있다(제674조의7 제1항). 그러면서도 여행계약에서는 담보책임으로서 계약해제에 관한 규정을 두고 있지 않은데, 이는 여행계약이 계속적 계약이라는 점을 고려하고, 계약해제가 도급인의 구제에 별다른 이익을 가져다 주지 않는 것을 감안한 것이라 생각된다. 이와 같은 여행계약상 담보책임의 특성에 비추어 보면, 여행계약에서 하자담보책임을 규정하고 있다는 것만으로 무형도급에 대해 전면적으로 도급에서의 하자담보책임 규정이 적용된다고 할 수는 없다고 보아야 할 것이다.

2) 하자담보책임 적용 부정설

위에서 살펴 본 바와 같이 무형(용역)도급에 대해서는 하자담보책임 규정을 적용하는 것이 타당하지 않다는 점에서, 무형(용역)도급의 수급인이 불완전급부를 하는 경우 일반 채무불이행책임을 부담하는 것으로 새겨야 한다는 견해가 있을 수 있다.

하지만, 무형(용역)도급 역시 도급계약인 이상 수급인은 자신의 권한과 책임으로 일을 완성할 채무를 부담하는 것으로서 결과채무를 부담한

---

266) 2013년 민법 개정과정에서도 민법상 추완청구와 구분한다는 의미에서 독일민법상 여행계약중의 'Abhilfe'에 관한 양창수 교수의 독일민법전 번역에서 '시정'이라는 용어를 따왔음을 밝히고 있다[법무부 민법개정자료발간팀, 2013년 법무부 민법개정시안, 채권편(하), 법무부(2013), 253면].

다는 점, 무형(용역)도급의 수급인이 일반 채무불이행책임을 부담하는 것으로 해석하는 경우 위임에서의 수임인의 채무와 구분되기 어렵다는 점을 고려하면,[267] 무형(용역)도급의 수급인이 자신이 한 일의 결과에 대해서는 무과실책임을 부담한다고 해석하는 것이 타당하다고 본다.

3) 도급과 여행계약의 하자담보책임 유추적용설

위에서 살펴본 바와 같이 도급에서의 하자담보책임 규정을 무형도급에 직접 적용하는 것은 타당하지 않고 그렇다고 무형도급의 수급인에게 일반 채무불이행책임을 지우는 것도 타당하지는 않다. 결국, 무형도급의 수급인은 결과채무에 따른 무과실 책임을 부담해야 하는데 그 근거는 어디서 찾아야 할까? 그 방법으로는 유형도급의 수급인의 하자담보책임과 무형도급의 수급인의 결과채무에 따른 책임을 별도의 조문으로 두는 방식과 하나의 조문으로 두면서 양자를 포괄하는 방식이 있을 것이다. 사견으로는 후자가 더욱 타당하다고 본다. 즉, 무형도급의 성격을 가진 여행계약 이외에도 현대 사회에서 새로운 무형(용역)도급이 생겨나고 있는 상황이므로 무형도급의 영역은 광범위할 수 밖에. 따라서 이에 관한 규정은 무형도급에 관한 일반 규정으로 두는 것이 타당하다. 그런데 무형도급과 유형도급간에도 그 경계가 불분명한 영역이 발생할 수 있어서 이를 하자담보책임과는 별도의 규정으로 두는 경우에는 해석상 공백이 발생할 가능성도 제기될 수 있다고 본다. 그런 점에서 유형도급과 무형도급을 포괄하는 하나의 조문으로 두는 것이 더욱 타당하다고 생각한다.

---

[267] 예를 들어, 세계 최고의 오페라 가수가 공연기획사와 공연을 하기로 하였으나, 성대결절로 인하여 공연을 엉망으로 마친 경우에 오페라 가수는 무형(용역)도급의 수급인으로서 무과실책임을 부담하는 것으로 보아야 할 것이다. 여기서 오페라 가수가 일반 채무불이행책임을 부담하는 것으로 해석한다면 오페라 가수와 공연기획사와의 계약은 위임계약을 체결한 것과 구분하기 어려운 결과가 될 것이다.

다만, 현행법의 해석으로서는 무형도급의 수급인이 부담하는 결과채무에 따른 책임의 근거로서 부득이 하자담보책임에 관한 민법 제676조를 들 수밖에 없다고 본다. 과실책임주의를 원칙으로 하는 채무불이행책임 법제상 법률상 근거없이 수급인의 무과실책임을 인정할 수는 없기 때문이다.

이 때, 무형(용역)도급의 수급인이 부담하는 결과채무에 따른 책임 내용은, 하자담보책임중 성질상 모순되지 않는 것(예를 들어, 계약해제, 손해배상)에 관해서는 그 규정을 유추적용하고, 모순되는 것(예를 들어, 하자보수청구권)에 대해서는 이를 적용하지 않으며, 도급계약상의 하자담보책임에서도 규정하고 있지 않은 것(예를 들어, 하자 시정청구권, 계약해지권, 대금감액청구)은 무형도급의 일종으로서 민법에 편입된 여행계약(즉, 여행계약에서 시정청구권과 대금감액권을 규정하는 제674조의6, 여행계약에서 계약해지권을 규정하는 제674조의7)의 담보책임 규정에서 유추하는 방안을 고려할 수 있다고 본다.

Ⅲ. 무형(용역)도급 수급인과 수임인의 책임 비교

제2장에서 논한 바와 같이 지적 용역제공계약과 기타 용역제공계약 중 일부는 종래 위임계약으로 취급되었으나 도급으로 취급해야 할 계약들이 있다. 이에 따라 이들 계약들을 위임으로 취급하는 것과 비교해서 무형(용역)도급으로 취급하는 경우에는 어떤 차이점이 있는지를 살펴본다. 결국 이 문제는 수단채무에 따른 책임과 결과채무에 따른 책임을 비교하는 한편, 위임과 도급을 비교하는 것이 주요한 내용이 될 것이다.

1. 성질의 비교

첫째, 위임은 위임인과 수임인 사이의 고도의 신뢰관계를 기반으로 성립한다는 점에서, 위임인의 승낙이나 부득이한 사유없이 제3자로 하여금 자기에 갈음하여 위임사무를 처리하지 못한다(민법 제682조). 이에 반해 무형(용역)도급에서는 수급인이 일의 완성을 위하여 제3자에게 하도급하는 것에 대한 제한을 두고 있지 않다는 점에서 차이를 가진다.

둘째, 위임에서 수임인은 타인의 사무를 처리하는데 그치는데 반해, 무형(용역)도급에서 수급인은 타인으로부터 맡은 일을 완성해야 하는 의무를 부담한다. 즉, 무형(용역)도급은 타인으로부터 맡은 일을 완성할 때까지의 성과 실현에 대한 위험을 수급인이 모두 부담하게 된다. 이에 관해서는 제2장에서 살펴본 바 있다.

2. 요건의 비교

위임에서 수임인은 위임의 본지에 따라 선량한 관리자의 주의로서 위임사무를 처리하면 되므로(민법 제681조), 수임인에게 귀책사유가 없는 경우에는 채무불이행책임을 부담하지 않는다. 이에 비해 무형(용역)도급에서 수급인이 부담하는 결과채무에 따른 책임은 수급인의 귀책사유를 요하지 않는다는 점에서 무과실책임이라고 할 수 있다.

그런데 무형(용역)도급의 수급인이 결과채무에 따른 책임을 부담하는 경우에도 수급인은 불가항력, 도급인 또는 제3자의 귀책(이하 본장에서만 '불가항력 등의 항변')을 이유로 항변을 주장할 수 있다(이에 관해서는 본장 제2절에서 자세히 살펴본다). 이때 수급인이 불가항력 등의 항변을 주장할 수 있는 범위에 관해서는 별다른 논의가 없다. 즉, 도급인이 손해배상청구를 하는 경우 수급인이 불가항력 등의 항변을 하는데에는 문제가 없다고 보이지만, 도급인이 하자보수청구권, 계약해제권을 행사하는 경우에 대해서 불가항력 등의 항변이 가능할 것인지가 문제될 수 있다.

이에 관해서 제4장 제1절에서 자세히 논하는 국제물품거래에 관한 국제협약(CISG), 사법통일을 위한 국제협회(PICC), 유럽계약법 원칙(PECL), 공통참조기준 초안(DCFR)등 (이하 이를 통칭하여 "국제통일법"이라 함)은 채무불이행책임 성립에 있어서 채무자의 주관적 귀책사유인 고의, 과실을 요하지 않는다는 전제에서 채무자는 자신에게 채무불이행에 대한 고의, 과실이 없다는 항변을 할 수 없고, 다만 손해배상책임에 관해서만 불가항력 등의 항변이 가능하다고 해석하고 있다(즉, 계약이행청구, 대금감액권 행사, 계약해제권 행사 등에 대해서는 불가항력 등의 항변도 할 수 없다[268]).

하지만, 우리 민법상 무형(용역)도급의 수급인이 결과채무에 따른 책임을 부담하는 경우에 불가항력 등의 항변을 봉쇄하는 것은 국제통일법과 같은 규정이 없는 상황에서는 지나친 해석론으로 보인다. 더욱이 현행 민법상 수급인이 하자담보책임을 지는 경우에 불가항력을 이유로 한 항변이 가능하다고 해석하는 것(제3장 제2절 참조)에 비추어 보더라도, 무형(용역)도급의 수급인이 결과채무에 따른 책임을 부담하는 경우에도 손해배상청구 및 계약해제권 행사에 대해서도 불가항력 등의 항변을 허용할 수 있다고 생각한다.

3. 효력의 비교

첫째, 무형(용역)도급에서 수급인은 일을 완성할 때까지 용역의 성과실현에 대한 위험을 부담하므로, 수급인이 일을 완성하지 못하는 경우에는 도급인에게 보수를 청구하지 못한다(민법 제665조). 이에 반해 위임

---

[268] CISG에서의 채권자의 구제수단에 관해서, 석광현, 국제물품매매계약의 법리, 박영사(2010), 177면.

에서 수임인의 책임없는 사유로 인해 위임이 종료된 때, 수임인은 이미 처리한 사무의 비율에 따른 보수를 청구할 수 있다(민법 제686조 제3항).

둘째, 위임에서 수임인이 채무를 이행하지 않는 경우의 책임에 관해서는 일반 채무불이행책임의 원칙에 따르는데 반하여, 무형(용역)도급의 수급인이 부담하는 결과채무에 따른 책임은 무과실책임으로 보아야 할 것이다. 이에 따라 위임과 무형(용역)도급은 책임의 요건 및 효력에 있어서 차이를 가진다. 가령, 무형(용역)도급의 도급인은 도급에서의 하자담보책임에 관한 규정 중에서 무형(용역)도급의 성질상 유추적용이 가능한 규정(계약해제권, 손해배상청구권)과, 민법상 여행계약에서의 담보책임에 관한 규정중에서 유추적용이 가능한 규정(하자 시정청구권, 계약해지권, 대금감액권)을 적용하여 그 요건과 효력이 부여될 수 있다고 본다. 그런 경우 무형(용역)도급의 도급인은 완성된 일에 하자가 있는 경우에 대금 감액 또는 하자의 시정을 청구할 수 있고(민법 제674조의6 제1항의 유추적용), 완성된 일에 중대한 하자가 있는 경우에 그 시정이 이루어지지 않거나 계약의 내용에 따른 이행을 기대할 수 없는 경우에는 계약을 해지할 수 있다(민법 제674조의7 제1항의 유추적용).

셋째, 위임에서 수임인이 부담하는 각종 의무(보고의무, 취득물 인도의무, 수임인의 금전소비의 책임 등)를 수급인이 부담할 수 있을 것인지에 관해서도 논의가 될 수 있다. 무형(용역)도급계약에서 수급인이 그와 같은 의무를 부담하는 것으로 약정한 경우에는 이를 부정할 이유는 없다고 보지만, 당사자간 약정없이 수급인이 이와 같은 의무를 부담하는 것으로 새길 수는 없다고 본다.

넷째, 위임의 경우 양 당사자는 자유롭게 계약을 해지할 수 있고, 당사자 일방이 부득이한 사유없이 상대방의 불리한 시기에 계약을 해지하는 때에는 그 손해를 배상하여야 하는데 반하여(민법 제689조), 무형(용역)도급의 경우 도급인은 수급인이 일을 완성하기 전에는 손해를 배상하고 계약을 해제할 수 있을 뿐이다(민법 제673조).

IV. 소결

　본절에서는 도급계약의 분류방법으로서 계약의 대상물을 기준으로 유형물에 대한 유형도급과 무형물에 대한 무형도급으로 구분하던 방식에 관한 의문을 제기하였다. 본 논문은 순수하게 용역제공만을 목적으로 하는 무형(용역)도급에 대해서는 하자담보책임이 직접 적용되지 않음을 전제로, 하자담보책임이 직접 적용되는 유형도급과 하자담보책임이 직접 적용되지 않는 무형(용역)도급으로 구분하는 것이 실익 있는 분류라고 생각한다.

　그렇다면, 과실책임주의를 근간으로 하는 우리 채무불이행책임 체계에 비추어 볼 때 무형도급의 수급인에게는 일반 채무불이행책임이 적용되어야 한다고 보아야 할 것인가? 그렇지는 않다고 본다. 우리 민법상 도급계약의 수급인에게 엄격한 책임을 지우는 이유가 수급인이 일을 완성할 때까지 일의 완성에 대한 모든 권한과 책임을 부여한 것에 있다고 해석하고 있는 이상, 무형도급의 수급인에게도 무과실책임이 지워질 수 있기 때문이다. 이런 점에서 무형도급의 수급인을 규율대상으로 하는 입법적 보완이 필요하다고 본다. 다만 현행 민법 해석상으로는 무형도급의 수급인에게도 하자담보책임을 유추적용하는 해석이 부득이하다고 생각한다.

　다음 절 이하에서 무형(용역)도급의 수급인이 자신이 완성한 일에 하자가 있는 경우에 부담하는 책임의 내용에 관해서 논하기로 한다. 한편, 무형(용역)도급의 수급인이 부담하는 책임은 자신이 완성하는 일의 무형적 성질로 인해서 하자담보책임과 몇 가지 차이점을 보이는데, 이와 같은 차이점에 관해서도 함께 논의하고자 한다.

제2절 무형(용역)도급 수급인의 결과채무에 따른 책임

제1절에서 논한 바와 같이 무형도급계약의 수급인은 결과채무인 '일을 완성할 채무'를 부담한다. 하지만 무형도급계약의 수급인이 결과채무를 불이행했다는 이유로 반드시 무과실책임을 부담한다고 할 것인가?

우리나라의 법에서 채무자가 결과채무를 부담하는 것으로 규정하는 경우는 아주 다양하다. 학설은 주는 채무(예를 들어, 부동산매도인의 재산권이전의무)와 함께, 하는 채무 중에서도 도급계약의 수급인이 일을 완성할 의무, 운송업자가 물건을 운송할 의무, 임차인 또는 사용차주가 임차물 또는 목적물을 보관할 의무, 수치인이 목적물을 보관할 의무 등을 결과채무의 예로 들고 있다.[269] 그런데 우리 민법과 상법은 이와 같이 결과채무 불이행에 따른 책임으로서 채무자가 무과실책임을 지는 것으로 규정하는 경우와 그렇지 않은 경우를 규정하고 있다. 가령, 도급에서의 수급인의 하자담보책임은 채무자가 무과실책임을 지는 것으로 규정한 것으로 볼 수 있고, 채무자가 이 책임에서 면하기 위해서는 채무자가 주의의무를 이행하였음을 증명하는 것만으로는 부족하고 채무불이행에 불가항력이 있었음을 증명해야 하는 것이다.[270] 그렇다면 무과실책

---

269) 송덕수, 채권법총론, 박영사(2021), 156면; 김상용, 채권총론, 화산미디어(2009), 132면 등.
270) 김증한·김학동, 채권각론(전게서), 517면과 같이 하자가 수급인의 책임사유로 인한 것인지 불문하고 담보책임이 발생한다고 설명하는 등, 면책이 불가능한 것으로 보는 견해도 있으나, 불가항력에 따른 면책은 가능하다고 본다. 참고로 프랑스민법전은 건축도급에서의 하자담보책임을 규정하면서 수급인은 하자가 외부원인(cause étrangère)으로 인한 것임을 증명하면 면책될 수 있다고 규정하고(프랑스민법전 제1792조 제2항), 이때 외부원인은 불가항력, 제3자의 행위 또는 도급인의 행위를 의미하는 것으로 해석되고 있다(J.-B. Auby et al., *Droit de l'urbanisme et de la construction*, 11e éd. L.G.D.J(2017)), n° 1347.

임 규정이 없는 결과채무는 어떻게 취급할 것인가? 결과채무의 경우에는 채무자의 무과실항변이 불가능함을 전제로 항상 무과실책임을 부담한다는 견해가 있을 수 있다. 하지만 결과채무의 채무자도 무과실항변을 할 수 있는 것으로 규정하는 예가 있기 때문에, 법률에 근거를 두지 않는데도 결과채무의 채무자가 당연히 무과실 책임을 진다고 단정할 수는 없다.

예를 들어 상법상 운송인은 운송물의 수령, 인도, 보관 및 운송에 관하여 주의를 게을리 하지 아니하였음을 증명하지 아니하면 운송물의 멸실, 훼손 또는 연착으로 인한 손해를 배상할 책임이 있다고 규정하는데(상법 제135조), 이 경우 운송인은 무과실항변이 가능하다고 볼 수 있기 때문이다. 또한 상법상 사용대차의 차주의 차용물 보관의무, 상법상 창고업자의 임치물 보관의무(상법 제160조), 공중접객업자의 보관의무(상법 제152조) 역시 채무자가 무과실항변을 할 수 있는 것으로 규정하고 있다. 이들 조항에 관해서는 본래 로마법상 운송인, 여관, 역사의 주인은 그가 수취하여 보관하는 물건에 손해가 발생한 경우 불가항력에 의한 것임을 증명하지 아니하면 과실이 없는 경우에도 손해배상책임을 면하지 못하였으나, 일부 근대 상법에서 이를 과실책임주의로 바꾸어 놓은 것으로 이해되는 것이다.[271] 특히 우리 상법은 2010년 개정을 통하여 공중접객업자의 무과실책임 규정을 개정하여 과실책임으로 개정한 바 있다. 이들 규정에서 결과채무의 채무자가 무과실항변을 할 수 있도록 허용한 것은, 연혁적 이유에서 비롯된 채무자의 엄격책임이 오늘날 경제활동에 적합하지 않다는 점에서 채무자의 법적 부담을 감소시키고자 하는 것이었다.[272] 즉, 채무자에게 과중한 책임을 부여하는 경우에는 채무자가 더 이상 '업'을 지속할 수 없다는 점에서 부당하다는 생각에 기반하는 것이다.

---

271) 이철송, 상법총칙·상행위, 박영사(2018), 532면.
272) 상법 일부개정안 심사보고서, 법제사법위원회(2010. 4.), 17-18면.

위에서 무형도급의 수급인에게 하자담보책임을 적용하는 것은 타당하지 않다고 보았다. 하지만 그렇다고 해서 무형도급의 수급인에게 과실책임을 지우는 것도 타당하지 않다. 왜냐하면 무형도급의 수급인에 대해서는 운송인의 책임이나 사용대차의 차주, 창고업자, 공중접객업자등에게 규정된 바와 같은 무과실항변에 관한 규정을 두고 있지 않기 때문이다. 오히려 유형도급의 수급인 내지 여행계약의 여행주최자에게 담보책임이 규정되어 있다는 점에서 이와 유사하게 다루어야 할 필요성이 더 큰 것이다. 이런 점에서 무형도급의 수급인이 결과채무를 불이행한데 따른 책임은 유형도급의 수급인이나 여행주최자의 담보책임을 유추적용할 수 밖에 없다. 그렇게 보는 경우에 무형도급 수급인의 책임에 관한 구체적인 모습은 다음과 같은 것이 된다고 본다.

① 무형도급의 수급인이 결과채무 불이행으로 부담하는 책임에 관하여, 유형도급에 관한 수급인의 하자담보책임중 성질상 모순되지 않는 규정은 유추적용이 가능하다고 본다. 이에 따라 무형도급의 도급인은 수급인의 결과채무 불이행에 대해서 계약해제권(민법 제668조) 및 손해배상청구권(민법 제667조 제2항)을 유추적용하여 행사할 수 있다.

먼저 계약해제권에 대해 본다. 무형도급의 도급인은 수급인이 완성한 일의 하자로 인하여 계약의 목적을 달성할 수 없는 때 계약을 해제할 수 있다. 무형도급의 경우 완성된 일에 하자가 있는 경우에는 수급인이 이를 추완하는 것이 불가능할 것이어서 도급인이 계약해제의 요건을 충족하는 것은 그리 어려운 일이 아닐 것이다. 한편, '건물 기타 토지의 공작물에 관하여 해제권을 제한한 민법 제668조 단서는 유형도급에 국한된 것으로서 무형도급에 이를 유추적용하지 않는 것이 타당하다. 한편, 학설은 불완전이행에 따른 계약해제를 위하여 이행지체와 이행불능에 관한 민법 제544조와 제546조를 유추적용하는데,[273] 이를 무형도급의 수

---

273) 김용담 편집대표, 주석민법 채권총칙(1), 제4판, 한국사법행정학회, 739면(김상중 집필부분).

급인에 대해서도 유추적용할 수 있을까?274) 이에 대해서 민법 제668조에 담보책임으로서 계약해제권을 별도로 규정한 이상 일반 채무불이행책임으로서의 계약해제권은 적용되지 않는다는 견해275)도 있다. 하지만 사견으로는 무형도급의 경우 수급인이 완성된 일을 추완하는 것이 곤란하다는 점에서 민법 제544조에 따른 계약해제권을 유추적용하는 것은 곤란하지만, 이행불능에 관한 제546조에 따른 계약해제권을 유추적용하는 것은 가능하다고 본다.

둘째, 손해배상청구권에 관해서 보자. 무형도급의 도급인은 민법 제667조 제2항을 유추적용하여 수급인이 완성한 일의 하자를 이유로 한 손해배상청구권을 행사할 수 있다. 그런데 무형도급에서는 하자의 보수라는 것이 곤란하다는 점에서 '하자의 보수와 함께 손해배상을 청구'하는 것으로 해석할 수는 없고, '하자의 보수에 갈음하는 손해배상청구'가 가능할 것이다.276) 하자의 보수에 갈음하는 손해배상을 청구하는 경우, 실제 하자보수가 불가능하다는 점에서 하자없이 일이 완성되었을 상태의 가치와 하자가 있는 현재상태로의 가치와의 차액을 배상해야 한다고 본다.277)

---

274) 도급계약 전반에 관하여 유추적용을 긍정하는 견해로서, 송덕수, 채권법각론(전게서), 365면.
275) 김주수, 채권각론(전게서), 398면.
276) 이에 대해서 민법 제667조 제2항에서 말하는 '하자보수와 함께하는 손해배상'은 하자보수와 무관한 손해배상이라고 보아, 하자보수가 불가능한 경우에는 '하자보수와 함께 하는 손해배상청구'만 가능하다고 보는 견해(김용담 편집대표, 주석민법 채권각칙(4), 전게서, 333면(이준형 집필부분))가 있다. 이에 관한 상론은 피하지만, 사견으로는 법문의 문리해석으로 볼 때, 하자보수에 갈음하는 손해배상은 하자보수가 가능한 경우와 가능하지 않은 경우에 모두 가능한 것으로서 다만 그 손해배상의 범위를 달리하는 것이고, 하자보수와 함께 하는 손해배상은 하자보수를 하여도 남게되는 손해에 대한 배상청구를 의미하는 것으로 해석하고자 한다(곽윤직 편집대표, 민법주해XV, 전게서, 459-460면(김용담 집필부분)).
277) 곽윤직 편집대표, 민법주해XV, 전게서, 459면(김용담 집필부분).

② 유형도급의 하자담보책임에서는 도급인의 하자시정청구권과 계약해지권, 대금감액권을 규정하고 있지 않다. 이에 반해 여행계약에서는 여행자의 시정청구권과 대금감액청구권(제674조의6,) 계약해지권(제674조의7)을 규정하고 있다. 이에 따라 무형도급의 수급인에 대해서도 여행계약상 여행주최자의 담보책임을 유추적용할 것인지에 관해서 살펴본다.

도급과 여행계약에서 하자담보책임을 규정하는 이유는 수급인과 여행주최자가 결과채무를 부담하는 것에서 찾을 수 있다. 즉, 수급인은 '일을 완성할 의무'를 이행한 것에서, 여행주최자는 '운송, 숙박, 관광 또는 그 밖의 여행 관련 용역을 결합하여 제공할 의무'를 이행하였다는 점에서, 자신이 완성한 '일의 목적물' 또는 '여행'에 하자가 있는 경우에는 그에 대한 하자담보책임을 부담하는 것이다.

그렇다면 도급계약과 여행계약에서 수급인과 여행주최자는 무엇을 대상으로 하자담보책임을 부담하는 것인가? 위에서 논한 바와 같이 여행계약상 여행주최자는 운송, 숙박 등 여행 관련 용역을 자신의 급부로서 제공하는 자로서[278] 여기서 말하는 용역은 순수한 용역제공(예를 들어, 관광코스 인솔 용역의 제공)뿐만 아니라 용역과 관련된 유형물 제공(예를 들어, 호텔방의 제공, 음식 제공)도 포함된다. 이런 점에서 우리 민법의 여행계약상 여행주최자의 담보책임은 유형도급으로서의 내용과 무형도급으로서의 내용을 모두 포함하고 있다고 보아야 할 것이다.[279] 따라서 도급에서의 하자담보책임 규정과는 달리 새롭게 규정된 여행자의 시정청구권과 대금감액청구권(제674조의6,) 계약해지권(제674조의7)은 여행주최자가 순수한 용역만을 제공하는 경우까지도 적용될 수 있다는 점에서 본 논문에서 말하는 무형도급 수급인에게도 유추적용할 수 있다

---

278) 송덕수, 채권법각론(전게서), 372면.
279) 여행계약의 성질에 관해서는 도급과는 독립한 계약이라는 견해, 독자적 성질을 가진 혼합계약이라는 견해가 있다. 이에 관한 상론은 피하지만 본 논문에서 논의하고 있는 도급계약부분에 국한하여 논의를 진행한다.

고 생각한다.

여행계약에서 여행에 하자가 있는 경우 여행자는 여행주최자에게 하자의 시정 또는 대금감액청구권을 행사할 수 있다(민법 제674조의6 제1항 본문). 이와 같은 시정청구는 상당한 기간을 정하여 하여야 한다(동조 제2항). 다만 그 시정에 지나치게 많은 비용이 들거나 그 밖에 시정을 합리적으로 기대할 수 없는 경우에는 시정을 청구할 수 없다(동조 제1항 단서). 이런 경우에는 대금감액청구만으로 만족할 수 밖에 없다. 위에서 본 바와 같이 무형도급의 도급인도 동 조항을 유추적용하여 수급인에게 하자의 시정 또는 대금감액청구권을 행사할 수 있다고 본다.

한편, 여행계약에서 여행자는 여행에 중대한 하자가 있는 경우에 그 시정이 이루어지지 않거나 계약의 내용에 따른 이행을 기대할 수 없는 경우에는 계약을 해지할 수 있다(민법 제674조의7 제1항). 여행계약은 계속적 계약의 성질을 가지기 때문에 이행이 시작된 이후에는 계약 해제를 인정하는 것이 부적당한 점을 감안한 규정으로 본다.[280] 이때 여행주최자는 계약의 해지로 인하여 필요하게 된 조치를 할 의무를 지며, 계약상 귀환운송 의무가 있으면 여행자를 귀환운송하여야 한다. 이 경우 상당한 이유가 있는 때에는 여행주최자는 여행자에게 그 비용의 일부를 청구할 수 있다(동조 제3항). 위에서 본 바와 같이 무형도급의 도급인은 동 조항을 유추적용함으로써 계약을 해지할 수 있다. 또한 무형도급의 수급인은 계약의 해지로 인하여 필요하게 된 조치를 할 의무를 이행해야 한다. 다만, 여행주최자의 귀환운송의무와 그와 관련된 비용청구권 규정은 여행계약에 고유한 문제로서[281] 무형도급에 일반화시키기 곤란한 것으로 생각된다.

③위에서 본 바와 같이, 무형도급에서 유형도급 도급인의 하자보수청

---

[280] 송덕수, 채권법각론(전게서), 377면.
[281] 법무부 민법개정자료발간팀, 2013년 법무부 민법개정시안, 채권편(하), 법무부(2013), 226면.

구권(민법 제667조)을 유추적용하는 것은 타당하지 않다. 즉, 무형도급의 경우에는 그 결과물이 눈에 보이지 않고 측량하거나 저장하는 것이 불가능하다는 점에서 이미 이행한 것을 추완하는 것을 상정하기 어렵기 때문이다.

지금까지 논의한 내용을 종합해 보면, 유형도급의 수급인은 자신이 완성한 일의 목적물에 하자가 발생한 경우 하자담보책임을 부담하고, 무형(용역)도급의 수급인은 자신이 완성한 일이 채무의 내용에 좇은 내용이 아닌 경우 무과실책임을 부담한다. 유형도급과 무형(용역)도급의 수급인은 모두 자신의 권한과 책임 하에 일을 완성하였다는 점에서 결과채무에 따른 무과실책임을 부담한다. 다만 도급에서 하자담보책임 규정이 본래 유형도급을 전제로 규정된 것이어서 무형도급의 성질과는 부합하지 않는다는 점으로 인해 무형(용역)도급에 대해서는 하자담보책임을 직접 적용하지는 못하고 다만 도급계약과 여행계약의 하자담보책임 규정을 유추적용하는 것으로 해석하였다. 이에 따라 유형도급과 무형(용역)도급의 수급인이 부담하는 책임간의 몇 가지 차이점을 정리해 보도록 하겠다. 아래에서는 이와 같은 전제에서 무형(용역)도급에서의 수급인의 책임을 논하기로 한다. 이 과정에서 유형도급에서 그동안 축적되어 온 해석론도 비교하여 살펴본다.

Ⅰ. 요건

1. 일의 목적물의 하자

가. 유형도급의 경우

　우리 민법은 '완성된 목적물 또는 완성전의 성취된 부분에 하자'가 있는 때에 수급인의 하자담보책임을 지우고 있다(민법 제667조 제1항). 유형도급에 대해서만 하자담보책임이 적용된다고 보는 본 논문의 입장에 따라 본장 제1절에서 정리한 유형도급의 범주에 따르면, 완성된 '목적물'로는 i) 유형물, ii) 문화적, 정신적 노동의 산물, iii) 물건의 위치변경, iv) 사람의 신체에 대한 변화 등을 들 수 있다. 이들 완성된 '목적물'의 공통적인 특징은 수급인이 자신의 일을 통해 완성한 '목적물'에 하자가 있는 경우에는 이를 보수할 수 있는 가능성이 있다는 것이다. 이를 전제로 우리 민법은 수급인의 하자담보책임으로 일의 목적물에 대한 하자보수청구권과 함께 손해배상청구와 계약해제권 등을 두고 있는 것이다.

　한편, 우리 민법은 완성된 목적물의 '하자'가 무엇을 말하는 것인지에 관해서는 규정을 두고 있지 않다. 이에 따라 학설상 객관설(완성된 일이 계약에서 정한 내용대로가 아니고 불완전한 점, 즉 목적물의 사용가치나 교환가치를 감소케 하는 결점이나 또는 약정한 성질이 결여된 것을 말한다),[282] 주관설(완성물이 객관적으로는 충분하다고 보여지더라도 수급인이 보증한 특성을 갖추지 못한 경우에는 하자로 인정된다고 하거나, 계약체결당시에 당사자들에 의하여 전제된 성질이 없는 경우에 하자가 인정되나, 당사자들이 특별히 어떤 성질을 전제로 하지 않은 때에는 그 종류의 물건이 일반적으로 가지고 있는 성질이 없는 경우에 하자가 있

---

[282] 곽윤직, 채권각론(전게서), 258면; 김주수, 전게서, 213면.

게 된다.),283) 병존설(물건이 본래 가지고 있어야 할 객관적 성질이 없는 경우 또는 매매 당사자가 합의한 성질이 없는 경우에 모두 하자가 인정된다)284)이 논의되어 왔다.

이 중에서, 객관설에 대해서는 당사자가 목적물의 성상에 대해 한 합의를 무시한다는 지적이 있고,285) 주관설에 대해서는 일반 채무불이행책임과의 관계가 모호해진다는 지적이 있으며,286) 병존설에 대해서는 객관적으로 목적물이 가지고 있어야 할 성상을 가지지 못한 경우라도 당사자간에 합의한 성상을 가지고 있는 경우에는 하자가 없는 것으로 보아야 한다는 반론이 있다.287)

생각건대, 도급에서의 하자담보책임의 본질을 채무불이행책임으로 보아야 한다는 점, 매도인의 담보책임과는 달리 수급인의 하자담보책임은 수급인이 일을 완성하는 과정에서 생긴 하자에 대한 책임이라는 점에서,288) 주관설의 입장에 따라 하자의 개념을 이해해야 한다고 본다.

하자의 개념을 주관설의 입장에서 이해하면, 도급계약에서 당사자가 명시적으로 약정한 성상에 흠결이 있는 경우 그 자체만으로 하자가 된다289). 또한, 도급계약에서 당사자가 묵시적으로 약정한 성상에 흠결이

---

283) 곽윤직 편집대표, 민법주해XIV, 500면(남효순 집필부분); 김형배, 채권각론(전게서), 622면; 지원림, 민법강의, 14판, 홍문사(2016), 1420면; 이은영, 채권각론(전게서), 520면; 송덕수, 채권법각론(전게서), 358면; 김규완(b), 3일의 하자에 대한 수급인의 이행책임과 손해배상책임", 안암법학 제15호, 안암법학회(2002. 11), 62면.
284) 김상용, 채권각론(전게서), 203면; 김기선, 전게서, 141면.
285) 송덕수, 채권법각론(전게서), 207면.
286) 주관설에 의하는 경우. 사소한 계약 부적합사유에 대해서 담보책임을 물을 수 있어서, 담보책임제도의 남용이 우려된다고 하는 견해로 박수곤(c), "도급계약의 현대화를 위한 법정책적 과제", 법과정책연구 제12권 제4호, 한국법정책학회(2012. 12), 26면.
287) 송덕수, 채권법각론(전게서), 207면.
288) 김상용, 채권각론(전게서), 358면.
289) 가령, 대법원 1996. 5. 14. 신고 95디24975 판결은 '수급인이 약정과 달리 다른

있는 경우도 하자로 볼 수 있는데, 묵시적으로 약정한 성상은 도급 당사자간의 종전의 법률관계(예를 들어, 당사자간에 종전에 체결한 동종, 유사한 계약내용), 계약 이행중 도급인의 가정적 의사, 당사자가 도급계약에서 의도한 용도(명시적, 묵시적), 통상의 용도를 기준으로 해석할 수 있다.

이와 관련하여 대법원은 매매의 목적물이 거래 통념상 기대되는 객관적 성질을 결여하거나, 당사자가 예정 또는 보증한 성질을 결여한 경우에 매도인이 하자담보책임을 진다[290]고 함으로써 대체적으로 병존설을 따르는 것으로 해석되지만 주관설의 입장으로 볼 수 있는 판례도 찾아볼 수 있다.[291]

회사의 승강기를 설치하였고 그 후 그 승강기 회사가 도산한 경우, 부품을 계속해서 구할 수 있고 지난 2년간 고장을 일으킨 적이 없다 하더라도 약정에 위반하여 보다 저가의 승강기를 설치한 것 자체가 하자라고 보고 있다.
290) 대법원 2000. 1. 18. 선고 98다18506 판결, 대법원 2001. 6. 26. 선고 2000다44928, 44935판결.
291) 주관설의 입장으로 해석되는 판례로 대법원 2015. 4. 23. 선고 2011다63383 판결은 '사업주체가 아파트 분양계약 당시 사업승인도면이나 착공도면에 기재된 특정 시공내역과 시공방법대로 시공할 것을 수분양자에게 제시 또는 설명하였다거나 분양안내서 등 분양광고나 견본주택 등을 통해 그러한 내용을 별도로 표시하여 분양계약의 내용으로 편입되었다고 볼 수 있는 특별한 사정이 없는 한 아파트에 하자가 발생하였는지 여부는 준공도면을 기준으로 판단하여야 한다. 따라서 아파트가 사업승인도면이나 착공도면과 다르게 시공되었다고 하더라도 준공도면에 따라 시공되었다면 특별한 사정이 없는 한 이를 하자라고 볼 수 없다(대법원 2014. 10. 15. 선고 2012다18762 판결도 같음)'고 하였다. 이 사안은, 아파트단지내에서 실내정원과 보행광장이 설치될 예정이었으나 이를 상업시설로 변경하여 시공한 사안으로서, 분양계약에서 정한 내용과 다른 구조적, 기능적 결함이 있는 건축물의 하자임을 인정하면서도, 실내정원, 보행광장이 입주민의 편의시설로서 건물의 중요구조부나 건물의 기능에 관한 것이 아니라는 점에서 '철거해야 할 중요한 하자'로 인정하지 않았다.

나. 무형(용역)도급의 경우

무형(용역)도급을 순수하게 용역을 제공하는 도급으로 이해하는 본 논문에서는 무형(용역)도급의 수급인이 결과채무에 따른 무과실책임을 지기 위해서는 '완성된 일'이 채무의 내용에 좇은 이행이 아닐 것이 요구된다고 하겠다. 본 논문에서 논한 무형도급의 범주에 의하면, '완성된 일'은 i) 강연, 연주 및 공연계약과 함께, ii) 인증업무 위탁계약, 경비위탁계약, 정보제공계약, 의료계약, 변호사계약, 교육제공계약 중에서 용역제공자가 결과채무를 부담하는 것으로 인정되는 계약에 따라 수급인이 완성한 일을 의미한다. 여기서 무형(용역)도급의 수급인이 한 일이 채무의 내용에 좇은 이행이 되지 않은 경우에 수급인이 이를 補修[292]하는 것은 곤란하다. 왜냐하면 수급인이 완성한 일은 형체를 가지거나 저장된 것이 아니어서 어느 특정한 부분만을 보수하는 것을 생각하기 곤란하기 때문이다. 결국 무형(용역)도급의 수급인은 자신이 완성한 일을 是正[293]할 수 있을 뿐인 것으로 해석할 수 있겠다.

한편, 무형(용역)도급의 수급인이 결과채무에 따른 무과실책임을 지기 위해서는 자신이 완성한 일이 '채무의 내용에 좇은 이행'이 아닐 것이 요구된다. 왜냐하면 무형(용역)도급의 수급인이 부담하는 결과채무에 따른 무과실책임의 본질 역시 유형도급에서의 수급인이 부담하는 하자담보책임과 마찬가지로 채무불이행책임의 본질을 가지는 것으로 새겨야 할 것이기 때문이다.

---

[292] 국립국어원 표준국어대사전에서 '補修'는 '건물이나 시설 따위의 낡거나 부서진 것을 손보아 고침'을 의미한다.
https://stdict.korean.go.kr/search/searchResult.do? pageSize=10&searchKeyword=%EB%B3%B4%EC%88%98 2025. 3. 14. 최종 방문
[293] 국립국어원 표준국어대사전에서 '是正'은 '잘못된 것을 바로잡음'을 의미한다고 하면서, 예로서 '그녀는 고용 차별 대우에 대한 시정을 요구하였다.'를 들고 있다. https://stdict.korean.go.kr/search/searchView.do 2025. 3. 14. 최종 방문

그런데, 무형도급의 수급인이 채무의 내용에 좇은 이행을 하지 않았다는 이유로 책임을 지는 사례를 판례상으로는 거의 찾아볼 수 없다. 채무자가 행위채무를 부담하는 사안에서 채무자가 불완전이행한 사례의 대부분은 위임에서 찾아볼 수 있는데, 의사의 진료계약상의 채무이행(대법원 1993. 7. 27. 선고 92다15031 판결), 세무사의 세무상담의무의 이행(청주지방법원 2012. 8. 17. 선고 2011가단18727 판결), 변호사의 항소기간 준수의무의 불이행(대법원 2004. 5. 14. 선고 2004다7354판결)등이 그것이다. 그런데 제2장 제2절에서 본 바와 같이 변호사가 항소기간을 준수하지 못하여 고객에게 손해를 입힌 경우와 세무사가 명확한 정답이 있는 세무상담을 잘못함으로써 고객에게 손해를 입힌 경우는 도급계약상의 결과채무를 부담하는 경우라고 생각한다. 즉, 여기서 변호사가 항소기간을 준수하지 못함으로써 곧바로 결과채무를 이행하지 못한 것이 되고, 세무사도 명확한 정답이 있는 세무상담을 잘못하였다면 곧바로 결과채무를 이행하지 못한 것이 되는 것이다. 이런 경우 변호사와 세무사는 결과채무 불이행에 따른 무과실책임을 진다고 보아야 할 것이고, 이를 면하려면 불가항력이나, 고객의 귀책사유 또는 제3자의 귀책사유가 있음을 증명해야 할 것이다(본절 Ⅲ. 면책사유에서 논함)

2. 수급인의 귀책사유 필요성

가. 유형도급의 경우

1) 우리 민법의 해석론

우리 민법은 하자담보책임에 관해서 수급인의 귀책사유를 요하는지에 관하여 규정을 두고 있지 않다. 이에 따라 도급인이 하자담보책임에 해당하는 하자보수청구, 손해배상청구, 계약해제권을 행사하기 위하여 수급인의 귀책사유를 요하는지에 관하여 논의가 있어 왔다.

먼저, 하자담보책임중 도급인이 하자보수청구권 또는 계약해제권을 행사하기 위해서 수급인의 귀책사유를 요하지 않는다는 점에는 이견이 없어 보인다. 다만, 손해배상청구를 하기 위해서 수급인의 귀책사유를 요하는지에 관해서는 무과실책임설(수급인의 하자담보책임에 관한 민법 제667조는 법이 특별히 인정한 무과실책임이라는 설명으로 다수설[294], 판례임[295]), 채무불이행책임설(하자 없는 완전한 일을 하는 것이 수급인의 채무이므로 하자 있는 일을 한 것은 채무를 제대로 이행하지 않은 것이 되어 수급인은 하자로 인한 이행이익을 배상하는 것이 타당하다고 한다).[296] 과실책임설(손해배상청구권은 과실을 요건으로 하므로 수급인의 과실이 있을 때에만 도급인의 손해배상청구권이 인정된다고 본다)[297]이 제기되어 있다.

수급인의 귀책사유를 수급인의 주관적인 고의, 과실을 의미한다고 보는 통설에 의하면, 수급인의 하자담보책임은 수급인이 하자발생에 대한 고의, 과실이 없음을 주장, 입증하지 못한다는 점에서 무과실책임을 지는 것으로 해석해야 할 것이다.

한편, 수급인이 외부원인으로 인하여 목적물의 하자가 발생하였음을 항변하는 것이 가능한지와 관련하여, 우리민법 제669조가 도급인이 수급인에게 제공한 재료의 성질 또는 도급인의 지시에 기인하여 하자가 발생한 경우에 하자담보책임을 면책하고 있는 점을 감안하면 수급인은 불

---

[294] 곽윤직, 채권각론(전게서), 258면.
[295] 대법원 1999. 7. 13. 선고 99다12888판결은 '수급인의 하자담보책임에 관한 민법 제667조는 법이 특별히 인정한 무과실책임으로서, 여기에 민법 제396조의 과실상계규정이 준용될 수 없다 하더라도 담보책임이 민법의 지도이념인 공평의 원칙에 입각한 것이 아닌 이상 하자발생 및 그 확대에 가공한 도급인의 잘못을 참작하여 손해배상의 범위를 정함이 상당하다.'고 하고 있다.
[296] 김증한·안이준, 신채권각론(하), 박영사(1965), 469면.
[297] 김주수, 전게서, 397면.

가항력, 도급인 또는 제3자의 귀책을 들어 면책항변하는 것이 가능하다고 본다. 참고적으로 프랑스민법상 엄격한 하자담보책임을 규정하는 건축자의 하자담보책임(제1792조 이하)에서도 건축자가 외부원인(cause etrangère)을 들어 면책될 수 있다고 규정하고 있다.

결국, 수급인의 하자담보책임에서 수급인이 손해배상책임을 지지 않기 위해 자신에게 하자발생에 대한 고의, 과실이 없다고 주장할 수는 없지만 하자발생에 대한 불가항력, 도급인 또는 제3자의 귀책이 있었음을 증명하여 면책 받을 수 있다는 의미에서 무과실책임을 부담한다고 할 수 있겠다.

2) 도급인의 하자에 대한 인식 여부

도급에서의 하자담보책임 성립을 위해 매매의 하자담보책임과 마찬가지로 숨은 하자일 것을 요한다는 견해[298]는 도급인이 목적물을 인도 받을 때 하자가 있음을 알고도 이의를 유보하지 않은 경우에는 하자담보책임을 물을 수 없다고 한다.

더 나아가, 도급인이 목적물 검수 당시에 발견할 수 있었던 하자를 수급인에게 고지함으로써 이의를 유보하지 않은 경우에도, 그 하자에 관한 담보책임을 물을 수 없다고 보는 견해도 있다.[299]

---

298) 곽윤직 편집대표, 민법주해XV, 456면(김용담 집필부분).
299) 김형배, 채권각론(전게서), 623면은 스위스채무법 제370조를 근거로 들고 있다. 즉 스위스채무법 제370조는 완성된 목적물을 도급인이 명시적 또는 묵시적 승인하에 검수한 때에는 원칙적으로 수급인의 하자담보책임이 면제된다(1항 본문). 다만 목적물의 검수시에 정규적 점검을 통해서는 하자를 인식할 수 없었다거나, 수급인이 고의로 하자의 존재에 대해서 침묵한 때에는 수급인은 하자담보책임을 면할 수 없다(1항 단서). 도급인이 법률에 규정된 검사 또는 지적을 시행하지 않은 때에도 묵시적 승인이 있는 것으로 볼 수 있고(동조 2항), 목적물의 하자가 수령후에 나타난 때에는 발견시에 지체없이 이를 통고하여야 하고, 통고를 게을리한 경우에는 그 하자에도 불구하고 목적물을 승인한 것으로 본다(제3항); 한편 도급인이 하자있음을 알지 못한데 귀책사유

하지만, 우리 민법상 매매에서의 하자담보책임에 있어서 매수인이 하자 있음을 과실없이 몰랐을 것을 요하는 것과는 달리 도급에서는 도급인에게 그와 같은 요건(즉, 도급인이 하자에 대해 선의, 무과실일 것)을 요하지 않는다는 점, 도급에서의 하자담보책임은 일의 완성시에 발생하므로(본절, Ⅱ. 1.에서 살펴봄), 목적물 인도시에 목적물에 하자가 있음을 아는지 여부는 하자담보책임의 존부와는 무관하다는 점에서, 도급인이 목적물에 하자가 있음을 알면서 아무런 유보없이 인도받은 경우에도 수급인은 하자담보책임을 부담해야 하는 것으로 해석해야 할 것이다.300)

나. 무형(용역)도급의 경우

위에서 본 바와 같이 무형(용역)도급의 수급인은 결과채무를 이행하지 못한데 따른 책임을 부담한다. 프랑스에서는 결과채무에 따른 책임을 무과실책임으로 보는 견해와 과실책임으로 보는 견해가 있기는 하지만, 과실책임으로 보는 견해에 의하더라도 결과채무에 있어서 결과가 발생하지 않았다는 사실 자체가 곧 채무자의 과책(fante)이라고 한다는 점에서 어느 견해에 의하든 채무자가 자신에게 고의, 과실이 없다는 항변을 할 수 없다는 점에서는 차이가 없다(제4장 제1절 참조). 다만 우리 민법은 프랑스민법이 채무불이행책임 성립에 채무자의 고의, 과실을 묻지 않는 조항(수단채무, 결과채무론 등장당시 구 프랑스민법전 제1147조, 제1148조를 말한다)을 두고 있는 것과는 달리, 민법 제390조에서 과실책임주의를 따르고 있다는 점에서 차이가 있다. 그렇다면 우리 민법에서도 무형(용역)도급의 수급인이 부담하는 결과채무 불이행에 따른 책임을 과

가 있는 경우 하자담보책임이 면책된다는 견해(이상태, 건축수급인의 하자담보책임에 관한 연구, 서울대학교 박사학위논문, 1991, 67면)도 같은 취지로 이해된다.
300) 김용담 편집대표, 주석민법 채권각칙(4), 294면(이준형 집필부분).

실책임으로 이해하여야 할 것인가? 사견으로는 우리 민법상 무형(용역)도급에서의 수급인의 결과채무에 따른 책임 역시 유형도급의 수급인이 부담하는 하자담보책임과 마찬가지로 무과실책임으로 이해해야 할 것으로 생각한다. 그 근거는 도급계약의 성질과 현행 민법 제667조에서 찾아야 한다. 즉, 무형(용역)도급계약의 수급인은 도급인을 위하여 자신의 권한과 위험하에 일을 완성하여야 한다는 점에서 완성된 일이 계약내용에 부합하지 못한 것(즉, 불완전급부)에 따른 무과실책임을 부담하여야 한다는 것이다. 또한 민법 제667조는 위에서 논한 바와 같이 유형도급에 관한 하자담보책임 규정이지만, 무형(용역)도급에서의 수급인에게 그 성질상 부합하지 않는 것을 제외하고는 유추적용될 수 있다고 보아야 한다.

이와 같이 무형(용역)도급의 수급인이 무과실책임을 부담하는 결과, 수급인은 용역의 결과가 계약내용에 부합하지 못하는데 자신의 고의, 과실이 없다는 항변을 할 수 없게 되는 것이다. 다만, 무형(용역)도급의 수급인도 외부원인, 즉 채권자에게 귀책사유가 있거나 제3자에게 귀책사유가 있거나, 불가항력을 증명함으로써 면책될 수 있다.

3. 계약해제의 요건

가. 유형도급의 경우

민법 제668조는 '도급인이 완성된 목적물의 하자로 인하여 계약의 목적을 달성할 수 없는 때에는 계약을 해제할 수 있다. 그러나 건물 기타 토지의 공작물에 대하여는 그러하지 아니하다.'고 규정하고 있다.

본조에서 '완성된 목적물의 하자로 인하여 목적을 달성할 수 없을 때'의 의미는, 발생한 하자가 중대하여 보수가 불가능하거나, 수급인이 보수를 거절하거나, 수급인이 보수하는 것이 가능해도 장기간을 요하는 경우를 들 수 있다.[301] 따라서 하자가 중대하지 않아서 보수가 가능한 경

우 또는 손해배상을 하더라도 계약의 목적을 달성할 수 있을 때에는 도급인이 계약을 해제할 수 없다.302)

한편, 도급인이 본조에 의한 계약해제를 함에 있어서 수급인에 대한 최고를 해야 하는 것으로 해석하는 견해와 하자보수가 가능한 경우에는 최고를 해야 하는 것으로 해석하는 견해가 있지만,303) 수급인이 보수를 거절하거나, 보수에 장기간을 요하는 경우(보수가 불가능한 경우는 성질상 최고가 불필요함)에까지 수급인에 대한 최고가 필요하지는 않다고 보아야 할 것이다.304) 대법원이 하자가 중대하거나 장기의 보수기간이 요구되는 경우에는 도급인이 곧바로 계약을 해제할 수 있다고 판단한 사례305)가 있는데, 이 판례 역시 같은 태도를 가지고 있는 것으로 생각

---

301) 박준서 편집대표, 주석민법, 채권각칙(4), 제3판, 248면(구욱서 집필부분); 이은영, 채권각론(전게서), 525면.
302) 김형배, 채권각론(전게서), 632면은 계약해제는 최후적 수단으로 행사되는 구제방법으로 해석하는 것이 신의칙에 부합한다고 한다. 독일민법 제634조 제3호가 일의 하자가 적은 경우(제323조 제5항 제2문) 및 도급인이 전적으로 또는 주로 책임이 있는 경우에는 해제권을 행사할 수 없다고 한 것도(제323조 제5항) 이와 같은 맥락이라고 한다. 하자보수에 갈음한 손해배상청구권(민법 제667조 제2항 전단)과 계약목적 달성불가의 경우에 인정되는 해제권(민법 제668조 본문)을, 적어도 하자보수가 객관적으로 가능한 경우에는 하자보수청구권과 선택적으로 행사할 수 없도록 수급인 담보책임법을 운용하자는 견해(김규완(b), 전게 논문, 77면)도 같은 취지로 이해된다.
303) 송덕수, 채권법각론(전게서), 365면; 조성민, 채권법각론, 제2판, 두성사(2004), 128면은 수급인에 대한 최고를 해야 한다고 본다. 이에 대해서, 곽윤직, 채권각론(전게서), 260면; 곽윤직 편집대표, 민법주해XV, 461면(김용담 집필부분); 지원림, 전게서, 1502면; 이덕환, 전게서, 452면; 김준호, 전게서, 269면은 하자가 중대하여 보수가 불가능한 때에는 최고를 요하지 않고, 보수가 가능한 경우에는 상당한 기간을 정하여 최고한 후에 해제할 수 있다고 한다.
304) 이은영, 채권각론(전게서), 525면; 김형배, 채권각론(전게서), 632면; 박준서 편집대표, 주석민법 채권각칙(4), 249면(정종휴 집필부분); 김상용, 채권각론(전게서), 360면.
305) 대법원 1996. 8. 23. 선고 96다16650 판결은 '설계시공일괄입찰 방식의 자동화설비 도급계약에서 도급인의 중도금 지급채무가 일시 이행지체의 상태에 빠

된다.

　민법 제668조 단서는 '완성된 건물 기타 토지의 공작물'이 하자로 인하여 계약의 목적을 달성할 수 없는 경우에도 계약을 해제할 수 없다고 규정하고 있다. 이 규정에 대해서는 완성된 목적물의 하자가 중대하여 이로 인하여 계약의 목적물을 달성할 수 없다고 하더라도 건물 기타 토지의 공작물에 관한 도급계약을 해제할 수 없다고 하는 것이 일반적인 견해이다(계약해제 제한설).306) 이 견해는 이런 경우에도 해제를 허용하면 수급인에게 과도한 손실을 준다는 점을 근거로 들면서 이 규정을 강행규정으로 해석하고 있다.307) 이에 대해서는, 건물의 하자로 인하여 물리적으로 건물의 사용목적을 달성할 수 없는 경우에는 오히려 도급계약을 해제함으로써 건물을 파괴하는 것이 사회경제적인 문제를 방지할 수 있음을 근거로 계약해제를 허용하는 것이 타당하다는 견해도 제기되어 있다(계약해제설).308) 일본에서는 하자있는 토지공작물에 대해서 도급인의 해제를 제한하는 것이 도급인에게 과도한 부담을 강요한다는 점과

　　　　졌다 하더라도, 당해 자동화설비에 중대한 하자가 있어 시운전 성공 여부가 불투명하게 된 때에는 도급인으로서는 자신의 대금지급의무와 대가관계에 있는 시운전 성공시까지는 중도금지급의무의 이행을 거부할 수 있고, 그 하자가 중대하고 보수가 불가능하거나 보수가 가능하더라도 장기간을 요하여 계약의 본래의 목적을 달성할 수 없는 경우에는 중도금채무의 이행을 제공하지 않고 바로 계약을 해제할 수 있으며, 그 계약해제가 신의칙에 반하지 아니한다.'고 하였다.
306) 곽윤직 편집대표, 민법주해XV, 461면(김용담 집필부분). 이에 관해 일본판례는 건물 기타 토지, 공작물의 하자의 경우에 수급인에 대한 손해배상을 인정한 바 있다. 즉,'도급인은 건물 기타 토지 공작물의 하자의 경우에 계약을 해제할 수는 없지만, 수급인에 대하여 재건축 비용 상당액을 배상청구할 수 있고, 이것으로 인해서 실질적으로 계약을 해제한 것과 동일한 효과를 얻는데, 이는 제635조 단서의 취지에 반하는 것은 아니다.'고 하였다(最判 平成14年9月24日, 判例タイムズ1106号85頁).
307) 곽윤직 편집대표, 민법주해XV, 461면(김용담 집필부분).
308) 이상태, '건축수급인의 하자담보책임에 관한 연구', 박사학위논문(서울대, 1991. 8) 93면.

중대한 하자있는 토지공작물을 만든 수급인이 그 손해를 부담해야 한다는 점을 들어 개정민법에서 이 규정을 삭제하였다.309) 현재 건물의 철거기술이 발달하여 건물 철거에 드는 비용과 시간이 현저히 줄었다는 점, 건축물의 수명이 상당히 길어서 사용목적을 달성할 수 없는 건축물을 유지하는 것은 사회경제적으로도 바람직하지 않다는 점에서 우리의 경우에도 개정의 필요성이 있다고 생각한다.310)

한편, 우리 민법은 불완전이행에 따른 계약해제 규정을 별도로 가지고 있지 않아서, 학설은 불완전이행에 따른 계약해제를 위해서 이행지체와 이행불능에 관한 민법 제544조와 제546조를 유추적용311)하고 있다.312) 이에 따라 채권자는 불완전이행이 추완될 수 없고 그 상태로는 계약목적을 달성할 수 없는 경우에 제546조에 따라 곧바로 계약을 해제할 수 있고, 추완이 가능한 경우에도 상당한 기간동안 채무자가 불완전이행을 추완하지 않는 경우 제544조에 따라 계약을 해제 할 수 있다.313)

---

309) 熊谷則一, 現行法との比較でわかる改正民法の變更点と對應, 中央經濟社(2017), 361頁.
310) 이상태(a), "수급인의 담보책임론", 한국민법이론의 발전(이영준 박사 화갑기념논문집), 박영사(1999), 897면은 제668조 단서에 관하여, '하자가 중대하여 건물의 사용목적을 달성할 수 없는 경우에 해제를 하지 못하게 함으로써 그러한 건물을 방치하게 하는 것은 사회경제적으로 더 큰 문제를 일으킨다는 점에서 이러한 입법에 타당성이 없다'고 지적한다.
311) 2013년 민법개정안에서 계약해제에 관한 민법 제544조와 제546조를 통합하여 '채무불이행과 해제'라는 조항으로 통합한 이유도 불완전이행에 대한 해제요건이 공백으로 되어 있던 것이 한 이유가 된다는 설명으로, 김동훈(d), "채무불이행의 효과-계약의 해제-: 한국민법의 개정시안을 중심으로", 민사법학 제65호, 한국민사법학회(2013. 12), 389면.
312) 김용담 편집대표, 주석민법 채권총칙(1), 739면(김상중 집필부분).
313) 우리 민법 해석상 불완전이행에 따른 계약해제에 있어서 채무자의 귀책사유를 요하는지에 관해서 견해가 나뉘어 있다[귀책사유 필요설로는 곽윤직, 채권각론(전게서), 100면 등. 귀책사유 불요설로는 김형배, 채권각론(전게서), 219면과 이은영, 채권각론(전게서), 229면 등]. 그런데 독일 개정민법(독일민법 제634조 제3호)이나 일본의 경우(제541조)는 물론 국제통일법전들도 계약

이와 관련하여, 도급에 있어서 도급인이 수급인의 불완전이행을 이유로 한 계약해제, 즉 추완청구에 이은 계약해제를 하는 것이 곤란하다고 보는 견해도 있다.314) 이 견해는 민법 제668조에 담보책임으로서 계약해제권을 별도로 규정한 이상 일반 채무불이행책임으로서의 계약해제권은 적용되지 않는다고 해석하는 것이다. 하지만 담보책임에 의한 해제와 채무불이행에 의한 해제는 구분해야 한다는 점에서, 이를 긍정하는 것이 좋다고 본다.315)

한편, 채무자의 불완전이행에 있어서 채권자에게 주로 책임이 있는 경우에 채권자의 계약해제를 인정할 것인지에 관해서 우리 민법은 규정을 가지고 있지 않다. 하지만 대법원은 '이행불능을 이유로 계약을 해제하기 위해서는 그 이행불능이 채무자의 귀책사유에 의한 경우여야만 한다 할 것이므로(민법 제546조), 매도인의 매매목적물에 관한 소유권이전의무가 이행불능이 되었다고 하더라도 그 이행불능이 매수인의 귀책사유에 의한 경우에는 매수인은 이행불능을 이유로 계약을 해제할 수 없다.'고 하고 있다.316) 생각건대, 도급인이 제공한 재료 또는 지시에 기인한 목적물의 하자의 경우에 수급인의 면책을 규정한 민법 제669조의 취지에 비추어 볼 때, 도급인에게 귀책있는 사유로 인하여 수급인의 채무가 불완전하게 된 경우에는 수급인에 대한 계약해제권을 행사할 수 없다고 해석할 것이다. 2013년 민법 개정시안 제544조 제4항도 '일방의 채무불이행이 채권자에게 주로 책임있는 사유에 기한 경우에는 채권자는 계약을 해제할 수 없다.'고 하고 있다. 하자담보책임법 체계도 일반 채무불이행책임법 체계와 통일적으로 규율하는 것이 바람직하다는 점에서

해제권 행사에 있어서 채무자의 귀책사유를 요하지 않는다는 점을 감안하면 장래 민법 개정시 고려해야 할 사항이라고 생각한다.
314) 김주수, 전게서, 398면.
315) 송덕수, 채권법각론(전게서), 365면.
316) 대법원 2002. 4. 26. 선고 2000다50597 판결.

장래 민법 개정시에는 2013년 개정시안 제544조 제4항을 민법 제669조에 반영하는 것을 고려하는 것이 타당하다고 본다.

나. 무형(용역)도급의 경우

무형(용역)도급에 대해서 민법 제668조를 유추적용하는 것이 타당할 것인지에 관하여 살펴본다. 무형(용역)도급에 있어서도 완성된 일의 하자로 인하여 계약의 목적을 달성할 수 없는 때에는 도급인이 계약으로부터 해방될 수 있도록 해주어야 한다는 점에서 민법 제668조를 유추적용하는 것이 타당하다고 본다. 또한 도급인의 무분별한 계약해제권 행사를 제한할 필요가 있다는 점에서 완성된 일의 하자로 계약의 목적을 달성할 수 없는 경우로 제한하는 것도 타당하다. 특히 무형(용역)도급의 경우 완성된 일에 하자가 있는 경우에는 수급인이 이를 추완하는 것이 불가능한 경우가 대부분일 것이어서 도급인이 계약해제의 요건을 충족하는 것은 그리 어려운 일이 아니라고 본다. 한편 위에서 논한 민법 제668조 단서는 무형(용역)도급의 성질과 내용상 이를 유추적용할 이유는 없다고 본다.

한편, 무형(용역)도급에 있어서도 민법 제544조와 제546조를 유추적용하여 수급인의 불완전이행에 따른 계약해제를 할 수 있는지가 문제될 수 있다. 이 경우에도 도급인은 수급인이 한 불완전급부가 추완(실제 내용은 불완전이행을 시정하는 것이 될 것이다)될 수 없고 그 상태로는 계약목적을 달성할 수 없는 경우에는 민법 제546조에 따라 곧바로 계약을 해제할 수 있다고 본다. 다만, 무형(용역)도급의 경우에는 추완이 곤란하다는 점에서 민법 제544조에 따른 계약해제는 유추적용하기 곤란하다고 본다.

또한, 민법 제674조의7은 '여행자는 여행에 중대한 하자가 있는 경우에 그 시정이 이루어지지 아니하거나 계약의 내용에 따른 이행을 기대할 수 없는 경우에는 계약을 해지할 수 있다.'고 함으로써, 무형도급의 일종인 여행계약에서 여행주최자의 담보책임으로서 여행자의 계약해지권을 규정하였다. 여행계약은 계속적 계약의 성질을 가지기 때문에 이행이 시작된 이후에는 해제를 인정하는 것이 부적당하다는 점을 감안한 규정이다.317) 그런데 무형(용역)도급의 경우에도 이와 같이 계속적 계약의 성질을 가지는 경우가 많을 것이다. 가령, 공연계약이나 행사개최 준비계약 등에서 수급인이 제공하는 일에 중대한 하자가 있는 경우에 그 시정이 이루어지지 않거나 계약의 내용에 따른 이행을 기대할 수 없는 경우에는 계약을 해지할 수 있도록 민법 제674조의 7을 유추적용하는 것이 타당하다고 본다.

4. 손해배상의 요건

가. 유형도급의 경우

민법 제667조 제2항에서 도급인은 하자보수에 갈음하여 또는 하자보수와 함께 손해배상을 청구할 수 있다고 규정한다.318) 먼저 민법 제667조 제2항에서 도급인이 '하자보수에 갈음하여' 손해배상을 청구할 수 있다고 규정한 것과 관련하여, i) 수급인의 하자보수가 가능한 경우에도 수

---

317) 송덕수, 채권법각론(전게서), 377면.
318) 도급계약에 따라 완성된 목적물에 하자가 있는 경우, 수급인의 하자담보책임과 채무불이행책임은 별개의 권원에 의하여 경합적으로 인정된다는 내용으로 대법원 2020. 6. 11. 선고 2020다201156판결. 이 판결은 피고가 잠수함건조계약에 따라 해군에 인도한 잠수함의 추진전동기에서 이상 소음이 발생하자, 원고가 피고를 상대로 한 계약의 불완전이행으로 인한 손해배상청구를 인용하면서, 원고와 피고간의 계약특수조건에서 정한 하자보수 보증기간이 지났다고 하더라도 원고가 피고에게 불완전이행으로 인한 채무불이행책임을 주장할 수 있다고 판단하였다.

급인에게 하자보수의 기회를 주지 않고 도급인이 하자보수에 갈음하는 손해배상을 청구할 수 있는지 여부, ii) 하자보수가 가능하고 그 보수에 과다한 비용이 들지 않는 경우에 도급인이 하자보수에 갈음하는 손해배상을 청구할 수 있는지 여부, iii) 하자보수가 가능하기는 하지만 그 하자가 중요하지 않고 그 보수에 과다한 비용을 요하는 경우에 도급인이 하자보수에 갈음하는 손해배상을 청구할 수 있는지 여부, iv) 하자보수가 불가능한 경우에도 도급인이 하자보수에 갈음하는 손해배상청구를 할 수 있는지 여부 등의 논의가 있다.

먼저, i)과 ii)의 경우를 살펴본다. 이에 대해서는 수급인이 하자보수를 할 수 있는 경우에는 도급인이 우선적으로 하자보수청구를 할 수 있을 뿐 손해배상청구를 할 수 없다고 보는 견해[319]가 있다. 이 견해에 의하면 하자보수에 갈음한 손해배상청구는 하자보수가 불가능하거나 또는 중요하지 않은 하자의 보수에 과다한 비용이 드는 경우(민법 제667조 제1항 단서)에 한한다고 해석하면서, 수급인의 하자보수가 가능한 경우에는 도급인은 신의칙상 먼저 하자보수를 청구해야 한다고 한다.[320] 하지만 수급인이 하자보수를 할 수 있는 경우에도 이미 당사자간의 신뢰관계가 깨진 경우와 같이 도급인이 반드시 하자보수를 먼저 시행하기를 원한다고 볼 수는 없다는 점, 법문상으로 하자보수에 갈음하는 손해배상이라고 한 이상 하자보수가 가능한 경우에는 그에 갈음하는 손해배상이 가능하다고 새기는 것이 타당하다는 점에서, i)과 ii)의 경우에는 하자보수에 갈음한 손해배상청구가 가능하다고 본다.[321]

iii)의 경우를 살펴본다. 대법원[322]은 수급인의 하자보수가 가능하기

---

319) 곽윤직 편집대표, 민법주해XV, 459면(김용담 집필부분); 김증한·김학동, 전게서, 523면; 지원림, 전게서, 1534면; 김주수, 전게서, 398면; 김형배, 채권각론(전게서), 631면.
320) 김규완(b), 전게 논문, 76면.
321) 김용담 편집대표, 주석민법 채권각칙(4), 322면(이준형 집필부분); 곽윤직, 채권각론(전게서) 260면.

는 하지만 그 하자가 중요하지 않고 그 보수에 과다한 비용을 요하는 경우에 하자보수에 갈음한 손해배상을 청구할 수는 없고, '하자로 인하여 입은 손해의 배상'을 인정하고 있다. 학설 중에서도 민법 제667조 제2항의 '하자보수에 갈음하는 손해배상'을 하자보수와 목적(대상)을 같이하는 손해배상으로 해석하는 한편, '하자보수와 함께 하는 손해배상'을 하자보수와 목적(대상)을 달리하는 손해배상 또는 하자보수와 무관한 손해배상을 의미하는 것으로 이해함으로써, 하자의 보수가 불가능하거나 법률상 허용되지 않는 경우는 '하자보수와 함께 하는 손해배상' 청구를 할 수 있을 뿐이라고 해석하는 견해가 있다.[323] 이 견해는 하자보수를 청구할 수 없는 경우에 하자보수비용을 배상받을 수 있도록 한다면 그것은 사실상 보수청구를 금전적인 형태로 허용하는 결과가 되기 때문이라고 설명한다.[324] 하지만, 법문상으로 하자보수에 갈음하는 손해배상이라고 한 것은, 하자보수가 가능한 경우에는 하자보수에 소요되는 비용(또는

---

322) 대법원 1997. 2. 25. 선고 96다45436 판결은 '하자가 중요하지 아니하면서 동시에 그 보수에 과다한 비용을 요하는 경우에는 도급인은 하자보수나 하자보수에 갈음하는 손해배상을 청구할 수 없고 그 하자로 인하여 입은 손해의 배상만을 청구할 수 있다.'고 하면서, 이 때 '그 하자로 인하여 입은 통상의 손해는 특별한 사정이 없는 한 도급인이 하자 없이 시공하였을 경우의 목적물의 교환가치와 하자가 있는 현재의 상태대로의 교환가치와의 차액이 되고, 그 하자 있는 목적물을 사용함으로 인하여 발생하는 정신적 고통으로 인한 손해는 수급인이 그러한 사정을 알았거나 알 수 있었을 경우에 한하여 특별손해로서 배상받을 수 있다.'고 하였다. 이 사안은 '원고가 화강석물갈기로 시공하도록 되어 있는 계단을 실제로는 인조석물갈기로 시공한 후 그 위에 바다콘크리트를 타설하였고, 창호공사도 설계도상의 규격에 미달하는 알루미늄 새시와 유리를 사용하여 시공한 사실을 인정한 다음, 위 계단과 창호를 설계도대로 시공하였을 경우의 이 사건 건물의 교환가치와 현재의 상태대로의 교환가치와의 차액은 미미함에 반하여, 위 계단과 창호를 철거한 후 설계도대로 재시공하는 데 소요되는 비용은 지나치게 과다한 경우'였다.
323) 주석민법 채권각칙(4), 제4판, 333면(이준형 집필부분).
324) 지원림, 전게서, 1550면; 김용담 편집대표, 주석민법 채권각칙(4), 323면(이준형 집필부분).

하자로 인한 목적물의 가치 감소액)을 손해배상하는 것으로 해석하고 하자보수가 어려운 경우에는 하자로 인한 목적물의 가치 감소액을 배상하는 것으로 해석하는 것이 가능하다는 점, '하자보수와 함께 하는 손해배상'을 하자보수가 불가능한 경우를 의미한다고 보는 것은 문리해석의 범위를 넘는다는 점에서 동의하기 어렵다. 결국 이 경우에도 하자보수에 갈음하는 손해배상청구가 가능하다고 본다.

 iv)의 경우를 본다. 위 iii)의 경우와 마찬가지로 하자보수를 할 수 없는 경우에는 도급인이 하자보수에 갈음하는 손해배상청구를 할 수 없다는 견해가 있다.325) 하지만 이에 대해서도 iii)과 같은 이유로 하자보수에 갈음하는 손해배상청구가 가능하다고 본다

 결국, 민법 제667조의 '하자의 보수에 갈음'한 손해배상청구는, 하자보수가 가능한 경우이든 가능하지 않은 경우(즉, 사실상 하자보수가 불가능한 경우나 민법 제667조 제1항 단서에 의하여 '하자가 중요하지 않고 그 보수에 과다한 비용'이 요구되어 하자보수를 할 수 없는 경우)이든 하자보수에 갈음하는 손해배상을 청구할 수 있다고 새겨야 할 것이다.326) 이때, 하자보수가 가능한 경우의 하자보수에 갈음하는 손해배상은 하자보수에 필요한 필요한 비용(또는 하자로 인한 목적물의 가치 감소액)을 말한다고 생각한다.327) 한편, 하자보수를 할 수 없는 경우의 하자보수에 갈음하는 손해배상은 어떻게 할 것인가? 결국 하자로 인한 목적물의 가치감소분으로 해석하는 것이 타당하다고 본다.328) 한편, 하자보수가 가능한 경우이든 가능하지 않은 경우이든 하자보수에 갈음한 손

---

325) *Ibid.*
326) 곽윤직 편집대표, 민법주해XV, 459면(김용담 집필부분); 김증한·김학동, 전게서, 522면; 김형배, 채권각론(전게서), 631면.
327) 여기에는 하자의 제거 비용, 준비 조치와 마무리 조치에 드는 비용, 기타 부수적으로 드는 비용이 포함된다[김용담 편집대표, 주석민법 채권각칙(4), 328면(이준형 집필부분)].
328) 곽윤직 편집대표, 민법주해XV, 459면(김용담 집필부분).

해배상을 청구하는 경우에, 하자보수에도 불구하고 남는 손해까지 포함하여 배상하는 것으로 새겨야 할 것인가? 이에 관한 논의는 찾기 어렵지만 두가지의 견해가 있을 수 있다. 즉, 민법 제667조 제2항의 하자보수에 갈음하는 손해배상은 하자보수비용 또는 하자로 인한 가치 감소액만을 의미하는 것으로 새기는 견해와 하자보수비용 또는 하자로 인한 가치 감소액 이외에 하자보수에도 불구하고 남는 손해까지 포함하는 것으로 새기는 견해이다. 민법 제667조 제2항의 문리해석에 충실한다면 하자보수에 갈음하는 손해배상에는 하자보수에도 불구하고 남는 손해배상이 포함되지 않는 것으로 보는 것이 타당하다. 하지만, 민법 제667조 제2항이 하자보수에 갈음한 손해배상과 하자보수와 함께 하는 손해배상을 선택적으로 행사할 수 있도록 한 것에 비추어 보면 양자간의 구제의 범위를 달리하는 것은 타당하지 않다는 점을 고려해야 한다고 본다. 즉, 하자보수에 갈음한 손해배상청구는 도급인이 하자보수청구 대신에 손해배상을 청구함으로써 구제받는 것인데 비해 하자보수와 함께 하는 손해배상청구는 도급인이 하자보수를 구하는 것 이외에 하자보수에도 불구하고 남는 손해배상을 청구하는 것이라는 점에서 도급인이 두 개의 구제방법 중에 어느 것을 선택하더라도 그 구제의 범위는 같은 것으로 보아야 할 것이다. 결국, 민법 제667조 제2항의 '하자보수에 갈음하는 손해배상'에는 하자보수비용 또는 하자로 인한 가치의 감액 외에 하자보수에도 불구하고 남는 손해(예를 들어 하자감정비용 등 하자보수에 의하여도 완전히 전보되지 않은 손해)도 포함하는 것으로 해석해야 한다고 본다.

한편, 본조 2항에서 '하자보수와 함께' 손해배상을 청구한다는 의미에 관해서 '하자보수와 목적(대상)을 달리하는 손해배상', 즉 '하자보수와 무관한 손해배상'으로 설명하는 견해가 있다.[329] 하지만 문언해석상 하자

---

329) 김용담 편집대표, 주석민법 채권각칙(4), 332면(이준형 집필부분). 이 견해는 하자보수가 불가능한 경우에 목적물의 가치 감소분을 손해배상으로 청구하는 것을 하자보수와 함께 하는 손해배상으로 보고 있다. 이에 따르면 대법원

보수와 함께 손해배상을 청구한다고 규정하고 있음에도 불구하고 하자보수와 무관한 손해배상청구라고 보는 것은 타당하지 않고, 오히려 하자보수를 하여도 남게 되는 손해에 대한 배상청구를 의미하는 것으로 해석하는 것이 자연스럽다고 생각한다.330) 하자보수와 함께 하는 손해배상청구의 내용으로는 하자보수를 하여도 일의 완성이 지연되거나 또는 하자보수에 의해서도 완전한 것이 되지 않는 등으로 인하여 아직 전보되지 않는 손해를 의미한다고 생각한다.331)

나. 무형(용역)도급의 경우

무형(용역)도급의 수급인이 불완전급부를 함에 따라 도급인에게 손해가 발생한 경우에 수급인은 민법 제667조를 유추적용한 무과실책임을 부담한다. 이에 따라 수급인은 도급인의 손해배상청구에 대해서 자신이 불완전급부에 대한 고의, 과실이 없다고 항변할 수 없다. 다만 수급인은 불가항력의 항변, 도급인 또는 제3자의 귀책을 이유로 한 면책을 주장할 수 있다. 예를 들어, 오페라 가수가 성대 결절로 공연을 엉망으로 마친 경우, 성대 결절이 자신의 고의, 과실로 인한 것이 아님을 입증하는 것은 허용되지 않는다. 즉, 도급인인 공연 주최자가 오페라 가수가 공연을 엉망으로 한 사정을 증명하는 경우 오페라 가수는 자신에게 고의, 과실이 없다는 항변을 할 수 없는 것이다. 다만 오페라가수가 지진으로 정신적 쇼크를 입어서 공연을 엉망으로 한 경우, 공연주최자는 오페라 가수에게 손해배상을 청구할 수 없다고 할 것이다. 이는 불가항력으로 인해서 불

96다45436판결에서 하자가 경미하고 하자보수에 과대한 비용이 소요되어 하자보수에 갈음한 손해배상을 인정하지 않고 '하자로 인한 손해'를 인정하는 것을 '하자보수와 함께 하는 손해배상'을 의미하는 것으로 해석한다.
330) 김증한·김학동, 전게서, 523면; 곽윤직, 채권각론(전게서), 260면; 곽윤직 편집대표, 민법주해XV, 460면(김용담 집필부분).
331) 곽윤직 편집대표, 민법주해XV, 460면(김용담 집필부분).

완전급부를 한 것으로 보아서 수급인의 면책을 허용해야 할 것이기 때문이다.

Ⅱ. 효력

유형도급의 하자담보책임에 대해서는 민법이 하자보수청구권, 계약해제권, 손해배상청구권의 규정을 두고 있어서 이에 관한 논의와 판례가 집적되어 있다. 반면, 무형(용역)도급의 수급인은 하자담보책임의 효력 중에서 무형(용역)도급의 성질과 부합하는 한도에서 그 효력을 유추적용하여야 할 것이다.

1. 하자보수청구권

가. 유형도급의 경우

우리 민법은 수급인의 하자담보책임으로서 하자보수청구권을 규정하고 있다. 도급인은 i) 완성된 목적물 또는 완성전의 성취된 부분에 하자가 있는 때에 수급인에 대하여 상당한 기간을 정하여 하자보수를 청구할 수 있는 반면, ii) 하자가 중요하지 아니한 경우에 그 보수에 과다한 비용을 요할 때에는 하자보수를 청구할 수 없다(민법 제667조 제1항).

도급인은 수급인이 완성시킨 목적물에 대한 하자보수를 청구할 수 있다는 점에서, 종류물 매매에서 매수인이 하자없는 물건을 청구할 수 있는 규정을 둔 것과 유사한 태도를 보이고 있다. 다만, 종류물 매매와는 달리 i) 완성 전의 성취한 부분에 대해서도 하자보수를 청구할 수 있고, ii) 권리행사를 위해서는 '상당한 기간의 지정'을 필요로 하며, iii) 하자 없는 물건의 청구가 아닌 '하자보수' 청구에 그치고 있다는 점에서 차이점을 가지고 있다.332) 이와 같은 차이점은 매도인의 하자담보책임은 매매의 목적물인 물건의 하자에 대해서 지는 책임인데 반하여, 수급인의 하자담보책임은 수급인이 일을 완성하는 과정에서 생긴 하자에 대한 책임333)이라는 점에서 비롯된 것으로 생각한다.

1) 하자보수청구권의 발생시기

우리 민법은 수급인의 하자담보책임으로서의 하자보수청구권의 발생시기를 정하지 않고 있어서 이를 두고 견해의 대립을 보이고 있다.

① 목적물의 인도를 요하지 않는 경우에는 일이 완성된 때, 목적물의 인도를 요하는 경우에는 목적물을 인도한 때를 기준으로 하자보수청구권이 발생한다고 보는 견해가 다수의 견해이다.334) 그 근거로, i) 하자담보책임은 해제권이 제한되고 권리행사기간이 매우 단기인 점에서 도급인에게 상당히 불리하므로, 이러한 불이익을 정당화하기 위해서 도급인의 검수행위를 요구해야 하는 점,335) ii) 우리 민법이 목적물의 인도가 필

---

332) 대법원은, '종류물매매에 있어서 매매목적물의 하자가 경미하여 수선 등의 방법으로도 계약의 목적을 달성하는데 별다른 지장이 없는 반면 매도인에게 하자없는 물건의 급부의무를 지우면 지나치게 큰 불이익이 매도인에게 발생하는 경우에 매수인이 가지는 완전물급부청구권을 제한'하고 있다(대법원 2014. 5. 16. 선고 2012다72582 판결). 종류물매매에서의 완전물급부청구권을 제한하는 근거로서 제667조 제1항 단서를 유추적용하는 견해로서, 김재형(c), "종류매매에서 완전물급부청구권의 제한", 비교사법 제22권 제4호, 한국비교사법학회(2015. 11), 1648면
333) 김상용, 채권각론(전게서), 358면.
334) 곽윤직 편집대표, 민법주해XV, 455면(김용담 집필부분); 이은영, 채권각론(전게서), 522면; 지원림, 전게서, 1499면; 이상태, 민사법학 11·12호, 239면; 임정평, 채권각론, 법지사(1995), 447면; 윤철홍, 채권각론, 법원사(2001), 281면.
335) 하지만, 이에 대해서는 도급인의 검수행위를 하자담보책임의 요건으로 한다는 요건은 법이 인정하지 않는 것이라는 점에서 부당하다는 비판으로, 김증한·김학동, 전게서, 518면.

요한 경우에 제척기간의 기산점을 '인도한 때'로 규정하고 있으므로, 제척기간의 기산점과의 통일적인 이해가 가능하다는 점을 근거로 든다.

② 한편, 목적물의 인도를 요하지 않는 경우에도 일이 완성된 때가 아니라, 수급인이 일을 완성하여 완성여부의 검사를 요청하여 도급인이 일이 완성된 것인지 여부를 검사하여 승인하는 때라고 해석하는 견해[336]도 있다. 이 견해는 목적물의 인도를 요하지 않는 경우와 인도를 요하는 경우를 통일적으로 해석하는 것을 제외하고는 ①과 같은 설명을 하고 있다.

③ 일의 완성시에 하자담보책임이 발생한다고 보는 견해는 일의 완성 전에는 일의 완성의무의 불이행책임이 문제되고, 일의 완성 이후에야 비로소 하자담보책임이 발생하는 것이며, 우리 민법이 일 완성 전의 성취된 부분에 대해서도 하자담보책임을 물을 수 있도록 하는 것을 보면 수급인의 하자담보책임은 일의 완성 시에 발생한다고 보는 것이 타당하다고 본다.

이에 대해서, 대법원은 명시적인 판단을 하고 있지는 않다. 다만, i) 대법원 1988. 3. 8. 선고 87다카2083, 2084 판결은 '도급인이 준공검사를 마친 건물을 인도받은 후에 있어서는 비록 인도된 건물에 공사내용대로 완성되지 아니한 불완전한 부분이 있다고 하더라도 그에 따른 하자보수청구 등 별도의 책임이 있음은 별론으로 하고'라고 하고,[337] ii) 대법원 1996. 7. 30. 선고 95다7932 판결은 '하자보수청구권은 도급계약의 목적물을 완성하여 인도한 이후에 발생하는 것인데..'라고 함으로써, 마치 목적물을 인도한 때에 하자담보책임이 발생하는 것으로 보는 듯한 표현을

---

[336] 최문기, 전게서, 406면.
[337] 하지만, 이 판결은 하자담보책임의 발생시기를 인도시라고 명시한 것이 아니라고 보아야 한다(동지, 박준서 편집대표, 주석민법 채권각칙(4), 212면(정종휴 집필부분)). 즉, 이 판결은 도급인은 준공검사를 마친 건물을 인도받은 후에는 수급인에게 지체책임을 물을 수 없다고 하면서, 부가적으로 인도된 건물의 불완전부분에 대해서는 하자보수청구를 할 수 있다고 판단한 것에 불과하다고 본다.

찾아볼 수 있다.

하지만 i) 우리 민법이 수급인의 하자담보책임을 규정한 것은 수급인이 일을 완성할 채무를 이행하는 것이 수급인의 전적인 통제권한 아래에 있다는 점을 감안한 것으로서(민법 제669조가 목적물의 하자가 도급인이 제공한 재료 또는 지시에 기인한 때에 하자담보책임을 적용하지 않는다는 점에서도 이를 확인할 수 있다), 일의 완성 이후에는 무과실책임인 하자담보책임을 부담할 이유가 없다고 보아야 하고, ii) 우리 민법 제667조와 제668조은 '완성된 목적물 또는 완성전의 성취된 부분에 하자가 있는 때'라고 하고 있어서, 하자담보책임 발생의 요건으로서 목적물의 완성 또는 목적물 완성전의 성취를 요건으로 하고 있을 뿐, 목적물의 인도를 하자담보책임의 요건으로 요구하고 있지 않고, iii) 도급인의 일방적 해제권을 규정하는 민법 제673조가 '일을 완성하기 전'에 계약을 해제할 수 있는 것으로 규정하는 것과의 균형을 살펴보면, 일을 완성한 이후에는 도급인은 계약을 해제하지 못하고 단지 하자담보책임을 구할 수 있을 뿐이라고 해석하는 것이 타당하다는 점에서, 일의 완성시를 기준으로 하자담보책임이 발생하는 것으로 새겨야 할 것이다.338)

2) 하자보수청구권의 행사

도급에서의 하자담보책임으로서의 하자보수청구의 행사는 도급인이 수급인에 대한 일방적 의사표시를 함으로써 이루어진다. 도급인은 상당한 기간을 정하여 하자보수를 청구할 수 있는데, 그 기간 내에는 다른 구제수단의 행사가 제한된다고 보는 것이 일반적인 견해이다.339)

---

338) 양창수·김재형, 전게서, 290면은 목적물의 인도를 요하지 않는 도급에 있어서 일이 완성된 날부터 담보책임이 발생함에는 의문이 없다고 하고, 또한 인도를 요하는 도급에서도 수급인에 대한 책임추급의 필요 또는 편의나 또한 일의 완성 후에는 수급인의 채무는 그 완성된 물건의 인도에 집중되는 것 등을 고려하면 일의 완성시에 하자담보책임이 발생한다고 해석한다.

한편, 하자보수청구를 다른 하자담보책임에 앞서서 우선적으로 행사해야 할 것인지에 관하여, 도급인의 하자보수청구권이 본래의 이행청구권의 연장선상에 있음을 근거로 이를 긍정하는 견해가 있다.[340] 이와 같은 해석은 개정전 독일민법 제634조가 도급인이 하자제거를 청구하였는데도 적시에 하자가 제거되지 않으면 도급인이 그 기간 경과 후에 계약의 해제 또는 보수의 감액을 청구할 수 있다고 규정한데 근거한 것으로 보인다. 하지만 우리민법상 이와 같은 규정이 없고 오히려 하자보수에 갈음하여 또는 하자보수와 함께 손해배상을 청구할 수 있다고 규정하고 있어서 이와 같은 해석은 의문이다. 도급인이 도급계약기간 동안 수급인과의 신뢰관계가 깨지는 등의 이유로 더 이상 하자보수를 수급인에게 맡기고 싶은 의도가 없는 경우에서조차 수급인에게 1차적인 하자보수의 기회를 주어야 한다고 볼 이유는 없다고 생각한다. 이런 경우에는 도급인이 곧바로 손해배상청구를 할 수 있도록 하는 것이 법의 취지에 부합할 것이다. 이와 같은 견해간의 실질적인 차이는 도급인이 하자보수청구를 하지 않고 손해배상청구를 할 때 수급인이 하자보수를 제공하면서 손해배상청구에 항변할 수 있는가에 있을 것이다. 사견으로는 우리 민법상 도급인이 수급인의 하자보수 제공에 구속될 근거는 없다고 본다. 다만 손해배상액 산정에 있어서 수급인의 하자보수가 용이하였다는 사정 등이 감안될 수 있다고 생각한다.

한편, 일부 견해는 하자보수만으로는 계약의 목적을 달성할 수 없는 경우, 즉 새로운 제작 없이 단순히 하자를 제거하는 것만으로는 하자가 완치될 수 없는 경우에는 하자보수청구권에 갈음하여 도급인에게 재제작청구권을 인정해야 한다고 한다.[341] 하지만, 매매의 완전물급부청구권

---

339) 곽윤직, 채권각론(전게서), 259면; 곽윤직 편집대표, 민법주해XV, 456면부터 457면(김용담 집필부분); 김기선, 전게서, 260면.
340) 김형배, 채권각론(전게서), 625면.
341) 김증한·김학동, 전게서, 520면; 김형배, 채권각론(전게서), 625면.

과 같은 법적 근거 없이 재제작청구를 인정하는 것은 도급인에게 지나치게 유리한 해석으로 보이고, 현행 독일민법 제635조 제1항[342]과 같이 명문의 규정이 없는 우리 민법의 해석으로는 타당하다고 보기 어렵다고 생각한다.

3) 하자보수청구의 제한

민법 제667조 제1항 단서는 "하자가 중요하지 아니한 경우에 그 보수에 과다한 비용을 요할 때"에는 도급인이 하자보수를 청구할 수 없다고 규정하여 하자보수청구를 제한하고 있다. 이 규정과 관련하여 대법원은 하자보수청구에 대한 제한의 법리를 발달시켜 왔는데, 이 법리는 도급에서의 하자담보책임에 있어서 중요한 부분을 차지한다.

하자가 중요한 것인지를 판단함에 있어서는 하자의 내용뿐 아니라 당사자간의 계약의 목적도 함께 기준으로 삼아야 한다.[343] 즉, 계약상의 명시적 약정을 위반했다고 해서 반드시 중요한 하자라고 볼 수는 없고, 당사자가 일정한 성상이나 용법을 중시하여 이를 전제로 도급계약 전체의 내용(보수 포함)을 결정한 경우 그 위반은 중요한 하자라고 보아야 할 것이다.[344] 특히 하자로 인하여 목적물이 멸실 또는 훼손된 경우는 언제나 그 하자를 중요하다고 해야 할 것이다.[345]

---

342) **독일민법 제635조 제1항**은 '도급인이 추완을 청구한 경우에는 수급인은 그의 선택에 좇아 하자를 제거하거나 또는 일을 새로이 완성할 수 있다.'고 규정한다.
343) 김증한·김학동, 전게서, 520면.
344) 김용담 편집대표, 주석민법 채권각칙(4), 311면(이준형 집필부분); 박준서 편집대표, 주석민법 채권각칙(4), 221면(정종휴 집필부분)도 '완성된 목적물의 성질, 효능, 당사자가 계약에 의하여 달성하려고 한 목적 기타 객관적 사정'을 참작하여야 한다고 한다.
345) 김용담 편집대표, 주석민법 채권각칙(4), 313면(이준형 집필부분), 대법원 1996. 9. 20. 선고 96다4442 판결은 '수급인은 목적물이 하자로 인하여 훼손된 경우 훼손된 부분을 철거하고 재시공하는 등 복구하는데 드는 비용 상당액의 손해를 배상할 의무가 있고, 건물에 하자가 있어 이로부터 화재가 발생한 경우,

보수비용의 과다 여부는 수급인이 하자 보수에 투여해야 하는 비용과 도급인이 하자 보수로 인하여 얻을 이익을 비교하여 판단한다. 도급인이 하자보수로 인하여 얻을 이익은 하자 보수대상 자체의 가치 증가분만을 기준으로 할 것이 아니라 관련 재산 전체를 기준으로 평가하여야 할 것이다.[346]

한편, 2013년 민법 개정시안은 '추완에 대한 합리적 기대가능성이 없는 경우[347]'를 추완청구권 제한사유로 들고 있다(개정시안 제388조의2, 제667조 제1항). 이에 대해서는 개정시안과 같이 개정하는 경우에는 채무이행에 중요한 하자가 있음에도 불구하고 과다한 비용이 들어가면 채권자가 추완청구를 할 수 없다는 점에서 추완청구권의 배제사유가 너무 넓다는 비판이 있다.[348] 생각건대 추완청구권을 무과실책임으로 규정하는 이상 이를 합리적으로 제한할 사유도 필요하다는 점, 개정시안과 같이 개정하더라도 하자보수에 과다한 비용이 들어간다고 해서 중요한 하

그 화재 진압시 사용한 물이 유입됨으로써 훼손된 부분을 복구하는데 드는 비용 상당액도 그 하자와 상당인과관계가 있는 손해에 해당한다.'고 하였다 (이 사안은 전기선 설계도에 전등선과 전열선을 구분하여 설치하도록 되어 있음에도 하나의 선으로 설치한 경우, 전선교체비용을 하자의 보수에 갈음하는 손해배상으로 청구한 사안으로서, '전기선 설계도에 전등선과 전열선을 구분하여 설치하도록 되어 있음에도 하나의 선으로 설치한 것은 하자에 해당하고 도급인은 하자의 보수나 하자의 보수에 갈음하는 손해배상을 청구할 수 있다.'고 판단하였다).

346) 김용담 편집대표, 주석민법 채권각칙(4), 313면(이준형 집필부분); 박준서 편집대표, 주석민법 채권각칙(4), 222면(정종휴 집필부분); 곽윤직 편집대표, 민법주해XV, 456면(김용담 집필부분); 김증한·김학동, 전게서, 520면.
347) 추완에 대한 합리적 기대가능성이 없는 경우로서 채무자에게 과도하게 부담이 되는 경우, 채무가 인적 성격을 갖고 있어서 추완을 강제하기 곤란한 경우를 들 수 있다. 김재형(a), "민법상 구제수단의 다양화: 이행·추완·금지청구권에 관한 민법개정안", 서울대학교 법학 제57권 제4호, 서울대학교 법학연구소(2016. 12), 124면.
348) 이진기, "민법개정안 채무불이행에 대한 검토", 민사법학 제68호, 한국민사법학회(2014. 9), 207면: 김대정(a), 전게 논문, 291면.

자가 있는 경우까지 추완청구에서 배제할 수는 없다는 점을 고려하면, 추완청구권을 제한하는 사유를 정하는 것은 필요하며, 향후 민법 개정시에는 민법 제667조에도 제388조의2의 취지를 반영하는 것이 타당하다고 본다.349)

나. 무형(용역)도급의 경우

채무자가 불완전급부를 한 경우 채권자는 채무자에게 불완전한 급부의 추완을 청구할 수 있다. 추완청구의 구제수단은 채권자에게 가장 의미가 있으며 채무자에게 과도한 비용부담을 가져다주지 않는 한도에서는 명문규정 여부와 관계없이 채권자에게 인정할 수 있다.350)

하지만 일단 불완전급부가 제공되면 이제는 더 이상 채무의 내용에 좇은 이행이 불가능하거나 또는 불가능한 것은 아니더라도 이를 청구하는 것이 무의미한 경우가 상당수 있다(예를 들어, 의사가 의료과실을 범하여 후유증이 남는 경우에는 애초의 진료나 시술에 있어서의 완전이행을 구하는 것이 불가능하다351)). 특히 무형(용역)도급의 경우에는 그 결과물이 눈에 보이지 않고 측량하거나 저장하는 것이 불가능하다는 점에서 이미 이행한 것을 추완하는 것은 상정하기 곤란하다. 이런 점에서 무형(용역)도급의 도급인은 민법 제667조의 하자보수청구권을 유추적용하여 수급인에게 행사하는 것이 곤란하다고 보아야 할 것이다. 다만, 무형

---

349) 2013년 개정시안에 비해서 채무자가 추완을 위해 추가 이행을 하는 경우에 소요되는 비용과 그로 인하여 채권자가 얻는 이익 사이에 "불비례성"이 있는지도 추가하여 검토되어야 한다는 견해로서, 이계정, "추완청구권과 민법 개정", 민사법학 제105호, 한국민사법학회(2023.12.), 119면. 이 견해에 의하면, 채권자는 채무자의 부담이 덜한 다른 추완방법을 택하도록 한다는 점에서 채권자와 채무자간의 이익을 형량하여 추완청구권을 운영할 수 있는 장점이 있다.
350) 김용담 편집대표, 주석민법 채권총칙(1), 제4판, 737면(김상중 집필부분).
351) 곽윤직 편집대표, 민법주해IX, 310면(양창수 집필부분).

도급에 관하여 규정하고 있는 여행계약에서 여행자는 여행주최자에 대해서 하자의 시정청구권을 행사할 수 있는데(민법 제674조의6 제1항), 무형도급의 도급인은 이 규정을 유추적용하여 수급인에 대해 하자의 시정을 청구할 수 있는 것으로 해석할 수 있다고 본다.

2. 계약해제권

가. 유형도급의 경우

도급인이 하자담보책임으로서 계약해제권을 행사할 때 양 당사자가 이미 이행된 급부를 원상회복하는 것을 부인하는 견해[352]가 있다. 이 견해는 수급인의 일의 착수로 목적물이 이미 변형되었기 때문에 원래의 상태로 회복시킨다는 것은 쌍방에게 손실만 더욱 확대시킬수 있다는 점을 근거로 든다. 하지만, 도급에서의 하자담보책임의 본질을 채무불이행책임으로 보면서 하자담보책임으로서의 계약해제의 효력을 일반 채무불이행책임에서의 계약해제와 달리볼 필요는 없다고 본다. 이에 따라 민법 제668조의 계약해제로 당사자는 원상회복의무를 부담하고(제548조), 제3자의 권리를 해하지 못한다고 보아야 할 것이다.[353] 이때 원상회복의 방법으로는 원물반환이 원칙이지만 원물반환이 불가능하다면 가액반환을 하여야 할 것이다. 이때 가액반환은 계약 해제 당시의 가액을 기준으로 산정해야 할 것이다.[354]

한편, 도급인이 민법 제668조에 따른 계약해제를 하면서 손해배상을

---

352) 이은영, 채권각론(전게서), 526면; 최문기, 전게서, 408면.
353) 곽윤직 편집대표, 민법주해XV, 461면(김용담 집필부분); 김증한·김학동, 전게서, 521면.
354) 곽윤직, 채권각론(전게서), 105면; 김형배, 채권각론(전게서), 240면; 김상용, 채권각론(전게서), 146면; 지원림, 전게서, 1395면.

청구하는 경우 여기에 하자담보책임으로서의 손해배상규정을 적용할 것인지(민법 제667조) 아니면 일반 채무불이행책임으로서의 계약해제와 함께 하는 손해배상규정을 적용할 것인지(민법 제551조)를 살펴본다. 이에 관해서, 대법원은 본조에 따른 계약해제와 함께 하는 손해배상청구는 채무불이행으로 인한 손해배상과 다를 것이 없으므로, 전보배상으로서 그 계약의 이행으로 인하여 채권자가 얻을 이익, 즉 이행이익을 손해로서 청구하여야 하고, 그 계약이 해제되지 않았을 경우 채권자가 그 채무의 이행으로 소요하게 된 비용, 즉 신뢰이익의 배상을 청구할 수 없다고 해석한다.[355] 다만 이 판례에서는 수급인에게 손해배상을 청구하는데 있어서 수급인의 귀책사유를 요하지 않는다고 보고 있다.

민법 제668조에 의한 계약해제와 함께 하는 손해배상청구를 제667조의 하자보수와 함께 하는 손해배상청구와 같은 성질로 볼 수는 없다는 점에서는 대법원의 태도가 타당하다고 본다. 또한 이 경우 계약해제는 민법 제551조가 정한 해제의 효과에 관한 원칙에 따른 손해배상청구로 보아야 할 것이라는 점에서 채무자의 귀책사유를 필요로 한다는 견해가 있지만,[356] 동 조항에 따른 계약 해제 역시 담보 책임의 내용으로의 수급인의 귀책사유 없이 계약에서 해방시키는 것이고, 목적물의 하자로 계약의 목적을 달성할 수 없다는 점에서 채무자의 귀책사유를 요하지 않는다고 해석할 것이다.[357]

---

355) 곽윤직, 채권각론(전게서), 260면; 곽윤직 편집대표, 민법주해XV, 461면(김용담 집필부분); 주석민법, 채권각칙4(제3판), 구욱서, 249면; 김증한·김학동, 전게서, 522면; 김주수, 전게서, 400면; 이은영, 채권각론(전게서), 526면; 임정평, 전게서, 444면. 대법원 1968. 6. 18. 선고 68다456 판결은 '도급인(원고)으로부터 보일러 설치를 도급받은 수급인이 쓸모없는 보일러를 설치함에 따라 원고가 수급인에 대한 공사금을 주지 않고, 수급인에 대한 보일러 하자에 따른 손해배상을 청구한 사안에서, 도급인이 계약해제로 공사금 지급의무를 면했더라도 손해를 보았다면 수급인은 그 손해를 배상할 의무가 있다.'는 취지로 판단하였다.
356) 곽윤직, 채권각론(전게서), 260면.

나. 무형(용역)도급의 경우

무형(용역)도급의 수급인의 결과채무에 따른 책임으로서 도급인이 계약해제를 하는 경우에도 유형도급과 마찬가지로 민법 제548조가 적용된다고 볼 수 있을 것이다. 우리 민법상 계약해제의 효과에 관해서는 민법 제548조의 규정 만을 두고 있기 때문이다. 이에 따라 무형(용역)도급의 도급인이 민법 제668조를 유추적용하여 계약을 해제하는 경우에도 무형도급의 성질상 원상회복은 가액반환만이 가능할 것이다.[358] 이런 경우 도급인은 수급인이 급부를 이행한 당시의 가액(여기서 '가액'의 의미에 관해서는 급부를 이행할 당시의 가액이라는 견해와 계약해제시의 가액이라는 견해의 대립이 있으나,[359] 무형도급의 반환대상인 노무는 이행당시부터 반환이 불가능하다는 점에서 급부를 이행한 당시의 가액으로 보는 것이 타당할 것이다)을 반환하고 수급인은 도급인으로부터 받은 대금을 반환하는 형식으로 원상회복이 이루어질 것이다.

3. 손해배상청구권

가. 유형도급의 경우

도급에서의 하자담보책임으로서 수급인이 손해배상책임을 지는 경우

---

357) 김형배, 채권각론(전게서), 633면.
358) 곽윤직, 채권각론(전게서), 105면; 김형배, 채권각론(전게서), 240면; 이은영, 채권각론(전게서), 261면; 김상용, 채권각론(전게서), 146면; 지원림, 전게서, 1395면.
359) 급부를 이행할 당시의 객관적 가액을 반환한다는 견해로, 곽윤직, 채권각론(전게서), 105면; 김형배, 채권각론(전게서), 240면; 김상용, 채권각론(전게서), 146면; 지원림, 전게서, 1395면. 이에 반하여 계약해제시의 객관적 가액을 반환한다는 견해로, 김증한, 채권각론(전게서), 104면; 김주수, 채권각론(전게서), 139면.

는 민법 제667조에서 규정하는 바와 같이 하자보수에 갈음하여 또는 하자보수와 함께 하는 경우이다.

민법 제667조의 손해배상책임의 범위를 두고서는 과연 손해배상책임 발생을 위해 수급인의 귀책사유를 요하는지와 결부되어 치열한 학설공방이 있어 왔다. 즉, ① 수급인이 하자발생에 대해서 귀책사유가 없는 경우에는 신뢰이익을 배상하고 귀책사유가 있는 경우에는 이행이익을 배상해야 한다는 견해,360) ② 무과실책임설361) 또는 과실책임설362)을 근거로 이행이익 배상을 인정하는 견해, ③ 도급계약상의 모든 사정을 고려하여 수급인의 손해배상의 범위를 규범적으로 판단한 결과, 채무불이행으로 인한 책임보다는 경한 배상책임을 부담하고 매도인의 담보책임보다는 무거운 배상책임을 부담해야 한다는 견해,363) ④ 수급인의 손해배상책임의 범위는 제393조에 의하여 상당인과관계의 범위 내로 한정되므로, 신뢰이익, 이행이익 이외의 하자결과손해도 상당성이 인정되는 경우에는 배상범위에 포함된다고 보는 견해364)로 정리할 수 있다.

이와 관련하여 대법원은, 완성된 목적물의 하자에 기한 하자손해와

---

360) 김상용, 채권각론(전게서), 359면; 곽윤직, 채권각론(전게서), 259면.
361) 김현태, 도급계약에 있어서의 수급인의 하자담보책임. 법정 제23권 10호(1968), 31-32면.
362) 김주수, 전게서, 396-397면.
363) 김형배, 채권각론(전게서), 608면. 하지만 이 견해에 대해서는 독일민법상 수급인의 손해배상책임 요건으로 수급인의 귀책사유를 요하는 결과 일반 채무불이행책임과 차이가 없음에도 불구하고 단기 소멸시효에 걸리게 된다는 모순을 해소하기 위하여 담보책임으로서의 손해배상의 범위를 하자손해 또는 하자와 밀접하게 관련된 손해로 제한하여 해석하는 것일 뿐이고, 손해배상책임 발생에 수급인의 귀책사유를 요하지 않는 우리나라에서는 받아들이기 어려운 견해라는 비판이 있다.
364) 이은영, 채권각론(전게서), 519면, 524면. 이 견해는 담보책임과 채무불이행책임 사이에 손해배상의 범위에 관해서는 차이가 없다고 하면서도, 담보책임의 제척기간이 경과한 후에도 수급인의 귀책사유 있는 하자에 대해서는 일반 채무불이행책임을 물을 수 있다는 입장이다.

확대손해를 구분하여, 전자는 하자담보책임의 범위 내에 드는 손해로, 후자는 하자담보책임의 범위를 넘는 손해로 이해한다. 즉, 판례는 목적물에 하자손해와 확대손해가 있는 경우, 수급인의 하자보수에 갈음하는 손해배상과 채무불이행책임에 의한 손해배상을 경합적으로 인정하고 있다(2004. 8. 20. 선고 2001다70337 판결). 특히 대법원 1997. 5. 7. 선고 96다39455 판결은 매매에 관한 하자담보책임에 대한 사례이기는 하지만, '매매목적물의 하자로 인하여 확대손해에 대한 배상책임을 지우기 위해서는, 채무의 내용으로 된 하자없는 목적물을 인도하지 못한 의무위반사실 외에 그러한 의무위반에 대하여 매도인에게 귀책사유가 인정될 수 있어야 함'을 명확히 하고 있다.365)

생각컨대, 도급계약상 하자담보책임에서의 손해배상책임의 범위를 두고 신뢰이익과 이행이익을 나눌만한 실익은 적다고 본다. 원래 신뢰이익이란 무효로 판정된 계약에서 그 유효를 신뢰하였다는 점에 근거한 것인데, 도급의 경우 목적물에 원시적으로 하자가 있는 경우이든 후발적으로 하자가 있는 경우이든 계약이 유효하다는 점에는 차이가 없는 이상 그 개념을 굳이 하자담보책임에서의 손해배상에서 논의할 이유는 없다고 본다.366)

오히려, 우리 민법 제667조 제2항이 하자의 보수에 갈음하여 또는 하자의 보수와 함께 손해배상책임을 규정하고 있는 점에 주목하여, 이에

---

365) 대법원 1997. 5. 7. 선고 96다39455 판결은, 부품 매수인인 원고가 부품 매도인인 피고에게 원고가 제조한 완성품의 하자로 인해 소비자에게 발생한 손해를 배상함으로써 발생한 손해를 확대손해로 청구한 것에 대해서, 매도인인 피고에게 하자에 대한 귀책사유가 있을 것을 요구하였다.
366) 곽윤직 편집대표, 민법주해XIV, 248면(남효순 집필부분); 김동훈(c), "채무불이행책임과 하자담보책임의 통합 모색", 민사법학 제24호, 한국민사법학회(2003. 9), 119면에서는 '이행이익과 신뢰이익이라는 개념의 대립대신에.. 발생한 손해와 상실한 이익의 손해배상과 같이 통일적으로 사용하는 것이 간명하다.'고 설명한다.

해당하는 손해를 배상하는 것으로 해석하는 것이 타당하다고 본다.367)

먼저 ① '하자의 보수와 함께 구하는 손해배상'의 범위에 관해서는, 하자보수가 사실적, 법률적으로 허용되지 않는 경우(민법 제667조 제1항 단서의 경우를 들고 있다)의 가치감소액을 드는 견해가 있다.368) 하지만, 위에서 본 바와 같이 하자보수가 사실적, 법률적으로 허용되지 않는 경우는 하자보수에 갈음하는 손해배상이 가능하다고 보아야 한다는 점에서 타당하지 않다고 본다. 오히려, '하자의 보수와 함께 구하는 손해배상'은 하자보수를 하여도 남게 되는 손해라고 보는 것이 타당할 것이다.369) 예를 들어 하자감정비용이나 작업기간 동안 목적물을 사용수익하지 못함에 따라 발생한 손해가 그에 해당한다고 생각한다.

② 위에서 본 바와 같이 '하자보수에 갈음하는 손해배상'은 하자보수가 가능한 경우와 하자보수가 불가능한 경우의 두 가지로 나누어 볼 수 있다. 즉, 하자보수가 가능한 경우에는 하자보수에 필요한 비용(또는 하자로 인한 가치 감소액)을 하자보수에 갈음하는 손해배상으로 청구할 수 있다고 본다. 한편, 하자보수가 불가능한 경우에는 하자없이 시공하였을 경우의 목적물의 교환가치와 하자가 있는 현재 상태로의 교환가치와의 차액을 배상하여야 한다고 본다.370) 또한 위에서 언급한 바와 같이 하자보수에 갈음하는 손해를 배상하는 경우에도 '하자보수와 함께 하는 손해배상'과의 균형을 고려할 때, 하자보수를 하여도 남는 손해(하자감정비용이나 작업기간 동안 목적물을 사용수익하지 못함에 따라 발생한

---

367) 김용담 편집대표, 주석민법 채권각칙(4), 332면(이준형 집필부분).
368) 김용담 편집대표, 주석민법 채권각칙(4), 325면(이준형 집필부분).
369) 이에 대해서는 일반 채무불이행책임으로 보는 견해(김용담 편집대표, 주석민법 채권각칙(4), 332면(이준형 집필부분)]도 있지만, 이는 '하자보수와 함께 하는 손해'에 해당한다고 본다. 대법원 1980. 11. 11. 선고 80다923, 924판결은 '원고의 본건 건물의 하자로 인해 임대하지 못한 손해금'이 수급인의 손해배상에 포함된다는 취지로 설시하고 있다.
370) 김규완(b), 전게논문, 78면.

손해)도 하자보수에 갈음한 손해배상의 범위에 포함되는 것으로 해석할 것이다.

③ 한편, 하자보수에 갈음하는 손해배상 및 하자보수와 함께 하는 손해배상 이외에 부가적 손해(확대손해)에 대한 배상은 수급인의 하자담보책임 범위가 아닌 일반 채무불이행책임법에 따라 수급인의 귀책사유를 요하는 것으로 해석해야 할 것이다.[371]

대법원 역시 액젓사건(대법원 2004. 8. 20. 선고 2001다70337 판결)에서 액젓저장탱크에 대한 하자보수비용(민법 제667조 2항 전단)과 함께 도급인의 신체, 재산에 발생한 손해배상도 별도의 권원에 의하여 경합적으로 인정한 바 있다.[372]

---

[371] 곽윤직 채권각론(전게서), 259면; 김상용, 채권각론(전게서), 355면; 송덕수, 채권법각론(전게서), 361면; 이은영, 채권각론(전게서), 519면.
다만, 이에 대해서 독일의 도급계약법 분야에 있어서 하자손해와 하자결과손해의 구별을 들어 설명하는 견해(정광수, 전게 논문, 58면부터 65면)는 수급인이 귀책사유 없이 손해배상책임을 지는 것을 하자손해로, 귀책사유가 있어야 손해배상책임을 지는 것을 하자결과손해라고 하면서. 수급인은 매도인과는 달리 직접 목적물을 만드는 자이므로 담보책임을 지는 손해의 범위가 매매보다 광범위하다고 설명하면서, 도급에 있어서의 하자손해를 광의의 하자손해로, 하자결과손해를 협의의 하자결과손해라고 명명한다. 도급에서의 광의의 하자손해에는 하자에 의한 일의 가치감소로 인한 손해, 하자보수비용의 손해, 한정적인 일실이익의 손해, 하자보수기간에 사용해야 하는 동종의 임차물의 임차비용, 전체 일에 대한 손해, 무형적인 일의 하자로 인한 손해, 전문가의 하자감정비용을 들고, 협의의 하자결과손해에는 불완전이행책임에서 예로 드는 손해(도급인이 수급인이 설치한 마루의 하자로 인해서 가구를 옮기다 상해를 당한 경우 등)를 들고 있다. 하지만 이와 같은 견해는 우리법의 태도, 즉 하자보수에 갈음하는 손해배상과 하자와 함께 하는 손해배상을 청구하는 태도와 부합하지 않고, 더욱이 매매 담보책임으로서의 손해배상과 도급담보책임으로서의 손해배상을 비교하는 의미 이외에 어떤 의미가 있는지도 분명하지 않다고 본다.
[372] 대법원 2004. 8. 20. 선고 2001다70337 판결은 '액젓 저장탱크의 제작·설치공사 도급계약에 의하여 완성된 저장탱크에 균열이 발생한 경우, 보수비용은 민법 제667조 제2항에 의한 수급인의 하자담보책임 중 하자보수에 갈음하는 손해

최근 개정된 개정 일본 민법에서는 채무불이행의 일반원칙으로서의 손해배상청구에 관한 제415조가 매매는 물론 도급에도 그대로 준용됨으로써(일본민법 제559조, 제564조, 제415조), 종전에 우리 민법 제667조와 유사한 규정이었던 '도급에서의 하자보수에 갈음한 손해 또는 하자보수와 함께하는 손해배상'에 관한 규정은 삭제되었다.

우리나라의 경우 2013년 민법 개정시안 제667조는 도급인이 '민법 제390조에 따라 손해배상을 청구할 수 있다.'고 규정함으로써, 하자담보책임으로서의 손해배상청구에 관해서는 과실책임주의를 도입하고자 한 바 있다. 그런데 하자담보책임으로서의 손해배상책임을 과실책임으로 둔다면 도급인 권리구제에 지장이 발생할 것으로 생각된다. 즉, 2013년 민법 개정시안이 비록 대금감액청구권을 규정하여(2013년 개정시안 제667조

> 배상이고, 액젓 변질로 인한 손해배상은 위 하자담보책임을 넘어서 수급인이 도급계약의 내용에 따른 의무를 제대로 이행하지 못함으로 인하여 도급인의 신체·재산에 발생한 손해에 대한 배상으로서 양자는 별개의 권원에 의하여 경합적으로 인정된다.'고 하였다.
> 또한, 이 판결에서는 '수급인의 하자담보책임은 법이 특별히 인정한 무과실책임으로서 여기에 민법 제396조의 과실상계규정이 준용될 수는 없다 하더라도 담보책임이 민법의 지도이념인 공평의 원칙에 입각한 것인 이상 하자발생 및 그 확대에 가공한 도급인의 잘못을 참작할 수 있다.'고 하면서, 피고의 손해배상금액 산정에 있어서 원고의 과실을 참작하여 손해배상의 범위를 정하였다. 이 과정에서 참작된 원고의 과실로는 i) 원고가 무리하게 설계변경을 요구하였는지, ii) 이 사건 도급계약금액이 시공을 위한 공사금액에 비하여 현저히 낮은 금액이었는지 iii) 원고와 피고간에 이미 손해배상에 관한 합의금 지급이 있었는지 등이었는데, 대법원은 이들 사정들이 존재하지 않음을 이유로 원심이 도급인의 과실로서 하자보수에 갈음하는 손해의 80퍼센트 및 액젓 변질로 인한 손해의 90퍼센트를 감액한 것은 부당하다.'고 판단하였다.
> 이 밖에도, 이 판결에서는 '도급인측의 과실을 참작함에 있어서, 각종 공사를 영업목적으로 하는 피고와 어민인 원고 사이에 피고를 더 보호하여야 할 합리적 근거가 있다고 보기 어렵다.'고 함으로써, 수급인이 자신의 업무에 관한 전문가인지 여부를 손해배상 산정에 있어서 중요한 근거로 삼고 있음을 간접적으로 내비친 점에 의미가 있다.

제2항), 도급인이 이미 이행한 일의 가치와 약정대로 이행되었을 때의 가치의 차액을 대금감액으로 보호받는다고 하더라도, 그 밖의 손해(즉, 완성된 일이 계약에 부적합하게 완성되었음을 감정하는 비용, 완성된 일을 가지고 얻을 수 있었던 이익 상당액)에 대해서는 무과실 손해배상책임으로 보호받을 수 있다고 보아야 할 것이기 때문이다. 이런 점에서 도급인의 손해배상청구권은 무과실책임으로 규정해야 할 것으로 생각된다.

나. 무형(용역)도급의 경우

무형(용역)도급의 도급인이 수급인의 불완전급부를 이유로 손해배상을 청구하기 위해서는 민법 제667조의 하자담보책임을 유추적용하는 것이 가장 바람직하다고 본다. 무형(용역)도급의 수급인이 무과실책임을 부담한다는 점에서 일반 채무불이행책임(즉, 불완전이행을 추완할 수 있는 경우의 지체손해의 배상, 불완전이행으로 급부목적을 달성할 수 없게 된 때에는 전보배상을 의미한다)을 청구할 수는 없기 때문이다.[373]

그런데, 민법 제667조를 준용함에 있어서 무형도급의 성질상 하자를 보수하는 것이 곤란하다는 점에서 수급인은 '보수에 갈음하는 손해배상'으로서 이미 이행한 일의 가치와 약정대로 이행되었을 때의 일의 가치 차액 상당액(이것은 대금감액과 같은 금액이 될 것이다), 완성된 일이 계약에 부적합하게 완성되었음을 감정하는 비용, 완성된 일을 가지고 얻을 수 있었던 이익 상당액을 배상하게 될 것으로 생각한다. 예를 들어, 변호사가 항소기간을 도과하여 고객이 자신의 권리를 더 이상 행사할 수 없게 된 경우에는, i) 고객이 항소해서 얻을 수 있었던 권리의 가치와 항소하지 않음을 인한 현재의 권리의 가치의 차액, ii) 항소기간 도과에 따른 고객의 권리 행사 가능여부를 검증하고 손실액을 감정하는 비용

---

[373] 곽윤직, 채권총론(전게서), 112면, 양창수·김재형, 전게서, 390면: 김용담 편집대표, 주석민법 채권총칙(1), 739면(김상중 집필부분).

상당액, iii) 고객이 가지고 있던 권리가 지적재산권 등인 경우 고객이 i), ii)의 손해배상을 받을 때까지 지적재산권을 사용하지 못한데 따른 손해금액 등이 대상이 될 수 있을 것이라고 생각한다.

4. 대금감액청구권

우리 민법상 채무불이행책임이나 도급에서의 하자담보책임에서 대금감액청구권 규정을 명시적으로 두고 있지는 않다. 비록 하자보수에 갈음하는 손해배상청구권을 보수감액권으로 이해하는 견해(대금감액설)[374]가 있지만, 양자는 경제적인 관점에서는 유사할 수는 있으나, 법적 성질[375]에 있어서 서로 다른 제도로 보아야 할 것이다. 그렇다면 우리 민법상 도급에서 도급인의 대금감액청구권을 인정할 수 있을 것인가? 사견으로는 무형도급에 관한 여행계약에서 여행자의 대금감액청구권을 규정하고 있다는 점에 비추어 무형(용역)도급의 도급인은 여행계약의 담보책임에 관한 민법 제674조의6조 제1항을 유추적용함으로써 구제받을 수 있다고 생각한다.

일본의 경우 민법 개정을 통하여 매매와 도급에서 대금감액청구권을 규정하고 있고(개정 일본민법 제559조, 제563조[376]), 우리나라에서도 2013

---

[374] 곽윤직 편집대표, 민법주해XV, 459면 내지 460면(김용담 집필부분)에 의하면 독일과 같은 명문이 없더라도 보수에 갈음하는 손해배상청구의 내용으로 도급인의 감액청구가 가능하다고 한다.
[375] 대금감액의 경우에는 계약체결시에 가졌던 급부와 반대급부간의 주관적 등가성을 회복시켜주는 것이라는 점에서 손해배상청구시를 기준으로 산정되는 손해배상과는 차이가 있다고 보는 견해로, 김제완, "판례연구·도급계약상 담보책임으로서의 손해배상청구권의 법적 성격-판례상 '하자보수(瑕疵補修)에 갈음한 손해배상'과 '하자(瑕疵)로 인한 손해배상'을 중심으로", 고려 법학 제38호, 고려대학교 법학연구원(2002. 4), 308면.
[376] 개정 일본민법 역시 채무불이행책임에 관해서는 대금감액권을 규정하고 있지 않으면서 개정 민법 제563조에서 매도인의 하자담보책임으로서 대금감액

년 민법 개정시안에서 도급인의 보수감액청구권을 둔 바가 있다는 점에서 장래 민법개정시에 반영될 수 있으리라 본다.377) 이때 대금감액의 방법에 관한 규정을 함께 고려하는 것이 타당하다고 본다. CISG 제50조378)와 PECL 제9:401조 제1항379)은 이행당시를 기준으로 계약이 제대로 이행되었다면 가졌을 가치와 실제 이행이 되었을 때의 가치를 비교하여 그 감소비율에 따라 대금감액을 한다고 규정하고 있다는 점이 참고될 수 있을 것이다.

III. 면책사유

1. 유형도급의 경우

우리 민법은 제669조에서 목적물의 하자가 도급인이 제공한 재료의 성질 또는 도급인의 지시에 기인한 때에 하자담보책임을 면책하는 규정을 두고 있다. 그런데 도급에서의 하자담보책임이 무과실책임이라는 점에서 하자가 불가항력에 의하여 발생한 경우나 채권자 또는 제3자의 귀

　　　청구권을 규정하고 있다. 이는 매매계약과 같은 유상계약에서 채권채무가 대가관계를 가지고 있음을 감안한 규정으로 이해된다.
377) 김대정(b), "채무불이행법과 하자담보책임법의 통합 모색-요건론을 중심으로-", 민사법학 제26호, 한국민사법학회(2004), 22면에 의하면 '하자담보책임은 연혁상으로나 비교법상 대금반환청구권(l'action redhibitoire)와 대금감액청구권(l'action estimatoire)를 본질적 효과로 하는 제도이기 때문'이라고 한다.
378) **CISG 제50조**: 매수인은 실제로 인도된 물품이 인도시에 가지고 있던 가액이 계약에 일치하는 물품이 그 당시에 가지고 있었을 가액에 대하여 가지는 비율에 따라 대금을 감액할 수 있다.
379) **PECL 제9:401조 제1항**: 감액은 이행이 제공될 당시를 기준으로 원래의 계약대로 이행이 제공되었다면 가졌을 가치와 실제 이행이 되었을 때의 가치를 비교하여 그 감소비율에 따라 행해진다.

책사유로 발생한 경우에는 수급인의 면책사유로 인정해야 할 것인지를 살펴보고자 한다.

참고적으로 프랑스민법에서는 건축도급에서의 하자담보책임을 규정하면서, 수급인은 하자가 외부원인(cause étrangère)으로 인한 것임을 증명하여 면책될 수 있다고 규정한다(프랑스민법전 제1792조 제2항[380]). 이때 외부원인은, 불가항력, 제3자의 행위 또는 도급인의 행위를 의미하는 것으로 해석되고 있다.

가. 불가항력

우리 민법상 수급인의 하자담보책임 발생을 위하여 수급인이 하자에 대해 고의, 과실이 있을 것을 요하지 않는다. 다만 하자의 발생이 불가항력으로 인한 경우에는 어떻게 할 것인가에 관해서 우리 민법은 별도로 정한 바가 없어서 해석상 논의를 필요로 한다.

불가항력이 우리 민법상 하자담보책임의 면책사유로 인정될 수 있는지에 관해서는 이를 긍정하는 견해[381]가 있지만 명확한 근거를 밝히고 있지는 않다. 이에 대해 우리 민법상 하자담보책임은 법률상 무과실책임으로 규정한 것이므로 민법 제669조에서 정한 하자담보책임의 면책사유에 해당하지 않는 한 불가항력에 의한 면책은 불가능하다는 견해가 있을 수도 있다.

생각컨대, 불가항력은 채무자가 예견하지 못한 외부원인으로 인하여 발생한 것으로서 통제할 수 없는 사유라는 점[382]에서 하자에 대한 고의,

---

380) 프랑스민법전 Article 1792: "Une telle responsabilité n'a point lieu si le constructeur prouve que les dommages proviennent d'une cause etrangère."
381) 김용담 편집대표, 주석민법 채권각칙(4), 288면(이준형 집필부분)은 수급인의 하자담보책임의 면책이 인정되는 것은 불가항력, 그리고 법률의 규정(민법 제669조)이 있는 경우로 설명한다.
382) 개정 프랑스민법전에서는 불가항력을 정의하는 규정(제1218조 제1항)을 두어

과실과는 구분되어야 한다는 점, 민법 제669조의 취지 역시 채무자가 예견할 수 없고 극복할 수 없는 외부원인이 있는 경우에는 하자담보책임에서 면책시킨다는 점을 분명히 한 것이라는 점에서 보면, 불가항력으로 인해서 하자가 발생한 경우에는 하자담보책임을 면책한다고 보는 것이 타당하다고 본다.

한편, 도급인이 하자담보책임으로서 하자보수청구, 계약해제, 손해배상청구를 해오는 경우 수급인이 불가항력 항변을 할 수 있는 범위에 관해서는 민법 제669조에서도 명확히 밝히고 있지 않다.

이에 대해서는 수급인은 손해배상청구에 대해서 불가항력 항변을 하는 것 이외에 하자보수청구, 계약해제권 행사에 대해서는 불가항력 항변을 할 수 없다는 견해가 있을 수 있다. 하자보수청구는 본래의 급부에 대한 이행청구권에 포함되어 있던 것이고, 계약해제는 계약관계가 파탄에 이르렀을 때 채권자가 계약에서 해방할 수 있도록 하는 제도로서 불가항력 여부에 관계없이 도급인은 이들 권리를 행사할 수 있어야 한다는 점을 근거로 들 수 있다.

하지만, 민법 제669조도 수급인이 불가항력 항변을 할 수 있는 범위에 대해서 제한하고 있지 않다는 점, 하자담보책임이 무과실책임으로서 수급인이 하자에 대한 고의, 과실을 요하지 않는 것을 의미하는 것 이외에 불가항력 항변까지 봉쇄하고 있는 것으로 해석할 수는 없다는 점에서 수급인은 손해배상청구 이외에 계약해제권 행사, 하자보수청구에 대해서도 불가항력 항변을 할 수 있다고 생각한다.

서, '계약의 체결 당시에 합리적으로 예견할 수 없었고 또 그 결과가 적절한 조치에 의하여도 회피할 수 없어 채무자의 통제를 벗어난 사건에 의하여 채무자가 그의 채무의 이행을 방해받은 경우'에 불가항력이 인정된다고 한다.

나. 채권자 또는 제3자의 귀책사유

1) 채권자 또는 제3자의 귀책사유

채무불이행책임에서는 채권자가 채무자의 채무불이행에 대해 귀책사유가 있는 경우에 손해배상책임에 있어서 과실상계로 감안하는데 반하여, 하자담보책임의 경우에는 수급인을 면책시키는 사유중 하나가 된다고 보아야 할 것이다.[383] 우리 민법 제669조는 도급인이 제공한 재료의 성질 또는 도급인의 지시로 인해 하자가 발생한 경우에 수급인의 하자담보책임이 면책되도록 규정하고 있는데, 도급인에게 재료의 성질 또는 도급인의 지시 이외의 귀책사유가 있는 경우를 달리 취급할 이유가 없다고 보기 때문이다. 이와 관련하여, 개정 일본민법은 도급인의 귀책사유로 인하여 계약부적합이 발생한 경우에 수급인의 하자담보책임을 면책한다고 명시하고 있다(개정 일본민법 제559조, 제562조, 제563조, 제564조).

2) 민법 제669조의 면책사유

민법 제669조의 취지와 관련하여, 본조는 하자가 도급인의 행위에 기인한 경우에 수급인의 하자담보책임을 면하게 하는 것이 공평하다는 점을 염두에 둔 규정이라고 보는 것이 다수의 견해이지만,[384] 단지 이와 같은 이유만으로 수급인의 하자담보책임을 면책하는 것을 설명하기는 부족해 보인다.

한편, 동조 본문이 하자담보책임을 제한하는 반면에 동조 단서를 통해 하자담보책임을 확장하는 것으로 이해하는 견해[385]도 있다. 하지만

---

383) 프랑스민법상 건축도급에서 도급인이 설계 및 건축행위에 부당하게 관여한 경우와 같이 도급인에게 귀책사유가 있는 경우에는 수급인의 하자담보책임을 면책한다는 설명으로, J.-B. Auby et al., *Droit de l'urbanisme et de la construction*, 11e éd., L.G.D.J. (2017), n° 1347.
384) 곽윤직 편집대표, 민법주해XV, 463면(김용담 집필부분).

수급인의 하자담보책임은 제669조 본문의 요건을 충족하는 경우 면책되는 것이고, 다만 본조 단서에 해당하는 경우에는 원칙으로 돌아가 하자담보책임을 부담하게 되는 것이지, 하자담보책임을 확장하는 것으로 해석할 수는 없다고 본다.

사견으로는, 수급인이 불가항력을 이유로 하자담보책임에서 면책되는 것에 비추어 볼 때, 수급인은 도급인이 제공한 재료 또는 도급인의 지시를 통해 자신이 아닌 외부원인으로 인해서 자신이 예견하지 못하고 극복할 수 없는 결과에 대해서 책임을 부담하지 않는 것으로 새기는 것이 타당한 것으로 생각한다.

이런 점에서 볼 때, 본조에서 말하는 도급인이 제공한 재료의 사용 또는 도급인의 지시는 수급인에게 구속력[386]을 가지고 있어야 하고 도급인이 제공한 재료 또는 지시 중에서 수급인이 이를 선택할 수 있는 등 도급인의 희망이 표명된데 그친 경우에는 하자담보책임을 면책할 수 없다고 본다.[387] 다만 도급인의 지시가 수급인에게 구속력을 가진다고 볼 수 있는지 여부를 판단하기 위해서는, 도급인의 언동뿐만 아니라 당해 일의 내용, 당사자가 일에 대해 가지는 지식과 종래 도급인과 수급인과의 관계, 일에 이르게 된 경위 등을 종합하여야 할 것이다.[388]

---

385) 곽윤직 편집대표, 민법주해XV, 463면(김용담 집필부분); 주석민법, 채권각칙 4(제3판), 구욱서, 263-265면.
386) 박준서 편집대표, 주석민법 채권각칙(4), 204면(정종휴 집필부분)은 '도급인의 지시'에 대해서만 구속력을 가진 것이어야 한다고 보지만, '재료의 재공'에 있어서도 구속력을 가져야 한다고 본다(동지, 김용담 편집대표, 주석민법 채권각칙(4), 355면(이준형 집필부분)).
387) 김기선, 전게서, 261면; 박준서 편집대표, 주석민법 채권각칙(4), 264면(정종휴 집필부분).
388) 대법원 1986. 6. 13. 선고 85다카2908 판결은 '임가공업자(수급인)가 제품을 제조함에 있어서 수출업자(도급인)의 직원이 수시로 이를 감독하여 왔다면 수출업자와 임가공업자 사이의 임가공 도급계약의 체결경위, 그 내용, 임가공업자의 제품 제조경위 등에 비추어 비록 임가공업자가 제조납품한 제품에서 악취가 난다 하더라도 임가공업자가 그 부자재에서 악취가 발생하는 사실을

반대로 수급인이 제공한 수개의 재료 또는 작업방법중 하나를 도급인이 선택한 경우에 수급인의 하자담보책임이 인정될 것인가를 살펴보자. 이 경우에는 하자가 외부원인에 기인한 것이라거나, 수급인이 예견하지 못하고 극복할 수 없는 것이라고는 볼 수 없다는 점에서 수급인은 하자담보책임을 면할 수 없다고 생각한다.

한편 본조 단서는, 수급인이 하자를 예견할 수 있거나 극복할 수 있는 경우에 해당한다는 점에서 수급인이 하자담보책임을 부담하는 것으로 이해할 수 있다.[389] 다만, 도급인이 이미 자신의 재료 또는 지시의 부적당함을 알고 있었던 경우에는 수급인의 고지의무는 없다고 보아야 한다.[390] 이 경우에는 도급인이 하자에 대한 귀책사유가 있다고 보아야 할 것이기 때문이다.

또한, 수급인이 일의 완성에 관한 전문가로서 조금만 주의만 하면 그 지시가 부적당함을 알 수 있었을 것임에도 과실로 잘못된 지시에 따라 공사를 한 경우에는 수급인이 그 지시에 따랐다는 이유로 하자담보책임을 면할 수 없다는 것이 판례의 태도[391]이다 하지만, 본조 단서에 의하여 재료 또는 지시가 부적당함을 알고도 이를 고지하지 않는 경우 하자담보책임을 진다는 것이므로, 수급인이 이와 같은 사정을 단지 알 수 있었다는 이유로 수급인에게 고지의무를 부과한다면 사실상 수급인의 면책주장을 봉쇄하는 효과가 될 수 있으므로 이를 제한적으로 해석한다고 본다. 즉, 적어도 수급인이 재료 또는 도급인의 지시가 부적당함에 관하

알면서도 도급인인 수출업자에게 이를 고지하지 아니한 것이라고 인정할 자료가 없는 이상 그에게 책임을 지울 수는 없다.'고 하였다.
389) 김용담 편집대표, 주석민법 채권각칙(4), 360면(이준형 집필부분).
390) 김용담 편집대표, 주석민법 채권각칙(4), 361면(이준형 집필부분).
391) 박준서 편집대표, 주석민법 채권각칙(4), 266면(정종휴 집필부분), 대법원 1995. 10. 13. 선고 94다31747 판결은 '수급인이 재료 또는 도급인의 지시의 부적절함을 몰랐던 경우로서 수급인이 그 부적절함을 알았어야 할 경우에는 작업의 하자로 분류되어 수급인에게 책임이 돌아간다.'고 하고 있다.

여 합리적인 의심을 할 수 있음에도 불구하고(수급인의 경력, 전문성 등을 토대로 당연히 수급인이 알 수 있었을 경우) 그에 따른 고지를 하지 않은 경우에만 수급인의 하자담보책임을 인정해야 할 것이다.392)

2. 무형(용역)도급의 경우

무형(용역)도급의 수급인이 부담하는 결과채무에 따른 책임은 무과실책임으로서 수급인이 불완전급부에 대해서 고의, 과실이 없다는 항변을 할 수는 없다. 다만 수급인이 불가항력의 항변을 하거나, 도급인 또는 제3자에게 귀책이 있다는 항변을 할 수는 있다.

민법 제667조는 도급인이 제공한 재료의 성질 또는 지시에 기인한 경우에만 수급인의 하자담보책임을 면책하도록 규정하는데, 무형(용역)도급과 관련해서도 이를 유추적용해야 한다고 생각한다. 즉, 무형(용역)도급의 수급인 역시 도급인의 지시를 받아 일을 완성하는 경우에 면책가능성을 인정할 수 있기 때문이다.

Ⅳ. 하자담보책임의 존속기간

1. 유형도급의 경우

민법 제670조는 하자의 보수, 손해배상의 청구 및 계약의 해제는 목적물의 인도를 받은 날로부터 1년 내에, 목적물의 인도를 요하지 아니하

---

392) 이은영, 채권각론(전게서), 521면이 '수급인이 거래상 요구되는 통상의 기술을 갖추고 주의를 기울였음에도 불구하고 작업 당시 그 재료나 지시가 부적당함을 알지 못한 경우에는 형평의 원칙상 담보책임을 지지 않는다.'고 해석하는 것도 같은 취지로 이해된다.

는 경우에는 일이 종료한 날로부터 1년 내에 하도록 규정한다. 한편 민법 671조는 토지, 건물 기타 공작물은 인도 후 5년, 석조, 석회조, 금속 기타 이와 유사한 재료로 조성된 것은 10년, 지반공사는 인도 후 5년, 목적물이 멸실, 또는 훼손된 때에는 멸실 또는 훼손된 날로부터 1년의 하자담보책임 기간을 규정하고 있다.393)

민법 제670조의 담보책임의 존속기간의 법적 성질과 관련하여, 대법원은 민법상의 담보책임기간은 제척기간에 해당하되, 이는 재판상 또는

---

393) 건설산업기본법 제28조 제1항은 '대통령령으로 정하는 기간에 발생한 하자에 대하여 담보책임이 있다.'고 규정할 뿐, 그 기간 내에 하자보수를 요구하여야 한다거나 그 기간 동안 담보책임이 있다고 규정하고 있지 않는다. 한편, 건설산업기본법 제28조 제3항은 하자담보책임 기간에 관하여 다른 법령의 규정을 따르거나 도급계약에서 정한 바에 따르도록 하면서 제척기간에 관한 규정인 민법 제670조, 제671조를 '다른 법령'에서 제외하고 있어서 건설산업기본법상의 하자담보책임 기간이 위 민법 제670조 및 제671조의 특칙으로 해석될 여지도 있다(김태현, "하자담보책임과 기간, 건설소송실무-건설소송의 주요쟁점과 실무사례를 중심으로", 서울중앙지방법원 건설소송실무연구회, 유로 (2014), 104면. 이와 관련하여, 대법원은 건설산업기본법상의 하자담보책임 기간을 제척기간으로 보고 있다(대법원 2007. 5. 31. 선고 2006다60236 판결). 즉, '송풍기 공급, 설치계약은 건설산업기본법 시행령에 규정된 환기공사에 해당하므로 시행령 제30조 [별표4] 15. 전문공사 중 제12항에 따라 그 하자담보책임기간은 2년이 되고,. 민법 제672조가 유추적용될 여지가 없으며, 송풍기 설치일인 1998. 10. 16.경으로부터 2년이 경과한 것이 명백한 2002. 4. 27. 경 하자보수청구가 있었으므로 피고의 하자담보책임은 특별한 사정이 없는 한 제척기간의 도과로 소멸하였다.'고 판시하였다.
하지만, 건설산업기본법 제28조 제1항의 문언, 건설산업기본법이 적용되는 대규모 공사의 경우 상당한 기간이 지난 후 비로소 하자가 발생되는 경우가 많은 점, 제척기간에 관한 규정이 존재하지 않더라도 도급인의 수급인에 대한 하자보수에 갈음한 손해배상채권은 5년의 시효기간이 적용되므로 수급인의 책임기간이 과도하게 길어지지는 않는 점, 건설산업기본법이 적용되지 않는 소규모 공사의 경우 민법상 10년의 제척기간이 적용되는데, 건설산업기본법이 적용되는 대규모 공사의 경우에 오히려 단기의 제척기간이 적용된다고 보는 것은 형평에 반하는 점 등을 고려하면, 이를 하자발생기간으로 보는 것이 타당하다고 본다(윤재윤, 건설분쟁관계법, 박영사(2004), 271면.

재판 외의 권리행사기간이고, 재판상 청구를 위한 출소기간은 아니라고 판시하고 있다.394) 이에 대해서 학설은 담보책임기간을 소멸시효기간으로 보는 견해395)(민법 제582조는 매도인의 담보책임기간의 기산점으로서 "사실을 안 날"과 같은 불확정적인 날을 규정하고 있는데, 제척기간의 기산점을 불확정적인 날로 하는 것은 제척기간의 본질과 배치된다는 점, 담보책임을 경감 또는 가중하는 특약은 유효하다고 해석되고 있는데396), 이와 같이 경감 또는 가중될 수 있는 담보책임기간을 제척기간으로 볼 수는 없다고 한다)와 제척기간으로 보는 견해397)(민법 제670조의 담보책임기간은 도급에 따른 권리관계를 조속히 정리하는 취지의 규정이라는 점에서 제척기간으로 본다)와 함께 절충적인 견해398)(담보책임기간을 제척기간이라고 하면서도, 제척기간의 취지 및 권리의 성질에 비추어 중단제도를 인정할 수 있다고 본다)도 제시되어 있다. 이에 관해서는 민법 제670조가 담보책임기간을 권리행사기간으로 규정한 점에 비추어 이를 제척기간으로 보는 것이 타당하고, 우리 민법이 제척기간과 소멸시효를 구분하고 있다는 점에서 제척기간의 중단을 인정하는 해석은 무리라고 생각된다. 결국, 도급인은 담보책임 존속기간 내에 소송 내외에서 수급인을 상대로 담보책임을 구하는 청구를 할 것이 요구되고, 만일 도급인이 담보책임기간 내에 재판외의 하자보수청구를 하였다면 담보책임기간이 경과한 후에도 수급인을 상대로 소를 제기하는 것이 가능한 것으로

---

394) 대법원 2000.6.9. 선고 2000다15371판결
395) 김학동, "매도인의 담보책임에서의 권리행사기간", 心當송상현선생화갑기념 논문집, 박영사(2002), 180면.
396) 곽윤직, 『채권각론』, 박영사(2022), 261면. 송덕수, 『채권법각론』, 박영사(2023), 217면.
397) 윤재윤, 『건설분쟁관계법』, 박영사(2025), 333면. 송덕수, 『채권법각론』, 366면.
398) 김동훈(e), "담보책임상의 권리행사기간과 소멸시효의 관계", 법학논총(26권 3호), 국민대학교 법학연구소, (2014.2). 47면. 그리고 이 견해에 의하면 담보책임의 존속기간이란 수급인이 목적물의 하자의 보수에 대하여 보증책임을 지는 기간이라고 해석하고 있다(52면).

해석되는 것이다.399)

한편, 수급인의 담보책임에 관하여 위의 제척기간과는 별도로 소멸시효가 적용될 것인지 여부를 두고 다툼이 있어 왔다. 즉, 도급인의 수급인에 대한 담보책임을 청구할 권리에 대해서 소멸시효가 적용된다고 보는 견해400)는, 담보책임에 기한 손해배상청구권도 채권이므로 민법 제162조 이하의 소멸시효에 걸리는 것으로 보아야 한다는 점, 담보책임기간을 제척기간으로 해석하는 이유는 신속한 법률관계의 확정에 있으므로 담보책임을 청구할 권리가 소멸시효로 소멸한 경우까지 담보책임을 청구할 권리를 인정할 필요가 없다는 점, 과실책임인 채무불이행책임도 10년의 시효기간으로 소멸하는데 무과실책임인 담보책임에 대해서도 시효로 소멸하는 것으로 해석하는 것이 형평에 맞는다는 점을 들고 있다. 반면에 소멸시효 적용을 부인하는 견해는, 담보책임을 청구할 권리자가 목적물의 하자 있음을 몰랐던 경우에도 담보책임을 청구할 권리가 시효소멸하게 되는 경우, 권리자에게는 목적물의 하자를 스스로 발견할 의무를 부과하게 되는 불합리가 발생한다는 점, 제척기간과 소멸시효는 서로 다른 목적을 추구하므로 경합을 인정할 수 없다는 점을 근거로 든다.401) 이와 관련하여 대법원은, 도급인이 수급인을 상대로 담보책임으로 청구할 권리는 하자보수청구권, 계약해제권, 손해배상청구권 등이 있는데(동법 제667조, 제668조), 하자보수청구권 및 하자보수에 갈음하거나 하자보수와 함께 청구하는 손해배상청구권은 민법 제162조 제1항에 따른 채권에 해당하므로 하자가 발생한 때로부터 소멸시효가 별도로 진행된다고 보고 있다.402) 이와는 달리, 담보책임을 청구할 권리자가 형성권, 즉,

---

399) 윤재윤, 전게서, 333면.
400) 김준호, "제척기간과 소멸시효의 경합", 저스티스(제141호), (2014. 4). 285면 이하, 김동훈(e), 위 논문, 51면.
401) 김진우, "청구권에 관한 제척기간과 소멸시효", 재산법연구(제26권 제3호), (2010. 1). 22면.
402) 대법원 2011. 10. 13. 선고 2011다10266판결에 의하면 "매도인에 대한 하자담보

해제권을 행사하는 경우에도 제척기간이 적용되는 외에 소멸시효가 적용되는 것으로 해석할 것인가? 다수의 견해403)에 의하면 형성권은 권리자의 의사표시가 있으면 그것만으로 바로 권리의 내용이 실현되는 것이어서 별도로 소멸시효에 걸리지 않는다고 본다. 다만, 형성권 자체에 관해서는 소멸시효에 해당하지 않는다고 보면서도 형성권의 행사로 발생한 청구권에 대해서는 소멸시효에 걸린다고 보는 것이 가능할 것이다.404) 즉, 담보책임으로서의 계약해제권을 행사한 결과 발생하는 대금반환청구권이나 손해배상청구권에 대해서는 민법 제162조 제1항의 채권에 해당하는 이상 시효소멸을 부인할 이유가 없다고 본다.405) 이때 소멸시효의 기산점은 담보책임을 청구한 자가 형성권(해제권)을 행사한 결과 대금반환청구권이나 손해배상청구권이 발생한 때가 될 것이다. 이와 같이 담보책임기간을 권리행사기간, 즉 제척기간으로 볼 것인지 아니면 소멸시효기간으로 볼 것인지, 병행하여 인정할 것인지와 관련해서는, 시효의 중단을 규정하는 소멸시효와 이와 같은 규정을 두지 않는 제척기간 사이에 다소간의 차이를 보일 것이다. 즉, 도급인이 수급인을 상대로 담보책임을 청구하는 경우, 수급인은 자신이 도급인에게 목적물을 인도한 날로부터 1년이 경과한 사실을 주장, 증명하여 항변406)하고, 도급인은 1

에 기한 손해배상청구권에 대하여는 민법 제582조의 제척기간이 적용되고, 이는 법률관계의 조속한 안정을 도모하고자 하는 데에 그 취지가 있다. 그런데 하자담보에 기한 매수인의 손해배상청구권은 그 권리의 내용, 성질 및 취지에 비추어 민법 제162조 제1항의 채권 소멸시효의 규정이 적용된다고 할 것이고, 민법 제582조의 제척기간의 규정으로 인하여 위 소멸시효 규정의 적용이 배제된다고 볼 수 없으며, 이때 다른 특별한 사정이 없는 한 매수인이 매매의 목적물을 인도받은 때부터 그 소멸시효가 진행된다."고 한다.
403) 김진우, 위 논문, 22면, 김준호, 위 논문, 271면.
404) 같은 견해로서, 김준호, 위 논문, 279면.
405) 가령, 대법원 1991. 2. 22. 선고 90다13420판결은 "환매권의 행사로 발생한 소유권이전청구권은 위 기간 제한과는 별도로 환매권을 행사한 때로부터 일반채권과 같이 민법 제162조 소정의 10년의 소멸시효 기간이 진행되는 것이지, 위 제척기간 내에 이를 행사하여야 하는 것은 아니다'고 하였다.

년의 경과 전에 수급인에게 하자보수 또는 하자보수에 갈음하는 손해배상청구를 한 사실을 주장, 증명하여 재항변하는 형태가 될 것이다.407) 이에 부가하여 수급인은, 도급인의 손해배상청구권이 발생한 때로부터 10년이 경과하였음을(또는, 도급인의 계약해제권 행사로 대금반환청구권 또는 손해배상청구권이 발생한 때로부터 10년이 경과하였음을) 항변408)하고, 도급인은 다시 자신에게 시효중단사유(예를 들어, 담보책임 청구, 가압류, 채무의 승인 등)가 있었음을 재항변하는 형태가 될 것이다.

한편, 본조의 기간의 기산점과 관련하여, 목적물 인도후 1년 이내에 하자를 발견한 도급인이 책임추궁의 의사를 분명히 알린 경우가 아니면 하자담보책임을 물을 수 없게 되어 도급인에게 지나치게 가혹하게 되는 점을 감안하여 토지, 건물, 공작물에 대해서는 하자담보책임 존속기간을 늘려서 규정하고 있다.409) 이에 대해 하자담보책임 기간의 기산점을 늦추거나 기간을 연장하여야 한다는 입법론과 해석론410)이 있기도 하다. 우리 대법원 역시 '수급인이 기계를 제작하여 도급인의 공장 내에 설치한 후 일정기간 동안의 시운전을 하여 성능검사가 끝난 때에 공사잔금을 지급받기로 하는 내용의 기계제작설치 도급계약에 있어서는 본조 제1항이 규정한 제척기간 1년의 기산점은 기계를 도급인이 공장에 설치한

---

406) 우리 대법원은 제척기간 도과에 관한 증명을 권리자의 상대방이 하는 것으로 해석하고 있다. 즉, "채권자취소권의 행사에 있어서.. 그 제척기간의 도과에 관한 입증책임은 채권자취소소송의 상대방에게 있다."고 한다(대법원 2009.3.26. 선고 2007다63102판결)
407) 이종건, "민사요건사실과 입증책임(II), 채권", 법률정보센터(2007), 869면. 권리의 발생요건에 해당하는 담보책임 기간 내에 하자의 발생을 증명하여야 한다는 점을 고려하면, 권리행사기간, 즉 제척기간 내의 권리행사 사실은 권리자가 증명하게 된다는 설명으로, 윤재윤, 위의 책, 392면.
408) 전원열, 『민사소송법강의』, 박영사, (2022), 390면.
409) 우리와 같은 규정을 가지고 있는 일본 민법에서의 설명으로, 内田貴, 民法II(債權各論), 東京大學出版會, 第3版(2013), 296면.
410) 김증한·김학동, 전게서, 526면은 하자를 발견할 수 있을 때까지 시효가 진행되지 않는다는 해석론을 제시하고 있다.

날이 아니라 성능검사가 끝난 날'로 봄으로써,411) 하자담보책임의 기산점을 늦추는 해석을 내놓기도 하였다. 다만, 이 판례는 도급인이 성능검사를 마친 때 하자있음을 알기 곤란한 경우에도 제척기간이 기산된다는 점에서 도급인이 하자있음을 안 때를 기준으로 하자담보책임의 기산점을 산정하는 것보다 도급인에 불리하다는 해석상의 한계를 가지고 있다.

이와 관련하여 개정 일본민법 제637조는 하자담보책임 기간의 기산점을 '주문자가 그 부적합의 사실을 알았을 때로부터'라고 함으로써, 주문자가 하자의 존재를 알지 못한 경우에 하자담보책임 기간이 기산되는 데 따른 불합리를 제거하였다고 평가된다.412)

생각건대, 하자담보책임에서 존속기간을 둔 취지가 수급인에게 중한 책임을 묻는 것과의 균형을 감안하면서 단기간에 법률관계를 안정시키고자 하는 것이지만, 단기간에 하자를 발견하는 것이 어려운 경우에는 사실상 수급인의 책임을 물을 수 없는 결과를 야기할 수 밖에 없다. 이런 점에서 하자담보책임의 존속기간을 늘리지는 않더라도 존속기간의 기산점은 일본 개정민법의 태도와 같이 '하자를 안 날'로부터로 개정하는 것이 타당하다고 본다.

2. 무형(용역)도급의 경우

무형(용역)도급의 수급인의 결과채무로서의 책임은 무과실책임이라는 점에서 민법 제670조가 유추적용 되어야 할 것이다. 이 경우 무형도급의 도급인은 일을 종료한 날로부터 1년 내에 구제수단을 행사해야 할 것이다. 다만 무형(용역)도급의 경우 수급인이 한 일의 결과가 계약에 적합한지 여부를 확인하는 것은 일의 완성이 있고 난 후에 상당히 오랜 기간이 경과한 다음이라는 점에서 여전히 도급인 구제의 실효성에서 문

---

411) 대법원 1994. 12. 22. 선고 93다60632, 60649 판결.
412) 熊谷則一, 前揭書, 363頁.

제가 남는다. 따라서 유형도급에서와 마찬가지로 개정 일본민법 제637조와 같이 '하자 있음을 안 날'을 제척기간의 기산점으로 정하는 방안이 요구된다고 하겠다.

제3절 유형도급과 무형도급 수급인의 책임 비교

I. 요건의 비교

첫째, 유형도급에서 수급인의 하자담보책임은 '완성된 일의 목적물'에 하자가 있을 것을 요구하지만, 무형(용역)도급에서 수급인의 결과채무에 따른 무과실책임은 '완성된 일'이 계약의 내용에 좇은 이행이 되지 않을 것을 요한다.

둘째, 유형도급에 관한 수급인의 하자담보책임과 무형도급에 관한 수급인의 무과실책임 모두 채무자의 귀책사유를 요하지 않는다는 점에서 공통된다. 또한 유형도급에 관한 수급인의 하자담보책임과 무형도급에 관한 수급인의 무과실책임에서는, 공통적으로 수급인이 불가항력, 도급인의 귀책사유 또는 제3자의 귀책사유를 통칭하는 외부원인(cause étrangère)을 이유로 면책을 주장할 수 있다는 점에서 동일하다. 유형도급의 하자담보책임과 무형도급의 무과실책임에 있어서 수급인은 외부원인을 이유로 도급인의 하자보수청구, 계약해제권 행사, 손해배상청구에 대해 모두 면책을 주장할 수 있다는 점에서도 공통된다.

셋째, 유형도급의 하자담보책임으로서의 계약해제권은 완성된 목적물의 하자로 인하여 계약의 목적을 달성할 수 없을 것을 요한다(민법 제668조). 무형(용역)도급의 무과실책임으로서의 계약해제권에서도, 도급인은 완성된 일이 채무의 내용에 좇은 이행이 되지 않음으로 인해서 계약의 목적을 달성할 수 없는 경우에 계약을 해제할 수 있다는 결론을 하자담보책임 규정인 민법 제668조의 유추적용을 통해 도출할 수 있다. 다만, 무형(용역)도급의 경우 계속적 계약인 경우가 많아서 계약해제권 보다는 여행계약상 계약해지권을 유추적용 한다는 점에서 유형도급과 차이를 보인다.

넷째, 유형도급의 하자담보책임으로서의 손해배상청구권은 수급인의 고의, 과실을 요하지 않는다는 점에서 무과실책임이지만, 수급인은 하자가 외부원인으로 인해 발생하였다는 항변을 할 수 있다. 한편, 무형(용역)도급의 무과실책임으로서의 손해배상청구권 역시 수급인의 고의, 과실을 요하지 않지만, 수급인은 채무의 내용에 좇지 않은 이행이 외부원인으로 인해 발생했다는 항변이 가능하다는 점에서 하자담보책임과 같다.

II. 효력의 비교

첫째, 유형도급의 하자담보책임으로서의 하자보수청구는 민법 제667조 제1항에 근거하여 행사할 수 있는 반면에, 무형(용역)도급의 경우 수급인이 완성된 일을 보수하는 것이 곤란하다는 점에서 민법 제667조제1항의 하자보수청구권을 유추적용하는 것이 곤란하다. 오히려 무형도급의 도급인은, 무형도급의 성격을 가지고 있는 여행계약에서의 여행자가 여행주최자에게 물을 수 있는 하자의 시정청구권을 유추적용하여 행사할 수 있다고 할 것이다(민법 제674조의6 제1항).

둘째, 유형도급의 하자담보책임으로서의 계약해제의 효력에 관해서 민법 제548조를 준용하여 당사자가 이미 이행한 급부에 대한 원상회복을 할 수 있다. 무형(용역)도급의 무과실책임으로서의 계약해제의 효력에 관해서도 민법 제548조를 유추적용할 수 있을 것이지만, 원상회복은 모두 대금감액의 방법을 통하게 된다는 점에서 유형도급과 차이점을 보인다.

셋째, 유형도급의 하자담보책임으로서의 손해배상책임에 관해서, 수급인은 '하자보수에 갈음하는 손해배상'으로서 하자보수에 소요되는 비용(하자보수가 가능한 경우) 또는 이미 이행한 일의 목적물의 가치와 약정대로 이행되었을 때의 목적물의 가치 감소액(하자보수가 가능한 경우나 곤란한 경우 모두 포함)과 함께 완성된 일이 계약에 부적합하게 완성되었음을 감정하는 비용, 보수에 소요되는 기간 동안의 사용이익의 손실액을 내용으로 하는 손해배상책임을 부담하고, '하자보수와 함께 하는 손해배상'으로서 하자보수를 하여도 남게 되는 손해액(예를 들어, 하자감정비용이나 작업기간 동안 목적물을 사용수익하지 못함에 따라 발생한 손해를 들 수 있다)을 배상하여야 한다. 무형(용역)도급의 무과실책임으로서의 손해배상책임에 대해서는, 민법 제667조이 유추적용되기는 하지만 유형도급과는 다른 모습을 보인다. 즉, 무형(용역)도급의 도급인은 수급인이 일에 발생한 불완전급부를 보수하는 것이 불가능하다는 점에서 '하자보수에 갈음한 손해배상'으로서 이미 이행한 일의 가치와 약정대로 이행되었을 때의 가치 감소액, 완성된 일이 계약에 부적합하게 완성되었음을 감정하는 비용, 완성된 일을 가지고 얻을 수 있었던 이익 상당액을 손해배상으로 청구할 수 있을 것이다.

넷째, 수급인의 하자담보책임에서는 하자담보책임의 존속기간을 별도로 정하고 있는데(제670조, 제671조), 무형(용역)도급의 무과실책임에서도 민법 제670조의 존속기간을 유추적용할 수 있다. 다만, 무형(용역)도급의 도급인은 완성된 일이 불완전한 것인지 여부를 상당한 기간이 경과한 이후에야 알게 된다는 점에서 도급인이 불완전급부가 있음을 안 날로부터 제척기간이 기산되도록 하는 규정 개정의 요구가 더 크다고 하겠다.

제4절 소결

 제2장에서는 종래 위임으로 해석되었던 지적 용역제공계약 및 기타 용역제공계약중 일부를 무형(용역)도급으로 새기는 해석론을 제시하였다. 이어서 본장 제1절에서는 유형도급의 수급인은 자신이 맡은 일을 자신의 통제 하에 자신의 권한과 책임으로 완성하여야 한다는 점에서 하자담보책임을 부담하는데, 무형(용역)도급의 수급인에게 하자담보책임을 직접 적용할 수는 없다는 점을 살펴보았다. 또한 제2절에서는 무형(용역)도급의 수급인의 경우 하자담보책임 규정을 적용할 수 없다는 점에서 궁극적으로는 하자담보책임과는 별도의 규정으로 두는 것이 가장 바람직하지만 현행법상으로는 무형(용역)도급의 수급인에게 도급계약과 여행계약에서의 하자담보책임 규정을 유추적용할 수 밖에 없다는 해석론을 제시하면서 무형도급의 수급인이 부담하는 결과채무 불이행에 따른 무과실책임의 내용에 대해 살펴보았다. 제3절에서는 유형도급 수급인의 하자담보책임과 무형(용역)도급 수급인의 결과채무에 따른 무과실책임을 비교함에 있어서, 무형(용역)도급의 수급인의 책임에는 무형도급의 성질에 따른 차이가 있음을 확인할 수 있었다.
 제4장에서는 본장에서 본 유형도급과 무형도급에서 수급인이 부담하는 무과실책임의 체계와 일반 채무불이행책임 체계와의 일원화 가능성에 관해서 살펴보고자 한다. 즉, 최근 CISG 등의 국제통일법과 개정 독일, 일본민법이 채무불이행책임 체계와 하자담보책임 체계를 일원화하는 모습에서, 우리 민법이 채무불이행법 체계와 하자담보책임법 체계를 어떻게 조화롭게 일원화할 것인지에 관한 문제를 다루고자 한다.

제4장

하자담보책임과 채무불이행책임의 통합에 관한 제문제

제4장 하자담보책임과 채무불이행책임의 통합에 관한 제문제

제3장에서는 도급계약에서 수급인이 도급인으로부터 맡은 일을 자신의 통제하에 자신의 권한과 책임으로 완성한다는 점에서 하자담보책임을 부담하거나(유형도급의 경우), 하자담보책임을 유추적용하여 무과실책임을 부담한다는 점을 살펴보았다(무형도급의 경우).

본장 제1절에서는 비교법적으로 이와 같이 수급인에게 중한 책임을 부과하는 법적 규율 및 해석으로 하자담보책임만 있는 것은 아니라는 점을 확인하고자 한다. 즉, 영미법상의 엄격책임이나 프랑스민법상의 무과실책임주의에서는 채무자가 고의, 과실이 없는 경우에도 채무불이행책임을 부담하므로 채무불이행책임과 별도로 엄격한 책임으로서의 담보책임제도를 두어야 할 필연적인 이유가 없는 것에 비해서 대륙법상의 과실책임주의를 취하고 있는 독일, 일본 및 우리나라는 채무불이행책임과 별도로 담보책임제도를 둠으로써 무과실책임을 묻는 기초로 삼고 있다는 점을 살펴보고자 한다.

한편, 우리나라에서 무과실책임을 내용으로 하는 하자담보책임과 과실책임을 내용으로 하는 채무불이행책임이 함께 존재하는 현실에서, 국제적으로 논의되고 있는 하자담보책임과 채무불이행책임의 통합 문제에 관해서 제2절에서 살펴보고자 한다. 이와 같은 논의는 하자담보책임 체계와 채무불이행책임 체계를 병존시킴에 따른 해석상 충돌을 최소화하려는 노력으로 이해되어야 할 것이다. 마지막으로 제3절에서는 우리 민법상 현재까지 논의되어 왔던 도급에서의 하자담보책임 개정 문제를 정리하여 보고, 무형(용역)도급의 수급인의 책임을 포괄하는 동시에 하자담보책임 체계와 채무불이행책임 체계의 통합 문제까지 감안한 내용의 개정안을 도출해 보고자 한다.

제1절 도급계약상 하자담보책임 규율의 필수성 여부

Ⅰ. 강화된 수급인 책임을 보장하는 규율 및 해석

영미법과 대륙법은 채무자의 채무불이행책임을 묻는데 있어서 채무자의 귀책사유(fault)를 요건으로 두는지를 두고 커다란 차이를 보이고 있다.413) 즉, 영미법에서는 계약상 채무자의 채무불이행책임은 엄격책임(Strict liability)을 원칙으로 하고 예외적으로 귀책사유를 요하는 경우가 있는데 비해서, 대륙법에서는 계약상 채무자의 채무불이행책임은 과실책임을 원칙으로 하고 예외적으로 무과실책임인 담보책임을 두고 있다(매매계약과 도급계약에서 담보책임을 무과실책임으로 둔 이유에 관해서는 제3장 제1절에서 살펴보았다). 한편 프랑스에서는 계약상 채무자가 무과실책임을 부담하는 것을 원칙으로 하면서도(프랑스민법전 제1231-1조414), 제1218조415)) 일부 규정(예를 들어, 프랑스민법전 제1197조416)의

---

413) G.H. Treitel, Remedies for breach of contract- A comparative account, Clarendon Press·Oxford(1988), p. 8.
414) **프랑스민법전 Article 1231-1**: Le débiteur est condamné, s'il y a lieu, au paiement de dommages et intérêts soit à raison de l'inexécution de l'obligation, soit à raison du retard dans l'exécution, s'il ne justifie pas que l'exécution a été empêchée par la force majeure(채무자는 손해가 발생한 경우에는 이행이 불가항력에 의하여 방해받은 것임을 증명하지 못하는 경우에는 채무이행의 부존재 또는 이행의 지체로 인한 손해배상책임이 있다).
415) **프랑스민법전 Article 1218**: Il y a force majeure en matière contractuelle lorsqu'un événement échappant au contrôle du débiteur, qui ne pouvait être raisonnablement prévu lors de la conclusion du contrat et dont les effets ne peuvent être évités par des mesures appropriées, empêche l'exécution de son obligation par le débiteur(채무자의 통제를 벗어나 계약의 체결 당시에 합리적으로 예견을 할 수 없었고 또 그 결과가 적절한 조치에 의하여 회피할 수 없었던 사건

물건 보관의무)에서는 채무자의 주의의무 불이행이 있는 경우에 채무불이행을 인정함으로써 대륙법과 영미법의 중간에 있다고 평가되고 있다.[417]

결국, 채무자의 무과실책임을 원칙으로 하는 영미법에서는 채무자의 무과실책임을 내용으로 담보책임을 규정할 이유가 없는데 반하여, 채무자의 과실책임을 원칙으로 하는 대륙법계에서는 무과실책임을 내용으로 하는 담보책임을 채무불이행책임과 별도로 규정할 이유가 있는 것이다. 다시 말하면, 무과실책임으로서의 담보책임 규정은 채무불이행책임에 관하여 과실책임주의를 채택하고 있는 국가에서 필요로 하는 것이지 이미 무과실책임을 원칙으로 하는 영미법에서 요구하는 제도는 아닌 것이다. 한편, 프랑스민법은 채무자의 무과실책임주의를 채택하면서 도급 일반에서는 담보책임 규정을 두고 있지 않는다.[418] 다만 1804년 프랑스민법전 제정 당시부터 부실 건축물의 출현을 막고자 하는 현실적인 필요에서 건축수급인에게 담보책임을 부과하고 있다.[419]

아래에서는 강화된 수급인의 책임을 보장하는 규율 및 해석들에 관해 살펴보고자 한다. 이중에는 도급에서만 특유한 제도도 있고 도급 이외의 계약에서도 채무자의 책임을 강화하기 위한 제도도 찾아 볼 수 있다. 먼저 도급계약에서 담보책임을 규정하고 있는 프랑스와 독일의 태도

      에 의하여 채무자의 채무이행이 방해받은 경우에는 계약에 있어서 불가항력이 존재한다).

416) **프랑스민법전** Article 1197: L'obligation de délivrer la chose emporte obligation de la conserver jusqu'à la délivrance, en y apportant tous les soins d'une personne raisonnable(물건을 인도할 채무는 그 물건을 인도할 때까지 합리적인 사람의 모든 주의를 기울여 보관할 채무를 수반한다).

417) G.H. Treitel, op. cit., p. 9-13.

418) 이준형(b), "프랑스에서의 건축수급인 등의 하자담보책임법의 변천", 비교사법 12-3호, 한국비교사법학회(2005. 9), 54면, 프랑스에서는 수급인의 하자담보책임에 관해서 매수인의 하자담보책임과 같이 역사적인 이유조차 찾아볼 수 없고, 독일법계와 같이 별다른 관습법도 인정하기 어려우며, 그 범위조차도 애매하였기 때문에 별도로 규율하지 않았다고 한다.

419) *Ibid.*

와 함께 도급에서의 담보책임을 규정하고 있지 않은 영미법상의 엄격책임제도를 살펴보고, 프랑스에서의 무과실책임규정을 둘러싼 규정해석에서 파생된 '수단채무 및 결과채무론'에 관하여 살펴보고자 한다.

1. 담보책임

가. 프랑스

프랑스민법전에서 도급계약은 제1787조에서 개념을 정의하고, 제1788조는 수급인이 노무와 함께 재료를 제공하는 경우의 책임을, 제1789조, 제1790조는 수급인이 노무만을 제공하는 경우의 책임을 규정한다. 제1792조부터 제1792-6조까지는 건축도급에 있어서의 수급인의 책임을 규정하고 있다.

프랑스민법상 유형물에 관한 도급계약의 이행단계에서 두 개의 특별한 문제가 있다. 하나는 일의 완성을 불가능하게 만드는 멸실(소멸, 파괴, 퇴화 등을 포함)의 위험[420]을 누가 부담해야 하는지의 문제이고, 또 하나는 수급인이 이행을 마치고 난 후 숨겨져 있던 하자에 관한 담보책임의 문제이다.[421] 이에 관해서 프랑스민법은 수급인이 재료를 제공한 경우(제1788조)와 일 만을 제공한 경우의 책임에 관한 규정(제1789조)만을 두고 있을 뿐이다.

1) 도급계약에서의 하자담보책임

프랑스에서는 프랑스민법 제1788조와 제1789조가 수급인의 하자담보

---

[420] 손실의 원인이 계약당사자 일방의 부정확한 이행 때문에 발생했다면, 이는 채무불이행의 문제이지 위험부담의 문제가 아니라는 설명으로, M. Faure et A. Page, L' essentiel du droit de la construction, 5e éd., Gualino(2014), p. 27.
[421] A. Bénabent(a), op. cit., n° 555.

책임을 규정하는 것으로 이해하는 견해가 있다. 이 견해에 의하면 제1788조는 '수급인이 재료를 제공하는 경우에 있어서 그 물건이 인도되기 전에 어떠한 사유로든 멸실된 때에는 수급인이 멸실에 대하여 책임을 진다.'고 규정하고 있어서, 수급인이 일의 완성물을 도급인에게 제공한 때에는 매도인의 하자담보책임과 같은 책임을 지는 것으로 해석하는 것이다.[422] 또한, 제1789조는 '수급인이 자신의 노무 또는 기예만을 제공하는 경우에 물건이 멸실된 때에는 수급인은 물건의 멸실에 대하여 과책이 있는 때에만 책임을 진다.'고 하므로, 수급인은 자신의 귀책이 있는 경우에만 책임을 진다. 즉, 수급인이 고객 소유의 물건에 대해 작업을 하는 경우라면, 수급인은 숨은 하자가 자신이 개입한 일에 기인한 경우에만 책임(garantie)을 진다는 것이다.[423] 따라서 수급인이 개입했을때 이미 특정물에 숨은 하자가 있었을 때에는 수급인은 그에 대한 책임을 지지 않는다고 설명한다.[424]

하지만 이에 반해서 도급계약 일반에 적용될 수 있는 하자담보책임을 규정하고 있지 않다는 점을 들어, 수급인이 단순히 일만 제공한 경우와 재료까지 함께 제공한 경우로 나누어 전자의 경우에는 무과실책임을 내용으로 하는 채무불이행책임에 대한 일반법리로 처리하고 후자의 경우에는 매도인의 담보책임에 관한 규정을 유추적용하는 것으로 이해하는 견해가 있다.[425]

---

422) P. Puig(b), *Contrats spéciaux*, 6ᵉ éd., Dalloz(2015), p. 595.
423) A. Bénabent(a), *op. cit.*, n° 564.
424) B. Gross, *La notion d'obligation de garantie dans le droit des contrats*, L.G.D.J.(1964), n° 28.
425) A. Benebent, *Droit Civil: Les contrats speciaux civils et commerciaux*, 8ᵉ éd, 2008, n° 814. 프랑스에서는 도급에서의 하자담보책임에 관하여 규정하지 않고 있어서 프랑스민법상의 채무불이행책임(구 프랑스민법전 제1147조)이 문제되고, 다만 그 채무불이행책임은 결과책임적으로 보고 있어서 우리 민법과 차이가 없다는 설명으로, 박수곤(b), "프랑스 소비자법에서의 물품의 품질보증 제도의 전개-물품의 계약적합성 담보방안을 중심으로-", 경희법학연구소, 경

프랑스 파기원 역시 이 문제를 수급인의 결과채무를 인정함으로써 해결하고 있다.[426] 파기원은 '치과의사가 브리지를 제조하여 고객의 치아에 부착한 경우에는 고객에 대한 치료 및 하자없는 브리지의 취득과 설치로 환자의 상태개선에 대한 수단채무만을 지지만, 치과의사가 보철을 제공하는 경우에는 고객이 기대할 수 있는 용역을 제공하는데 적합한, 하자 없는 기구를 제공할 결과채무를 진다'고 한다.[427] 여기서 수급인의 결과채무를 정당화하는 근거는 수급인이 제조자로서 간주되거나 또는 자격있는 전문가로 간주되는 것과 함께, 수급인이 그가 제조하는 목적물 또는 그가 사용하는 방식의 하자를 잘 알고 있다는 데에 있기 때문에, 이와는 달리 수급인이 도급인으로부터 받은 물건에 대해서 작업을 하는 경우에는 결과채무를 부과하지 않는다는데 있다.[428] 파기원의 이와 같은 입장은 프랑스 민법 제1641조 이하의 매매에 관한 담보책임 규정을 도급계약에 준용하는 문제를 발생시키지 않는다는 의미를 가진다고 해석된다.[429]

2) 건설도급에서의 하자담보책임

프랑스민법전은 건축수급인의 하자담보책임을 제1791조 이하에서 규정하여 완성담보책임(La garantie de parfait achèvement, 제1792-6조 제2항[430])과, 10년의 중한 하자에 대한 담보책임(1792조, 1792-2조[431]), 2년의

희법학 제43권 제2호(2008. 9), 26면.
426) A. Bénabent(a), op. cit., n° 564.
427) Cass. 1re civ., 29 oct 1985, n° 83-17091. 이에 따라 파기원은 '보철제공자인 치과의사는 하자없는 기구를 제공해야 하기 때문에 환자가 외부원인에 의해 손해를 입었거나, 스스로 비정상적인 사용을 했다는 점을 입증하지 못한 경우, 치과의사는 그가 제공한 기구의 하자로 인한 손해를 회복해야 한다.'고 판단하였다.
428) P.-H. Antonmattei et J. Raynard, op. cit., n° 411.
429) A. Bénabent(a), op. cit., n° 560.
430) 프랑스민법상 완성담보책임은 건축주가 건축물 수령 당시에 일정한 하자에

경미한 하자에 대한 담보책임(1792-3조[432])을 규정하고 있다. 우리 민법이 건축 재료에 따라 수급인의 하자담보책임의 기간을 정하는 것과 달리, 프랑스민법은 건축물이나 부속설비의 기능 내지 목적에 따라 하자담보책임의 존속기간을 달리 규정하고 있다.[433]

프랑스민법상 건축수급인은 건축물 하자가 자신의 귀책에 의하지 않은 것임을 증명하더라도 담보책임에서 벗어날 수 없다.[434] 다만, 제1792조 제2항에 따라 외부원인(cause étrangère)에 의한 것임을 증명한 경우에는 하자담보책임이 면책되거나 제한된다.[435] 외부원인에 해당하는 사유로는 불가항력(force majeure),[436] 3자의 행위에 의한 경우, 도급인의 행위에 의한 경우[437] 등을 들 수 있다.[438]

    대하여 유보를 한 경우 및 수령 이후 1년 내에 발견된 모든 하자를 대상으로 한다.
431) 프랑스민법상 10년 담보책임의 적용 대상이 되기 위해서는 수령 이후 발견된 하자가 '건축물의 견고성' 및 '용도부합성'을 침해할 정도일 뿐만 아니라 건축물과 불가분의 관계에 있는 '부속설비의 견고성'을 침해하는 정도의 것이어야 한다. 이들 각 요건에 대한 자세한 설명으로는 박수곤(d), "프랑스법에서의 건축수급인의 하자담보책임", 법조 제52권 제11호, 법조협회(2003. 11), 284면부터 286면.
432) 프랑스민법상 2년 담보책임은 수령이후 발견한 하자가 건축물과 분리가능한 부속설비에서 발생하였을 뿐만 아니라 그 하자로 인하여 '건축물의 견고성'이나 '용도부합성'이 저해되지 않는 정도의 것을 대상으로 한다. 박수곤(d), 전게 논문, 292면.
433) J. Huet et al., op. cit., n° 32440.
434) J.-B. Auby et al., op. cit., n° 1342.
435) J. Huet et al., op. cit., n° 32446.
436) 개정 프랑스민법전은 불가항력의 개념으로 항거불능성(irrésistibilité), 예견 불가능성(imprévisibilité), 외부성(extériorité)등의 세가지 요소를 명시하였다(제1218조). 이에 관한 자세한 설명은 남효순(b), "프랑스계약법상의 계약불이행의 효과", 서울대학교 법학연구소, 사단법인 한불민사법학회 공동학술대회 (2017), 4면부터 7면.
437) 구체적으로는 도급인이 설계 및 건축행위에 부당하게 관여한 경우(다만, 도급인이 간섭한 부분에 대해서 전문적인 지식을 갖춘 경우라야 한다. 따라서

3) 프랑스민법상 위험부담문제

한편, 프랑스 민법 제1789조[439]는 수급인이 자신의 일 또는 기예만을 제공하는 경우에 물건이 소실되면 수급인은 그의 귀책에 대해서만 책임을 진다고 규정한다. 이에 따라 도급인이 재료를 제공하는 경우에는 수급인은 자신의 과책이 없는 한 물건의 멸실에 따른 책임을 부담하지 않는다. 하지만 이때 수급인은 타인의 물건을 대차(prét) 또는 임치(dépôt)한 것과 마찬가지로 자신이 맡고 있는 도급인 소유의 물건을 도급인에게 반환할 의무를 가지고 있고, 이를 반환하지 않는 경우 과책이 추정되는 것으로 해석되므로,[440] 수급인은 자신의 과책이 없음을 증명함으로써만 면책될 수 있다.[441]

가) 위험부담에 관한 일반 규정

2016년 개정전 프랑스민법은 불가항력으로 인하여 채무자가 자신이 부담하는 채무를 이행할 수 없는 경우 채무자의 반대급부청구권(프랑스 문헌에서는 채무자의 반대급부청구권을 누가 부담하는지의 문제를 계약상 위험(risques du contrat)이라고 부른다[442])에 관해서는 별도의 규정을

도급인이 수급인의 행위에 부당하게 간섭하였다 하더라도 전문가인 수급인이 도급인의 지시에 무조건 따른 경우에는 면책되지 않는다), 도급인이 손해발생의 위험을 인수한 경우, 도급인이 건축물을 수령한 후에 건축물의 이용과 관련한 안전규정을 준수하지 않는 등 그 이용에 문제가 있었던 경우 등이 이에 해당한다. J.-B. Auby et al., op. cit., n° 1347; J. Huet et al., op. cit., n° 32446.

438) 박수곤(d), 전게 논문, 300면부터 305면.
439) **프랑스민법전 Article 1789**: Dans le cas où l'ouvrier fournit seulement son travail ou son industrie, si la chose vient à périr, l'ouvrier n'est tenu que de sa faute. (수급인이 자신의 노무만을 제공하는 경우에 물건이 멸실된 때에는 수급인은 과책이 있는 때에만 책임을 진다).
440) A. Bénabent, op. cit., n° 559.
441) P. Puig(b), op. cit., p. 610.
442) A. Bénabent(b), Droit des civils, 14ᵉ éd,. L.G.D.J(2014), n° 343, p. 272.

두고 있지 않았다. 다만 각 전형계약에서 규정443)을 두고 있었을 뿐이다. 이와 관련하여 프랑스 파기원은 *res perit debitori* 원칙(멸실된 목적물에 대한 책임은 채무자에게 있다)를 해결책으로 일반화하여 계약상 위험은 급부를 이행할 수 없게 된 채무자의 책임이라고 해석해왔다.444) 이 원칙은 계약당사자가 자신이 획득한 급부에 대해서만 책임을 지고, 만일 그가 급부를 얻지 못하면 그 반대채무는 원인이 없어져서 해방된다는 데서 그 근거를 찾고 있다.445)

한편, 2016년 개정 프랑스민법에서는 채무자는 채무의 이행이 불가항력에 의하여 방해받은 것임을 증명하지 못하는 경우에는 채무이행의 부존재 또는 이행의 지체로 인한 손해배상의 책임이 있는 반면(개정 프랑스민법전 제1231-1조), 채무자가 불가항력으로 채무를 이행할 수 없는 경우에 방해가 확정적일 경우에는 계약은 당연히 해제되고 당사자들은 제1351조와 제1351-1조에 정해진 요건에 따라 자신들의 채무를 면한다(제1218조 제2항). 계약이 당연히 해제되므로 채무자 역시 반대급부를 청구할 수 없다. 결국, 프랑스민법상 반대급부위험은 채무자가 부담하는 것을 원칙으로 한다고 해석할 수 있다.446)

---

443) 프랑스민법에서 임대차의 임차물이 우연한 사고에 의해 전부 멸실한 경우 임대차계약은 해지되는데(제1722조), 이에 따라 임대인은 임차물의 소유자로서 불가항력에 의한 임차 목적물의 멸실에 대한 위험을 부담하고(*res perit domino* 원칙), 임대차계약의 채무자로서 임차료의 지급을 주장할 수 없다(res perit debitori 원칙, F. Leclerc, *op. cit.*, n° 552, p. 314.). 한편, 프랑스민법상 소비대차의 차주는 계약 목적물이 어떠한 사유로 멸실되더라도 멸실에 대한 책임을 부담한다(제1893조). 사용대차의 대주는 일정한 예외(약정한 기간을 넘은 계약목적물의 사용, 다른 용법의 사용 및 자신의 소유물 보존을 위해 계약 목적물을 보존할 수 없었던 경우, 제1881조, 제1882조)를 제외하고는 계약 목적물의 멸실 또는 훼손에 대한 위험을 부담한다(res perit domino원칙, F. Leclerc, *op. cit.*, n° 638, p. 357).

444) A. Bénabent(b), *op. cit.*, n° 344, p. 272.

445) A. Bénabent(b), *op. cit.*, n° 344, p. 273.

446) 이은희, "프랑스민법상 불가항력에 의한 이행불능", 「서울대학교 법학」제59권

그런데, 프랑스민법의 해석상 *res perit debitori* 원칙은 목적물을 대상으로 하는 계약(les contrats portant sur une chose)에서 *res perit domino* 원칙(멸실된 것은 소유자의 책임이다)과 충돌한다. 이 두 원칙이 충돌하는 경우에는 *res perit domino* 원칙이 우선한다.[447] 이런 점이 극명하게 드러나는 사례가 매매와 도급의 경우이다. 아래에서는 도급에서의 위험부담 규정에 관해 살펴보기 전에 이를 이해하기 위한 한도에서 매매에서의 위험부담 규정을 보고자 한다.

> 사례1. 매매의 경우를 들어보자. 매도인이 매수인에게 그림을 매도한 경우 매수인은 매매 목적물을 인도받기 전에 그림의 소유자가 된다. 만일 인도 전에 그림이 보관창고의 화재로 인하여 불가항력으로 멸실되면 멸실은 매수인의 책임이다. 따라서, 그는 매매대금을 지급해야 한다.[448]

프랑스민법상 소유권 이전과 위험의 이전은 계약체결 만의 효력으로 생긴다. 이것은 프랑스법의 가장 특징적인 규정이다.[449] 프랑스민법에 따르면 매매목적물의 소유권 이전은 매도인의 의무가 아니고 계약체결로 즉시 발생하는 효력으로서(제1583조), 목적물의 인도 및 대금지급의무와는 독립적이다.[450] 매매계약 체결로 매도인은 소유권을 잃음으로써

제3호, 서울대 법학연구소(2018), 61면.
447) A. Bénabent(b), *op. cit.*, n° 345, p. 273.
448) 프랑스 파기원에 따르면, 매도인이 책을 발송하였지만 도달하지 않은 경우의 매수인도 같은 책임을 진다(Civ 1er. 19 nov. 1991, n° 90-15731).
449) A. Bénabent(a), *op. cit.*, n° 252, p. 182.에서는 로마법상 매매계약에 부속하는 특별한 행위(mancipatio, in jure cessio, traditio)가 필요하다는 점에서 계약 체결시점에 소유권 이전이 이루어지지 않았다가, 고법(L'Ancien droit)에서는 간이인도(tradition fictive)와 점유 개정(constitut possessoire)을 통해 계약 체결로 소유권이 이전되는 변화가 있었으며 현대 프랑스 민법에서도 그와 같은 원칙이 유지되고 있음을 설명하고 있다.
450) A. Bénabent(a), *op. cit.*, n° 251, p. 181.

매매계약 체결후에 그가 한 행위(예를 들어, 제3자에게 한 매매, 보증, 임대 등)는 효력을 가지지 않는다.[451] 만일 매도인이 목적물의 점유를 가지고 있다면, 매도인은 자신이 무상으로 그 이익을 향유하는 경우를 제외하고는 점유의 향유에 따른 이익을 소유자에게 귀속시켜야 한다. 반면에 매매계약 체결 이전에 목적물이 멸실된 경우에는 목적물의 흠결로 매매계약이 무효가 된다(1601조).[452]

소유권과 관련된 위험부담원칙은 *res perit domino* 원칙이다.[453] 계약의 효력으로 소유권이 즉시 이전됨에 따라 위험을 부담하는 것은 매수인이다. 프랑스민법 제1196조 제3항[454]은 명시적으로 소유자가 물건의 위험을 부담한다는 원칙(*res perit domino*)을 기초로 하면서 위험의 이전에 관한 규정을 두고 있다. 이에 따라 소유권이나 다른 권리의 양도를 목적으로 하는 계약에서 권리의 이전과 함께 위험의 이전이 수반된다.[455] 매매계약 체결후 목적물이 멸실되는 경우에도 매수인은 대금지급의무를 진다[456][소유권 이전과 위험의 이전].

한편, 프랑스민법 제1196조 제2항은 소유권의 이전에 관한 예외규정을 두어서, 당사자의 의사, 물건의 성질 또는 법률의 규정에 의해 소유권

---

451) A. Bénabent(a), *op. cit.*, n° 251, p. 181.
452) A. Bénabent(a), *op. cit.*, n° 253, p. 183.
453) A. Bénabent(a), *op. cit.*, n° 253, p. 183.
454) 프랑스민법 제1196조 제3항: 소유권의 이전은 물건의 위험의 이전을 수반한다. 그러나 인도의무의 채무자는 제1344-2조에 따라 그리고 제1351-1조가 정한 규정의 경우를 제외하고 지체에 빠진 날부터 다시 위험을 부담하게 된다 (Le transfert de propriété emporte transfert des risques de la chose. Toutefois le débiteur de l'obligation de délivrer en retrouve la charge à compter de sa mise en demeure, conformément à l'article 1344-2 et sous réserve des règles prévues à l'article 1351-1).
455) 김현진, "프랑스 민법상 지체에 빠트리는 최고(la mise en demeure)", 「2018 춘계 공동학술대회」, 한불민사법학회(2018), 72면.
456) Cass. com., 7 déc 1993, n° 91-22217(목적물의 멸실이 매도인의 귀책으로 돌릴 수 없는 사정으로 발생한 경우에도 매수인은 대금지급채무가 있다고 한다) 등.

이전이 유예될 수 있음을 규정한다. 즉, ① 당사자의 의사에 의한 소유권 이전의 유예는 소유권유보(réserve de propriété)에 의하여 권리이전이 유예되는 경우457)로서, 프랑스민법 제2367조 제1항은 담보목적으로 소유권의 이전을 유보한 경우를 규정하고 있다458) ② 물건의 성질에 의한 소유권 이전의 유예는 물건이 종류물인 경우를 말한다. 종류물 소유권의 이전은 종류물이 특정될 때까지는 이루어질 수 없기 때문이다.459) ③ 법률의 규정에 의한 소유권 이전의 유예는 법률이 소유권 이전을 유예하는 경우를 말한다. 예를 들면, 프랑스민법 제1601-2조460)의 기한부 매매(la

---

457) Cass. com., 20 nov 1979, n° 77-15978(매도인이 계약상 매매대금을 전부 지급받을 때까지 목적물의 소유권을 유보한 경우에, 항소법원은 소유권 유보조항이 정지조건이 아니라 해제조건이라고 하면서 위험은 매수인에게 있다고 하였다. 이에 대해서 파기원은 항소심이 위 조항의 성격을 왜곡했다고 하면서 소유권 유보조항을 정지조건이라고 해석하고 위험은 매도인에게 있다고 판단하였다).
458) **프랑스민법 제2367조**: 물건의 소유권은 소유권유보조항의 효력에 의하여 담보로서 이전되지 않을 수 있는데, 이 조항에 의하여 대가채무의 변제가 완전히 이루어지기까지 계약의 이전적 효력은 정지될 수 있다(La propriété d'un bien peut être retenue en garantie par l'effet d'une clause de réserve de propriété qui suspend l'effet translatif d'un contrat jusqu'au complet paiement de l'obligation qui en constitue la contrepartie).
459) 남효순(d), "프랑스채권법의 개정과정과 계약의 통칙 및 당사자 사이의 효력에 관하여- 3권 제3편(채권의 범원), 제1부속편(계약)의 제1장(통칙) 및 제4장(계약의 효력)의 제1절(계약의 당사자 사이의 효력)-제1101조~제1111조의1 및 제1193조~제1198조-", 「민사법학」 제75호, 한국민사법학회(2016. 6.), 36면.
460) **프랑스민법 제1601-2조**: 기한부 매매는 매도인이 자신이 준공한 건축물을 인도하고, 매수인은 건축물 인도를 받고 인도일에 대금을 지급해야 하는 계약이다. 소유권의 이전은 건축물 준공의 공정증서에 의한 확인으로 당연히 발생한다. 소유권 이전은 매매계약 체결일에 소급하여 그 효력이 발생한다(La vente à terme est le contrat par lequel le vendeur s'engage à livrer l'immeuble à son achèvement, l'acheteur s'engage à en prendre livraison et à en payer le prix à la date de livraison. Le transfert de propriété s'opère de plein droit par la constatation par acte authentique de l'achèvement de l'immeuble ; il produit ses effets rétroactivement au jour de la vente).

vente à terme)가 여기에 해당한다461)[소유권 이전의 예외].

또한, 프랑스민법 제1196조 제3항 제2문은 소유권자에 대한 위험이전의 예외를 규정하는데, 이에 따르면, 물건을 인도할 채무의 채무자는 제1344-2조에 따라 그리고 제1351-1조가 정한 경우에는 예외적으로 지체에 빠진 날로부터 위험을 다시 부담한다. 즉, 민법 제1344-2조462)에서 "채무자가 이미 위험을 부담하지 않고 있는 경우에, 물건 인도의 지체는 채무자의 부담으로 한다"고 함으로써, 채무자가 그 이행을 지체하는 경우 그 위험은 채권자의 최고가 있는 때부터 다시 인도할 채무의 채무자에게 이전된다. 하지만 지체에 빠진 채무자가 물건을 인도하였더라도 물건이 멸실되었을 것이라는 점을 증명한 경우에는 위험으로부터 벗어나게 된다(프랑스 민법 제1351-1조463))[위험이전의 예외].

한편, 프랑스민법 제1345조 제2항은 "채권자의 수령지체는 위험이 아직 채권자의 부담이 아닌 경우에는 채무자의 중대한 또는 고의적 과책이 아닌 한, 물건의 위험을 채권자에게 부담시킨다."고 규정한다[위험의 재이전].

나) 프랑스민법상 도급계약에서의 위험부담

사례2. 도급의 경우를 들어보자. 만일 보석세공인이 고객과 보석제공약정을 체결하고 스스로 재료(원석)를 제공하는 경우, 그는 보석을 인도할 때까지 원석의 소유권을 가지고 있어서, 원석이 멸실되면 원석의 대금도

---

461) 남효순(d), 위 논문, 136면.
462) 동조는 구 프랑스 민법 제1138조를 계승하였다.
463) **프랑스민법 제1351-1조 제1항**: 이행불능이 목적물의 멸실로 인한 것일 경우, 채무자가 채무를 이행한 경우에도 목적물이 멸실되었으리라는 것을 증명하는 경우에는 채무자가 비록 지체에 빠져있었던 경우에도 채무를 면한다 (Lorsque l'impossibilité d'exécuter résulte de la perte de la chose due, le débiteur mis en demeure est néanmoins libéré s'il prouve que la perte se serait pareillement produite si l'obligation avait été exécutée).

지급받을수 없고, 그의 일의 대가도 지급받을 수 없다(제1788조). 하지만, 고객이 제공한 원석에 일을 하는 경우에는 고객이 원석의 소유자이고, 보석세공인은 원석의 멸실에 대해서 아무런 책임도 없다(res perit domino). 하지만 보석세공인은 일의 대가를 청구할 수 없다(제1799조, res perit debitori).

도급에 있어서의 위험부담도 프랑스민법상 매매 등 다른 전형계약과 마찬가지로 원칙적으로 물건의 소유권을 누가 가지고 있는가와 관련된다.464) 물건에서 이익을 향유하는 것과 불이익을 입는 것은 균형을 가지기 때문이다.465)

도급계약은 유형물에 대한 도급과 무형의 일에 대한 도급으로 구분할 수 있는데, 프랑스민법이 위험부담에 관해서 채무자위험부담주의를 취하는 한편 소유자위험부담주의와 충돌되는 경우에는 소유자위험부담주의를 우선한다는 점에서 유형도급과 무형도급에 있어서의 위험부담은 서로 다른 모습을 띠게 된다.

(1) 유형물에 대한 도급계약의 경우

도급계약에서 수급인의 일을 이행할 채무의 이행이 불가항력으로 불가능하게 되었을 때, 도급인 또는 수급인중 누가 위험에 대한 책임을 지나? 도급계약에서는 소유권의 이전과 위험의 이전의 연관성을 규정한 프랑스민법 제1196조와는 별도로 제1788조 이하에서 규정하고 있다. 다만, 이들 위험부담에 관한 규정은 강행규정(ordre publique)이 아니라는 점에서 당사자의 합의로 위험의 분배를 수정할 수 있다. 프랑스 파기원은 이에 관해서, "당사자의 합의로 채무자가 경과실에 따른 책임을 지지 않는다고 할 수 있다. 따라서 보석상이 세공사에게 제공한 귀한 원석에

---

464) J. Huet et al., *op. cit.*, n° 32218, p. 1293.
465) J. Huet et al., *op. cit.*, n° 32218, p. 1293.

일어난 손해에 대해서, 항소법원이 세공사의 중과실을 제외하고는 목적물 멸실에 대한 면책조항의 효력을 인정한 것은 정당하다"고 하고 있다.466) 한편, 프랑스민법 제1788조 이하의 도급에서의 위험부담에 관한 규정은 도급계약의 이행에 필요한 재료를 수급인이 제공하는지(제1788조) 또는 도급인이 제공하는지(제1789조, 제1790조)에 따라 서로 다른 규율을 하고 있는데,467)468) 도급인이 재료를 제공하는 경우에도 도급인이 재료를 수급인에게 인도하는지 아니면 도급인이 그대로 점유하면서 수급인에게 일을 맡기는지에 따라 위험부담에 관한 내용에 차이를 가지고 있다.469)

---

466) Civ. 1re., 24 févr 1964.
467) B. Boubli, op. cit., n° 126.
468) 그 밖에 프랑스민법 제1788조와 제1789조가 수급인의 하자담보책임을 규정하는 것으로 이해하는 견해는 수급인이 일의 완성물을 도급인에게 제공한 때에는 제1788조에 따라 매도인의 하자담보책임과 같은 책임을 지는 것으로 해석하고(P. Puig(b), op. cit., p. 595.), 수급인이 고객 소유의 물건에 대해 작업을 하는 때에는 제1789조에 따라 수급인이 자신이 한 일에 대해서만 책임(garantie)을 진다고 한다(A. Bénabent(a), op. cit., n° 564, p. 392.) 이에 반해, 프랑스민법이 명문의 규정을 두고 있지 않다는 점을 들어 도급계약 일반에 적용될 수 있는 하자담보책임은 없다고 하는 견해는 수급인이 재료를 제공하여 일을 하는 경우에는 매도인의 담보책임에 관한 규정을 유추적용하는 반면, 수급인이 도급인이 제공한 재료에 일을 하는 경우에는 수급인은 그가 한 일에 대해 결과채무 위반에 따른 책임을 진다고 한다(F. Leclerc, op. cit., n° 833, p. 462.) 프랑스 파기원 역시 이 문제를 수급인의 결과채무를 인정함으로써 해결하고 있어서, '치과의사가 브리지를 제조하여 고객의 치아에 부착한 경우에는 고객에 대한 치료 및 하자없는 브리지의 취득과 설치로 환자의 상태개선에 대한 수단채무만을 지지만, 치과의사가 보철을 제공하는 경우에는 고객이 기대할 수 있는 용역을 제공하는데 적합한, 하자 없는 기구를 제공할 결과채무를 진다'고 판단하고 있다(Cass. lre civ., 29 oct 1985, n° 83-17091).
469) A. Benabent(a), op. cit., n° 555, p. 388. 이에 관한 자세한 내용은 이상헌, "프랑스민법상 도급에서의 위험부담에 관한 소고-우리민법과의 비교를 중심으로", 법학연구 제24집 제1호, 인하대학교 법학연구소(2021).

(2) 용역 제공만을 목적으로 하는 도급계약의 경우

도급계약에서 수급인이 도급인에게 용역만을 제공하는 경우, 목적물에 대한 위험 문제는 발생하지 않고 단지 반대급부위험으로서 *res perit debitori* 원칙만이 적용된다.[470] 예를 들어, 예술가가 예상하지 못했던 자신의 병 때문에 전시를 취소해야 하는 상황에서도 예술가는 그 불이행의 결과를 떠맡는다는 점에서,[471] 도급인에게 보수를 청구할 수 없다. 하지만 위에서 언급한 바와 같이 위험부담의 문제는 공적질서와는 무관한 것이라는 점에서, 도급계약의 당사자는 이런 경우에도 수급인을 면책시키고 보수를 청구할 수 있게 하는 조항을 넣을 수 있다고 해석된다.[472]

나. 독일

독일민법은 2002년 개정 이전(이하 2002년 개정 이전의 독일민법을 '개정전 독일민법')부터 도급에 있어서의 하자담보책임을 규정하고 있었다. 개정전 독일민법상 도급에서의 하자담보책임으로서의 손해배상책임은 수급인의 책임있는 사유로 인한 것임을 요구함으로써 이미 과실책임이었지만,[473] 그 밖의 하자담보책임(하자제거청구권, 자구조치권, 계약해제권 또는 보수감액청구권)은 수급인의 귀책사유를 요하지 않고 있었다.

즉, 개정전 독일민법은 제633조[474]에서 하자의 개념(제1항), 수급인의

---

470) F. Leclerc, *op. cit.*, n° 830, p. 461.
471) J. Huet et al., *op. cit.*, n° 32231, P. 1304.
472) J. Huet et al., *op. cit.*, n° 32231, P. 1304.
473) 개정전 독일민법상 도급에서의 손해배상책임이 과실책임이어서 일반 채무불이행책임에서의 손해배상책임과 요건상 차이가 없음에도 불구하고 두 채권의 소멸시효에 차이가 있었기 때문에 이에 대한 해결방안이 요구되고 있었다. 이에 따라 독일 판례는 도급인의 손해배상청구권에 대해서 규정한 개정전 독일민법 635조는 하자손해와 근접하고 직접적인 하자결과손해만 포함하고, 원격의 하자결과손해는 적극적 채권침해라는 법관법에 의해 배상될 손해로 인정하여 해결하고자 하였다(김규완(a), 전게 논문, 122면).

하자담보책임으로서 도급인의 하자제거청구권(제2항), 자구조치권(제3항[475]))을 규정하고, 제634조에서 계약해제 또는 보수감액청구권(제634조 제1항[476]))과, 제635조에서 손해배상청구권(제635조[477]))을 규정하고 있었다. 특히 계약해제 또는 보수감액청구는 도급인이 정한 기간내 수급인이 하자를 제거하지 않은 경우에 행사할 수 있었고, 계약해제청구 또는 보수감액청구와 손해배상청구는 선택적이었다.[478]

한편, 2002년 개정후 독일민법(이하 '개정 독일민법')은 도급계약에서의 하자담보책임에 관한 규율을 일반 채무불이행법과 가능한 한 일치시

---

[474] **개정전 독일민법 제633조**
제1항: 수급인은 보증된 성상을 가지도록 또 그 가치 또는 통상적 사용이나 계약상 전제된 사용에의 적합성을 소멸시키거나 감소시키는 결함이 없도록 일을 완성할 의무를 진다.
제2항: 일이 제1항에 정하여진 내용을 갖추지 아니하는 경우에는 도급인은 하자의 제거를 청구할 수 있다. 제476조의a는 이에 준용된다. 제거가 과도한 비용을 요하는 때에는 수급인은 그 제거를 거절할 수 있다.
제3항: 수급인이 하자의 제거를 지체하고 있는 때에는 도급인은 스스로 하자를 제거하고 필요한 비용의 상환을 청구할 수 있다.
개정전 독일민법전 해석에 관해서는 양창수, 독일민법전, 박영사(1999)를 참조함.
[475] **개정전 독일민법 제633조 제3항**
[476] **개정전 독일민법 제634조 제1항**
도급인은 수급인에 대하여 제633조에 정하여진 하자의 제거를 위한 상당한 기간을 지정하고 이 기간 경과 후에는 하자의 제거를 거절할 것임을 표시할 수 있다. 하자가 이미 일의 인도전에 나타난 때에는 도급인은 즉시 기간을 지정할 수 있다; 그 기간은 그 인도에 관하여 정한 기간 전에 경과하지 아니하도록 이를 지정하여야 한다. 하자가 적시에 제거되지 아니하면, 도급인은 그 기간의 경과 후에 계약의 해제 또는 보수의 감액을 청구할 수 있다; 하자 제거의 청구권은 배제된다.
[477] **개정전 독일민법 제635조**
일의 하자가 수급인에 책임있는 사유로 인한 것인 때에는 도급인은 해제 또는 보수감액에 갈음하여 불이행으로 인한 손해배상을 청구할 수 있다.
[478] 김규완(a), "독일 개정 도급계약법의 체계", 독일 채권법의 현대화, 법문사(2003), 106-107면.

키려는 목적을 가지고, 하자담보책임에 관한 특유한 권리를 최소화하고 가능한 한 일반 채무불이행책임법을 준용하도록 하였다.479)

이에 따라 개정 독일민법상 수급인의 하자담보책임에 관한 특별 규정을 두고 있으면서도(제633조부터 제640조), 채무불이행책임에 관한 규정(예를 들어, 계약해제에 관한 제323조, 제326조 제5항, 손해배상에 관한 제280조, 제281조, 제283조, 제311조의a)을 준용하고 있다. 이에 따라, 수급인이 일을 완성치 않거나 완성물에 하자가 있는 경우 1차적으로 도급인에게 하자추완청구권, 자구조치권을 부여하고, 2차적으로 계약해제 또는 보수감액권, 손해배상청구권을 규정한다. 이때 도급인의 손해배상청구는 수급인의 귀책사유를 요건으로 하고, 나머지 하자추완청구, 자구조치권, 계약해제권, 보수감액권 등은 수급인의 귀책사유를 요하지 않는다.

2. 영미법상 엄격책임(strict liability)

가. 귀책사유를 요하지 않는 책임

앞에서 언급한 바와 같이 우리나라처럼 채무불이행책임에 관한 과실책임주의를 견지한다면 그와 별도로 무과실책임으로서의 담보책임제도를 두어야 할 필요가 있지만, 영미법에서는 채무불이행책임이 채무자의 귀책사유와 관계없이 성립하기 때문에480) 채무불이행법 체계와 별도로 담보책임법체계를 갖추고 있어야 할 필요가 없다. 영미법상 엄격책임은 채무자의 계약위반(Breach of contract)을 전제로 하는데, 채무자의 '계약위반'은 채무자가 계약상 의무에 대한 면책사유가 없음에도 불구하고 계약의 내용에 따른 이행의무를 이행하지 아니한 때에 발생한다.481)

---

479) *Ibid.*
480) 이호정, 영국계약법, 경문사(2003), 433면.
481) 명순구, 미국계약법입문, 제2판, 법문사(2008), 167면.

이와 같은 엄격책임의 원칙은 상품 판매가격이 상품의 가치를 표시하는 것으로 간주된다는 점에 기초를 가지고 있다.[482] 영국의 Paradine v Jane판결[483]에서 시작된 것으로 알려진 엄격책임의 원칙은 이후에도 매도인이 물건을 운송할 선박을 빌리지 못하여 인도하지 못한 경우,[484] 매수인이 자신의 거래은행이 도산하여 매매대금을 지급하지 못하는 경우[485]는 물론, 물건의 품질의 하자[486]에도 적용되었다.[487] 이와 같은 엄

---

[482] G.H. Treitel, op. cit., p. 21.
[483] Paradine v Jane, Aleyn 26, 82 Eng. Rep. 897.
    적들이 토지를 점령함에 따라 임차인이 임대인에 대한 차임지급의무를 이행하지 못한 사안에서, 법원은 임차인의 차임의무를 인정하였다. 법원은 변화된 상황에 기초한 어떠한 면책사유도 발견되지 않는다는 이유를 들어 임대료 지급의무는 절대적이라고 하였다. 법원이 든 이유는 만일 채무이행이 불가능하게 만든 변화가 있었다면, 그는 계약에서 그 내용을 반영했어야 하고, 둘째, 한 당사자가 우연한 이익을 얻게 되면 상대방은 우연한 위험에 처하게 된다는 점이었다(이 판결에 대한 설명은, E. Allan Farnsworth et al., *Contracts -cases and materials*, 7th ed(2008), p. 824).
[484] Lewis Emanuel & Son, Ltd. v Sammut [1959] 2 Lloyd's Rep. 629.
    이 사안은 감자 매매계약으로서 전쟁중인 4월 14일부터 24일까지 말타로부터 배로 실어 나르기로 한 것으로서, 그 기간동안 말타에서 상품수송을 위한 배가 나올수 없어서, 매도인은 계약기간내에 상품 운송을 할 수 없었다. 매도인은 이 사안에서 손해배상책임을 부담하였다. 그 결정의 기초는 매도인이 단지 그의 능력을 초과하여 어떤 사정에 따른 리스크를 떠안았다는 점(즉, 매도인은 구체적 계약을 체결하기 전에 선적공간이 충분한지를 확인해야 한다)에 있었다(이 판결에 대한 설명은 G.H. Treitel, op. cit, p 19-20).
[485] Universal Corp v Five Ways Properties Ltd [1979] 3 All. E. R. 533.
[486] Frost v Aylesbury Dairy Co [1905] 1 K. B. 608.
    이 사안은 피고들이 파는 우유가 장티푸스에 오염되어 있어서 원고가 이 우유를 먹고 병에 걸렸던 사안이다. 피고들은 우유를 안전하기 보존하기 위한 모든 합리적인 주의를 했다는 사실에도 불구하고 책임을 부담하였다(이 판결에 대한 설명은 G.H. Treitel, op. cit., p. 20).
[487] **Sales of Goods Act 1979**의 제14조 제2항, **Supply of Goods and Services Act 1982** 제4조 제2항, 제9조 제2항(이는 **Sale and Supply of Goods Act 1994**, 제7조 제1항과 schedule 2의 제6조에 의해 대체되었다.)는 매도인 또는 임대인이 영업

격책임은 미국법에서도 인정되고 있다. 즉, 리스테이트먼트(Restatement[488])에서는 '계약책임은 엄격책임이다. 계약이 지켜져야 한다는 것은 공리이다. 따라서 채무자에게 과실이 없거나 상황이 기대했던 것에 비해 더 많은 부담이 된다고 하더라도 그는 계약위반에 대해서 손해배상책임이 있다'(Second Restatement of Contract Chapter 11, Introductory note)고 하고 있다.

영미법상 엄격책임의 원칙에 있어서도 일정한 사유가 있는 때에는 채무자가 채무를 이행하지 않고도 면책되는 경우가 있는데, 채무자가 약속한 결과를 보증하지 않았다고 볼 수 있는 사정이 있는 경우에 그 사정을 묵시적 조건(implied term)으로 보아 채무자를 면책시키는 것이다.[489] 즉, 영국법에서는 계약목적의 달성불능의 원칙(Doctrine of Frustration)에 의해 계약 체결 이후 사정변경으로 인하여 계약의 이행이 불가능[490]하거나 또는 불법한 것이 되었거나 또는 계약의 이행을 당사자들이 계약 체결시에 생각하고 있었던 바와 근본적으로 다른 것으로 만드는 사건이

으로 목적물을 매매하거나 임대한 경우에 물품이 만족스러운 품질(satisfactory quality)을 가지고 있다고 하는 묵시적 조건(implied condition)이 들어 있다고 규정한다.
488) 미국에서는 1923년에 설립된 미국법률협회(ALI: American Law Institute)에서 복잡한 판례법을 조문의 형식으로 모아서 재구성하고 거기에 코멘트(comments)와 실례(illustration)를 붙임으로써, 그 자체가 구속력을 가지지는 않지만 판례에서 빈번하게 인용되고 있다(명순구, 전게서, 8면).
489) 명순구, 전게서, 168면.
490) 대표적인 것으로 1863년의 Taylor v Caldwell판결(Taylor v Caldwell(1863) 3 B & S 826)을 들 수 있다. 이 사건은 원고가 연주회를 하기 위해 피고 소유의 연주홀을 대여하였는데, 공연 일주일 전에 배관공의 실수로 인하여 화재가 발생하여 홀이 전소한 사안이다. 원고는 연주회 준비에 지출한 비용배상을 청구하였으나 패소하였는데, 법원은 '계약의 이행이 특정한 사람이나 물건의 계속적인 존속에 의존하고 있는 경우에는 묵시적 조건으로서 사람이나 물건의 멸실로 인해 발생하는 이행불능은 이행을 면책시키고 양당사자는 면책한다.'고 하였다(이 판결에 대한 설명은, E. Allan Farnsworth, *op. cit.*, p. 825).

발생한 경우에 계약을 해소하는 방향으로 운용되고 있다.491)

영미법상 계약위반으로 인한 손해배상책임에 관해서, 채권자는 신뢰이익(계약위반의 상대방을 계약체결 이전 상태로 회복시키는 것으로서 계약위반의 상대방이 계약을 신뢰하여 지출한 비용으로 한정함) 또는 기대이익(계약이 제대로 이행되었더라면 계약위반의 상대방이 놓였을 위치와 동일한 위치에 둘 수 있을만큼 충분한 금전으로 배상함)을 선택하여 손해배상을 청구할 수 있다.492) 즉, 영국에서는 매매계약에서 매도인이 정해진 기계의 성능보다 떨어지는 기계를 인도한 경우, 매수인은 그 기계를 설치하는데 들어간 비용 또는 그가 그 기계를 사용함으로써 얻었을 이익을 회복할 수 있을 뿐, 그 비용과 이익을 모두 합하여 청구할 수는 없다.493) 다만, 경우에 따라 법원은 원고가 기대이익 손해배상을 청구한 경우에도 신뢰이익 손해를 인정하기도 한다. 영미법상 신뢰이익의 배상은 이행이익의 배상을 초과할 수 없기 때문이다. 그 밖에도 신뢰이익의 배상은 몇 가지 제한을 받고 있다.494) 이는 원고의 기대가치가 너무 불확실해서 법원이 그에 대한 배상을 인정할 수 없는 경우이다.495)

---

491) 미국법에서는 계약체결 이후에 발생한 사건으로 인하여 이행이 불가능하게 된 정도는 아니지만 실질적으로 지나치게 곤란하게 된 경우(이를 미국법에서는 '실행곤란(impracticability)'이라고 부름)에도 이행불능과 마찬가지로 면책사유로 해석하고 있다(이에 관한 설명으로 명순구, 전게서, 152-153면.
이에 반하여 영국법에서는 이와 같은 실행곤란성(impracticability은 일반적으로 계약목적달성 불능의 사유로 인정하지 않는다(이호정, 전게서, 491면).
492) 엄동섭, 미국계약법II, 법영사(2012). 221면. 이호정, 전게서, 521-522면
493) G.H. Treitel, *op. cit*, p. 96-97.
494) 미국법상 신뢰이익 배상을 제한하는 내용으로는, i) 신뢰이익 배상액은 원고가 그 계약을 신뢰하여 실제로 지출한 비용을 초과할 수 없고, ii) 신뢰이익 배상액은 피고가 부담하고 있었던 계약가액(contract price)를 초과할 수 없으며, iii) 신뢰이익 배상액은 기대이익배상액을 초과할 수 없다는 것이다(명순구, 전게서, 181면).
495) 호주의 사안으로서, 원고는 난파선을 매수한후 그 난파선을 인양하려고 하였지만, 그 난파선은 존재하지 않았다. 이때 원고는 그의 탐사비용과 그가 매도인에

나. 용역제공계약에서의 엄격책임

영국법에서도 용역제공계약에 있어서는 채권자가 채무자에게 적정한 주의(due care)를 다하는 것 이상을 요구할 수 없는 것으로 규정되어 있다. 즉, 영국의 상품 및 용역 공급법(Supply of Goods and Services Act 1982)의 제13조가 이와 같은 내용을 규정하고 있다.[496] 하지만, 상품 및 용역 공급법(Supply of Goods and Services Act 1982)은 제16조에서 '동법 제13조에서 부과된 것보다 더 엄격한 의무를 공급자에게 부과하는 것을 배제하지 않는다.'고 규정함으로써(동법 제16조 3항 a[497]), 엄격책임의 원칙이 용역제공계약에서 적용될 수 있음을 밝히고 있다.

한편, 영국 판례도 용역제공계약상 용역제공자가 제공하는 용역이 고객과의 계약에서 정한 목적에 적합해야 한다는 내용의 절대적 보증(absolute warranty)이 묵시적으로 포함되어 있음을 근거로, 용역제공자가 고객에게 엄격한 책임을 부담한다고 판단하고 있다.[498]

게 지급했던 금원을 반환받았지만, 그 난파선이 존재하였다면 받을수 있었던 가치를 받지는 못하였다(McRae v. Commonwealth Disposals Commission(1950) 84 C.L.R. 377. 이 판결에 대한 설명으로 G.H. Treitel, op. cit., n° 93).

496) Supply of Goods and Services Act 1982 제13조: In a relevant contract for the supply of a service where the supplier is acting in the course of a business, there is an implied term that the supplier will carry out the service with reasonable care and skill.(용역 제공자가 영업으로 용역을 제공하는 용역 공급계약에서, 용역제공자는 상당한 주의와 기술로 용역을 수행할 묵시적 조건이 있다).

497) Supply of Goods and Services Act 1982 제16조 제3항 a: Nothing in this Part of this Act prejudices any rule of law which imposes on the supplier a duty stricter than that imposed by section 13 or 14 above(이 법률의 어떤 조항도 법의 원칙으로 용역제공자에게 제13조 또는 제14조에서 부과된 것보다 더 엄격한 의무를 부과하는 것을 배제하지 않는다).

498) Greaves & Co. Ltd. v Baynham Meikle & Partners [1975] 1 W.L.R. 1095
A를 위해 건물을 건축하기로 한 건축업자(원고)가 구조디자인을 피고에게 맡겼는데, 그 건물은 유류저장소로 1층을 사용하기로 하고 트럭이 그 장소에 드나들 수 있도록 구조디자인이 되어야 했음에도 불구하고 피고가 이를 이행

이런 점을 종합해보면, 영미법상 용역제공자가 엄격책임을 부담하는 근거는, 결국 용역제공계약에서 용역제공자가 엄격한 책임을 부담한다는 내용으로 명시적 또는 묵시적으로 합의한 것에 근거하고 있다고 보아야 할 것이다.

3. 수단채무 및 결과채무론

가. 프랑스민법상 수단채무 및 결과채무론

프랑스에서 계약상 채무를 수단채무와 결과채무로 구분하는 태도는 2016년 개정 이전의 프랑스민법전(이하 "개정전 프랑스민법전")에서 계약상 채무불이행책임에 관한 일반규정인 제1147조(개정 프랑스민법전 제1231-1조로 개정됨), 제1148조(개정 프랑스민법전 제1218조로 개정됨)가 채무불이행책임의 성립에 채무자의 고의나 과실을 요하지 않았던 것에 반해, 일부 규정들(예를 들어, 물건의 보관의무 일반을 규율하는 개정전 프랑스민법전 제1137조(개정 프랑스민법전 제1197조로 개정됨) 등)은 채무자가 평균인으로서의 주의의무를 이행하면 책임을 지지 않도록 규정하고 있었던 데서 비롯되었다. 즉, 채무불이행 성립에 채무자의 고의, 과실을 요하지 않는 개정전 프랑스민법 제1147조, 제1148조와 채무자의 주의의무를 요하는 개정전 프랑스민법 제1137조를 일관되게 설명하기 위한 해석방법으로 제시된 것이다.[499] 이와 같은 수단채무와 결과채무

하지 않았다. 이로 인해 건물에 금이 가서 원고가 A에게 손해를 배상하게 되자 원고가 피고에게 그 손해액의 배상을 청구한 사안이다. 이 사안에서 법원은 피고의 책임을 인정하였는데, 그 이유는 피고가 한 디자인이 계약상 정한 목적에 적합하여야 한다는 절대적 보증(absolute warranty)이 용역제공계약에 암묵적으로 포함되어 있기 때문이라고 하였다(이 판결에 대한 설명은 G.H. Treitel, op. cit., p. 29).

499) J. le Calonnec, op. cit., p. 188.

구분론(이하 '수단채무 및 결과채무론')은 프랑스뿐만 아니라 유럽의 각국은 물론 우리나라 판례에도 영향을 미치고 있다.

현재까지 수단채무 및 결과채무론은 여러 가지 논의를 낳아왔는데, 그 중에는 수단채무와 결과채무의 구분기준(구분기준에 대해서는 제2장 제1절에서 살펴보았다), 양 채무를 구분하는 실익, 담보책임과의 관계 등에 관한 것이 주요한 것이다.500) 아래에서는 본 논문의 주제와 관련 있는 범위내에서 각 논의에 대해서 살펴보고자 한다.

1) 프랑스민법상 수단채무 및 결과채무 구분의 실익

프랑스민법의 해석상, 수단채무(Obligations de moyens)는 일정한 목적 또는 결과의 달성을 위하여 채무자가 주의와 배려를 다하거나 또는 필요한 모든 수단을 실행할 것을 내용으로 하는 채무를 말하고, 결과채무(Obligation de résultat)는 채무자가 채권자에게 일정한 결과를 발생하게 하는 것을 내용으로 하는 채무로 설명된다.501)

프랑스민법상 수단채무와 결과채무를 구분하는 실익은 각 채무불이행에 대한 증명책임이 누구에게 있는지와 함께 채무자가 자신의 책임을 면하기 위해서 항변할 수 있는 수단이 무엇인지에 있다.

먼저 증명책임과 관련하여, 수단채무와 결과채무 모두 채권자가 채무의 불이행, 손해의 발생, 채무불이행과 손해 사이의 인과관계를 증명해야 함에는 차이가 없다. 다만, 수단채무의 경우 채권자가 채무자의 과실도 증명해야 하는 반면에, 결과채무의 경우에는 채권자가 별도로 채무자의 과실을 증명할 필요가 없다.502)

그런데 문제는 채권자로부터 채무불이행에 따른 책임을 이행하라는

---

500) 남효순, 프랑스민법에서의 행위채무와 결과채무-계약상 채무의 불이행책임의 체계-, 민사법학 제13호, 제14호, 1996년
501) 남효순(a), 전게 논문, 144면.
502) 남효순(a), 전게 논문, 139면.

청구를 받은 채무자가 어떤 항변을 할 수 있는지에 관한 것이다. 이에 관해서 결과채무를 무과실책임으로 보는 견해[503]는 채무자로서는 자신에게 고의, 과실이 없다는 항변을 할 수 없고 다만 채무불이행이 외부원인에 의한 것이었음을 주장할 수 있는데 반하여, 결과채무를 과실책임이라고 보는 견해는 '결과가 발생하지 않았다는 사실 그 자체'가 곧 채무자의 과책(faute)라고 설명하고 있다.[504] 어떤 견해이든 채무자가 자신에게 고의, 과실이 없다는 항변을 할 수 없다는 점에서는 차이가 없다. 하지만 개정전 프랑스민법전 제1147조(개정 프랑스민법전 1231-1조)에서 명확하게 채무자의 면책사유를 '외부원인'으로 국한하고 있다는 점을 감안하면, 프랑스민법상 결과채무의 항변으로서 채무자가 과실없음을 주장하기는 곤란하고 무과실책임을 인정하고 있다고 보아야 할 것이다

정리하면, 프랑스민법상 결과채무의 책임을 지는 채무자는 외부원인,[505] 즉, 채권자에게 귀책사유가 있거나, 제3자에게 귀책사유가 있거

---

503) Ch. Larroumet, op. cit., n° 607, p. 598.
504) G. Marty et P. Raynaud, Droit Civil, Les obligations, 2ᵉ éd., t. 1, 1981, n° 533, 534.
505) 이에 대해서, '외부원인'을 불가항력과 동의어로 쓰인다고 설명하는 경우도 있지만[김동훈(b), "계약법에서 과실책임주의의 의의", 비교사법 제6권 제2호, 한국비교사법학회(1999. 12), 256면], 프랑스민법전 제1792조 제2항에서 보는 바와 같이 외부원인에는 불가항력 이외에도 채무이행을 방해하는 요소들이 포함된다는 점에서 두 개의 개념은 구분해야 한다고 본다.
개정전 프랑스민법전 제1147조는 채무자가 불이행이 자신에게 귀속될 수 없는 외부원인(cause étrangère)으로 인한 것임을 증명하지 못하는 한, 채무불이행 또는 이행지체로 인한 손해를 배상하도록 규정하고 있었다. 개정전 프랑스민법전상 결과채무의 근거로서 제1147조를 들고 있었는데, 이 규정이 제1231-1조로 개정되어 여전히 결과채무의 근거로 이해되고 있다. 개정법 제1231-1조에서는 불가항력에 의하여 이행부존재나 이행지체가 발생한 경우에는 손해배상책임이 없고, 이 경우 계약은 자동적으로 해제된다(제1218조 제2항).
또한 개정전 수단채무는 제1137조를 근거로 설명하였는데, 제1197조가 제1137조 대신에 규정됨으로써 수단채무는 제1197조를 근거로 설명되고 있다[남효순(c), "프랑스계약법상의 계약불이행의 효과-개정 프랑스채권법 제1217조-제

나, 불가항력을 증명함으로써 면책할 수 있다.506) 따라서 채무자는 채무의 이행에 주의의무를 다하였음을 또는 채무불이행에 과실이 없음을 증명하여도 면책되지 않는다.507) 이에 반하여 수단채무에 따른 책임을 지는 채무자는 면책항변으로서 외부원인으로 채무불이행이 있었다는 점 이외에 채무자가 채무이행에 주의의무를 다하였다는 점을 주장할 수 있다.

2) 프랑스 판례에 나타난 수단채무 및 결과채무의 사례
가) 주된 채무의 경우
(1) 수단채무

프랑스에서 의료책임(responsabilité medicale)은 수단채무를 발생시키는 계약책임으로 이해되어 왔다.508) 특히 프랑스 파기원은 치료활동을 하는 전문가들인 간호사, 의사, 수의사, 치과의사, 탁아모에게는 수단채무가 적용되는 것으로 해석해 왔다.509) 이에 따라 고객이 의사의 책임을 묻기 위해서는 의사에게 과책(faute)이 있음을 증명해야 하는데, 이때 전문가가 한 의학적 행위가 실패하였다거나 피해가 발생했다는 사실만 가지고 전문가가 과책(faute)이 있다고 할 수는 없다.510)

한편, 프랑스 판례는 광고대행사(agent de publicité511)), 변호사계약,512)

1231-7조", 사단법인 한불민사법학회 공동학술대회(2018), 14면).
506) A. Bénabent(a), *op. cit.*, n° 541.
507) 남효순(a), 전게 논문, 157면.
508) P. Malaurie et al., *op. cit.*, n° 740.
509) J. Gatsi, *op. cit.*, p. 151. Cass. 1ʳᵉ civ., 25 févr 1997, n° 95-11205에서는 외과의사가 경동맥을 뚫는 수술을 하면서 작은 기구를 설치하고 있었는데, 작은 기구가 경동맥안에서 떨어져나와 뇌동맥에서 막혀버린 사안에서, 의사는 환자의 몸에 작은 기구(appareil)을 설치하는 작업을 하는 경우에도 수단채무를 부담한다고 판단하였다.
510) J. Gatsi, *op. cit.*, p. 151.
511) 광고대행사는 증명된 자신의 과책에 대해서 책임을 지는 것이지 광고캠페인의 성공 여부에 대해서 책임을 지는 것은 아니라는 설명으로, A. Bénabent(a),

회계사513), 여행주최자와 같은 단체활동행위(Les activités d'organization514))에서 수급인들이 수단채무를 부담하는 것으로 해석하고 있다.

(2) 결과채무

수급인이 물질적 또는 신체적인 일을 할 때 수급인의 채무는 주로 결과채무가 된다. 예를 들어, 건축업자,515) 여행운송계약,516) 엔지니어 계약(le contrat d'ingénierie517)), 자동차 정비사(Garagiste518)), 세탁업자(Teinturie

---

op. cit., n° 539.
512) 변호사는 수단채무를 부담하여 자신의 과책에 대해서 책임을 지는 것이라는 설명으로, A. Bénabent(a), op. cit., n° 539.
513) 고객에게 사안의 위험을 예고하는 역할을 하는 회계사의 경우도 수단채무를 부담한다
Civ. 1re, 12 juin 1990, n° 88-16506: 이 사안은 회계법인인 A사의 회계사인 B가 수표를 위조한 것을 이유로 손해를 입은 A사의 고객사인 C사가 A사의 불충분한 관리를 원인으로 손해배상을 청구한 사안이었다. 이에 대해 A사는 회계 전문회사가 오직 회계에 대한 규정에 형식적으로 부합하는지 여부를 관리할 책임이 있고, 고객사의 경제적인 운영의 신중함과 진정성을 확인할 의무는 없다고 주장하였으나, 파기원은 원고의 청구를 인용한 항소심 판결을 유지하면서 회계법인의 일은 회계관리와 분석을 하는 것이고, 통상적으로 이런 관리를 수행하지 않는 경우에는 과책을 범하는 것이라고 판단하였다.
514) 단체활동은 주로 수단채무를 발생시키지만, 유능한 전문가가 단체에 포함되는 경우 그의 과책은 아주 쉽게 인정된다는 점에서 강한 수단채무가 될 수 있다는 설명으로, A. Bénabent(a), op. cit., n° 539). 프랑스 판례법상 여행주최자(Civ. 1re, 15 oct 1974, n° 73-12453)는 수단채무를 부담한다.
515) 프랑스민법전 제1792조 이하의 적용을 받는 건축업자는 결과채무를 부담한다.
516) 프랑스에서는 여행운송은 결과채무를 발생시키는 것으로 이해되고 있어서, 여행자가 만일 무사히 목적지에 도달하지 않으면 운송자는 그가 불가항력, 제3자의 행위 또는 피해자의 과실이 있었음을 증명하지 못하는 한 책임을 진다(P. Malaurie et al., op. cit., n° 740).
517) 엔지니어계약은 가끔 산업 또는 엔지니어링 단지 건설계약(contrat de construction d'ensemble industriel ou d'engineering)으로 명명되기도 한다. 일반적으로 공장 또는 도로의 건설과 같은 대형 단지를 대상으로 하는데, 재정(financement), 기술과 플랜 제공(fournitures de technologie et de plans)을 주된 것으로 포함하면

[519)) 등을 들 수 있다.

나) 부수적 채무의 경우
(1) 컨설팅 및 통지의무

컨설팅 의무는 도급의 각 분야에서 구체적인 내용을 가지고 있다. 예를 들어 공증인, 변호사, 의사, 은행가, 건축가 등 각 전문가들은 계약이행상의 위험, 결과, 문제점 등에 관해서 고객에게 컨설팅할 의무를 가진다.[520] 프랑스 판례법상 채무자는 특정한 컨설팅 의무를 이행한 것에 대한 증명책임을 지는 것으로 해석된다.[521]

컨설팅 의무는 도급계약의 내용에 따라 너무나 다양해서 모든 도급계약에서 나타나는 사례를 모두 열거하는 것은 쉽지 않다. 프랑스 판례법에 의하면, 여행사(agences de voyages[522]), 부동산 중개인(agents immobiliers[523]), 건축가(architecte[524]), 변호사(avocat[525]), 의사(Le médecin[526]), 세탁

서도, 그 밖에 물질 제공과 용역 제공도 포괄적으로 포함하고 있다(소위 턴키계약). P. Malaurie et al., op. cit., n° 741.

518) 자동차 정비사의 경우에는, 파기원은 결과채무로 해석하는 것으로 보이지만 (Cass. civ. 1re, 20 juin 1995, n° 93-16381), 자신에게 과책이 없다는 점을 증명함으로써 면책할 수 있다는 점에서(Cass. 1re civ., 7 juin 1995, n° 93-14916) 강화된 수단채무로 해석되기도 한다(P. Malaurie et al., op. cit., n° 743)

519) 프랑스 판례상 세탁업자의 채무는 물건의 분실 또는 손상이 세탁업자가 외부원인을 증명하거나 자신에게 과책이 없음을 증명하는 경우를 제외하고는 책임을 진다는 점에서 강화된 수단채무로 이해되기도 한다(P. Malaurie et al., op. cit., n° 744).

520) P. Puig(b), op. cit., p. 602.
521) Ibid.
522) Civ. 1re, 27 oct 1970, n° 69-11185에서는 '여행사는 수급인으로서 계약의 이행을 보증하기 위해 모든 노력을 수행할 의무를 부담하므로, 여행기간 동안 외국법에 기한 고객의 권리에 대해 기간 내에 제공하지 않음으로써 그 의무를 이행하지 않았다.'고 판단하였다.
523) 부동산 중개인은 거래할 부동산의 법적 지위, 평가, 자금 조달 가능성 등에 관해서 고객에게 컨설팅할 채무를 가진다(Civ. 1re, 10 févr 1987, n° 85-14435).

업자(Le teinturier[527])가 컨설팅 의무를 부담하는 것으로 해석한 바 있다.

(2) 안전배려의무

안전배려의무는 채무자가 계약을 이행하는데 있어서 사람이나 재산의 안전을 배려할 의무를 말한다.[528] 코르뉘(G. Cornu)의 정의에 따르면, 안전배려의무는 '특정 계약(운송, 호텔, 놀이공원 이용계약)을 이행하는데 있어서, 특정시설(자동차, 엘리베이터, 회전목마)을 사용하는 것을 전제로 하는 암묵적이고 부수적 채무이다. 전문가는 유형적인 완전성을 목적으로 하건(결과채무), 자신이 할 수 있는 최대한으로 배려하는 것을 목적으로 하건(수단채무) 고객에게 책임을 진다.'고 정의하여 안전배려의무에도 결과채무와 수단채무가 있음을 보여주고 있다[529].

수급인은 자신이 부담하는 채무가 물건에 관한 것인지 여부와 무관하게 안전배려의무를 제공해야 한다. 즉, 하자없이 일을 수행할 책임이 있는 수급인은 채무불이행으로 고객에게 발생한 신체침해에 대해서 배상해야 한다.[530]

---

524) 건축가는 그의 프로젝트에 대한 장애가 될 수 있는 법률 또는 행정적 제한을 고려할 의무를 지고(Civ. 3e, 14 févr 1973, n° 71-13659), 토지의 제약을 고려하여 현실가능한 프로젝트를 고안할 의무를 진다(Civ. 3e, 25 févr 1998, n° 96-10598).
525) Civ. 1re, 23 mai 2000, n° 97-19223는 자본증액을 조언하는 법률전문가의 컨설팅 의무에는 자본증액조건에 합의가 요구되고, 필요한 경우 중단이 요구된다는 것을 알려줄 의무를 포함한다고 하였다.
526) Civ. 1re, 15 juillet 1999, n° 97-20160에 의하면, 의사는 환자에게 치료가 불가능하고 거절된다는 것(impossibilité ou de refus du patient)을 통지해야 하고, 의사는 충분한 검사와 치료에 부수하여 중요한 리스크에 관한 정보를 정확하게 통지해야 한다고 판단하고 있다.
527) Civ. 1re, 7 mars 1978, n° 76-15509에 의하면, 세탁업자는 수선이 실패할 수 있다는 위험을 알릴 의무가 있다.
528) M. Fabre Magman, *op. cit.*, n° 167.
529) G. Cornu, *op. cit.*, p. 953.

안전배려의무는 고객의 신체적 완전성을 보호하기 때문에, 공공 질서(d'ordre public)에 해당하는 것이어서, 어떤 규정으로도 그 결과를 배제하거나, 약화하거나 제한할 수 없다고 보아야 할 것이다.[530]

안전배려의무는 수급인이 부담하는 주된 채무의 성질과 반드시 일치하지는 않는다. 가령 수급인의 주된 채무가 결과채무인 경우에도 안전배려의무는 수단채무가 될 수 있다.[532]

안전배려의무와 관련하여 수단채무와 결과채무를 구분하는 기준은 고객이 능동적인 역할을 하는지(그런 경우에는 수급인의 안전배려의무는 수단채무가 된다) 또는 고객이 수동적인 역할을 하는지(그 경우에는 수급인의 안전배려의무는 결과채무가 된다)에 달려 있다.[533] 가령, 의자식 리프트로 고객을 운송하는 경우, 운송인은 피해자가 운송물에 타서 수동적인 지위에 있는 여정 중에는 결과채무를 부담하지만, 탑승과 하차의 경우에는 피해자도 적극적으로 움직일수 있다는 점에서 수단채무를 부담하는 것으로 보고 있다.[534]

수급인의 안전배려의무가 수단채무인 경우 채권자는 채무자가 모든 수단을 이행하지 않았다는 점을 증명해야 한다. 즉 채무자가 귀책을 범했다는 점, 채무자에게 요구되는 모든 성실성을 가지고 행동하지 않았음을 채권자가 증명해야 한다.[535] 반면에, 수급인의 안전배려의무가 결과

---

530) P. Puig(b), *op. cit.*, p. 603.
531) A. Bénabent(a), *op. cit.*, n° 551
532) A. Bénabent(a), *op. cit.*, n° 552
533) P.-H. Antonmattei et J. Raynard, *op. cit.*, n° 418. 채무자가 채무를 이행할 수 있는 수단을 보유한 경우에는 결과채무라고 설명하는 견해(P. Puig, *op. cit.*, p. 603)도 같은 취지로 이해할 수 있다.
534) P. Puig(b), *op. cit.*, p. 603.
535) Civ. 1ʳᵉ, 4 nov. 2011, n° 10-20809는 스키를 타다가 사망한 A의 배우자와 아이들이 스키장과 그의 보험사를 상대로 한 소송에서, 스키장은 안전에 관한 수단채무를 부담하는데, A가 충돌한 눈받침대가 길에서 2.5미터에 있었고 높이가 20센티에 불과하며, 어떠한 안전보호대책없이 두 개의 색으로 된 표식만

채무인 경우, 채권자가 계약에서 약정한 결과를 얻지 못한 경우에 채무자는 외부원인(불가항력, 고객 또는 제3자의 원인)을 증명한 경우에 면책된다.536)

(3) 경계의무(vigilance)

도급계약에서 도급인이 제공한 물건에 대해서 수급인이 작업을 하기로 약정한 때에는, 수급인은 제공받은 물건에 대한 경계의무를 부담한다. 즉, 수급인은 주된 채무 이외에 일단 일을 완성하고 난 후, 도급인의 물건을 좋은 상태로 반환하기 위하여 경계할 의무537)가 있다. 가령, 차량 수리를 도급받은 수급인은 수리를 위해 자동차를 차고에 두고 경계해야 하며, 차량의 분실, 악화 또는 도난에 관해서 과책(faute)이 있는 경우에는 책임을 져야 한다. 프랑스 판례상 수급인이 도급인 소유의 물건을 반환할 수 없을 때에는 과책(faute)이 있는 것으로 추정된다.538) 만일 수급인이 물건의 경계를 위해서 필요한 주의를 다한 경우에는 이를 증명해야 한다.539) 이런 점에서 수급인은 약화된 결과채무(또는 강화된 수단채무)를 부담하는 것으로 이해되고 있다.540)

이 있었다는 점에서 피고들은 수단채무를 불충분하게 이행하였다고 인정하였다.
536) P. Puig(b), *op. cit.*, p. 603.
537) 파기원은 '수치인이 오직 수단채무를 부담하고, 그는 보관된 물건을 자신의 물건을 보관하는 것과 동일한 주의를 기울임으로써 물건의 파손이 자신과는 무관하다는 것을 증명해야 한다고 판단하였다(Cass. 1re civ., 24 juin 1981, n° 80-13585).
538) J. Gatsi, *op. cit.*, p. 154.
539) Cass. 1re civ., 14 mai 1991, n° 89-20999는 A가 B에게 서류 생산을 위한 슬라이드를 맡겼는데 슬라이드가 손상되자 A가 B에게 손해배상을 청구한 사안에서, 프랑스민법전 제1789조에 의하면 수급인은 그가 받은 물건을 반환할 의무가 있으므로, 자신에게 과책(faute)이 없음을 입증해야만 면책받을 수 있다고 판단하였다.
540) *Ibid.*

나. 담보책임과의 차이

프랑스민법상 매매에서의 담보책임은 중한 결과채무로 인식되어 불가항력에 의해 채무불이행이 발생한 것으로 입증된 경우에도 면책되지 않는다고 해석된다.[541] 그 이유는 채무자는 명시적이든 묵시적이든 그런 상황에 대한 위험을 떠맡았기 때문이다.[542] 다만, 채무자는 담보책임과 관련하여 채권자 또는 제3자의 귀책을 항변사유로 주장할 수 있다고 한다.[543]

한편, 도급에서의 담보책임과 관련하여 프랑스민법전 제1792조 제1항은 건축과 관련하여 '작업의 건축자는 작업의 견고성을 위태롭게 하거나 또는 목적을 부적절하게 만드는 구성요소들의 하나 또는 장비의 요소들 중 하나에 영향을 미치는 토지의 흠결에서 결과되는 경우에도, 작업의 도급인 또는 취득자에 대해서 손해에 대한 당연한 책임을 진다.'고 규정하면서 제2항에서는 '수급인이 손해가 외부원인으로 인해 발생했음을 증명한다면 그 책임이 발생하지 않는다.'고 규정하고 있다. 이런 점을 보면, 프랑스민법에서도 건축물의 수급인은 담보책임의 항변사유로 불가항력을 주장하여 책임을 면할 수 있는 것이다.

---

541) Ch. Larroumet, *op. cit.*, n° 615, p653은 매매에 대한 담보책임에 관하여 이렇게 설명하고 있다.
542) G.H. Treitel, *op. cit.*, p. 11.
543) Ch. Larroumet, *Droit Civil, t, III, Les obligations*, 5° éd, n° 615에서는 매매에 대한 담보책임은 불가항력으로도 면책되지 않는다고 하면서도, 채권자 또는 제3자의 귀책을 항변사유로 주장할 수 있다고 설명하고 있다.

II. 하자담보책임의 채무불이행책임과의 접근

1. 독일

위에서 언급한 바와 같이 2002년 개정후 독일민법은 도급에서의 수급인의 하자담보책임과 일반 채무불이행책임법을 일원화하는데에 역점을 두었다. 이에 따라, 개정 독일민법은 도급계약상 수급인의 하자담보책임에 관한 규정을 두고 있으면서도(제633조부터 제640조), 채무불이행책임에 관한 규정(예를 들어, 계약해제에 관한 제323조, 제326조 제5항, 손해배상에 관한 제280조, 제281조, 제283조, 제311조의a)을 준용하고 있다. 이때 도급인의 손해배상청구는 수급인의 귀책사유를 요건으로 하고(제280조 제1항), 나머지 하자추완청구권, 자구조치권, 계약해제권 행사, 보수감액청구권을 행사하는데 있어서는 수급인의 귀책사유를 요하지 않는다.

하자담보책임의 구체적 내용에 대해서 살펴보기로 한다.

첫째, 개정 독일민법은 제633조[544](물건하자 및 권리하자)를 개정하여, 도급에서의 하자개념을 매매에서의 물건하자와 마찬가지로 객관적인 거래관념이 아닌 당사자의 합의내용에 초점을 맞춤으로써 주관적 하자개념을 도입하였다.[545]

---

544) **개정 독일민법 제633조 제2항**: [완성된] 일이 약정된 성상을 갖추면 그에는 물건의 하자가 없다. 성상에 관한 약정이 없는 때에는 다음의 경우에 물건의 하자가 없다. 1. 일이 계약에서 전제가 된 용도에 적합한 때, 또는 2. 그러한 전제가 없으면, 일이 통상의 용도에 적합하고, 또 동종의 일에 상례적이고 도급인이 일의 성질상 기대할 수 있는 성상을 갖춘 때.
545) 김규완(a), 전게 논문, 108면부터 110면, 1차적으로는 당사자간 합의된 성상을 가지면 일의 속성의 결여가 일의 가치 또는 유용성을 제한하거나 배제하는지를 묻지 않고, 2차적으로 당사자간 합의된 성상이 없는 경우에는 당사자가 한 개별적인 목적설정이 기준이 되며, 일의 구체적인 사용목적을 계약내용에서 추출할 수 없는 경우 일이 통상의 사용목적에 적합성을 가지는 한 일에는 하자가 없다고 본다. 이런 점에서 '통상의 사용목적 내지 용법'이란 가정적인 당

둘째, 하자추완청구권(독일민법 제635조 제1항)은 개정전 독일민법 제633조가 하자제거청구권을 규정한 데서 나아가 일을 새로이 완성하는 것까지 규정하고 있다.546) 하지만 도급인이 수급인에게 특정한 형태로 추완할 것을 청구할 수는 없다547)(매매계약에 관한 독일민법 제439조 1항에서 매수인이 선택권을 가지는 것과 구별된다). 수급인은 추완에 필요한 비용을 부담하지만548) 추완을 거절할 수 있는 사유549)를 규정하고 있다.

셋째, 자구조치권(독일민법 제637조550))은 개정전 독일민법 제633조 3항(수급인이 하자의 제거를 지체하고 있는 때에는 도급인은 스스로 하자를 제거하고 필요한 비용의 상환을 청구할 수 있다)에서 수급인의 귀책사유 요건을 삭제하였다.

넷째, 계약해제권(독일민법 제634조 3호)은 형성권으로 규정하되, 해

사자 의사를 확정하기 위한 보조수단에 지나지 않는다(김규완(a), 전게 논문, 109면).
546) 하자추완청구권은 도급인이 가진 본래의 이행청구권과 다른 청구권이 아니라, 하나의 청구권을 지시하는 서로 다른 명명일 뿐이라는 견해로, 김규완, 전게 논문, 113면. 하지만 이런 견해에 대해서는 의문이다. 즉, 수급인이 이행청구에 응하지 않는 경우 지체상금을 부담해야 함에 비해서, 하자추완청구에 응하지 않는 경우에는 지체상금을 부담하지 않는다는 의미에서 엄연히 구분해야 하기 때문이다.
547) 수급인이 하자제거를 위한 전문가라는 점을 고려한 규정이라는 설명으로, 김규완(a), 전게 논문, 114면.
548) **개정 독일민법 제635조 제2항**: 수급인은 추완에 필요한 비용, 특히 운송비, 도로비, 노무비 및 재료비를 부담하여야 한다.
549) **개정 독일민법 제635조 제3항**: 추완이 과도한 비용으로만 가능한 경우에는 수급인은 제275조 2항(추완비용이 도급인의 급부이익에 비해 현저히 불균형한 경우), 3항(수급인 스스로 급부를 실현해야 하는 경우)과는 별도로 추완을 거절할 수 있다.
550) **개정 독일민법 제637조**: 일에 하자가 있고 수급인이 적법하게 추완을 거절한 것이 아닌 경우, 도급인은 추완을 위하여 정한 상당한 기간이 도과된 후에 하자를 스스로 제거하고 그에 필요한 비용의 상환을 청구할 수 있다.

제권이 제한되는 경우로서 일의 하자가 적은 경우, 도급인에게 귀책사유가 있는 경우를 규정하였다.551)

다섯째, 보수감액권(독일민법 제634조 제3호)도 형성권으로 규정하되, 보수감액은 하자없는 일과 하자있는 일과의 비례관계에 따라 산정된다(독일민법 제638조 3항). 도급인이 이미 보수 전부 또는 일부를 지급하였다면 과지급분 반환을 청구할 수 있다(독일민법 제638조 4항). 보수감액권은 해제권과 선택적 관계에 있어서(독일민법 제638조 1항), 보수감액권을 행사하려면 해제요건을 충족해야 한다.552) 하지만 계약해제와는 달리 하자가 사소하기 때문에 해제권이 배제되는 경우에도 보수감액권은 인정된다(독일민법 제638조 1항 2문).

여섯째, 손해배상청구권(독일민법 제634조 4호)과 관련하여, 도급인은 독일민법 제636조, 제280조, 281조, 283조, 311조의a에 따라 손해배상을 청구할 수 있는데,553) 이는 계약체결 당시에 원시적 하자가 있는 경우, 후발적 하자로서 추완이 가능한 경우와 가능하지 않은 경우로 구분하여 규정되어 있다.554)

---

551) 개정전 독일민법에서는 설정기간 도과후 계약해제할 수 있는 청구권을 인정하였으나, 개정법에서는 형성권으로 규정하였다.
또한 개정 독일민법 제323조 제5항 제2문을 준용하여 일의 하자가 적은 경우에는 도급인의 해제권을 인정하지 않고, 제323조 제5항을 준용하여 일의 하자에 대하여 도급인이 전적으로 또는 주로 책임이 있는 경우에도 해제권이 배제된다.
552) 김규완(a), 전게 논문, 121면.
553) 김규완(a), 전게 논문, 125면. 독일 개정법상 하자손해와 하자결과손해는 제280조 1항으로 단일화되었고, 그에 기초한 손해배상청구권이 제634조a에 정한 소멸시효의 적용을 받기 때문에 이를 구분할 필요가 없다. 다만, 하자결과에 대한 손해배상청구권은 직접 280조 1항의 적용을 받으므로 그 요건충족에 따라 직접 성립하는데 반하여, 하자손해는 제281조 또는 제283조에 따른 요건(추완이행을 위하여 설정한 기간이 도과된 때)을 전제로 성립한다는 점에서 차이가 있다.
554) i) 계약체결당시 존재하는 원시적 하자가 있는 경우, 제275조 1항에 따라 수급

2. 일본

2017년 5월 일본 국회는 1896년 제정된 지 120여년 만에 채권법의 전면개정안을 통과시켰고, 2020년 4월 1일부터 시행될 예정이다. 이번에 개정된 일본민법(이하 '개정 일본민법')은 민법전의 제1편(총칙)과 제3편(채권)을 주된 대상으로 하고 있어서, 도급관련 내용도 상당한 부분이 개정되었다.

가. 채무불이행책임과 담보책임간 차이점의 축소

첫째, 개정전 일본민법상 채무불이행책임은 과실책임이지만, 하자담보책임은 채무자의 과실을 요건으로 하지 않고 있었다.[555]

이에 비해, 개정 일본민법은 채무불이행책임으로서의 계약해제의 경우에는 채무자의 귀책사유를 요하지 않고 손해배상청구에 있어서만 채무자의 귀책사유를 요하는 것으로 개정하였다(제415조 제1항 단서).[556]

인은 하자없는 일을 할 의무에서 해방되고, 도급인은 311조의a 2항에 따라 손해배상청구가 가능하다. ii) 추완이행으로 제거될 수 없는 후발적 하자의 경우, 634조 4호, 283조, 280조 1항에 따라 손해배상청구가 가능하다. iii) 추완이행이 가능한 후발적 하자에 대한 손해배상책임은 634조 4호, 281조, 280조 1항에 따라 청구가 가능하다.

555) 하자담보책임이 무과실책임이라는 다수의 견해에 대해서는 반론도 제기되어 있었다. 대표적으로 內田貴교수는, 일본민법상 귀책사유의 기초가 된 프랑스민법상 과책(faute)라는 개념은 주관적 과실보다는 훨씬 넓은 개념이라고 할 수 있고, 일본민법의 기초자들은 그런 개념으로 귀책사유를 이해함으로써 매매계약의 매도인이 하자가 있는 목적물을 급부하는 것은 그것만으로 귀책사유가 있다고 평가하였다는 점에서, 하자담보책임은 무과실 책임으로 이해하고 채무불이행 일반은 과실책임이라고 보는 사고체계에 문제가 있다고 지적한다. 즉 계약의 취지에 어긋난 급부를 하면 계약책임이 발생하여 불가항력 등 예외적인 경우에만 면책되지 않는다는 점에서는 차이가 없다고 한다. 이에 관해서는 內田貴(a), 前揭書, 137頁.

즉, 개정 일본민법 제415조 제1항 단서의 '채무자의 책임으로 돌릴 수 없는 사유'가 있는 경우에는 채무자가 손해배상책임을 부담하지 않는다고 함으로써, 개정전 일본민법상 손해배상책임의 면책사유가 채무자의 '고의, 과실'로 해석되던 것에서 벗어나 '계약의 내용'에 맞게 면책이 인정되는 것으로 해석되고 있다557)(이하 개정 일본민법 제415조 제1항 단서의 입장을 '귀책주의'558)559)라고 함). 한편, 하자담보책임에 있어서의 계

---

556) **개정 일본민법 제415조 제1항**: 채무자가 그 채무의 본지에 따른 이행을 하지 않을 때 또는 채무 이행이 불가능한 때에는 채권자는 이에 따라 생긴 손해배상을 청구할 수 있다. 다만 그 채무 불이행이 계약 그 외의 채무발생 원인 및 거래상의 사회통념에 비추어 채무자의 책임으로 돌릴 수 없는 사유에 의한 것인 때에는 그러하지 아니하다.
557) 개정 일본민법 제415조 제1항 단서의 '계약 그 외의 채무발생원인 및 거래상의 사회통념에 비추어'라고 규정한 의미에 관해서는, 채무자의 면책사유가 계약의 취지에 비추어 판단되어야 한다는 점에서 '귀책사유=과실'을 의미하는 것이 아니라는 점을 분명히 한 것이라고 하는 견해로, 潮見佳男, 民法(債權關係)改正法の槪要, 一般社團法人 金融財政事情研究會(平成30年), 68頁. 우리나라에서도 귀책사유로서의 '과실'은 '계약의 의미에 비추어 채무자는 사회가 어느 사람에게나 요구하는 것 이상으로 채무불이행의 결과를 회피할 수 있도록 주의'하지 않은 것을 의미한다고 하면서, 결국 그러한 의미의 '귀책사유 없음'은 대부분의 경우에 불가항력 기타 채무자가 예상하거나 회피할 수 없는 외부적 사정 또는 채권자의 고의 또는 과실등의 경우에 인정될 것이라는 견해(양창수, 민법입문, 박영사(2016), 229면)도 같은 취지로 이해할 수 있다. 한편, 潮見교수에 따르면 이와 같은 개정 일본민법의 입장이 무과실책임을 도입하는 것은 아니라고 보고 있다(潮見佳男/박인환 번역, "채무불이행의 성립요건", 민사법학 제65호, 한국민사법학회(2013. 12), 188면]. 이에 반해, 동 조항에 관하여 채무자가 채무의 본지에 따른 이행을 하지 않은 것만으로 손해배상책임이 발생한다고 해석할 수 있다는 견해로, 大村敦志, 新基本民法(契約編), 有斐閣(平成29年), 167頁.
558) 본 논문에서는 개정 일본민법이 손해배상책임에 대해서 취하고 있는 이와 같은 태도를 '과실책임주의'와 구분한다는 점에서 '귀책주의'라고 부르고자 한다.
559) 채권자의 책임으로 귀착되는 사유, 제3자의 귀책으로 귀착되는 사유, 불가항력을 제외하면 예외없이 귀책사유가 인정된다는 설명으로, 我妻·有泉, 「コンメンタール 民法」, 日本評論社, 2021, 791頁.

약해제, 대금감액, 추완청구에 있어서는 채무자의 귀책사유를 요하지 않고 손해배상청구에 있어서만 채무자의 귀책사유를 요한다고 규정함으로써 개정 일본민법상 일반 채무불이행책임과 하자담보책임간에 이 점에 있어서의 차이점이 없어졌다.

둘째, 개정전 일본민법상 채무불이행책임에서는 계약해제에 최고가 요구되는 반면, 계약의 목적을 달성할 수 없을 것이라는 요건을 두고 있지 않은데 비해서, 하자담보책임에서의 계약해제를 위해서는 최고가 요구되지 않고560) 계약의 목적을 달성할 수 없을 것이라는 요건을 충족해야 했었다.

이에 비해, 개정 일본민법은 도급의 하자담보책임에서의 계약해제 규정에 채무불이행책임에서의 계약해제 규정을 준용함으로써 동일하게 규정하였다.

셋째, 개정전 일본민법은 채무불이행책임으로서의 손해배상책임을 신뢰이익 및 이행이익에까지 물을 수 있었으나, 하자담보책임에서는 명확한 규정을 두지 않아 견해의 대립을 가져오고 있었다.

이에 비해, 개정 일본민법은 도급의 하자담보책임에서의 손해배상청구권 규정에 채무불이행책임에서의 손해배상청구권 규정을 준용함으로써 동일하게 규정하게 되었다.

나. 매도인의 하자담보책임의 내용 변경

개정 일본민법은 매도인의 하자담보책임으로서 개정전 일본민법에서 인정하던 계약해제권, 손해배상청구권 규정(개정 일본민법 제564조) 이

---

560) 하지만 이에 대해서는 최고가 필요하다는 반론이 있었다. 즉 계약의 목적을 달성할 수 없다는 요건을 충족하려면, 보수가 가능한 경우에는 매도인에 대해서 보수를 촉구할 필요가 있다는 점에서 최고가 요구된다는 것이다. 이에 관해서는 內田貴(a), 前揭書, 128頁.

외에 추완청구권561)(개정 일본민법 제562조562)), 대금감액청구권(제563조)까지 인정하는 것으로 개정하였다.563)

1) 추완청구권

개정 일본민법은 매수인이 매도인에게 추완청구로서 어떤 청구를 할 것인지에 대해서 매수인에게 선택권을 주고 있다. 다만 매수인에 대한 불상당한 부담이 아닐 경우 매도인은 매수인이 청구한 것과 다른 방법에 의한 이행의 추완을 할 수 있다고 규정하고 있다(개정 일본민법 제562조 제1항 단서). 다만 계약부적합이 매수인의 귀책사유에 의한 경우 매수인은 추완청구를 할 수 없다.564)

---

561) 일본에서는 불특정물 매매에 있어서는 채무불이행책임의 일반원칙에 의하여 매수인의 추완청구권, 손해배상청구권, 계약해제권을 인정하면서도, 특정물 매매에서는 매수인의 추완청구권을 일률적으로 부인하였는데, 이에 대해서는 공업제품이 매매목적물의 중심이 되어 있는 현대의 거래실무상 특정물에 대해서 매수인의 추완청구권이 인정되지 않는다는 해결은 경직된 입장이라는 비판이 계속되어 왔다. 熊谷則一, 前揭書, 293頁.

562) **개정 일본민법 제562조**: 인도된 목적물의 종류, 품질 또는 수량에 관하여 계약내용에 적합하지 않는 경우에는 매수인은 매도인에 대해 목적물의 보수, 대체물의 인도 또는 부족분의 인도에 의한 이행의 추완을 청구할 수 있다. 다만 매도인은 매수인에게 불상당한 부담을 부과하지 않을 때는 매수인이 청구한 방법과 다른 방법에 의한 이행의 추완을 할 수 있다(제1항). 전항의 부적합이 매수인의 귀책사유에 의한 경우, 매수인은 동항의 규정에 의한 이행의 추완청구를 할 수 없다(제2항).

563) 독일민법의 경우 2002년 채권법현대화법에 따라 일반 채무불이행책임과 담보책임의 이원적 구조를 완전히 폐지하지는 않고 담보책임을 일반 채무불이행책임과 연계시키는 구성을 채택하면서, 매매목적물에 하자가 있는 경우 일반 채무불이행책임에 따라 해제나 손해배상을 구하도록 하는 한편 일반 채무불이행책임과 일반 채무불이행책임과 구별되는 특칙으로 추완이행청구권과 대금감액청구권 규정을 별도로 두었고, 일본 개정민법 역시 독일 개정민법과 유사한 선택을 한 것이라는 설명으로, 서희석, "일본 개정민법상 매도인의 담보책임의 규율", 민사법학 제109호, 한국민사법학회(2024.12.), 250면.

564) 이는 매수인에게 귀책사유가 있는 경우, 계약해제(개정 일본민법 제543조),

2) 대금감액청구권

개정 일본민법 제563조는 하자담보책임으로서 매수인의 대금감액청구권을 규정하고 있다.[565] 매수인의 대금감액청구권은 매매계약과 같은 유상계약에서 채권채무가 대가관계를 가지고 있음을 감안하여 가치의 균형을 유지하기 위한 규정으로 이해된다.[566] 본조의 대금감액청구권은 형성권으로 규정하여 매수인이 이를 행사하면 바로 그 효력이 발생한다. 대금감액청구권의 행사요건으로서 '상당한 기간을 정한 최고'를 필요로 하고(본조 제1항), 추완을 통한 매도인 보호를 필요로 하지 않는 경우에는 최고없이 대금감액을 인정하고 있다(본조 제2항 각호).

3) 손해배상청구권

개정 일본민법은 계약부적합은 매도인이 계약 내용에 적합하지 않은 목적물을 매수인에게 인도함으로써 발생한 것으로서 채무불이행의 일반원칙으로서의 손해배상청구에 관한 제415조가 하자담보책임에서도 그대

대금감액청구(개정 일본민법 제563조 제3항), 손해배상청구를 할 수 없는 것과 균형을 맞추기 위한 것이다. 熊谷則一, 前揭書, 296頁, 日本辯護士連合會, 實務解說 改正債權法, 弘文堂(2017), 386頁.

565) **개정 일본민법 제563조**: 전조 제1항 본문에 규정하는 경우에 있어 매수인이 상당 기간을 정해서 이행의 추완을 최고하고 그 기간 내에 이행의 추완이 없는 경우 매수인은 그 부적합의 정도에 따라서 대금의 감액을 청구할 수 있다(제1항). 전항의 규정에 상관없이 다음의 경우에는 매수인은 동항의 최고없이 즉시 대금의 감액을 청구할 수 있다. 1. 이행의 추완이 불능할 경우, 2. 매도인이 이행의 추완을 거절할 의사를 명확히 표시했을 경우, 3. 계약의 성질 또는 당사자의 의사표시에 의하여 특정일시 또는 일정기간 내에 이행하지 않으면 계약을 체결한 목적을 달성할 수 없는 경우, 매도인이 이행의 추완을 하지 않고 그 시기를 경과한 경우, 4. 전3호의 경우 외에 매도인이 전항의 최고를 해도 이행의 추완을 할 전망이 없음이 분명한 경우(제2항). 제1항의 부적합이 매수인의 귀책사유에 의한 것일 경우에는 매수인은 전2항의 규정에 의한 대금감액의 청구를 할 수 없다(제3항).

566) 熊谷則一, 前揭書, 298頁.

로 적용된다고 규정하고 있다(개정 일본민법 제564조).

개정전 일본민법상 하자담보책임으로서의 손해배상책임은 무과실책임으로서 매도인에게는 면책이 인정되지 않는다고 해석된데 반하여, 개정 일본민법은 계약부적합에 따른 손해배상책임은 채무자의 귀책사유가 존재하지 않을 경우에는 면책이 인정되도록 규정되었다[567](개정 일본민법 제415조 제1항 단서[568]의 준용).

또한 개정전 일본민법상 하자담보책임으로서의 손해배상책임에 대해서 법정책임설에서는 이행이익이 아닌 신뢰이익을 배상하는 것으로 해석하였지만, 개정 일본민법 제415조가 준용됨에 따라 계약부적합에 따른 손해배상의 범위는 계약부적합과 인과관계가 있는 손해 전체이며 이행이익뿐 아니라 확대손해의 배상도 인정되는 것으로 해석된다.[569]

4) 계약해제권

개정전 일본민법은 매도인의 하자담보책임으로서 '하자로 인하여 매매계약의 목적을 달성할 수 없는 경우'에는 매수인이 매도인에게 이행을 최고하지 않고 계약을 해제할 수 있었다(개정전 일본민법 제570조). 이에 비해서 개정 일본민법은 계약부적합의 경우에도 채무불이행에서의 계약해제에 관한 제541조와 제542조를 준용함으로써 채무불이행책임에서의 계약해제권과 하자담보책임으로서의 계약해제권을 일치시켰다(개

---

567) 다만, 매도인의 귀책사유가 없어서 손해배상책임이 인정되지 않는 경우에도 매수인의 귀책사유에 의한 계약부적합이 없는 한 매수인의 대금감액청구는 인정된다(개정 일본민법 제563조 제1항). 熊谷則一, 前揭書, 300頁.
568) **개정 일본민법 제415조 제1항**: 채무자가 그 본지에 따른 이행을 하지 아니하거나 채무이행이 불능인 경우 채무자는 이로 인해 발생한 손해의 배상을 청구할 수 있다. 단 그 채무불이행이 계약 기타 채무 발생원인 및 거래상의 사회통념에 비추어 채무자에게 귀책될 수 없는 사유에 의한 경우에는 그러하지 아니하다.
569) 熊谷則一, 前揭書, 300頁, 日本辯護士連合會, 前揭書, 391頁.

정 일본민법 제564조). 이에 따라 매수인이 계약을 해제하기 위해서는 '계약의 목적을 달성할 없는 경우'라는 요건은 더 이상 필요하지 않고,570) 매수인은 이행을 위한 상당기간을 정하여 이행을 최고하고 그 기간 내에 이행이 없을 경우에 계약해제를 할 수 있다. 다만, 그 계약 및 거래상의 사회통념에 비추어 계약부적합이 경미한 경우에는 계약을 해제할 수 없다(개정 일본민법 제541조의 준용).

또한, 개정 일본민법 제541조는 종전에 채권자가 계약을 해제를 하기 위해서는 채무자의 귀책사유를 요하던 태도571)를 바꾸어 채무자의 귀책사유없이도 해제할 수 있는 것으로 개정하였는데, 하자담보책임에서도 이를 그대로 준용함으로써(개정 일본민법 제564조) 이 점에 있어서는 채무불이행책임과 하자담보책임간의 차이가 없어지게 되었다.

마지막으로, 개정 일본민법 제564조는 개정 일본민법 제542조572)를

---

570) 日本辯護士連合會, 前揭書, 392頁.
571) 개정전 일본민법 제543조는 이행불능에 관해서 '채무자의 책임으로 귀책될 수 없는 사유에 의한 채무불이행의 경우에는 해제할 수 없다.'고 규정하고 있고, 이행지체에 대해서는 별도의 규정을 두고 있지 않았으나, 이행지체에 따른 계약해제에 있어서도 귀책사유가 없으면 계약해제를 할 수 없다고 해석되고 있었다(熊谷則一, 前揭書, 90頁). 하지만 개정 일본민법은 계약해제를 채권자가 해당 계약으로부터의 해방을 인정하기 위한 제도로 파악하고 채무자에게 귀책사유가 없어 손해배상청구를 할 수 없는 경우라도 채권자에게 계약으로부터 구속을 인정해야 할 사정이 있는 경우에는 해제를 인정하게 되었다(熊谷則一, 前揭書, 90頁). 다만 채무불이행이 채권자의 귀책사유가 있는 경우에는 계약해제할 수 없다는 규정을 두게 되었다(**개정 일본민법 제543조**).
572) **개정 일본민법 제542조**: 다음의 경우는 채권자는 전조의 최고를 하지 않고 즉시 계약을 해제할 수 있다.
   1. 채무의 모든 이행이 불능할 경우
   2. 채무자가 그 채무의 모든 이행을 거절할 의사를 명확히 표시할 경우
   3. 채무 일부의 이행이 불능한 경우 또는 채무자가 그 채무 일부의 이행을 거절할 의사를 명확히 표시한 경우에 있어서, 잔존하는 부분만으로는 계약을 체결한 목적을 이룰 수 없는 경우
   4. 계약의 성질 또는 당사자의 의사표시에 의하여 특정 일시 또는 일정 기간

준용함으로써, 최고없이 계약을 해제할 수 있는 경우를 규정하고 있다.

5) 하자담보책임에서 계약부적합 담보책임으로의 변화

개정전 일본민법은 '瑕疵'의 개념에 관한 규정을 두고 있지 않아서 매매 목적물이 갖춰야 할 성질을 가지고 있지 않으면 하자가 있다고 해석되어 왔다.[573] 개정 일본민법은 개정전 민법 제570조에서 '매매의 목적물에 숨겨진 하자가 있는 때에는 제566조의 규정을 준용'하던 것을, 개정 민법 제562조에 '인도된 목적물이 종류, 품질 또는 수량에 관하여 계약내용에 적합하지 않은 경우에는 매수인은 매도인에 대해 목적물의 보수, 대체물의 인도 또는 부족분의 인도에 의한 이행의 추완을 청구할 수 있다.'고 개정함으로써(개정 일본민법 제562조 제1항 본문), 하자담보책임을 계약부적합 담보책임으로 대체하고 있다.

또한, 개정전 일본민법 제570조는 하자담보책임을 숨은 하자에 대한 책임으로 규정하고 있었으나 개정 일본민법은 계약의 내용에 적합하지 않은 목적물이 인도된 경우에는 매수인의 과실 유무에 상관없이 매수인은 매도인에게 구제를 요청할 수 있다고 규정한다.[574] 이 규정은 하자 개념을 계약내용 부적합으로 대체하는 이상, 계약에 부적합한 이행이 반드시 숨겨진 것일 필요는 없다고 본 것이고, 외형상 명백히 부적합한 것이 있어도 담보책임에 의한 해결을 하는 것이 적절한 경우가 있다는 점

      내에 이행을 하지 않으면 계약을 체결한 목적을 달성할 수 없는 경우에 있어서 채무자가 이행을 하지 않고 그 시기를 경과한 경우
  5. 전 각호의 경우 채무자가 그 채무를 이행하지 않고 채권자가 전조의 최고를 해도 계약을 체결한 목적을 달성할 만큼의 충분한 이행이 될 가망이 없는 것이 분명한 경우
573) 熊谷則一, 前揭書, 294頁.
574) 결국 매수인의 과실은 과실상계 등으로 고려하여 타당한 해결을 도모해야 한다는 생각에 근거하여 '숨은 하자' 요건은 계약부적합 담보책임의 성립에서 고려되지 않도록 한 것이라는 설명으로, 熊谷則一, 前揭書, 294頁.

을 고려한 개정으로 볼 수 있다.575)

다. 도급에서의 하자담보책임

1) 도급인의 하자보수청구권, 보수감액청구권, 손해배상청구권, 계약해제권

개정전 일본민법은 제634조부터 제640조까지 수급인의 하자담보책임을 규정하고 있었는데, 개정 일본민법은 하자담보책임을 제한하는 제636조와 도급인의 권리기간 제한을 정한 제637조만 남기고 그 외의 규정을 삭제하였다. 즉 수급인의 하자담보책임에 관해서는 민법 제559조의 매매의 담보책임 규정의 포괄준용 규정을 두어 규율하는 조문구조로 되어 있다.576) 구체적으로 살펴보면 다음과 같다.

개정전 일본민법 제634조 제1항은, 목적물에 하자가 있는 경우 도급인은 수급인에게 상당한 기간을 정하여 하자보수를 청구할 수 있고, 다만 하자가 중요하지 않고 보수에 과다한 비용을 필요로 하는 경우에는 수급인에게 보수의무가 없다고 하며, 제2항은 하자의 보수에 갈음하여 또는 그 보수와 함께 손해배상의 청구를 할 수 있다는 취지로 규정하고 있었다.

또한, 개정전 일본민법 제635조는 일의 목적물에 하자가 있어서 계약체결 목적을 달성할 수 없을 때는 주문자가 계약을 해제할 수 있다고 하고, 동조 단서는 일의 목적물이 건물 기타 토지의 공작물인 경우에는 일의 목적물에 하자가 있어 그것 때문에 계약을 체결한 목적을 달성하지 못할 경우라도 계약을 해제할 수 없다는 취지로 규정하고 있었다.577)

---

575) 日本辯護士連合會, 前揭書, 379頁.
576) 日本辯護士連合會, 前揭書, 457頁.
577) 일본 판례에서는 '請負의 목적물에 重大한 瑕疵가 있어 改築해야 할 경우에는 주문자는 改築비용 상당액의 損害賠償請求를 할 수 있다는 취지를 밝히고 있었다(最判平成 14年9月24日 判例時報1801号77頁).

그런데, 개정 일본민법 제559조는 매매에 관한 규정을 매매외의 유상계약에 준용하여, 개정 일본민법 제562조, 제563조, 제564조에서 말하는 추완청구권, 보수감액청구권, 손해배상청구권, 계약해제권 규정이 모두 도급에서 준용되도록 하고 있다. 이에 따라 개정 일본민법은 도급에서 별도로 규정하던 보수청구권 및 손해배상청구권(제634조), 계약해제권 규정(제635조)를 삭제하였다.

2) 도급인의 권리행사기간 제한

개정전 일본민법 제637조는, 수급인의 하자담보책임으로서 하자보수청구권, 손해배상청구권 및 계약해제권은 목적물의 인도시(인도를 필요로 하지 않는 경우에는 일이 종료한 때부터)부터 1년 이내에 행사할 것을 규정하고 있었다. 하지만 이런 규정에 대해서는 도급인이 하자의 존재를 알지 못하는 경우에도 권리행사기간이 기산된다는 점에서 도급인에게 지나치게 불리하다는 비난이 제기되어 있었다.[578]

이런 점을 감안하여 개정 일본민법은 도급인의 권리행사기간의 기산점을 '도급인이 목적물의 부적합함을 안 때'로부터로 규정하고, 다만 '수급인이 인도시에 목적물이 계약 내용에 적합하지 않는 것으로 알고 있었던 때 또는 알지 못한 것에 중과실이 있는 경우'에는 적용되지 않는다고 규정한다(개정 일본민법 제637조 제2항).

3) 귀책사유 항변

개정 일본민법은 수급인의 하자담보책임으로서의 하자보수청구권, 보수감액청구권, 계약해제권에 대해서는 채무자의 귀책사유를 요하지 않고, 단지 손해배상청구권에 대해서만 수급인이 '계약 기타 채무 발생 원인 및 거래상의 사회통념에 비추어 채무자에게 귀책할 수 없는 사유

---

578) 熊谷則一, 前揭書, 362頁.

에 의한 경우'에 면책을 허용하고 있다(민법 제559조에 의한 제562조, 제563조, 제564조, 제415조 준용). 일본 민법수급인의 손해배상책임에 대해서 준용되는 일본 개정민법 제415조 단서의 해석상 '계약 기타 채무 발생원인 및 거래상의 사회통념'의 개념이 포함된 것은, 채무자의 손해배상책임 발생에 있어서 채무자의 귀책사유를 요하는 것으로 해석하면서도, 종래의 해석과 같이 채무자가 손해배상책임을 부담하는 근거가 채무자의 고의, 과실에 있다고 보지 않고, 채무자의 손해배상책임의 근거가 계약의 구속력에 있다고 본다는 점에서 의미를 가진다.579) 불가항력으로 국한하지 않는다.580) 이에 따라 일본 민법상 수급인이 손해배상책임을 면하기 위해서는 계약의 구속력을 정당화시키지 못하는 사정(예를 들어, 채무를 이행하지 못하게 된 원인이 계약에서 상정되지 않고 예상되는 것도 아니었다는 사정)을 증명해야 하는 것으로 새기고 있다.581) 이에 반해 수급인은 도급인의 계약해제권, 대금감액청구권, 추완청구권에 대한 항변으로 자신에게 귀책사유가 없다는 사정을 주장하지 못한다고 해석된다.582)

---

579) 정태윤, "일본 개정민법(채권관계)중 주요부분에 관한 개관", 민사법학 제82호, 한국민사법학회(2018. 2), 266면.
580) 熊谷則一, 前揭書, 75頁.
581) 개정 일본민법 제415조 제1항 단서에서 계약의 내용에 맞게 면책이 인정된다는 의미에 관해서, 결과채무의 경우에는 계약으로 실현이 보장된 결과가 실현되지 않았다는 채무불이행에 대하여 결과의 실현을 방해하는 사태가 계약에서 상정되지도 않았고 예상될 수도 없었다는 이유로 면책을 주장할 수 있는 반면에, 수단채무의 경우에는 구체적인 의무 및 그 위반의 확정이 요구되는 것이어서 그와는 별도의 면책사유의 판단을 할 이유가 없다는 설명으로, 潮見佳男/박인환 번역, 전게 논문, 186면. 이런 설명에 비추어 보면, 결과채무를 부담하는 수급인은 자신의 결과실현을 방해하는 사태에 대해서는 책임을 부담하지 않는다는 점에서 불가항력 항변을 하는 것이 가능하다는 추론도 가능해 보인다. 다만, 수급인의 손해배상책임에 관한 항변의 범위를 이와 같은 계약해석을 통해 정하도록 하는 것이 법적 안정성 측면에서 타당한 것인지에 대해서는 향후 일본 민법의 운영 상황을 살펴보아야 할 것이다.

III. 소결

연혁적 또는 비교법적으로 도급계약상 수급인의 강한 책임을 보장하는 규율 및 해석으로서 대륙법계에서의 담보책임, 영국법상의 엄격책임이론, 프랑스민법상의 수단채무 및 결과채무론 등을 살펴보았다. 이들은 세부적으로 약간의 차이점을 가지고 있지만, 수급인이 자신이 행한 불완전급부에 대해 귀책사유가 없다는 항변을 할 수 없다는 공통점을 가지고 있다.

이 중에서 담보책임제도는 채무불이행책임에 있어서의 과실책임주의를 근간으로 하는 대륙법 체계에서 채무자의 책임을 강화하는 목적을 가지고 있다는 점에서 하자담보책임 체계를 채무불이행책임 체계와 일원화하려면 과실책임주의를 내용으로 하는 체계도 함께 살펴보아야 한다. 이와 관련하여 2017년 일본 개정민법은 채무불이행책임법 체계와 하자담보책임법 체계를 일원화하는 작업을 마쳤다는 점에서 우리에서 참고가 될 만하다. 즉, 일본 개정민법은 i) 일반채무불이행책임중 채권자의 손해배상청구권에 대해서는 채무자의 귀책사유를 요구하는 '귀책주의'를 유지하면서 매매와 도급에서의 담보책임으로서의 손해배상청구권과 그 내용을 일치시켰고, ii) 일반채무불이행책임중 채권자의 계약해제권에 대해서는 채무자의 귀책사유를 요구하지 않으면서, 매매와 도급에서의 담보책임에서도 추완청구권, 대금감액청구권, 계약해제권에 대해서 채무자의 귀책사유를 요구하지 않는다. 결국 일본 개정민법은 채무불이행법 체계와 하자담보책임 체계간에 완전한 일원화를 갖추고 있다고 생각된다. 이런 점에서 우리 민법도 일본민법의 개정방향을 따라가야 한다는 견해가 있을 수 있다. 사견으로는 손해배상책임을 제외한 계약해제권, 대금감액청구권, 추완청구권에 있어서 채무자의 귀책사유를 요구하지

---

582) 熊谷則一, 前揭書, 90頁.

않는 내용으로 일반 채무불이행책임 체계와 하자담보책임 체계를 일원화시키는 것은 국제적인 추세와도 부합한다는 점에서 타당하다고 본다. 다만, 손해배상책임에 관해서는 다소 신중해야 한다고 본다. 즉, 일본 개정민법 제415조 제1항 단서는 채무자가 손해배상책임을 면책하는 근거로서 귀책사유가 없을 것을 요구하고 있고 수급인의 하자담보책임에서도 이 규정을 준용하고 있다. 하지만 수급인의 하자담보책임은 수급인이 일의 완성을 위한 모든 권한과 책임, 위험을 모두 감내한 계약으로서 무과실책임을 부담하는 것이 타당하다는 점에서 수급인의 손해배상책임을 귀책주의에 따르도록 하는 것에 대해서는 신중해야 할 것으로 생각한다. 결국 우리 민법이 채무불이행책임에서의 손해배상책임을 채무자의 귀책사유와는 무관하게 무과실책임으로 구성하기 전까지는 수급인의 하자담보책임과의 일원화는 불충분할 수 밖에 없다고 생각한다.[583] 오히려 우리 민법상 채무불이행책임으로서의 손해배상책임에 관해서는 '귀책주의'[584]를 유지하되 수급인의 하자담보책임으로서의 손해배상책임에 대해서는 무과실책임을 유지하는 것이 도급인 보호의 측면에서나 국제적으로 채무자의 엄격책임을 보장하려는 추세에 비추어 볼 때 타당하다고 본다.

 이제, 제2절에서는 하자담보책임 체계와 채무불이행책임 체계가 접근해 가는 또 다른 모습을 살펴보고자 한다. 즉, 채무불이행책임의 내용

---

583) 하지만, 우리 민법상 채무불이행책임 체계에 관해서 여전히 과실책임의 원칙을 견지하는 것이 타당하다고 보는 견해로, 김대정, "채무불이행법과 하자담보책임법의 통합 모색", 민사법학 제26호, 한국민사법학회(2004. 9), 15면; 김용담 편집대표, 주석민법 채권총칙(1), 743면(김상중 집필부분).
584) 현행 우리 민법의 해석상으로도 채무자의 손해배상책임에 대한 면책사유로서의 귀책사유로서 채무자의 고의, 과실 이외에, 불가항력에 의한 면책 등을 포함시키는 점에서 보면[곽윤직 편집대표, 민법주해IX, 371면(양창수 집필부분), 김용담 편집대표, 주석민법 채권총칙(1), 743면(김상중 집필부분)], 일본 개정민법 제415조 제1항 단서에 따른 채무자의 항변의 범위와 현행 우리 민법상의 채무자의 항변의 범위에 큰 차이는 없다고 생각한다.

으로서 추완청구, 대금감액, 계약해제는 물론 손해배상청구까지도 무과실책임을 채택함으로써 하자담보책임 체계를 채무불이행책임 체계에 포함시키는 것이 그것이다.

제2절 국제통일법상 하자담보책임의 채무불이행책임에의 통합 경향

본장 제1절에서는 개정 독일민법과 개정 일본민법이 채무불이행책임법 체계와 하자담보책임법 체계를 접근시킴으로써 일원화시킨 모습을 살펴보았다.

제2절에서는 개정 독일민법과 개정 일본민법과는 또 다른 모습의 채무불이행책임법 체계와 하자담보책임법 체계의 일원화 경향을 살펴보기로 한다. 즉, 유럽을 중심으로 하여 추진되어 온 국제적인 통일법 형성 결과, 무과실책임주의를 근간으로 하는 채무불이행책임법 체계와 하자담보책임법 체계가 구분되지 않고 양 책임이 일원적으로 규율되는 것이 계약법의 국제적인 조류로 자리를 잡아가고 있는 것이다.[585] 이어서 제3절에서는 2002년부터 우리 민법의 개정을 둘러싼 논의과정에서 나온 하자담보책임법 관련 내용을 살펴보고 우리 민법의 개정방향에 관해서도 살펴보기로 한다.

Ⅰ. 하자담보책임을 탈피하려는 국제적 경향

1. 국제통일법의 개요와 기본내용

가. 국제통일법의 개요

1980년 비엔나에서 62개국이 참가한 외교회의에서 국제물품거래에 관

---

585) 김대정, "채무불이행법과 하자담보책임법의 통합 모색", 민사법학 제26호, 한국민사법학회(2004. 9), 4면.

한 국제협약(The United Nations Convention on Contract for the International Sales of Goods, 이하 "CISG")이 승인되어 1988년부터 효력을 가지게 되었다.[586] CISG은 영미 계약법과 대륙 계약법의 원칙을 융합한 것으로, 동산매매에 관한 통일법에서 나아가 세계계약법의 통일을 달성할 수 있는지를 시험하는 시금석이 되었다.[587]

한편, 사법통일을 위한 국제협회(International Institute for the Unification of Private Law; UNIDROIT)가 1994년 발표한[588] 국제상사계약에 관한 일반원칙(Principles of International Commercial Contracts, 이하 "PICC")은 국제조약이 아니어서 각국이 이 원칙을 국내법화 하도록 하는 강제장치를 가지고 있지는 않지만, 국제거래에서 적용될 합리적 계약법의 표준을 정하고 있다고 평가되고 있다.[589] PICC 서문에서는 PICC가 국제적 모델법 또는 협약 등을 해석하고 보완하는데 사용될 수 있을 뿐 아니라, 국내법의 해석이나 보완 및 나아가 국내 및 국제적인 입법자를 위한 모델로서 기능할 것을 목적으로 하고 있음을 밝히고 있다.[590]

한편, 유럽연합(European Union, 이하 'EU' 또는 '유럽연합') 역내에서의 국제 거래 증가에 따라 계약법 통합에 관한 논의가 진행되었고, 그 와중에 EU가 회원국의 국내법에 관한 가이드라인을 제시함으로써 각국

---

[586] 최준선(b), "UN국제물품매매협약의 의의와 해석원칙", 비교사법 제11권 제3호, 한국비교사법학회(2004. 9), 62면. 우리나라는 2004년 2월 17일에 가입신청서를 제출하였고 2005년 3월 1일부터 동 협약이 국내에서 발효중이다.
[587] 최준선(a), "국제물품계약에 관한 UN협약(1980)에 대한 약간의 고찰, -한국의 입장에서", 국제거래법연구 제12권(2004. 2), 49면.
[588] PICC는 2002년, 2010년, 2016년 등 세차례에 걸쳐 개정판이 발표되었다. 2016년 PICC는 https://www.unidroit.org/instruments/commercial-contracts/unidroit-principles-2016을 참조함. 2025. 3. 14. 방문.
[589] 양창수(a), "유럽계약법원칙에 대한 一考 및 그 飜譯", 서울대학교 법학 제40권 제1호, 서울대학교 법학연구소(1999. 5), 360면.
[590] https://www.unidroit.org/instruments/commercial-contracts/unidroit-principles-2016 2025. 3. 14. 마지막 방문.

의 국내법을 동화시키려는 노력이 이루어지게 되었다.591) 이 중에서 대표적인 성과를 낸 것이 유럽계약법위원회(Commission on European Contract Law)가 주도한 유럽계약법 원칙(The Principles of European Contract Law, 이하 "PECL")이다. 유럽계약법위원회는 1995년에 계약의 이행, 채무불이행 및 그 경우의 구제수단에 대하여 정하는 1부를 발표하고, 2000년에는 계약의 성립·유효성·해석 및 내용, 그리고 대리를 포함하는 제2부를 발표하였으며, 3부가 2002년에 완성되었다.

그 후 유럽계약법위원회의 작업은 보다 넓은 법 영역을 대상으로 하는 유럽 민법전 연구회(Study Group on a European Civil Code)로 인계되었는데, 이 스터디그룹은 매매계약, 용역제공계약, 위임계약을 비롯한 14개의 분야별 작업그룹으로 구성되었다.592) 이후 유럽위원회(European Committee)는 2013년 계약법 통일을 위한 액션 플랜을 발표하면서 공통참조기준 초안(Draft of Common Frame of Reference, 이하 'DCFR')에 대한 검토를 제안하였고,593) 2005년에 설립된 유럽 사법에 관한 조인트 네트워크(Joint Network on European Private Law594), 이하 '조인트 네트워크')에 DCFR작성을 위탁하였다. 조인트 네트워크는 스터디 그룹 및 Aquis그룹 등으로 구성되어 작업을 한후 2009년에 DCFR을 공개했다.

이후 2011년에 유럽위원회(European Commission)는 DCFR을 기초로

---

591) 성승현(a), "유럽의 계약법 통일 논의와 혼합체계(Mixed Legal System)의 대두-비교사법연구에의 시사-", 민사법학 제137권, 한국민사법학회(2007. 6), 115면.
592) C. von Bar et al., Principles, Definitions and Model Rules of European Private Law - Draft Common Frame of Reference, vol I(2010), p. 27. 14개 팀중에서 용역제공계약은 Mauris Barendrecht 교수가 리더를 맡았다.
593) Communication from the Commission to the European parliament and the Council-A more coherent European Contract Law-An Action Plan, 12.2. 2003, COM(2003) 68 final.
https://eur-lex.europa.eu/legal-content/EN/ALL/?uri=CELEX%3A52003 DC00 68 2025. 3. 14. 마지막 방문.
594) https://cordis.europa.eu/publication/rcn/13014_en.html. 2025. 3. 14. 마지막 방문.

유럽공통매매법(Common European Sales Law, 이하 "CESL") 초안을 유럽의회와 이사회(The Council of European Union)에 제안하였다.[595] CESL은 기존에 존재하는 각국의 계약법을 침해하지 않고서 별도의 매매계약법을 유럽연합 차원에서 제정하려고 하였다. 그 입법형식은 유럽연합의 규칙(regulation)[596]으로서 바로 법규적 효력을 가지기 때문에 각 회원국이 국내법에 반영할 필요는 없다. 다만 각 당사자 사이에 곧바로 적용되는 것이 아니라 각 당사자가 CESL 적용을 선택해야만 당사자 사이의 계약관계에 적용된다는 점에 특징이 있다.[597]

CESL이 관심을 끄는 이유는 유럽의 첫 번째 통일된 계약법을 의미하기 때문이다.[598] 제안서,[599] 전문과 총 16개의 규칙(이하 'CESL 규칙'이라

---

595) 박영복, "EU집행위원회에 의해 제안된 유럽공통매매법에 관한 규칙", 외법논집 제37권 제3호, 한국외국어대학교 법학연구소(2013. 8), 37면 이하.
596) 유럽연합의 규범제정 형태는 규칙(Regulation), 지침(Directive), 결정(Decision) 및 권고(Recommendation) 및 의견(Opinion)으로 나뉜다. 즉, 規則(Regulation)은 모든 회원국들에 대해 직접적으로 적용되고(The Treaty On The Functioning of the European Union, 이하 '유럽연합조약'제288조 제2문), 指針(Directive)은 유럽연합 회원국들이 추구하여야 하는 정책목표를 제시하고 각 회원국들이 국내입법을 통해서 동일한 결과의 실현을 가능하도록 하는 하나의 표준적인 규범이다(유럽연합조약 제288조 제3문). 한편, 決定(Decision)이란 개별 사안에서 해당 수범자에게 전부 구속력을 가지는 규범으로서 '해당 수범자'에게만 선별적으로 미친다는 점에서 일반적인 구속력을 가지는 규칙과는 다르다(유럽연합조약 제288조 제4문). 마지막으로, 勸告(Recommendation)는 일정한 상대방에게 특정 행위를 권하는 국제기구의 일방행위이며, 意見(Opinion)은 특정 대상자 없이 제3자의 요청으로 단순한 견해를 표시하는 것이다. 이하 송호영, "유럽연합(EU) 차원의 私法統一이 EU회원국들의 國內法에 미치는 영향에 관한 연구", 외법논집 제34권 제3호, 한국외국어대학교 법학연구소(2010. 8), 131면.
597) 하경효외 공역, 보통유럽매매법, 세창출판사(2014), 4면.
598) 하경효외 공역, 전게서, 35면.
599) 제안서의 근거와 목적을 보면 다음과 같다.
'회원국들 사이에서 계약법의 상이성은 연합 역내시장에서 국경을 넘은 교역에 참여하기를 원하는 기업인들과 소비자들을 방해한다. 2008년 6월17일의

함), 부속서 I(총 186개 조문), 부속서II(모범정보 안내서)로 되어 있으면서 사업자(기업인)와 소비자 내지 중소사업자 사이의 거래를 대상으로 상품과 디지털콘텐츠 및 관련 용역을 대상으로 하는 계약을 규율한다. CESL은 유럽연합내의 국경을 넘어선 거래의 활성화를 위하여 만들어졌고, 하나의 통일된 입법을 마련하고자 하는 목적이 강하다. 국경을 넘어선 거래를 주된 영역으로 삼았기 때문에 주로 전자상거래의 영역이 규율대상이 되었다.[600] 다만, 2014년 12월 유럽위원회(European Committee)는 CESL 초안을 수정 또는 철회목록에 올림으로써 사실상 이 제안은 철회된 것으로 이해되고 있다.[601]

나. 국제통일법의 기본 내용

1) CISG

CISG는 1부로서 협약의 적용범위와 일반규정(Sphere of application and general provision)을, 2부로서 계약의 성립(Formation of the contract), 3부로서 물품의 매매(Sales of Goods), 4부로서 최종규정(Final Provisions)을 포함하고 있다.

CISG는 물품매매를 대상으로 하는데, 여기서 '물품'은 동산을 의미하고 부동산을 제외하며(CISG 제2조),[602] 교량, 건물 또는 항구적 구조물은

유럽의회와 이사회 규칙 593/2008(Rome I) 제6조에 의하여 다른 회원국에 있는 소비자에 대한 영업을 목적으로 하는 경우 이는 그 회원국의 계약법을 준수하여야 한다.'
600) 하경효외 공역, 전게서, 35면.
601) 박영복 편집대표, EU사법(III), 한국외대 법학연구소 외법총서 3, 한국외국어대학교 지식출판원(2017) 7-8면.
602) **CISG 2조**: 본 협약은 다음의 매매에는 적용되지 아니한다. (a) 개인용, 가족용 또는 가사용으로 구입되는 물품의 매매, 다만 매도인이 계약체결 전이나 또는 계약체결시에, 물품이 그러한 용도로 구입된 사실을 알지 못하였고 또한 알았어야 하지도 않았던 경우에는 그러하지 아니하다. (b) 경매에 의한 매매

제외하지만, 이동성 구조물은 적용대상에 포함된다.[603)]

CISG는 용역제공계약을 제외한다.[604)] 물품을 제조 또는 생산해서 공급하는 계약은 매매로 보므로 적용대상에 포함되지만, 물품을 주문하는 자가 생산이나 제조에 필요한 원료의 실질적인 부분을 제공하기로 약정한 경우는 적용대상에서 제외된다. 물품과 노동력 기타 용역을 함께 제공하는 계약이 포함되기는 하지만, 노동력 또는 기타 용역이 당사자의 의무의 압도적[605)]인 부분을 차지하는 계약에는 적용되지 않는다(CISG 제3조).

2) PICC

PICC는 당사자들이 그들의 계약에 의해 PICC를 적용하기로 합의한 경우에 적용되고(전문 제2문) 당사자가 자신들이 체결하는 계약을 '법의 일반원칙', 'lex mercatoria'(상관습법) 또는 이와 유사한 것에 따르기로 합의한 경우에 적용될 수 있으며(전문 제3문), 당사자들이 그들의 계약을 규율할 법을 정하지 않은 때 적용될 수 있다(전문 제4문).

PICC는 국제적 상사계약을 대상으로 하나, 순수한 국내계약에 있어서도 이 법리를 적용할 것을 당사자가 합의하는 것을 배제하지는 않는다. 또한 '국제적' 혹은 '상사계약'의 여부에 관하여 폭넓게 해석하고 있다.[606)]

(c) 강제집행 또는 기타 법률의 수권에 의한 매매 (d) 주식, 지분, 투자증권, 유통증권 또는 통화의 매매 (e) 선박, 부선, 수상익선 또는 항공기의 매매 (f) 전기의 매매.
603) 오원석·하강헌, 국제물품매매법, 박영사(2004), 30면.
604) CISG는 용역제공계약을 제외하고 있지만, 본 논문에서는 다른 국제통일법과의 비교를 위하여 이를 함께 검토하고자 한다.
605) '압도적'의 의미에 관해서는 가액을 기준으로 산정해야 할 것이다 (오원석·하강헌, 전게서, 34면).
606) 오원석·최준선·석광현·허해관, Unidroit 국제상사계약원칙, 법문사(2016), 2면. PICC에서는 상사계약인지 여부에 관해서는 '대륙법체계에서의 민사(civil)와

PICC는 상사계약의 정의규정을 두고 있지는 않는데, 물품이나 용역을 제공 또는 교환하는 거래는 물론 투자계약 및/또는 concession 계약(양허계약), 전문용역제공계약까지도 포함하는 것으로 해석된다.[607]

PICC는 CISG와는 달리 매매계약뿐 아니라 국제거래 일반을 대상으로 하고 있고 용역제공계약도 대상으로 하며, CISG에서는 다루어지지 않았던 계약의 무효사유에 관한 문제, 즉 착오, 사기, 강박 등의 문제도 규정하고 있다.[608]

3) PECL

PECL은 CISG나 PICC와 달리 국제 상사거래에 적용될 것을 목적으로 한 것이 아니라, 유럽연합 내의 계약에 적용될 일반원칙을 정립하는 것을 목적으로 한다. PECL은 계약법의 총칙을 내용으로 총 9부분으로 구성되어 있어서, 계약의 성립, 대리인, 계약의 유효성, 계약의 해석, 계약의 내용과 효력, 이행, 계약불이행과 일반적 구제, 특별한 구제방법 등을 내용으로 한다.

PECL은 유럽연합에서 계약법의 일반규정으로 적용되는 것을 목적으로 하고(PECL 제1:101조 (1)), 당사자들이 PECL을 계약에 편입시키기로 합의한 경우 또는 이 원칙에 의하여 계약을 규율하기로 합의한 경우에 적용된다.[609]

상사(commercial)의 구별에 따른 것은 아니다. 따라서 이 원칙의 적용여부가 당사자의 형식적인 상인의 지위 여부에 달려 있는 것은 아니며, 또한 거래가 상사적인 성질을 가지고 있는지 여부에 달려 있는 것도 아니다. 이 법리는 다만 소극적으로 소비자 거래에만 그 적용이 배제 된다.'고 한다. 이하 PICC의 번역은 이 저서를 참조함.

607) 오원석·최준선·석광현·허해관, 전게서, 3면.
608) 양창수(a), 전게 논문, 360면.
609) 다만, 당사자들이 합의하지 않은 경우에도 PECL이 적용되는 경우를 두 가지로 정리하고 있는데, i) 당사자들이 '법의 일반 원칙', '상관습법' 또는 이와 유사한 것에 의하여 계약을 규율하기로 합의한 경우, ii) 당사자들이 계약을 규

4) DCFR

DCFR은 PECL의 규율범위(계약의 성립, 효력, 해석 등 계약에 관한 규정 및 수인의 당사자, 채권의 양도, 상계 및 시효 등 채권 전반에 관한 규정)를 유지하면서, 제4권에서는 매매, 물품의 대여, 용역, 위임, 대리상 가맹업 및 배급업, 대부계약, 인적 담보, 증여 등 각종계약을 다루고 있다.610) 이중에서 제4권 C편은 용역(service)이라는 제목하에 건설, 가공, 임치, 설계, 정보제공 또는 조언, 치료계약을 규정하고 있다. 한편 DCFR은 PECL이 다루지 않았던 비계약상의 의무인 부당이득(unjustified enrichment), 불법행위(non-contractual liability arising out of damages caused to another) 및 사무관리(benevolent intervention in another's affairs)를 규정한다. 다만 DCFR은 적용 제외분야를 별도로 규정하고 있어서, 자연인의 지위 또는 법적 능력, 유언 및 승계, 가족 관계, 양도성 증서, 고용관계, 부동산에 관한 법, 회사법 및 민사소송절차 및 집행에 관한 법은 다루지 않는다(I-1:101조 제2항).

5) CESL

CESL은 상품매매계약에 대해서만 적용되고, 여기에는 동산에 관한 매매계약과 디지털콘텐츠의 제공 그리고 이와 관련된 용역 제공만이 포함된다(CESL 규칙 제5조). 그 외에 소비자신용과 연관된 모든 계약은 적용범위에서 제외된다(CESL 규칙 제6조 제2항).

또한 CESL은 사업자(기업인)와 소비자 사이의 계약으로서 사업자(기업인)가 매도인인 경우 및 사업자(기업인)와 중소사업자(기업인) 사이의 계약에만 적용된다.611)

준할 법의 체계 또는 규칙을 선택하지 않은 경우가 그것이다(PECL 제1:101조 제3항).
610) Christian von Bar외 10인 편저/안태용 역, 전게서, 21면.
611) 하경효외 공역, 전게서, 7면. 이하 CESL의 번역은 이 저서를 참조함.

CESL은 국경을 넘어서 체결된 계약에 적용되지만, 회원국들이 국내 거래에도 적용되도록 결정하는 것도 가능하다(CESL 규칙 제13조).

2. 국제통일법상 채무불이행법의 개요

가. CISG

CISG가 규율하는 채무불이행법의 개요는 다음과 같다.

첫째, CISG는 채무불이행을 이행지체, 이행불능 및 불완전이행으로 구분하지 않고 이를 전부 계약위반의 문제로서 일원적으로 처리한다.[612] 특이한 것은 CISG가 본질적 계약위반(CISG 제25조) 개념을 두어 본질적 계약위반에 해당하는 경우에는 계약해제를 할 수 있고, 본질적 계약위반에 해당하는 물품의 계약부적합의 경우에는 대체물 급부청구권을 규정한다(CISG 제46조 제2항).

둘째, 채무불이행이 성립하기 위한 요건으로서 고의 또는 과실의 존재를 요구하지 않는 무과실책임주의를 택하고 있다.[613] 즉 CISG 제45조 제1항에 따라 매수인이 매도인의 계약위반에 대한 구제수단을 행사하기 위해서는 매도인이 의무를 이행하지 않으면 족하고 그에 대해 매도인에게 고의 또는 과실이 있을 것을 요구하지 않는다.[614]

---

612) G.H. Treitel, op. cit., p. 11. 참조.
613) 김철수, "채무불이행법의 국제적 동향과 한국민법의 개정", 법학연구 통권 제50집, 전북대학교 법학연구소(2016. 11), 132면.
614) 이와 같은 태도는 영미법의 원칙과 유사하고, 과실책임주의를 택하고 있는 우리나라와는 대비된다. 프랑스의 경우는 과실책임주의와 영미법의 중간에 있다고 설명된다. 즉 프랑스민법상 계약위반에 대한 책임을 묻기 위해서는 귀책사유가 필요하나 그 요건에 있어서 수단채무(obligation de moyens)와 결과채무(obligation de résultat)의 사이에 차이가 있다. G.H. Treitel, op. cit., p. 11. 참조.

셋째, 채무불이행이 있으면 거기에 상응하여 특정 이행615)(즉, 원래의 계약상의 의무의 이행, 이하에서 같은 의미로 사용한다)을 청구하거나(CISG 제46조 제1항, 제62조), 대체물의 급부를 청구하거나(CISG 제46조 제2항), 하자의 보수를 청구하거나(CISG 제46조 제3항616)),617) 감액청구 또는 감액통지를 하거나(CISG 제50조), 손해배상을 청구하거나(CISG 제74조 이하) 계약을 해제할 수 있다(CISG 제49조).

넷째, 채권자는 채무불이행으로 인한 각 권리구제수단이 양립 가능하다면 이를 중첩적으로 행사할 수 있다(CISG 제45조 제2항618)).619)

다섯째, 불가항력 사유에 의한 채무불이행이 있는 경우 채무자는 손해배상책임을 면한다(제CISG 제79조).620)

---

615) CISG가 제46조와 제62조에서 이행청구권을 맨 먼저 규정한 사실은 계약의 구속력은 가능한 보호되어야 한다는 대륙법계의 원칙을 따른 것이라는 설명으로, 석광현, 전게서, 179면.
616) 계약에 부적합한 물품이 교부된 경우 매도인 역시 하자보수권이 있는데, 인도일 이전에 미리 교부한 경우에는 CISG 제37조의 요건 하에서, 인도일에 교부한 경우에는 CISG 제48조의 요건 하에서 이런 권리를 행사할 수 있다.
617) 계약에 부적합한 물품이 교부된 경우 매도인 역시 하자보수권이 있는데, 인도일 이전에 미리 교부한 경우에는 CISG 제37조의 요건 하에서, 인도일에 교부한 경우에는 CISG 제48조의 요건 하에서 이런 권리를 행사할 수 있다.
618) **CISG 제45조 제2항**은 "여타의 권리를 행사함으로써 매수인은 손해배상을 청구할 권리를 박탈당하지 않는다."고 규정한다. 즉, 특정 이행의 청구와 손해배상, 하자보수와 손해배상, 계약해제와 손해배상의 양립이 가능하다는 것을 의미한다. John O. Honold, The law of sales and and secured financing: Cases, problems and materials, Foundation Press(2002) § 277 참조.
619) **CISG 제45조 제2항**은 "여타의 권리를 행사함으로써 매수인은 손해배상을 청구할 권리를 박탈당하지 않는다."고 규정한다. 즉, 특정 이행의 청구와 손해배상, 하자보수와 손해배상, 계약해제와 손해배상의 양립이 가능하다는 것을 의미한다. John O. Honold, The law of sales and and secured financing: Cases, problems and materials, Foundation Press(2002) § 277 참조.
620) 채무불이행이 자신의 통제를 벗어나 있는 장애(impediment) 사유에 기한 것이고, 계약체결의 시점에 그 장애를 고려하는 것이 합리적으로 예견될 수 없었거나 그 장애 또는 그 장애의 결과를 회피하거나 극복할 것으로 예견할 수

여섯째, CISG는 계약의 해제를 채무자의 귀책사유를 요하지 않는 채무불이행의 청산제도로 파악한다.[621] 다만, CISG는 사소한 이유로 매매계약이 해제되는 것을 막기 위하여 계약해제를 제한한다. 즉, 매도인의 계약위반이 본질적인 경우에 한하여 계약을 해제하거나(CISG 제25조, 제49조 제1항 a호, 제64조 제1항 a호), 매도인이 정해진 기간 내에 물품을 인도하지 않거나 인도하지 않겠다고 선언하는 경우에 계약을 해제할 수 있다(CISG 제49조 제1항 b호).

일곱째, 채권자의 작위 또는 부작위에 기하여 채무자의 채무불이행이 있으면 채권자는 채무자의 채무불이행을 원용할 수 없다(CISG 제80조).

여덟째, CISG에서는 채무불이행책임과 하자담보책임을 구분하여 규정하고 있지 않다.[622] 즉 CISG는 채무불이행책임과 하자담보책임을 구분하지 않고 계약위반(breach of contract)의 문제로 취급함으로써 일원적인 계약책임체계를 취하고 있다.[623] 다만 CISG는 채무불이행책임을 지는 사유로 물품의 부적합(CISG 제35조[624] 내지 제40조)과 제3자의 권리

없었던 경우에는 그 불이행의 책임을 지지 않는다(CISG **제79조 제1항**). 불이행한 당사자는 상대방에게 장애사유와 그로 인해 채무이행을 할 수 있는 능력에 영향을 미쳤음(its effects on his ability to perform)을 통지하여야 한다. 불이행한 당사자가 장애를 알았거나 알 수 있은 이후 상당한 기간 내에 상대방에게 그 사실을 통지하지 않은 경우, 그로 인한 손해에 대해 배상할 책임이 있다(동조 제4항). 불가항력의 항변은 손해배상청구권의 행사에만 영향을 미친다(동조 제5항).

621) 김형배, 채권총론(전게서), 205면 이하; 석광현, 전게서, 392면.
622) 오홍철, "국제물품매매법상 하자담보책임의 효과와 민법개정안의 비교", 법학연구 제19집, 한국법학회(2005. 10), 193면.
623) 석광현, 전게서, 377면.
624) **CISG 제35조**는 다음과 같이 규정한다. i) 매도인은 계약에서 정한 수량, 품질 및 종류에 적합하고, 계약에서 정한 방법으로 용기에 담겨지거나 포장된 물품을 인도해야 한다(제1항). ii) 당사자가 달리 합의한 경우를 제외하고, 다음의 경우(동종 물품의 통상 사용목적에 맞지 않거나, 계약체결시 매도인에게 명시적 또는 묵시적으로 알려진 특별한 목적에 맞지 아니한 경우, 매도인이 견본 또는 모형으로 매수인에게 제시한 물품의 품질을 가지고 있지 아니한

주장(CISG 제41조[625] 내지 제44조)을 규정하고 있는데, 이와 같이 CISG는 담보책임에 관한 규정을 계약책임의 틀 안에 두면서도 담보책임의 특성을 무시하지 않는 태도를 취하고 있다.[626]

아홉째, 채권자는 급부수령의무를 부담할 뿐 아니라, 채무자의 채무이행의 실현에 협력할 의무를 부담하고 있다.[627]

열번째, 채권자에 의한 채무불이행, 즉 채권자지체가 있다고 해서 그것을 이유로 위험이 이전되지 않으며, 채무자가 그 목적물을 점유하고 있다면 여전히 그는 목적물을 안전하게 보관하기 위해 합리적인 조치를 취하여야 한다(CISG 제85조, 제87조, 제88조). 채권자가 계약부적합 등을 이유로 수령을 거절하는 경우라 하더라도 채무자가 매매목적물을 점유하거나 점유해야 하는 상황에서는 목적물을 안전하게 보관하기 위한 합리적인 조치를 취하여야 할 의무를 부담한다(CISG 제86조, 제87조, 제88조).

열 한번째, CISG 제48조는 이행기 이전은 물론 이행기 이후에도 매도인의 추완권을 규정한다. 매도인이 불이행한 채무를 추완한 경우에도 매수인은 불이행으로 인한 손해에 대한 배상을 청구할 수 있다(본조 제1항

경우, 물품을 보존하고 보호하는데 적절한 방법으로 용기에 담겨지거나 포장되어 있지 아니한 경우)에는 계약에 적합하지 아니한 것으로 한다(제2항).
[625] **CISG 제41조**에 의하면, '매수인이 제3자의 권리나 권리주장의 대상이 된 물품을 수령하는데 동의한 경우를 제외하고, 매도인은 제3자의 권리나 권리주장의 대상이 아닌 물품을 인도하여야 한다. 다만 그러한 제3자의 권리나 권리주장이 공업소유권 그 밖의 지적재산권에 기초하는 경우에는 매도인의 의무는 제42조에 의하여 규율된다.'
CISG 제42조에 의하면, 매도인은 계약체결시에 자신이 알았거나 모를 수 없었던 공업소유권 그밖의 지적재산권에 기초한 제3자의 권리나 권리주장의 대상이 아닌 물품을 인도하여야 한다(제1항 제1문).
[626] 석광현, 전게서, 378면.
[627] **CISG 제53조**는 매수인의 물품 인수의무를 정하고 있다. 또한 일방 당사자의 작위 또는 부작위로 상대방의 채무가 불이행된 경우, 그 채무불이행을 원용할 수 없도록 규정하는 CISG 제80조는 채권자의 협력의무를 전제하고 있는 것이라고 한다. John O. Honold, *op. cit.*, § 436.4. 참조.

제2문).

나. PICC

첫째, PICC 제7.1.1.조는 채무불이행(non-performance)의 정의로서, '불완전한 이행 내지 이행지체를 포함하여, 계약상의 채무 중 어떠한 채무가 당사자에 의해 이행되지 않은 것'이라고 함으로써 채무불이행이 채무자의 귀책사유를 요하는 것은 아님을 밝히고 있다.[628] 이는 전통적인 대륙법계에서의 채무불이행책임의 귀속근거로 드는 귀책주의, 즉 당사자가 채무불이행에 대하여 귀책사유가 없음을 증명하는 경우에는 급부의무를 면하는 태도와는 구분된다. 오히려 영미법상 채무자가 계약상 약속한 결과의 실현을 보증하였다는 태도에 근접하는 것으로 이해된다.

둘째, PICC도 CISG와 유사하게 채무불이행에 대한 채권자의 권리구제수단으로 특정 이행을 청구할 수 있는 권리(PICC 제7.2.2.조) 불완전한 이행의 보완 및 대체청구권(PICC 제7.2.3), 손해배상청구권(PICC 제7.4.1.조), 계약해제권(PICC 제7.3.1조)을 규정하고 있다. 다만 CISG 내지 PECL과는 달리 대금감액권을 규정하고 있지는 않다.

셋째, PICC는 CISG 제45조 제2항과 유사하게, '계약해제는 불이행에 대한 손해배상의 청구를 배제하지 아니한다'고 규정한다(PICC 제7.3.5.조). 다만 채권자가 채무불이행한 채무자에 대해 사용할 수 있는 권리들이 서로가 병존한다는 기본원칙을 규정하고 있지는 않다.

넷째, 불가항력으로 인한 채무불이행이 있을 때에는, 채권자는 특정이행 또는 손해배상을 청구할 수 없지만,[629] 계약을 해제할 수 있다 (PICC 제7.1.7[630]).

---

628) 즉, PICC에서의 채무불이행은 면책되지 않는 불이행과 면책되는 불이행을 모두 포함하는 것이다. 김철수, 전게 논문, 135면.
629) 오원석·최준선·석광현·허해관, 전게서, 224면.

다섯째, 채권자는 채무자의 본질적인 채무불이행이 있으면 채무자에게 귀책사유가 있는지 여부를 불문하고 계약을 해제할 수 있다(PICC 7.3.1.조).

여섯째, 채무불이행이 채권자의 작위나 부작위에 기인한 경우에는 채권자는 채무자의 불이행을 원용할 수 없다(PICC 제7.1.2.조[631]).

일곱째, 채무불이행을 유형적으로 구분하는 것이 아니라 단일한 채무불이행이라는 개념 하에 모든 채무불이행을 포섭하고 있다(PICC 제7.1.1조). 즉 하자있는 이행(defective performance), 연체된 이행, 이행하지 않은 것 등이 여기에 다 포섭된다.[632]

여덟째, PICC는 채권자 역시 채무자의 이행에 협력할 계약상의 의무가 있음을 규정한다(PICC 제5.1.3.조[633]).

---

[630] PICC 제7.1.7.조:
　제1항: 당사자는 그 의무의 불이행이 자신이 통제할 수 없는 장애에 기인하였다는 것과 계약체결시에 그 장애를 고려하거나 또는 그 장애나 그 장애의 결과를 회피하거나 극복하는 것이 합리적으로 기대될 수 없었다는 것을 증명하는 경우에는 불이행에 대한 책임을 면한다.
　제2항: 장애가 한시적인 경우에 면책은 그 장애가 계약의 이행에 준 영향을 고려하여 합리적인 기간 동안에 효력을 가진다.
　제3항: 불이행 당사자는 장애가 존재한다는 것과 그 장애가 자신의 이행능력에 미치는 영향을 상대방에게 통지하여야 한다. 불이행 당사자가 장애를 알았거나 알았어야 했던 때로부터 합리적인 기간 내에 상대방이 그 통지를 수령하지 못한 경우에 불이행 당사자는 불수령으로 인한 손해에 대하여 책임이 있다.
　제4항: 본조는 당사자가 계약해제권이나 이행유보권 또는 지급되어야 할 금원에 대한 이자청구권을 행사하는 것을 방해하지 아니한다.

[631] PICC 제7.1.2조: 당사자는 상대방의 불이행이 자신의 작위 또는 부작위나 자신이 위험을 부담하는 사건에 기인하는 한 상대방의 불이행을 주장할 수 없다.

[632] 오원석·최준선·석광현·허해관, 전게서, 224면.

[633] PICC 제5.1.3.조: 각 당사자는 상대방이 의무를 이행하는데 협력할 것이 합리적으로 기대되는 때에는 상대방과 협력하여야 한다.
　Michael Joachim Bonell, the Unidroit Principles in Practice, 2nd ed., transnational publisher(2006), p. 253에서는 다른 당사자의 이행을 방해하지 않을 계약상의

아홉째, 불이행 당사자는 추완권이 있는데 이행기 전후를 불문하고 이를 인정한다는 점에서(PICC 제7.1.4조), CISG(제48조)와 DCFR(III 3:204 제1항)과 같고, 이행기 전에만 채무자의 하자보수권을 인정하는 PECL(제8:104조)과는 차이가 있다. 불이행 당사자는 일정한 요건(즉, 부당하게 지체함이 없이, 추완방법과 추완시기를 제안하는 통지를 하고, 추완이 당해 상황에 적절한 것이며, 불이행에 의해 손해를 받은 당사자가 추완을 거절할 적법한 이익이 없으며, 추완이 즉시 실행될 것)하에서, 자기의 비용으로 자신의 채무불이행을 추완할 수 있다(제7.1.4.조 제1항). 채무자의 추완할 권리는 채권자로부터의 해제통지에 의하여 영향받지 않는다(동조 제2항). 다만 추완을 한 경우에도, 피해 상대방은 지연 손해와 추완에 의하여 야기되었거나 방지되지 않은 손해의 배상을 청구할 수 있다(동조 제5항).

다. PECL

첫째, 채무불이행에 대해서는 채무자의 책임있는 사유가 있는지 유무를 불문한다. 다만, 채무불이행이 있을 때 채권자에게 주어지는 권리구제수단은 그 불이행이 면책되지 않는 경우인가, PECL 제8:108조의 장애사유로 인하여 면책되는 경우인가, 또는 그 불이행이 상대방의 행위로 인한 경우인가에 따라 차이를 가진다.[634]

둘째, 채무불이행에 따라 채권자는 약정된 금전지급청구권(PECL 제9:101 제1항), 금전 이외의 특정 이행청구권(PECL 제9:102), 하자치유청구권(PECL 제9:102 1항 후단), 반대급부의무의 이행거절권(PECL 제9:201), 계

의무만이 아니라, 그 이행이 실현될 수 있도록 협력할 계약상의 의무도 인정될 수 있다고 한다.
634) 올란도, 휴빌편/김재형 역, 유럽계약법원칙 제1, 2부, 박영사(2013), 46면. 이하 PECL 조문번역은 이를 참조함.

약해제권(PECL 제9:301), 감액청구권(PECL 제9:401), 손해배상청구권(PECL 제9:501) 등을 행사할 수 있다.

셋째, 채무불이행이 있을 때 채권자에게 주어지는 권리구제수단이 상호 양립하는 경우635)에 중첩적으로 이를 행사할 수 있다.636) 특히 당사자가 다른 구제수단에 대한 권리를 행사한다고 하여 손해배상청구권이 박탈되는 것이 아니다(PECL 제8:102).

넷째, 채무자의 채무불이행이 제8:108조에 의해 면책637)되는 경우에도, 채권자는 특정이행과 손해배상청구를 제외한 모든 구제수단을 원용할 수 있다(PECL 제8:101 제2항).638)

다섯째, 채권자는 채무자의 본질적인 채무불이행639)이 있으면 채무

---

635) 채권자는 양립할 수 없는 둘 이상의 구제수단을 동시에 행사할 수 없다, 가령 채권자가 특정이행을 청구하면서 계약을 해제할 수는 없고, 채권자가 대금채무를 감액할 권리를 행사함과 아울러 계약을 해제할 수는 없다. 올란도, 휴빌편/김재형 역, 전게서, 551면.
636) 예를 들어, 채권자가 특정이행을 청구하였는데도 불이행자가 이행하지 않는 경우, 또는 합리적인 기간 내에 이행하지 않을 것이라고 예견되는 경우, 채권자는 계약해제권을 행사할 수 있다. 올란도, 휴빌편/김재형 역, 전게서, 551면.
637) PECL 제8:108조: 당사자의 불이행이 그의 지배를 벗어난 장애사유로 인한 것이며 또한 그 장애사유를 계약의 체결시에 고려하거나, 또는 그 장애사유나 그 결과를 회피하거나 극복하는 것이 합리적으로 기대될 수 없었던 것을 증명하는 경우에는 그의 불이행은 면책된다(제1항). 장애사유가 일시적인 경우에는 이 조에서 규정된 면책은 그 장애사유가 존속하는 기간 동안 효력이 있다. 그러나 지연이 본질적 불이행에 해당하는 때에는 채권자는 이를 본질적 불이행으로 취급할 수 있다(제2항). 불이행자가 장애사유 및 그것이 자신의 이행능력에 미치는 영향에 대한 통지를 할 경우에는 그가 그러한 사정들을 알았거나 알았어야 했을 때로부터 합리적 기간 내에 상대방이 수령할 수 있도록 하여야 한다 상대방은 그러한 통지를 받지 못함으로써 발생한 모든 손해에 대하여 배상을 청구할 수 있다(제3항).
638) 올란도, 휴빌편/김재형 역, 전게서, 579면.
639) PECL 제8:103조: 다음의 경우에는 의무의 불이행이 계약에 대하여 본질적이다. (a)의무의 엄격한 준수가 계약의 핵심에 해당하는 경우, 또는 (b) 불이행이 불이행의 상대방으로부터 계약상 기대할 수 있는 것을 중대하게 박탈하는

자에게 귀책사유가 있는지 여부를 불문하고 계약을 해제640)할 수 있다(PECL 제9:301조, 제9:302조, 제9:304조).

여섯째, 자신의 작위 또는 부작위로 채무자의 불이행을 야기한 경우 그 범위에서는 채권자는 구제수단을 행사할 수 없다(PECL 제8:101(3)).

일곱째, PECL에서는 당사자가 계약상의 채무를 이행하지 않는 경우 채무불이행이 된다. 채무불이행(non-performance)은 면책되는지 여부를 불문하고 계약상 의무가 이행되지 않는 경우 일체를 가리키며, 이행지체, 결함있는 이행, 계약을 완전히 실현하기 위한 협력을 하지 아니하는 것을 포함한다(PECL 제1:301조641)). 계약상의 의무의 위반이 있으면 그것이 이행지체이든, 불완전한 이행이든, 협력의무의 불이행이든, 이행불능이든 이를 구분하지 않고 모두 채무불이행으로 파악한다(PECL 제8:101642)).

여덟째, PECL은 "계약을 완전히 실행하도록 하기 위해 각 당사자는 상호 협력할 의무가 있다."고 정하고 있다(제1:102조). 가령 채무자의 이행제공이 있음에도 불구하고 채권자가 이를 수령하지 않는 경우, 이는

경우, 다만 불이행자가 그 결과를 예견하지 못하였고 합리적으로 예견할 수 없었던 경우에는 그러하지 아니하다. 또는 (c) 불이행이 고의적이고 이로 인하여 불이행의 상대방이 채무불이행자의 장래 이행을 기대할 수 없다고 믿을 만한 이유를 제공하는 경우.
640) 채무자의 본질적인 불이행이 있는 경우, 채권자는 지체된 이행제공을 거절할 수 있고(**PECL 제8:104조**), 적절한 이행에 대한 적정한 담보를 요구할 수 있다(**PECL 제8:105조**).
641) PECL에서 채무불이행은 상대방의 영업비밀을 누설하지 않아야 하는 의무와 같은 부수적 의무를 위반한 경우를 포함한다. 올란도, 휴빌편/김재형 역, 전게서, 545면.
642) 영국법에서의 계약위반(breach of contract)과 PECL에서의 채무불이행(non performance)이 완전히 동일한 것은 아니다. 즉 계약위반(breach of contract)은 예컨대 계약좌절의 법리(doctrine of frustration) 등으로 면책되지 않는 채무불이행을 의미한다. 반면에 PECL은 면책 여하를 불문하고 어떠한 불이행도 법적인 효과를 가진다는 것에 기초하고 있고, 따라서 '채무불이행'이라는 용어는 제8:108조에 따라 면책되는 불이행까지도 포함하는 개념이다. 올란도, 휴빌편/김재형 역, 전게서, 182면.

채권자의 채무불이행이 된다. 뿐만 아니라 채무자의 이행에 채권자의 협력이 필요한데 채권자가 이에 협력하지 않는 경우, 우리 민법 제460조 제2항과 같은 변제제공절차를 거치지 않더라도 그것만으로 채권자의 채무불이행이 성립될 수 있다.

아홉째, 채무를 이행하지 않은 채무자 역시 상당한 기간 내에 하자보수를 하거나 추가이행을 할 권리가 이행기 전에만 인정하는데(PECL 제8:104조[643])), 이점에서 이행기 전후를 불문하고 이를 인정하는 PICC, DCFR과 차이가 있다.

라. DCFR

첫째, DCFR에 의하면 채무불이행이 면책되지 않는 경우 채권자는 규정된 구제수단중 어느 것이라도 행사할 수 있다(DCFR III.-3:101 제1항). 다만 채무자의 불이행이 면책되는 경우에도 채권자는 특정이행 및 손해배상의 청구를 제외하고는 구제수단의 어느 것이라도 행사할 수 있다(제2항). 하지만, 채권자는 채무자의 불이행을 야기한 한도에서는 그러한 구제수단의 어느 것도 행사할 수 없다(제3항).

둘째, 채권자는 채무자의 채무불이행이 있는 경우, 상당한 기간을 정한 이행최고(DCFR III-3:103[644])), 특정이행청구(DCFR III-3:301,[645]) III-3:30

---

[643] PECL 제8:104조: 일방 당사자의 이행의 제공이 계약에 적합하지 않는다는 이유로 상대방이 이를 받지 않는 경우에, 이행기가 아직 도래하지 아니하였거나 지연이 본질적 불이행이 되지 않는 때에는 그 당사자는 계약에 적합한 새로운 이행을 제공할 수 있다.

[644] DCFR III.-3:103: 채무불이행의 여하한 경우에 채권자는 채무자에 대한 통지로써 이행을 위한 추가기간을 허여할 수 있다(제1항) 그 추가기간 동안 채권자는 쌍무적 채무의 이행을 보류할 수 있고, 손해배상을 청구할 수 있으나 여하한 다른 구제수단을 행사할 수 없다(제2항). 채권자가 채무자로부터 채무자가 그 기간 내에 이행하지 않을 것이라는 통지를 받은 경우 또는 그 기간의 만료 시에 이루어져야 할 이행이 이루어지지 않은 경우 채권자는 여하한 가능

2[646]), 반대급부의무 이행거절(DCFR III.-3:401), 계약해제(DCFR III.-3:501 내지 III.-3:515), 감액청구(DCFR III.-3:601), 나아가 손해배상청구를 할 수 있다(DCFR III.-3:701 내지 III.-3:711).

셋째, 채권자는 채무불이행에 따른 각 권리구제수단을 행사함에 있어서 양립되는 것이면 중첩하여 행사할 수 있다. 특히 채권자는 여하한 다른 구제수단을 행사한다는 이유로 손해배상에 대한 권리를 박탈당하지 아니한다(DCFR III.-3:102).

넷째, 채권자는 면책사유가 있는 경우[647])에는 특정이행과 손해배상

한 구제수단을 행사할 수 있다(제3항).
645) DCFR III.-3:301은 금전적 채무의 이행청구를 규정한다. 즉 채권자는 이행기가 도래한 금전의 지급을 구할 권리가 있다(제1항). 채권자가 이행기가 도래한 금전지급의무에 대한 쌍무적 채무를 아직 이행하지 않고 금전채무의 채무자가 이행을 수령하지 않을 것이라는 점이 분명한 경우, 채권자는 다음의 경우가 아닌 한 이행을 하고 지급을 구할 수 있다. (a) 채권자가 중대한 노력이나 비용없이 합리적인 대체거래를 할 수 있었던 경우 또는 (b) 이행이 그 상황에서 합리적이지 아니한 경우.
646) DCFR III.-3:302는 비금전적 채무의 이행청구를 규정한다. 즉 채권자는 금전을 지급할 채무가 아닌 채무의 특정 이행을 청구할 권리가 있다(제1항). 특정 이행은 이행이 채무의 내용과 합치하지 아니하는 경우 무상으로 이를 시정하는 것을 포함한다(제2항). 다음의 경우에는 특정 이행을 청구할 수 없다. (a) 이행이 불법이거나 불가능한 경우, (b) 이행에 불합리한 부담이나 비용이 소요되는 경우, 또는 (c) 이행이 일신전속적 성격의 것이어서 이를 강제하는 것이 상당하지 않은 경우(제3항), 채권자는 채권자가 채무불이행을 알게 되었거나 또는 알았을 것이라고 합리적으로 기대할 수 있은 후 합리적인 기간 내에 이행을 요구하지 않은 때에는 특정이행을 청구할 권리를 상실한다(제4항).
647) DCFR III.-3:104: 채무자의 불이행은, 그것이 채무자의 통제력을 벗어난 장애에 기인하고, 채무자가 그 장애나 그 장애의 결과를 회피하거나 극복할 수 있었다고 합리적으로 기대할 수 없는 경우에는 면책된다(제1항). 계약 또는 다른 법률적 행위로부터 채권이 성립할 경우, 채무자가 채무를 부담하는 시점에서 장애를 고려하는 것이 합리적으로 기대할 수 있었던 경우에는 그로 인한 불이행은 면책되지 않는다(제2항). 면책되는 장애가 단지 일시적인 경우, 장애가 존속하는 기간 동안 면책의 효과가 있다. 채무자는 장애와 그것이 채무이행능력에 미치는 효과에 관한 통지가, 채무자가 그 사정을 알았거나 알았다

청구권을 행사할 수 없다(DCFR III.-3:101 제2항).

다섯째, 채무자가 채무불이행에 대한 면책사유가 있는 경우에도, 채권자는 해제를 통해 자신의 책임을 면할 수 있다(DCFR III.- 3:501 내지 III.-3:515).

여섯째, 채권자는 자신에 의해 기인한 채무불이행에 대해서 채무불이행을 원용할 수 없다(DCFR III.-3:101 제3항).

일곱째, DCFR은 채무불이행을 '면책여부를 불문하고 채무를 이행하지 않는 것을 말하며, 지체된 이행 및 채무의 내용에 따르지 아니한 여하한 이행'을 포함한다(DCFR III.-1:102)고 규정함으로써, CISG, PICC, PECL과 같은 태도를 취하고 있다.

그 밖에 DCFR은 각 개별계약에 관하여 계약부적합에 대한 채권자 구제규정을 두고 있다.648) 이들 별도의 규정들은 각 개별계약에 있어서의 채무자의 채무불이행에 대한 채권자의 구제수단을 별도로 규정한 것으로서 이중에는 우리 법상의 담보책임에 관한 규정과 유사한 성격을 가진 것도 있고, 소비자에게 약정상 보증을 한 것으로 볼 수 있는 규정들도 있고 일반채무불이행책임과 같은 취지로 보이는 규정들도 있다.

여덟째, DCFR은 제3권의 일반조항에서 '채무자 및 채권자는 채무 이행을 위하여 상호간의 협력을 합리적으로 기대할 수 있는 때에는 그 한

고 합리적으로 기대할 수 있는 때로부터 상당한 기간 내에 채권자에게 도달하도록 해야 한다(제5항).
648) 매매에 관한 규정(DCFR 제4권 A편)에서 물품의 계약부적합(DCFR IV.A. -2:301), 매도인이 물품 매매계약과 관련하여 소비자에게 언급한 약속에 따른 보증(DCFR IV.A.-6:101), 용역에 관한 규정(DCFR 제4권 C편)에서 용역 공급자의 의무(DCFR IV.C.-2:106), 건설자의 품질 및 성상보장의무(DCFR IV.C.-3:104), 가공자의 의뢰인이 요청한 특정목적에 적합하게 용역을 제공할 의무(DCFR IV.C.-4;105 제1항), 물건 보관자의 계약에의 합치의무(DCFR IV.C.-5:105조), 설계자의 계약에의 합치의무(DCFR IV.C.-6:104), 정보제공자의 계약에의 합치의무(DCFR IV.C.-7:105), 치료를 위한 채무불이행시 의뢰인의 구제수단(DCFR IV.C.-8:110) 등의 별도의 규정을 두고 있다.

도에서 상대방과 협력할 의무가 있다.'고 규정한다(DCFR III.-1:104).

마. CESL

첫째, CESL에 의하면, 매도인이 채무를 불이행한 경우 매수인은 규정된 구제수단을 행사할 수 있다. CESL 역시 CISG, PICC, PECL, DCFR과 마찬가지로 구제수단을 행사함에 있어서 매도인의 귀책사유를 요건으로 하지 않는다.

둘째, CESL은 계약상 정한 본래의 의무이행을 우선하려는 태도를 보이고 있다. 즉 본래의 이행청구권의 보장(CESL 제110조), 하자보수청구와 대체물 청구에 대한 소비자의 선택(CESL 제111조), 불이행 당사자인 매도인의 추완이행 권한 인정(CESL 제112조)에서 이러한 점을 볼 수 있다. 이 밖에 CESL은 매도인의 채무불이행에 따른 매수인의 구제수단으로서, 매수인 자신의 채무이행 거절, 계약해제와 원상회복, 대금감액, 손해배상청구(CESL 제106조)를 규정하고 있다.

셋째, 매수인은 채무불이행에 따른 각 권리구제수단이 서로 성질상 양립할 수 있는 한, 각 권리구제수단을 경합하여 주장할 수 있다(CESL 제106조 제6항).

넷째, 매도인에게 면책사유가 있는 경우[649]에는 매수인은 매도인에게 이행청구와 손해배상의 구제수단을 행사할 수 없다(CESL 제106조 제4항).

다섯째, 매수인은 매도인의 채무불이행이 본질적 불이행인 경우(제114조 제1항) 또는 매도인이 인도를 지연한 경우 그 자체가 본질적 불이행이 아닌 한 매도인에 대하여 이행을 위한 상당한 추가기간의 설정을 통지하고 매도인이 그 기간 동안 이행하지 않는 때에 계약을 해제할 수

---

[649] CESL은 '당사자의 통제를 넘어선 장애로 채무불이행이 되는 경우'를 면책되는 채무불이행으로 규정한다(제88조). 그런데 당해 장애가 일시적인 경우에는 그 일시적인 장애기간에 대해서만 면책되는 것으로 한다.

있다(CESL 제115조 제1항).

여섯째, 매수인이 매도인의 채무불이행을 야기한 한도에서 매수인은 어떠한 구제수단도 행사할 수 없다(CESL 제106조 제5항).

일곱째, CESL에서의 채무불이행은 채무의 불이행이 면책되는지를 묻지 않는다. 이에 따라 물품을 인도하지 않거나 지체한 경우, 디지털컨텐츠를 제공하지 않거나 지체한 경우, 그 이행이 계약에 적합하지 않은 경우, 계약에 적합하지 않는 디지털콘텐츠의 제공, 대금을 지급하지 않거나 지체한 대금지급, 계약에 적합하지 않는 그 밖의 이행 모두 채무불이행에 포함된다(CESL 제87조 제1항). 한편, 채무불이행한 당사자의 상대방이 계약에서 기대할 수 있는 것을 실질적으로 취득할 수 없거나, 불이행하는 당사자의 장래이행을 기대할 수 없는 것이 명백한 경우에는 '채무불이행이 본질적'인 것으로 규정한다(제2항).

CESL은 매매 목적물의 계약 적합성650)에 관한 구체적인 내용을 규율함으로써 우리 민법에서 하자담보책임을 별도로 규정한 것과 유사점을

---

650) **CESL 제99조(계약적합성)**: 물품이나 디지털콘텐츠는 계약에 따라 요구된 수량, 품질과 표시, 계약에 따라 요구된 방식에 따라 담거나 포장, 또는 계약에 따라 요구된 부속물, 설치 설명서나 기타의 설명서와 같이 제공할 것이 요구된다(제1항).
CESL 제100조(물품과 디지털콘텐츠의 적합성 기준): 물품이나 디지털콘텐츠는 다음 각호에 적합하여야 한다. (a) 사정상 매수인이 매도인의 기술과 판단을 원용하지 않았거나, 매수인이 원용함이 상당하지 않은 경우를 제외하고, 계약체결시에 매도인에게 알려진 특정목적, (b) 같은 표시의 물품이나 디지털콘텐츠가 통상적으로 이용될 목적, (c) 매도인이 매수인에게 표본이나 모델로 제시한 물품이나 디지털콘텐츠의 품질, (d) 그러한 물품이 통상의 방법이나 또는 그러한 방법이 없는 경우에는 물품을 보존하고 보호하기 위한 적합한 방법으로 담거나 포장할 것, (e) 매수인이 수령할 것으로 기대하는 그러한 부속물, 설치설명서나 그밖의 설명서와 함께 제공, (f) 계약이전의 언명에서 나타낸 품질과 이행성능, (g) 매수인이 기대한 품질과 이행성능, 소비자가 디지털콘텐츠에 무엇을 기대하는지를 정한 때는 디지털콘텐츠가 대금의 지급에 대가로 제공되었는지에 대한 판단.

가지고 있다. 다만, 계약적합성에 관한 사항을 매도인의 의무(CESL 제10장 제3절)에 포함시킴으로써 계약적합성 위반에 따른 책임을 일반 채무불이행책임으로 규율하는 태도를 가지고 있다.

여덟째, CESL은 채권자가 채무자의 채무이행에 협력할 의무를 별도로 규정하고 있지는 않지만, 당사자들이 그들의 계약상 의무의 이행을 위하여 기대되는 범위에서 서로 협력할 의무를 규정하고 있다(CESL 제3조). 이는 DCFR과 같은 태도이다.

바. 소결

위에서 본 바와 같이 국제통일법은 세부적인 부분에 있어서 다소의 차이를 보이고는 있지만, 대체적으로 다음과 같은 공통점을 가지고 있다.

첫째, 채무불이행에 있어서 채무자의 책임있는 사유가 있는지 여부를 불문한다.

둘째, 채무불이행이 있으면 채권자는 특정이행청구, 대체물 급부청구, 하자보완 청구, 감액 청구, 손해배상청구, 계약해제권을 행사할 수 있다.

셋째, 채권자는 채무불이행으로 인한 각 권리구제수단이 양립가능하다면 이를 중첩적으로 행사할 수 있다.

넷째, 불가항력 사유에 의한 채무불이행이 있는 경우 채무자는 손해배상책임 및 특정 이행의무를 면한다.

다섯째, 채권자가 계약을 해제하는데 있어서는 채무자의 귀책사유를 요하지 않지만 본질적인 채무불이행이 있어야 한다.

여섯째, 채권자의 작위 또는 부작위에 기하여 채무자의 채무불이행이 있으면 채권자는 채무자의 채무불이행을 원용할 수 없다.

일곱째, 채권자가 급부수령의무를 부담하는지에 관해서는 차이를 보이고 있지만 채권자가 채무자의 채무이행의 실현에 협력할 의무를 부담하고 있다.

　마지막으로, 국제통일법들은 대체적으로 담보책임과 채무불이행책임을 구분하지 않는 태도를 취하고 있다. 비록 CISG와 DCFR, CESL이 물품의 부적합 또는 계약부적합 등 하자담보책임과 유사한 것으로 이해할 수 있는 규정을 가지고 있기는 하지만, 그 밖에 PICC와 PECL는 하자있는 채무의 이행도 채무불이행으로 취급하고 있는 등 담보책임과 채무불이행책임에 대한 구분을 두지 않고 있다.

II. 도급에서의 하자담보책임 탈피 경향

1. PELSC와 DCFR과의 관계

　유럽 민법전연구회(Study Group on European Civil Code, SGECC)는 1999년부터 활동한 이래로 총 8개의 유럽법 원칙(Priciples of European Law, 이하 'PEL')을 출간하였다. PEL은 매매, 임대차, 용역, 상사대리와 프랜차이즈 및 판매점계약, 인적 보증(personal security), 사무관리(benevolent intervention in another's affairs), 타인에 대한 손해로부터 유발되는 비계약적 책임(non-contractual liability arising out of damages caused to another), 부당이득(unjustified enrichment)으로 구성되어 있다.

　그 중에서 용역에 관한 유럽법원칙(Principles of European Law on Service Contracts, PELSC)에서는 건설, 가공, 임치 설계, 정보제공 또는 조언, 치료 등 총 6개의 용역에 대한 용역제공자의 의무와 책임을 규정하고 있다.[651] DCFR에서 정의하는 용역제공계약은 용역제공자가 고객으로부터 보수를 받고 용역을 제공하는 것이고(Ⅳ.C.-1:101 제1항) 운송, 보험, 담보

---

651) M. Barendrecht et al., *op. cit.*, p 309 이하.

의 제공, 금융상품의 공급 및 금융용역의 제공에 관한 계약은 적용에서 배제된다(IV. C. -1:102).

PELSC는 유럽의 각국에서 존재하는 용역제공계약의 규정들을 기초로 정리한 것이 아니라, 실무적으로 행해지는 모든 종류의 용역을 기초로 기능적 분석을 통해 정리한 것이다.[652] PELSC가 이런 입장을 가진 데에는 각국 법률과 유럽 통합법상 모든 용역제공계약에 적용할 수 있는 용역제공계약에 관한 일반조항을 가지고 있지 않았기 때문이다. 비록 건설이나 의료·법률 등의 제공자가 부담하는 정보제공에 관해서는 특별조항들이 만들어지고 있었지만 실무자들의 관심은 일관된 내용을 가지는 일반조항을 만드는 것이었다. 이에 따라 모든 종류의 서비스를 기초로 기능적 분석을 통해 고객과 서비스제공자의 전형적인 역할, 행동, 위험등을 추출해내어 일반규정을 만든 것이다.[653]

한편, DCFR이 정의하는 '용역'개념은 다음과 같은 특성을 가진다. 첫째, DCFR은 고용에 관한 규정을 두지 않고 있다. 이는 고용에 관한 규정이 각국의 상황에 따라 서로 다르다는 점에서 공통법으로 규정할 필요를 느끼지 못했기 때문이다. 둘째, 위임은 용역제공계약과는 달리 제4권 D편에 규정하였다. 하지만 제4권 D편에서 규정한 위임은 법률행위에 대한 위탁만을 규율하고 있는 결과, 사실행위에 관한 위탁에 관해서는 제4권 C편에서 정한 용역제공계약에 포함되어 있다. 아래에서 논의할 제4권 C편의 용역제공계약의 각 유형 중에는 수단채무로 분류될 계약들이 있는바, 이들은 결국 우리 민법상의 위임으로 규율될 수 있는 계약으로 보아야 할 것이다. 셋째, 용역제공계약에 관한 제4권 C편에서는 건설, 가공, 임치, 설계, 정보제공 또는 조언, 치료등을 포함하고 있는데, 이들은 우리 민법상 도급, 위임, 임치에 해당하는 것으로 보아야 할 것이다.

---

652) Chris Jansen, "*Principles of European Law on Service Contracts*", in Service Contracts, p. 47.
653) Chris Jansen, op cit., p. 49-50.

2. DCFR에서의 용역제공계약에 관한 체계

DCFR은 용역제공계약에 관한 일반총칙 규정을 두는 한편, 별도의 구체적인 전형계약을 규정하고 있다. DCFR 연구자들이 파악한 용역제공계약에 관한 규정의 특징은 용역 제공에 대한 고객의 방침 및 이를 둘러싼 용역제공자의 리스크 관리에 있다.[654] 즉, 용역제공계약은 계약이 체결된 시점은 물론 계약이행과정에서 급부내용이 구체화되는 경우에도 고객의 방침과 이와 관련한 용역제공자의 리스크 관리가 서로 교류하는 과정을 거치게 되어 있다.

이에 따라 용역제공계약에 관한 일반총칙 규정은 주로 용역제공자가 고객의 방침에 적합한 용역을 제공해야 할 의무, 용역제공자가 고객의 방침을 충족할 수 없을 것으로 예상되는 경우 고객에 대해 경고할 의무, 용역제공자가 결과성취의무 및 상당주의의무를 내용으로 하는 책임을 부담할 의무, 계약내용의 일방적 변경 등에 관한 규정을 두고 있다. 하나씩 살펴보기로 한다.

가. 고객의 방침

용역제공자는 용역의 이행에 관한 고객의 모든 적시의 방침[655]을 따라야 한다(DCFR IV.C-2:107조 제1항). 용역제공자가 고객의 방침이 DCFR의 IV.C.-2:109에 따른 용역제공계약의 일방적 변경이라고 생각하는 경우, 용역제공자는 고객에게 그에 따른 경고를 해야 한다. 이 때 고객이

---

654) 北居功(a), 前揭論文, 470頁.
655) 다만 그 방침은 a) 계약 자체의 일부이거나 또는 계약에서 언급된 여하한 문서에 규정되어 있거나, b) 또는 계약에 의하여 고객에게 주어진 선택의 실현 결과 발생하거나, c) 당초 당사자들이 결정하지 않고 남겨둔 선택의 실현 결과 발생한 것이어야 한다(제1항 단서).

지체없이 방침을 철회하지 않는 한 용역제공자는 고객의 방침을 따라야 하고 그 방침은 계약의 변경으로서 효력이 있다(DCFR IV.C-2:107조 제3항).

고객이 용역제공자의 정보요청에 응할 의무, 용역제공자에게 지시할 의무를 이행하지 않은 경우, 용역제공자는 이행을 보류하거나 또는 수집된 정보 및 지시를 고려할 때 고객이 가지고 있을 것으로 합리적으로 기대될 수 있는 기대, 선호, 우선순위에 기해 이행할 수 있다(DCFR IV.C.-l:103조 제2항).

고객이 협력의무를 이행하지 않아 계약상 합의된 것보다 용역비용이 증가 하거나 또는 더 많은 시간이 소요된 경우 용역제공자는 손해배상 및 용역제공시간 조정을 요구할 수 있다(DCFR IV.C.-2:103조 제3항).

나. 용역제공자의 경고의무

용역제공자는 i) 고객이 계약 체결시에 진술하거나 상정한 결과를 달성할 수 없는 위험, ii) 요청된 용역이 고객의 다른 이익을 해할 위험, iii) 고객이 제공하거나 이행준비 과정에서 수집된 정보나 방침을 따른 결과 내지는 여하한 다른 위험이 발생한 결과 계약상 합의된 것보다 요청된 용역의 비용이 증가하거나 더 많은 시간이 소요될 위험을 알게 된 경우 고객에게 경고하여야 한다(DCFR IV.C.-2:108조 제1항). 용역제공자는 고객이 경고의 내용을 이해할 수 있도록 합리적인 조치를 취하여야 한다 (DCFR IV.C.-2:108조 제2항).

이때, 언급된 위험이 조사를 하지 않더라도 제반 사실과 정황으로부터 용역제공자에게 명백한 경우 용역제공자는 그 위험을 아는 것으로 추정한다(DCFR IV.C.-2:108조 제5항).

용역제공자가 고객에게 하는 경고의무는 고객이 그 위험을 이미 아는 경우 또는 고객이 그 위험을 알 것으로 합리적으로 기대될 수 있는 경우에는 적용하지 않는다(DCFR IV.C.-2:108조 제3항).

다. 용역제공자의 책임

용역제공자의 의무의 불이행이 고객의 방침을 따른 결과인 경우 용역제공자는 책임이 없다(DCFR IV.C.-2:107조 제2항). 용역제공자는 용역을 제공할 상황에서 행사할 기술 및 주의로써 용역에 적용되는 여하한 법률 또는 기타 구속력 있는 법적 규정에 합치되도록 이행할 의무가 있다. 용역제공자가 기술 및 주의에 대한 보다 고도의 기준을 표명한 경우에는 그 용역제공자는 그러한 기술 및 주의를 행사하여야 한다(DCFR IV.C-2:105조).

고객은 용역제공자에게 통지함으로써 언제든지 계약을 해제할 수 있다. 고객이 계약해제에 정당한 이유가 있는 경우에는 용역제공자에게 손해배상을 하지 않고, 반면에 계약해제에 정당한 이유가 없는 경우에는 계약해제의 효과는 있지만 용역제공자에게 손해배상을 해야 한다(DCFR IV.C.-2:111조 제3항, 제4항).

계약 해제의 효력은 장래를 향한 효과만을 가질 뿐이고 해제 전에 이행기가 도래한 여하한 채무의 불이행에 대한 손해배상 또는 배상예정액에 대한 권리에 영향을 미치지 아니한다(DCFR IV.C.-2:111조 제2항, III-1:109 제3항)

라. 계약내용의 일방적 변경

고객의 해제권을 해함이 없이, 당사자 일방은 상대방에 대한 통지로 제공될 용역을 변경할 수 있다. 그 용역의 변경은 성취되어야 할 결과, 고객의 이익, 용역제공자의 이익 및 변경시의 상황을 고려하여 합리적이어야 한다(DCFR IV.C.2:109조 제1항).

용역의 변경은 용역제공자가 기술 및 주의의무 또는 결과달성의무에 따라 행위할 수 있도록 하기 위해 필요한 경우, 용역의 변경이 고객의 방침의 결과이고 용역제공자의 경고를 받고도 지체 없이 철회되지 않은 경우, 용역의 변경이 용역제공자의 경고에 따른 합리적인 대응인 경우, 용역의 변경이 III.-1:110(사정변경을 이유로 하는 법원에 의한 변경 또는 해제[656])에 따라 용역제공자의 의무의 변경을 정당화하는 사정의 변경에 의하여 요구되는 경우에는, 합리적인 것으로 간주된다(DCFR IV.C.-2:109조 제2항).

3. DCFR의 용역제공계약상 수단채무·결과채무

DCFR에서 용역제공계약에 관한 규정은 독특한 형태를 띠고 있는데, DCFR 제1권에서 일반조항(General provions), 제2권에서 계약 및 다른 법률행위에 대한 일반조항(General provisions)을 두고, 용역제공계약의 공통 규정으로서 일반 조항(DCFR IV.C.-1:101에서 IV.C.-2:111까지)을 한 번 더 두고 있다. 일반조항중 용역제공의무, 즉 결과성취의무와 상당주의의무에 관해서는 제2장에서 살펴본 바와 같고, 아래에서는 각 용역제공계약상의 용역제공의무를 중심으로 보기로 한다.

가. 결과성취의무와 상당주의의무의 병행 적용

DCFR은 용역제공계약에 관한 일반규정으로서 결과성취의무와 상당주의의무를 함께 규정하고 있고, 이 규정들이 개별 용역제공계약에 적용되므로, 결과적으로는 모든 용역제공계약에서 결과성취의무와 상당주의

---

656) DCFR III.-1:110 제2항: 예외적인 사정의 변경으로 인해 계약상 채무 또는 일방적 법률행위로부터 발생하는 채무의 이행 부담이 커져 채무자를 채무에 구속시키는 것이 명백히 부당한 경우 법원은 채무를 새로운 상황에서 합리적이고 형평적이 되도록 수정하거나 또는 법원이 결정한 시기 및 조건에 따라 채무를 종료할 수 있다.

의무가 병행하여 적용가능하다고 보아야 한다.657) 또한, 설계, 정보제공 또는 조언계약의 경우에는 결과성취의무와 상당주의의무를 병행하여 규정하고 있다.

종래 각국의 민법이 위임과 고용계약의 채무자는 수단채무를 부담하고 도급의 채무자는 결과채무를 부담한다고 보던 태도658)에서 벗어나 DCFR이 특정 계약에서 상당주의의무와 결과성취의무가 동시에 나타날 수 있다고 정한 이유는, 각 계약을 상당주의의무나 결과성취의무로 정하는 것이 장점도 있지만 단점도 무시할 수 없기 때문이다. 즉, 상당주의의무로 규정하는 경우에는 고객이 용역제공자의 상당주의의무 위반을 입증해야 하는 등의 어려운 문제가 있는 반면, 결과성취의무로 규정하는 경우에는 결과를 달성하지 못할 위험을 예상한 용역제공자가 과다한 보험비용을 부담함으로 인해 용역제공 자체가 어려울 수 있다는 단점이 있다. 이런 점에서 DCFR은 두 개의 채무를 일률적으로 적용하지 않고 계약체결시 고객이 예견하거나 언급한 결과를 용역제공자가 달성할 수 있을지에 관한 사전적 가능성(ex ante-probability)에 따라 상당주의의무 또는 결과성취의무를 부담하도록 한 것이다.659)

나. 용역제공계약의 분류

DCFR은 용역제공에 관한 다양한 활동을 고려하여, 건설, 가공, 임치, 설계, 정보제공 또는 조언, 치료계약을 규정하고 있다.

---

657) C. von Bar et al, *DCFRII*, IV.C.-2:105 comment D, p. 1649.
658) 김중길, "전문직 서비스계약의 급부의무로서 '기술 및 주의의무'에 관한 비교법적 고찰-변호사 계약, 의료계약의 예를 중심으로-", 비교사법 제24권 제2호, 한국비교사법학회(2017. 5), 774면
659) C. von Bar et al, *DCFRII*, IV.C.-2:106, comment B, p. 1655-1656.

1) 건설

DCFR에서 건설에 관한 제4권 C편 3장은 건설자가 건물 또는 고정된 구조물을 건설하거나, 기존의 건물 또는 고정된 구조물을 실질적으로 변경하는 계약(IV.C.-3:101 제1항) 및 동산 또는 무체물을 만드는 계약(IV.C.-3:101 제2항)에 적용된다. 본장은 의뢰인이 제공한 설계에 따른 경우뿐만 아니라, 건설자가 제공한 설계에 따르는 경우에도 적용된다(IV.C.-3:101 제2항).

DCFR의 IV.C.-3:104는 합치(conformity)라는 제목으로 건설자는 구조물이 계약에서 요구하는 품질 및 성상임을 보장해야 한다고 규정하는바, 이는 IV.C.-2:106조의 결과성취의무의 특별규정으로 보아야 할 것이다.[660] 이에 따라 구조물은 계약체결시 또는 계약변경시에 건설자에게 명시적 또는 묵시적으로 알려진 특정한 목적과 동일한 성상의 구조물이 통상 사용되는 특별한 목적에 합치해야 한다(IV.C.-3:104조, 제1항, 제2항).

2) 가공(processing)

DCFR에서 가공은, 가공자가 기존의 동산 또는 무체물 또는 고정된 구조물에 용역을 제공하는 계약으로서, 기존의 건물 또는 고정된 구조물에 건설작업을 하는 것에는 적용되지 않는다. 가공은 가공자가 기존의 동산이나 무체물 또는 고정된 구조물을 수선, 유지, 청소하는 경우에도 적용된다(DCFR IV.C.-4:101 제2항). 본장에서는 결과성취의무 또는 상당주의의무에 관한 별도의 규정을 두지 않고 있어, 총칙의 IV.C.-2:105와 2:106조의 원칙규정이 적용된다(IV.C.-1:103. b항 참조).

가공계약의 용역 제공자는 계약체결시점에는 고객이 요구한 문제의 원인(예를 들어, DVD플레이어의 수리계약의 경우 그 고장원인, 배관수리의 경우 배관균열이 발생한 장소가 어디이고 쉽게 접근이 가능한지

---

660) C. von Bar et al, *DCFRII, IV.C.-3:104, comment A*, p. 1716-1717.

여부)을 정확하게 할지 못 할 수 있다. 이에 따라 용역제공자는 발생한 문제점과 그 원인을 확인하여 해결하기 위해 최선을 다할 의무를 부담한다. 이를 보면, 고객이 용역 제공자의 책임을 묻기 위해서는 고객이 용역제공자가 계약을 이행할 수 있는 높은 가능성을 기대할 수 있었다는 점 또는 용역제공자가 주어진 상황 하에서 이행했어야 하는 주의의무를 이행하지 않았음을 증명해야 한다. 한편, 가공계약에서도 용역제공자가 예상된 결과가 통상적으로 발생하는 경우(예를 들어, 고객이 자신의 집에 페인트칠을 맡긴 경우에는 그의 집에 제대로 페인트칠이 행해질 것을 기대하는 것이다)에는 고객으로서는 계약에서 약정한 결과가 발생할 가능성을 신뢰할 수 있다. 이런 경우에는 용역제공자는 결과채무를 가진 건축용역 제공자와 마찬가지로 결과채무를 부담하게 된다.661)

3) 임치(storage)

DCFR에서 임치는 수치인이 동산 또는 무체물을 타인을 위하여 보관하는 계약으로서, 보관의 목적물이 고정된 구조물, 운송중에 있는 동산 또는 무체물, 금전 또는 유가증권, 권리에 대해서는 적용되지 않는다(Ⅳ.C.-5:101).

DCFR은 합치(confomity)라는 제목으로 물건의 임치는 물건이 수치인에게 인도되었을 때와 동일한 상태로 반환되지 않는 한 계약에 합치하지 않는다고 규정하고 있다(Ⅳ.C.-5:105 제1항). 이에 따라 DCFR에서의 임치규정은 당사자들이 달리 합의하지 않는 한 결과채무라고 볼 수 있다.662) 다만 이 경우에도 수치인은 불가항력에 의한 항변을 하거나, 계

---

661) Marco B.M. Loos, op. cit., p. 780.
662) C. von Bar et al, DCFRⅡ, Ⅳ.C.-5:105 comment A, p. 1823. 특히 동조는 PELSC가 규정하는 결과성취의무의 요건중에서 '동일한 상황에서 합리적인 고객이라면 용역의 제공에 의하여서도 특정결과의 달성이 어려울 실질적인 위험이 존재함을 믿을 만한 합리적 근거가 존재하지 않아야 한다.'(1):108)는 규정을 구체

약상 약정된 책임제한(예를 들어, 임차물의 가치로 한정하는 것)을 주장할 수도 있다.663) 한편 DCFR은 수치인이 목적물이 인도되었을 때와 동일한 상태로 반환해야 하는 의무에 대해서 두 가지의 예외를 두고 있다. 즉, i) 물건 또는 계약의 성질을 고려할 때 물건이 동일한 상태로 반환할 것을 기대할 수 없다면, 물건의 임치는 고객이 합리적으로 기대한 것과 같은 상태로 반환되지 않는 경우에서야 계약과 합치하지 않는 것이고 (IV.C.-5:105 제2항), ii) 물건 또는 계약의 성질을 고려할 때 동일한 물건이 반환될 것이 합리적으로 기대되지 않는 경우에는, 반환된 물건이 임치를 위해 인도된 물건과 동일한 상태에 있지 않은 경우 또는 동일한 종류, 품질 및 수량이 아닌 경우 또는 물건이 수치인 또는 제3자의 물건과 혼화되어 물건의 소유권이 이전되지 않은 경우에 계약에 합치하지 않는 것이다(동조 제3항).

4) 설계(design)

DCFR에서 설계는, 설계자가 고객 또는 고객을 대리하여 건설될 고정된 구조물이나, 고객 또는 고객을 대리하여 건설되거나 이행될 동산, 무체물 또는 용역을 설계하기로 하는 계약이다(DCFR IV.C.-6:101 제1항).

DCFR IV.C.-2:105조에서 일반규정으로서의 상당주의의무를 규정한데 더하여 DCFR IV.C.-6:103조는 설계에서의 상당주의의무를 별도로 규정하고 있다. 이에 따라 DCFR IV.C.-6:103조는 IV.C.-2:105조와 결합하여 해석되어야 한다.664)

DCFR IV.C.-6:103조에 의하면, 설계자는 의뢰인과 계약한 다른 설계자들과 작업을 통합할 의무,665) 설계가 계약에 합치되도록 필요한 다른 설

화한 것으로서, 이 점을 보더라도 본조를 결과채무로 해석해야 한다는 견해로, M. Barendrecht et al., *op. cit.*, p. 562.
663) C. von Bar et al, *DCFRII, IV.C.-5:105 comment A*, p. 1823.
664) C. von Bar et al, *DCFRII, IV.C.-6:103 comment C*, p. 1858.

계자들과 작업을 통합할 의무,[666] 평균적 능력을 가진 설계의 이용자가 설계의 실행을 위하여 필요한 정보를 포함시킬 의무,[667] 설계의 이용자가 법률위반 또는 정당한 제3자의 권리에 대한 방해없이 설계를 실행할 수 있도록 할 의무,[668] 경제적이고 기술적으로 효과적인 실현이 가능한 설계를 제공할 의무[669] 등을 부담한다. 이들은 모두 설계자가 설계과정에서 수행할 중요한 업무들을 나열하고 있다.

한편, DCFR은 합치(conformity)라는 제목으로 설계자가 특정한 결과에 합치해야 할 의무를 규정하는데(DCFR IV.C.-6:104조), 이는 결과성취채무를 규정한 것으로 이해된다.[670] 설계의 장에서 결과성취의무를 채택한 이유는, 고객으로서는 설계자가 설계과정에서 부적절한 선택을 했는지를 증명하기 보다 설계의 결과가 예견된 결과와 합치하는지를 증명하는 것이 용이하다는 점, 설계를 보완하는 것은 원설계자가 하는 것이 최선이라는 점에 기인한다.[671]

이에 따라, 설계의 이용자로 하여금 합리적으로 기대될 수 있는 기술

---

[665] 예를 들어, 미술 설계자가 자동차회사를 위하여 새로운 타입의 스포츠카를 설계하는 약정을 체결한 경우, 그 설계자는 자동차의 기술적인 설계와도 조정할 필요가 있다. C. von Bar et al, *DCFRII, IV.C.-6:103 comment A*, p. 1856.
[666] 예를 들어, 새로운 스포츠카를 설계하는 경우, 주요 부분 설계자는 차량 에어컨, 바닥 코팅등 다른 부분 설계자들과 협조해야 한다. C. von Bar et al, *DCFRII, IV.C.-6:103 comment A*, p. 1856.
[667] 패션디자이너가 새로운 옷에 대한 디자인을 마친 경우, 그는 고객이 이를 사용할 수 있도록 필요한 모든 정보를 제공해야 한다. C. von Bar et al, *DCFRII, IV.C.-6:103 comment A*, p. 1857.
[668] 대중교통시간표를 설계하는데 있어서, 설계자는 버스가 과속한도를 준수하여야 한다는 점을 고려해야 한다. C. von Bar et al, *DCFRII, IV.C.-6:103 comment A*, p. 1857.
[669] 지방자치단체가 비용절감적인 버스정류장을 설계함에 있어서, 설계자는 개인적으로 현대적이면서 비용이 많이 드는 것을 선호하더라도 고객의 비용제한선을 초과해서는 안된다. C. von Bar et al, *DCFRII, IV.C.-6:103 Comment A*, p1857
[670] C. von Bar et al, *DCFRII, IV.C.-6:104, Comment A*, p. 1861, 1864.
[671] C. von Bar et al, *DCFRII, IV.C.-6:104, Comment A*, p. 1864.

및 주의로써 설계를 실행함으로써 특정한 결과를 성취할 수 있도록 하지 못한다면 그 설계는 계약에 합치하지 않는 것이다(DCFR IV.C.-6:104조 제1항). 하지만 고객은 자신이 DCFR IV.C.-2:107에 따라 제공한 방침이 부적합의 원인이고 설계자가 DCFR IV.C.-2:108에 따른 경고의무를 이행한 경우에는 부적합에 대한 구제수단을 주장할 수 없다(동조 제2항).

다만, 이와 같은 결과성취의무를 일관한다면 설계자가 고객의 요구에 따라 혁신적인 구조물을 설계하는 등의 경우, 설계자가 그와 같은 결과를 통제하기 위해 모든 일을 한 경우에도 책임을 지는 일이 발생할 수 있다. 결국 이러한 불합리는 계약에서의 책임제한 또는 보험 등을 통해 대비할 필요가 있다.672)

5) 정보제공 또는 조언(information or advice)

DCFR은 IV.C. 제7장에서 정보제공자가 고객에게 정보제공 또는 조언을 제공하는 계약에 관해서 규정한다.

DCFR은 정보제공 또는 조언과 관련하여, 평가적 정보(evaluative information)와 조언(recommendation)을 제공하는 경우에는 상당주의의무를 부여하고(DCFR IV.C.-7:104),673) 계약이 요구하는 수량·품질 및 내용의 정보를 제공하는 경우와 사실적 정보(factual information)를 제공하는 경우에는 결과성취의무를 부여하고 있다(DCFR IV.C.-7:105). 이와 같이 규정한 이유는 평가적 정보는 미래의 정보 또는 아직 접근할 수 없는 정보로서 용역제공자가 그 정보의 정확성을 보증하는 것이 어렵고, 조언 역시 고객이 그 조언대로 실행했을 때 고객이 원하는 결과를 얻을 수 있는지에 관해서 보증하기는 어렵기 때문이다.674)

이에 따라 DCFR IV.C.-7:104조에서, 정보제공자는 합리적인 정보제공

---

672) Ibid.
673) C. von Bar et al, DCFRII, IV.C.-7:104, Comment B, p. 1890-1891.
674) Ibid.

자가 평가적 정보를 제공할 때 그 상황에서 행사했을 기술 및 주의로써 행동할 것이 요구된다고 하고(동조 제1항 a), 정보제공자가 명시적 또는 묵시적으로 고객이 추후에 결정을 할 수 있도록 조언하기로 한 경우에 전문 지식에 대한 숙련된 분석에 따라 조언할 것과 함께 대안까지도 알려야 한다고 규정하고 있다(동조 제2항).

한편 DCFR IV.C.-7:105에서, 정보제공자는 계약이 요구하는 수량, 품질 및 내용의 정보를 제공하여야 하고(제1항), 정보제공자가 고객에게 제공하는 사실적 정보는 묘사되는 실제 상황에 관한 정확한 내용이어야 한다(제2항)고 규정한다.

다만, IV.C.-7:105조 제1항은 정보제공자가 제공하는 정보의 내용에 따라 그 적용을 달리해야 할 것이다. 평가적 정보 및 조언의 경우에도 정보의 수량, 내용에 관해서는 계약에서 명확하게 정해질 수 있다는 점에서 결과채무로 보는 것이 가능하지만, 정보의 품질에 관해서는 계약에서 명확하게 정해지기 곤란하다는 점에서 결과채무로 보기 곤란하기 때문이다.

그렇다면, 정보제공자는 사실적 정보에 있어서는 계약이 요구하는 수량, 품질 및 내용의 정보를 제공할 결과채무를 부담하고, 평가적 정보 및 조언에 있어서는 계약이 요구하는 수량 및 내용의 정보를 제공할 결과채무를 부담하는 반면에 계약이 요구하는 품질의 정보를 제공할 의무의 경우에는 능력있는 정보제공자에게 통상 요구되는 수단채무가 적용될 수 있다고 해석된다.[675]

IV.C.-7:105조 제2항에 의해 정보제공자는 사실적 정보(factual information)

---

[675] C. von Bar et al, *DCFRII, IV.C.-7:105, Comment A*, p. 1905. 예를 들어, 출판사가 변호사로부터 자신이 가진 두 개의 원고가 프라이버시권을 침해하는지에 관한 조언을 받기로 하는 계약을 체결한 경우, 변호사가 이 조언을 하지 않거나, 한 개의 원고에 관한 조언만 하거나, 원고가 명예훼손을 하는지에 관한 조언을 하는 경우에는 모두 결과채무를 진다. 하지만 변호사가 조언을 한 방식에 관해서는 상당주의의무(due standard of skill and care)를 부담하는 것이다.

의 정확성에 관하여 보증한다.676) 만일 정보제공자가 채무불이행책임을 면하려면 DCFR III.-3:104677)에 따라 채무이행에 관한 면제사유를 제시하여야 한다.678) 다만, 사실적 정보의 경우에도 그 정확성이 나중에 밝혀지는 경우679)와 같이 이에 대한 결과채무를 부담하는 것이 과도한 경우가 있는데, 정보제공자는 계약체결이전의 경고의무(IV.C.-2:102) 또는 체결 이후의 경고의무(IV.C.-2:108)를 이행함으로써 결과채무를 면할 수 있다.680)

6) 치료(treatment)

DCFR은 치료계약으로서, 의료제공자가 환자에게 의료적 치료를 제공하는 계약이라고 규정하고 있다(DCFR IV.C.-8:101조 제1항). 본장은 사람의 신체적, 정신적 상태의 변화를 위한 여하한 다른 용역을 제공하는 경우에도 적용된다(DCFR IV.C.-8:101조 제2항).

즉, 의료제공자는 환자에게 주의 및 기술을 행사하고 표방하는 합리적인 의료제공자가 주어진 상황에서 보여주는 주의 및 기술을 제공할 것을 필요로 한다(DCFR IV.C.-8:104조). 의료제공자가 자신에게 요구되는 정도의 주의 및 기술로 환자를 치료할 경험 또는 기술을 결여한 경우,

---

676) C. von Bar et al, *DCFRII, IV.C.-7:105, Comment A*, p. 1906. 예를 들어, 변호사가 특정한 이슈에 관한 최근 대법원 판례를 제공하는 경우 그 판례가 최근에 변경되었다면 이는 채무불이행이 될 것이다.
677) **DCFR III.-3:104**(장애로 인한 면제)는 '채무자의 채무불이행은 그것이 채무자의 통제를 벗어난 장애로 인한 것이고 채무자가 그 장애 또는 그 결과를 회피하거나 극복하였을 것을 합리적으로 기대할 수 없었을 때에는 면제된다.'고 규정한다.
678) C. von Bar et al, *DCFRII, IV.C.-7:105, Comment G*, p. 1907.
679) 예를 들어, A가 탐정에게 자신의 배우자의 부정을 확인해달라고 요청하였는데, 탐정이 약정한 기한내에 A의 배우자의 부정사실을 확인하지 못했다고 해서 이를 결과채무 불이행이라고 볼 수는 없고, 탐정의 주의의무 불이행(negligent)를 살펴보아야 한다. C. von Bar et al, DCFRII, IV.C.-7:105, Comment D, p. 1908.
680) C. von Bar et al, *DCFRII, IV.C.-7:105, Comment D*, p. 1908.

의료제공자는 환자를 능력있는 의료제공자에게 의뢰해야 한다(본조 제2항). 당사자들은 환자의 불이익으로 본조의 적용을 배제하거나 그 효과를 배제, 변경할 수 없다(본조 제3항).

　본장은 의료제공자의 상당주의의무를 규정하고 있는데, 그 이유는 의료제공자에 대한 무과실책임이 정치적 결정과 재정제도(예를 들어, 특정보험, 연대기금 등)를 요구하고 있기 때문이다. 그럼에도 불구하고 본장에서 제시하는 주의의무의 기준은 경험(experience), 상황(circumstance), 다수의 위험과 같은 추상적인 요소를 가미한 균형잡힌 기준으로 따져보아야 한다.[681] 즉, 본장은 IV.C.-2:105의 상당주의의무 규정에 대한 객관적인 기준을 제시하는데, 객관적인 기준은 합리적으로 능력있는 전문가가 구체적인 상황 하에서 현재의 의료과학에 의해 제시된 가이드라인, 규정 및 프로토콜에 합치되게 행동하는 것으로 해석한다.[682] 여기서 초보자인 의료제공자가 평균 정도의 기술과 능력을 가지고 있는 것으로 기대되는 경우에도 경험이 없다는 것은 항변사유가 되지 않는다.[683] 그 이유는 DCFR이 무경험 의료제공자에 의한 사고의 결과를 의료시스템의 일부로 포섭하고 있다는 점에서도 확인할 수 있다.[684] 즉, DCFR은 의료제공자가 법규에 합치하고 사용목적에 적합한 도구, 약품, 설비 및 시설을 사용할 의무(IV.C.-8:103)와 함께, 치료제공기관의 의무(IV.C.-8:111)을 규정하고 있다.

---

[681] C. von Bar et al, *DCFRII, IV.C.-8:104, Comment C*, p. 1954.
[682] C. von Bar et al, *DCFRII, IV.C.-8:104, Comment A*, p. 1951.
[683] C. von Bar et al, *DCFRII, IV.C.-8:104, Comment A*, p. 1952.
[684] C. von Bar et al, *DCFRII, IV.C.-8:104, Comment C*, p. 1954.

III. 소결

　독일이나 일본민법이 하자담보책임 체계를 유지하면서도 그 내용을 채무불이행책임 체계에 접근시키는 것과는 달리, CISG를 비롯한 국제통일법은 하자담보책임 체계를 별도로 두지 않고 채무불이행책임 체계에 포함시키고 있다. 이에 따라 국제통일법은 채무불이행책임에 관하여 채무자의 고의, 과실 등 주관적인 귀책사유는 물론 불가항력 항변도 요하지 않는다는 특징을 가지고 있다(다만, CISG의 경우에는 손해배상청구에서만 불가항력 항변이 허용되고, PICC, PECL, DCFR의 경우에는 본래의 이행청구와 손해배상청구에서만 불가항력 항변이 허용되고, 계약해제, 대금감액에 있어서는 불가항력 항변이 허용되지 않는다).
　제1절에서도 살펴본 바와 같이 이와 같은 국제통일법의 태도는 무과실책임주의를 원칙으로 하는 채무불이행책임 체계를 전제로 하고 있다는 점에서 우리 민법과는 차이를 보인다. 우리나라의 경우 채무불이행책임에 있어서 과실책임주의를 원칙으로 고수하는 한 무과실책임주의를 내용으로 하는 하자담보책임과의 완전한 통합은 어려울 수 밖에 없다고 본다.
　결국 우리민법 개정과정에서 채무불이행책임과 하자담보책임의 통합의 문제는 채무불이행책임에 있어서 과실책임주의와 하자담보책임에서의 무과실책임중 하나를 선택하여 통합하는 것이 타당한 것인가 아니면 채무불이행책임과 하자담보책임을 완전히 통합하는 것은 유보하고서라도 양 책임의 장점을 선택적으로 조화할 것인가에 있다고 하겠다. 사견으로는 우리 민법상 과실책임주의를 근간으로 하는 채무불이행책임 체계는 상당한 기간 동안 운영되어 옴에 따라 국민의 법감정에도 자리를 잡은 것으로 생각한다. 이런 점에서 과실책임주의를 완전히 버리고 무과실책임을 원칙으로 하는 채무불이행책임 체계를 갖춤으로써 하자담보책임과 통합하는 것보다는 독일이나 일본과 같이 채무불이행책임 체계의 근간을 유지하면서도 하자담보책임의 특성을 살리는 방향이 가장 타당하다고 생각한다. 제3절에서는 구체적으로 하자담보책임과 채무불이행책임의 통합 방향을 제언해 보기로 한다.

제3절 하자담보책임과 채무불이행책임 통합에 관한 제언

I. 하자담보책임과 채무불이행책임 통합의 필요성 여부

　민법전상의 매매와 도급계약 등에서의 하자담보책임을 일반 채무불이행책임과 통합 내지 일원화(이하 '통합' 또는 '일원화')시키려는 노력은 이미 국제통일법전, 독일 및 일본민법에 반영되었다. 우리의 경우에도 과실책임주의를 내용으로 하는 일반 채무불이행법 체계와 무과실책임을 내용으로 하는 하자담보책임법 체계를 통합시켜야 한다는 주장이 개진된 것은 이미 오래되었다.

　이와 관련해서, 일부 견해[685]는 하자담보책임이 매매, 도급과 같은 제한된 계약유형에 적용되는 것이어서 일반 채무불이행법과 통합시키는 것이 적절하지 않다고 하면서, 유럽 통일매매법은 매매에 국한하여 하자담보책임과 일반 채무불이행법을 통합하는 것에 불과하다고 주장한다. 또한 책임체계는 민법의 근간을 이루는 것으로서 법적 안정성을 위해서도 채무불이행책임과 하자담보책임을 통합하는 것은 바람직하지 않다고 지적하고 있다(이하 '통합부정설').

　이에 비해서, 통합긍정설은 이미 독일민법이 법정책임설을 폐기하고 민법개정에 의하여 하자담보책임과 일반 채무불이행책임을 입법으로 통합해버린 상황에서 통합부정설은 부당하다고 지적한다.[686] 또 다른 통합긍정설은 국제통일법의 경우 채무불이행책임은 계약위반 또는 불이행

---

[685] 이은영(a), "UN통일매매법의 계약책임과 민법개정의견", 민사법학 제15호, 한국민사법학회(1)997. 4), 70면-72면.
[686] 김대정(b), 전게 논문, 11면.

이라고 하는 하나의 책임체계로서 구성하여 하자담보책임도 채무불이행에 속하게 된다고 지적하기도 한다.[687] 국제적 상거래법 체제와 우리법과의 조화 내지 통일성 확보측면에서 일반 채무불이행책임과 하자담보책임간의 일원화가 필요하다는 견해도 제시되어 있다.[688]

생각컨대 국제간의 재화와 용역의 이동이 보다 원활해지는 현실 속에서 국제통일법과의 법제간 간격이 생기는 것은 곤란한 일이라고 본다. 국제통일법과 법적 체계를 달리하고 있어서 동화하기 어려운 내용들은 제외하고서라도 우리 법제 내에서 수용이 가능한 내용들은 적극적으로 규정화하는 것이 타당하다고 본다. 다만, 국내에서 채무불이행법 체계와 하자담보책임법 체계가 이미 축적되어온 성과를 쉽게 버리는 것도 법적 안정성을 위해서는 우려할 만한 일이 될 것이다. 양 책임의 통합과정에서는 이런 점이 반드시 고려되어야 한다고 본다.

II. 통합의 범위

국제통일법은 채무불이행법 전반에 걸쳐서 무과실책임을 취하고 있다. 즉, CISG는 매매법으로서 특정이행청구권과 하자보완청구권, 계약해제권, 감액통지권, 손해배상청구권에 대해서 채무자의 고의, 과실을 요하지 않고, 다만 손해배상청구권에 대해서만 불가항력에 의한 항변을 인정하고 있다(CISG 제79조). 이와 다소 차이는 있지만 PICC, PECL, DCFR 역시 계약일반에 관한 규정으로서, 특정이행청구 및 하자치유청구(PICC의 경우는 제7.2.3.조의 불완전한 이행의 보완 및 대체, PECL의 경우는 제9:102조의 하자치유청구권), 계약해제권, 보수감액청구권(PECL 9:401

---

[687] 김철수, 전게 논문, 155면.
[688] 오현석, "국제상거래법 체제상 하자담보책임에 관한 비교연구", 한양법학 제35호, 한양법학회(2011. 8), 325면.

제1항, DCFR III-3:601에 규정을 두고 있고, PICC은 감액청구권이 없음), 손해배상청구권에 있어서 채무자의 고의, 과실을 요하지 않고, 다만 특정이행청구와 손해배상청구권에 있어서만 불가항력 항변을 인정하고 있다(PICC 제7.1.7.조, PECL 제8:101 제2항, DCFR III.3:101 제2항). 이와 같이 국제통일법의 방식에 따라 우리 민법의 체제를 무과실책임을 원칙으로 변경하는 것도 고려해 볼 수는 있겠다. 하지만 CISG는 동산매매에 국한된 입법이라는 점에서 결정적인 입법태도로 보기는 곤란하고, PICC 역시 국제상사계약에 관한 통일법으로서, 부동산거래를 포함한 민사관계 전반에 대해 민법상 채무불이행책임을 무과실책임으로 전환하는데 대한 비교법적 근거로 삼기는 곤란하다고 본다.[689]

이와는 달리, 독일과 일본은 채무불이행책임에 있어서의 과실책임주의 또는 '귀책주의'[690]를 바탕으로 매매와 도급에서의 하자담보책임에 있어서 손해배상책임을 제외한 모든 구제수단에 대해서 무과실책임을 택하고 있다. 우리의 경우에도 이와 같은 정도의 방향전환은 생각할 수 있다고 본다.

먼저, 추완청구의 경우에는 우리 민법 해석과 관련하여 어려운 문제가 있다. 즉 우리 민법상 채무불이행에 따른 채권자의 추완청구권을 인정할 수 있다는 견해[691]와 채무불이행의 경우에 제394조가 규정한 손해배상의 방법은 금전배상이 원칙이므로 추완청구권이 부정된다는 견

---

[689] 김대정(b), 전게 논문, 11면.
[690] 개정 일본민법은 손해배상책임에 있어서 과실책임주의를 탈피하였다는 해석이 이루어지고 있지만, 여전히 손해배상책임의 면책사유로서 '귀책이 없는 경우'를 요구하고 있기 때문에 무과실책임주의로 전환한 것은 아니라는 점에 관해서는 본장 제1절에서 살펴보았다.
[691] 양창수·김재형, 전게서, 391면; 곽윤직, 채권총론(전게서), 113면: 명문의 규정이 없는 특정물매매에 있어서도 매도인인 채무자에게 기대할 수 있고 그것이 가능하다면 매수인의 하자보수청구권을 인정할 수 있다는 견해로서, 곽윤직 편집대표, 민법주해XIV, 538면(남효순 집필부분).

해[692]로 구분되어 있고, 더우기 향후 추완청구권을 민법에 포함시킬 것인지를 두고도 견해가 나뉘어 있다.[693] 생각건대 채무이행을 청구하는 권리 속에는 이행이 불완전한 경우에 이행을 완전하게 만들 것을 요구하는 권리를 포함하는 것으로 보는 것이 자연스럽다고 본다.[694] 그런 점에서 추완청구권을 무과실책임으로 규정하는 것도 가능하다고 본다.

한편, 계약해제권에 대해서는 채무자의 귀책사유가 없는 때에도 채무자가 더 이상 계약을 이행할 수 없는 등의 경우에는 당사자들을 계약의 구속에서 벗어날 수 있도록 한다는 의미에서 이를 무과실책임으로 전환하는 것도 타당하다고 본다.

대금감액권에 대해서는 일본(매매의 경우 민법 제563조, 도급의 경우

---

692) 곽윤직 편집대표, 민법주해XI, 53면(김대휘 집필부분); 김봉수 "특정물매수인의 하자보수청구권", 비교사법 제17권 1호, 한국비교사법학회(2010. 3), 45면: 추완청구권은 매도인의 담보책임이나 수급인의 담보책임에 전유한 구제수단이라는 견해로, 이진기, 전게 논문, 207면; 성승현(b), "채무불이행법 개정안의 '불완전이행' 개념 도입에 대한 단상", 법학논총 제21집 제3호, 조선대학교 법학연구원(2014. 12), 562면; 김영두, "추완청구권에 관한 민법개정시안의 검토", 법학연구 제24권 제1호, 연세대학교 법학연구원(2014. 3), 42면.

693) 일본에서는 추완청구권을 계약총론에 넣으려고 하다가 결국 매매에서만 규정하기로 하였는데, 그 이유는 고용을 비롯한 노무제공계약에서 이행이 불완전한 것인가에 대한 판단 자체가 개별사안에 맡겨져 있는데, 추완청구권의 일반규정을 두게 되면 다시금 역무제공이라고 하는 부담이 역무제공자에게 가해진다는 우려가 반영된 것이라는 설명으로, 성승현(c), "'불완전이행'과 '부적절한 이행'개념의 용례에 관한 비교법사학적 고찰: 2013년 채무불이행법 개정안의 '불완전이행' 개념 도입에 덧붙여", 법학논총 제35집 제3호, 전남대학교 법학연구소(2015. 12), 127면; 김대정(a), 전게 논문, 290면은 추완청구권에 관한 법이론과 판례가 명확하게 정립되었다고 보기 어려운 상황에서 규정을 만들어 놓으면 가뜩이나 하자담보책임법 개정안이 무산된 상황에서 하자담보책임과의 관계에 관하여 혼란이 발생할 것이라고 주장한다.: 이에 반하여 추완청구권을 민법에 포함시키는 것을 긍정하는 견해로 김재형(a), 전게 논문, 125면

694) 추완청구권을 원래의 이행청구권이 신의칙에 의해 수정된 형태로 보는 견해 [곽윤직 편집대표, 민법주해IX, 310면(양창수 집필부분)].

제559조, 제563조)이나 독일(매매의 경우 제441조, 도급의 경우 제634조 제3호, 제638조)에서도 계약일반규정에 두고 있지는 않고, 매매와 도급의 유상성을 감안하여 하자담보책임의 내용으로 무과실책임을 규정하고 있다는 점에서, 우리의 경우에도 일본이나 독일과 같은 태도를 고려하면 될 것이라고 생각한다.

　　마지막으로, 손해배상책임을 살펴보자. 우리 민법이 국제통일법에 맞추어 일반채무불이행책임중 손해배상책임에 관하여 무과실책임주의를 채택함으로써 매매, 도급에 있어서의 하자담보책임과 일치시킬 것이냐, 아니면 독일, 일본과 같이 일반채무불이행책임중 손해배상책임에 관한 과실책임주의 또는 귀책주의를 매매, 도급에 있어서의 하자담보책임에 있어서도 일치시킬 것이냐의 문제가 남아있는 것이다. 생각건대 우리 민법의 경우에는 일반 채무불이행책임에 관해서는 과실책임주의 또는 귀책주의를 유지하되, 하자담보책임으로서의 손해배상책임에 관해서는 무과실책임주의를 유지하는 것이 타당하다고 생각한다. 그 이유로는 첫째, 수단채무와 같이 주의의무 위반에 관한 판단이 필요한 경우가 있다는 점에서 과실책임주의를 유지할 이유가 있다는 점,[695] 둘째, 채권자가 무과실책임으로서의 대금감액으로는 구제받지 못하고 무과실책임으로서의 손해배상책임으로 구제받을 수 있는 손해(예를 들어, 하자감정비용, 보수 기간동안 목적물을 사용하지 못한데 따른 손해)가 있다는 점을 들 수 있다. 이런 점을 고려할 때, 우리 민법상 일반 채무불이행책임으로서의 손해배상책임에 관해서는 과실책임주의 또는 귀책주의를 유지하되 도급계약상 하자담보책임으로서의 손해배상책임에 관해서는 무과실책임주의를 유지하는 것이 타당하다고 생각한다(이 점에서는 개정 일본민법이 도급계약상 하자담보책임으로서의 손해배상책임에 관해서 일반 채무불이행책임에서의 손해배상책임과 같이 귀책주의를 채택한 것을 우리

---

[695] 김용담 편집대표, 주석민법 채권총칙(1)), 743면(김상중 집필부분).

나라에서도 도입하는 것에 대해서는 신중할 필요가 있다고 생각한다).

III. 통합의 방법

우리 민법 개정에 관한 논의 과정에서는 하자담보책임과 일반 채무불이행책임을 통합하는 방안으로 다음과 같은 세 가지의 방안이 고려되었다.[696]

첫째, 담보책임법과 채무불이행법을 2원화하는 방안이다(제1안). 이 방안은 2004년 민법 개정작업에서 취한 방안으로, 현행 규정방식과 체제를 원칙적으로 유지하되, 현행법 자체의 문제점들을 부분적으로 보완하는 범위에서 담보책임을 개정하는 것이고, 채무불이행책임의 요건, 효과와 담보책임의 요건, 효과가 반드시 일치할 필요는 없으며, 대금감액청구권 추가문제, 단기의 권리행사기간을 조정하는 문제등이 검토대상이 되었다. 이에 대해서는 최근의 입법례(개정 독일민법 및 일본민법)의 경향과 부합하지 않아서 장차 우리민법이 외국법과 조화되기 어려운 부작용이 예상되며, 현행 담보책임법이 가지고 있는 여러 문제점을 해결하는 데 한계가 있다는 지적을 할 수 있다.

둘째, 채무불이행법과 담보책임을 일원화하되 담보책임의 고유성을 인정하는 방안이다(제2안). 독일민법과 일본민법이 취한 방식이다. 우리나라에서도 2013년 민법개정 논의당시 담보책임법 개정시안을 마련함에 있어서 채무불이행책임과 담보책임을 일원화하되 담보책임의 고유성을 인정하는 제2안을 채택한 바 있다.

셋째, 채무불이행책임과 일원화하되 담보책임의 고유성을 부정하는

---

[696] 통합에 관한 세가지 방향에 관한 자세한 내용은, 오종근, "민법 담보책임법 개정안", 이화여자대학교 법학논집 제17권 제1호, 이화여자대학교 법학연구소(2012. 9), 61면.

방안이다(제3안). CISG, PICC, PECL, DCFR이 취한 방식으로서, 우리의 담보책임법을 근본적으로 변혁하는 것으로서 개정에 대한 저항이 매우 클 것으로 예상되는 방안이다.

아래에서는 2002년과 2004년 및 2013년에 이르기까지 채무불이행법 체계와 하자담보책임법 체계를 통합하기 위하여 논의된 과정을 살피고 바람직한 통합의 방법에 관하여 검토해 보기로 한다.

Ⅳ. 민법 개정과정에서의 논의

현재 우리 민법의 개정작업은 2023. 12.에 법무부 연구용역 보고서로서 "예비초안연구[697]"(이하 "예비초안")가 발표되었고, 이후 2024. 4.경 법무부 민법개정위원회 검토위원회에서 검토위원회안(이하 "검토위원회안[698]")이 발표되었으며, 2024. 10.경에 법무부 민법개정위원회에서 민법개정의견서[699](이하 "법무부개정안")가 발표되었다. 이들 예비초안, 검토위원회안 및 법무부개정안은, 도급계약상 수급인의 담보책임에 관하여 여러 가지 제안을 하고 있다. 그 요지를 살펴보면 ① 수급인의 담보책임을 수급인이 도급계약상 부담하는 채무불이행책임과 일치시키면서, 궁극적으로 '담보책임'이라는 표현까지 개정하고자 하는 점 ② 수급인의 담보책임을 매매계약상 매도인의 담보책임과 일치시키는 점, ③ 현행 민법상 수급인의 담보책임으로 규정된 계약해제권, 하자보수청구권, 손해배

---

697) 서강대학교 산학협력단(이준현 교수 책임연구원), 2023년 법무부 연구용역 보고서, 민법 개정안(계약법 각론) 예비초안 연구, 2023. 12. 74면.
698) 법무부 민법개정위원회 검토위원회, 민법 개정 예비초안에 대한 검토의견서, 2024. 4.
699) 법무부 개정안 내용은 주로 예비초안과 내용이 유사하다. 아래에서는 이를 "법무부개정안"으로 함께 정리하였다.

상청구권 이외에 보수감액청구권을 규정하는 점, ④ 수급인이 하는 일의 하자로 인해 도급인이 계약을 해제하는 경우에 수급인의 기성고 채권을 규정하는 점, ⑤ 수급인의 담보책임에 관한 면책규정을 수정하는 점, ⑥ 수급인의 담보책임에 관한 존속기간 및 그 기산점을 수정하는 것을 들 수 있다.

    이 중에서도 종래 수급인의 담보책임제도에 관한 중요한 변화를 가져오는 제도로서 중점을 둘 것이 있다. 특히 ①의 경우는, 현재 개정작업에서 채무자의 채무불이행책임으로서의 계약해제권, 대금감액청구권, 추완청구권 및 손해배상청구권을 수급인의 담보책임에서도 동일하게 규정하고자 하는 노력에서 찾을 수 있다. ②의 경우는, 수급인의 담보책임을 매도인의 담보책임과 일치시킬 것인지에 관한 문제로 다루고 있다. 특히 채무자의 채무불이행책임으로서의 채권자의 계약해제권, 대금감액청구권, 추완청구권을 채무자의 귀책을 요하지 않는 것으로 규정하면서, 매도인과 수급인의 담보책임으로서의 계약해제권, 대금감액청구권, 추완청구권과 일치시키고 있다. 이와 같은 입장은 개정 일본민법상 일반 채무불이행책임으로서의 계약해제권, 대금감액청구권, 추완청구권을 매매계약 및 도급계약상 담보책임에도 일치시키는 것과 아울러, 일반 채무불이행책임법상의 손해배상청구권까지도 매도인의 담보책임과 수급인의 담보책임에서도 일관하여 규정한 입장과 동일하게 우리 민법도 개정할 것인지에 관한 논의를 부르고 있다. ③의 경우는, 특히 계약해제권과 관련하여 종래 담보책임의 내용으로서 논의되어온 계약해제 이외에 계약의 일부불이행을 이유로 하는 계약해제권을 별도로 규율할 것인지의 문제가 중요하게 다루어지고 있다.

    아래에서는, 수급인의 담보책임에 관한 각 조문별로 예비초안, 검토위원회안 및 법무부개정안이 제안한 각 내용을 검토하고, 그에 관한 검토의견을 밝히고자 한다.

1. 각 규정의 검토

가. 제667조

현행	기초위원회 예비초안 및 법무부개정안	검토위원회 의견
제667조 (受給人의 擔保責任) ① 완성된 목적물 또는 완성전의 성취된 부분에 하자가 있는 때에는 도급인은 수급인에 대하여 상당한 기간을 정하여 그 하자의 보수를 청구할 수 있다. 그러나 하자가 중요하지 아니한 경우에 그 보수에 과다한 비용을 요할 때에는 그러하지 아니하다. ② 도급인은 하자의 보수에 갈음하여 또는 보수와 함께 손해배상을 청구할 수 있다. ③ 전항의 경우에는 제536조의 규정을 준용한다.	제667조(완성전의 하자로 인한 수급인의 책임) 수급인은 완성전 성취된 부분에 하자가 있는 때에도 도급인에 대하여 그 하자로 인한 책임을 진다.	제667조(수급인의 담보책임) 완성된 목적물 또는 완성전 성취된 부분에 하자가 있는 때에는 도급인은 수급인에 대하여 제571조부터 제573조까지 및 제574조 제1항의 규정에 따른 권리를 행사할 수 있다.
[2004년] 제667조(수급인의 담보책임) ① 완성된 목적물 또는 완성전의 성취된 부분에 하자가 있는 때에는 도급인은 수급인에 대하여 보수의 감액을 청구하거나 상당한 기간을 정하여 그 하자의 보수를 청구할 수 있다. 그러나 그 하자가 중요하지 아니한 경우에 그 보수에 과다한 비용을 요할 때에는 하자보수를 청구할 수 없다. ② 도급인은 보수감액청구 또는 하자보수청구 외에 손해배상을 청구할 수 있다. ③ 제2항의 경우에는 제536조의 규정을 준용한다. [2013년] 없음		

(1) 2004년과 2013년 개정 논의

2004년 개정논의에서 도급에서의 수급인의 담보책임으로 하자보수청구와 손해배상청구를 규정하는 외에 대금감액청구권을 규정하는 것이

좀더 간편하고 직접적인 해결책이라는 점이 지적된 이래로,[700] 2013년 개정논의에서도 수급인의 담보책임으로 도급인의 대금감액청구권을 두는 것이 하자발생에 대한 구제책으로서 국민의 법감정에 부합한다는 점이 부각되는 등,[701] 대금감액청구권을 수급인의 담보책임으로서 개정민법에 반영하자는 논의가 적극적으로 개진되어 왔다.

(2) 기초위원회 예비초안

민법개정을 위한 기초위원회(이하 "기초위원회")가 제안한 예비초안은 제567조에 의하여 매매의 담보책임 규정이 도급에도 준용되므로, 현행 민법 제668조, 제671조는 삭제하고, 제667조는 '완성전의 하자로 인한 수급인의 책임'에 관한 규정으로만 존속하는 것으로 하며, 도급의 특칙인 제669조(책임배제사유), 제670조(책임의 존속기간), 제672조(책임감면의 특약)는 존치하되 일부 내용을 개정하는 방안을 제시하였다.

이와 같이 매매의 담보책임 규정을 도급에 준용함으로써 도급에서의 담보책임 규정을 삭제하는 방식은 개정 일본민법과 유사한데, 개정 일본민법은 수급인의 담보책임의 근거 규정(개정전 일본민법 제634조,[702] 제635조[703])은 모두 삭제하고,[704] 그 책임의 제한 규정(일본 개정민법 제636조)과 담보책임 기간의 제한 규정(일본 개정민법 제637조)만을 남기고 있다.

---

700) 법무부, 2004년 법무부 민법개정안(채권편, 부록), 407면.
701) 법무부, 2013년 법무부 민법개정시안(채권편 하), 144면-145면.
702) 하자보수청구권과 손해배상청구권에 관한 내용으로서, 우리의 현행 민법 제667조와 유사함.
703) 계약해제권에 관한 내용으로서, 우리의 현행 민법 제668조와 유사함.
704) 이에 대해서, 일본 민법 제559조에 의하여 일본 민법 제562조(추완청구권), 제563조(대금감액청구권), 제564조(채무불이행을 이유로 하는 손해배상청구권, 해제권)가 준용된다는 점에서, 도급에 관한 제634조와 제645조가 필요가 없게 된 것이라는 설명으로, 潮見佳男, 民法(債權關係) 改正法の槪要, 金融財政事情硏究會, 314頁.

(3) 검토위원회안

(가) 규정의 형식 관련

　법무부 민법 개정 검토위원회안(이하 "검토위원회안")는 도급인이 목적물의 하자에 따라 하자보수청구(추완이행청구), 대금감액청구, 손해배상청구, 계약해제권 등의 권한을 가진다는 예비초안의 기본적인 방향에 동의하고 있다. 하지만 예비초안이 매매에 관한 제557조 규정이 도급에도 준용됨을 이유로 담보책임의 내용에 해당하는 현행 제667조, 제668조를 삭제하는 안을 제시하는 것과 관련하여, 검토위원회는 현행 민법 제667조가 도급의 특성에 따라 "완성된 목적물" 이외에 "완성전의 성취된 부분"에 대한 담보책임 추급을 뒷받침하고 있다는 점에서 존속되어야 할 필요성이 있고, 예비초안의 제안대로 민법 제667조(수급인의 담보책임) 규정을 삭제한 바로 그 다음에 수급인의 담보책임 면제 규정인 제669조를 두는 것은 조문의 순서를 어색하게 한다는 점을 지적하고 있다.

　결국, 검토위원회는 수급인의 담보책임의 근거로서 매매의 준용규정인 제567조를 준용하는 방식보다는 현행 민법과 같이 담보책임 근거규정을 유지하는 방식이 바람직하다는 의견을 제시하고 있다.

(나) 규정의 내용 관련

① 요건 관련

　검토위원회는 "완성된 목적물"의 하자 외에 "완성전 성취부분'에 하자가 있는 때를 규정하는 것은 여전히 타당하다고 보고 있다.

② 효력 관련

　검토위원회는 수급인의 담보책임을 개별적으로 규정하는 대신에, 매매에서의 담보책임 규정인 "제571조부터 제573조까지 및 제574조 제1항의 규정에 따른 권리를 행사할 수 있다."고 제안하고 있다.

(4) 법무부 개정안

법무부 개정안은 제667조를 기초위원회 예비초안과 같은 내용으로 제시하였다.

(5) 검토의견

(가) 규정의 형식 관련

위에서 검토위원회가 지적한 이유 외에도 수급인의 담보책임은 매도인의 담보책임과 완전히 동일하다고 볼 수는 없다는 점에서 매도인의 담보책임 규정을 수급인의 담보책임에 준용하는 형식으로 규정하는 것보다는 별도의 규정으로 두는 것이 좋다고 생각된다. 즉, 매매에서는 매도인이 매매 목적물의 완성에 전혀 관여하지 않은 경우에도 담보책임을 지우고 있고, 매도인이 권리의 하자 내지 목적물의 하자를 이유로도 담보책임을 부담하는데 비해서, 도급에서는 수급인이 일을 완성할 의무를 지는 이상 일의 완성에 전혀 관여하지 않는 경우는 고려할 수 없고, 수급인이 도급목적물(유형)과 일(무형)의 하자를 이유로 담보책임을 부담한다는 점에서 차이를 보인다. 이런 차이점에도 불구하고 매도인의 담보책임 규정을 전적으로 수급인의 담보책임으로 준용하는 것은 재고해야 한다고 본다.

(나) 규정의 내용 관련

① 요건 관련

현행 민법 제667조는 "완성된 목적물 또는 완성전 성취된 부분에 하자가 있는 때에는"을 수급인의 담보책임의 요건으로 규정하고 있고, 이 점에 관해서 여전히 의미를 가진다고 생각한다. 그런데 제667조와 같이 수급인의 담보책임의 요건으로서 "완성된 목적물 또는 완성전 성취된 부분에 하자가 있는 경우"만 규율하면 충분할 것일까? 즉, 현행 민법상 도급의 정의 규정(제664조)은 "어느 일을 완성"할 것을 약정하도록 하고 있고, 우리 학설[705] 역시 도급계약은 유형물을 도급의 목적으로 하는 경우와 무형의 일을 도급의 목적으로 하는 경우를 모두 포함하는 것으로 해석하고 있는 만큼, 수급인의 담보책임에 관한 규정에서도 이러한 내용을 반영하는 것이 좋다고 생각한다. 이에 따라 동조를 '완성된 일 또는 완성 전 성취된 일에 하자가 있는 때에는'으로 수정하는 것이 좋다고 생각한다.

② 효력 관련

검토위원회안에 의하면 "도급인은 수급인에 대하여 제571조부터 제573조까지 및 제574조 제1항의 규정에 따른 권리를 행사할 수 있다"고 하고 있다. 이에 따르면 도급인은 수급인의 담보책임으로서 매매계약에서의 추완청구권(제571조), 해제권(제572조), 대금감액청구권(제573조), 손해배상청구권(제574조 제1항)을 행사할 수 있다. 이는 매도인의 담보책임과 수급인의 담보책임을 완전히 일치시키는 것을 의미한다. 아래에서 각 청구들에 관해서 살펴본다.

1 하자보수청구

예비초안은 매매계약상 매매목적물에 하자가 있는 경우에 1차적인 매수인의 구제수단으로서 추완이행청구권을 제안[706]하면서 동 규정을 수급인의 담보책임에 준용하고 있고, 검토위원회도 같은 취지의 제안[707]을 하고 있다. 도급계약상 완성된 일에 하자가 있는 경우에 도급인의 추완이행청구가 필요하다는 점에서는 이견이 없다. 더욱이 수급인의 담보책임으로서 하자보수청구를 두고 있는 현행 규정은 무형도급의 경우에

---

[705] 곽윤직, 채권각론, 박영사(2006), 250면 김형배, 채권각론(계약법), 박영사(2001), 611면, 박준서 편집대표, 주석민법 채권각칙(4), 제3판, 한국사법행정학회(1999), 177면(정종휴 집필부분).
[706] 예비초안 제571조 제1항: 제569조, 제570조에 반하여 매매 목적물에 하자가 있는 경우(이 법에서 전자를 '권리의 하자', 후자를 '물건의 하자'라고 한다), 매수인은 하자의 제거 또는 하자 없는 물건의 인도를 청구할 수 있다.
[707] 검토위원회안 제571조 제1항: 매매의 목적인 권리 또는 물건에 하자가 있는 경우 매수인은 하자의 제거, 하자 없는 권리의 이전이나 물건의 인도, 그 밖에 추완 이행을 청구할 수 있다.

는 적절하지 않은 표현으로서, 검토위원회안과 같이 이를 추완이행청구로 하는 것이 보다 적확한 표현이 될 것이라고 생각된다.[708]

종래 매매계약상 매수인의 하자보수청구권에 대해서는 그 하자보수청구권의 제한 문제가 중요한 문제로서 다루어져 왔다. 가령, 매매계약상 매도인이 하자를 보수하거나 대금을 감액해 줌으로써 매수인의 이익이 보호될 정도의 하자가 있는 경우에도 매수인에게 완전물 급부청구를 허용할 것인지를 두고 논의[709]가 이루어졌으며, 판례는 경미한 하자가 있는 경우에는 대금감액이나 하자보수로 만족하고 중대한 하자에 한하여 완전물급부청구를 허용하는 입장을 가지고 있다.[710] 예비초안 제571조 제2항은 이와 같은 점을 감안하여 "..매도인에게 과도한 불이익을 야기하는 때에는 매도인은 이[711]를 거절할 수 있다."고 하고 있고, 검토위원회 역시 이와 같은 취지의 안을 두고 있다.[712]

한편, 수급인의 담보책임에 관해서도 이미 현행 민법에서 이와 같은 취지의 규정을 두고 있다. 즉, 현행 민법 제667조 제1항 단서는 "그러나

---

[708] 우리 민법은 이미 제647조의2의 여행계약상 여행주최자의 담보책임으로서 '하자의 시정'이라는 표현을 사용한 바 있다. 도급에서도 '추완이행청구'로 개정하는 경우에는 여행계약에서도 추완이행청구로 일관하는 것도 고려하는 것이 좋다고 생각한다.

[709] 경미한 하자는 대금감액이나 하자보수에 의하여 처리하고 중대한 하자에 한하여 완전물급부청구를 허용할 것이라는 견해로, 이은영, 채권각론 제5판, 박영사(2007), 340-341면, 장지용, "완전물급부청구권의 제한", 민사판례연구 [XXXVII], 2015, 300면 이하, 이에 반하여 신의칙에 의해 제한되는 외에는 원칙적으로 완전물급부청구를 인용하는 견해로 사동천, "최근 국제적 동향에서 바라본 우리 민법상의 매도인의 하자담보책임에 관한 연구", 민사법학 제24호, 한국민사법학회, 2003. 9. 27면.

[710] 대법원 2014. 5. 16. 선고 2012다72582판결.

[711] 예비초안 동조 제1항에 의하면 "이"는 하자의 제거 또는 하자 없는 권리의 이전이나 물건의 인도를 말한다.

[712] 검토위원회안 제571조 제2항: 추완이행이 목적물의 가치, 하자의 정도, 다른 구제수단 등을 고려하여 매도인에게 과도한 부담이 되는 때에는 매수인은 해당 추완이행의 방법을 선택할 수 없다.

하자가 중요하지 아니한 경우에 그 보수에 과다한 비용을 요할 때에는 그러하지 아니하다"고 하고 있다. 이에 관해서는 예비초안과 검토위원회안이 매도인의 담보책임에 관한 제571조를 준용하고 있는데, 이들 규정은 현행 민법 제667조 제1항 단서가 "하자의 중요성"이나 "보수에 드는 비용의 과다성"을 가지고 하자보수청구를 제한하는 것에 비하여 보다 일반적인 규정을 둘 것을 제안하고 있다. 즉, 검토위원회는 "목적물의 가치, 하자의 정도, 다른 구제수단"을 고려하여 추완이행청구를 제한하고자 하는 반면(검토위원회안 제571조), 예비초안은 "목적물의 가치, 하자의 정도"를 고려할 것을 제안하고 있다(예비초안 제571조). 이점에 관해서는 도급인이 청구하는 추완방법이 목적물의 가치나 하자의 정도를 고려할 때 가장 적정한 것이라고 하더라도 다른 추완방법에서 소요되는 비용 등도 고려대상으로 포함시키는 것이 적절하다는 점에서, 검토위원회안과 같이 "목적물의 가치, 하자의 정도, 다른 구제수단"을 고려대상으로 하는 것이 더 좋다고 생각된다.

또한, 검토위원회안에서는 추완이행이 매도인에게 과도한 부담이 되는 때에는 매수인이 해당 추완이행방법을 "선택할 수 없다"고 하는 것에 비하여, 예비초안에서는 추완이행이 매도인에게 과도한 불이익을 야기하는 때에는 매도인은 이를 "거절할 수 있다"고 하고 있다. 예비초안과 같이 우선 매수인으로서는 추완이행방법을 선택하여 청구하도록 하고, 매도인이 추완이행 제한사유가 충족되었음을 들어 거절할 수 있는 권한을 주는 것이 매도인과 매수인의 이익을 조절(가령, 예비초안의 경우에는 매도인이 추완이행 제한사유에 해당함을 증명하게 될 것이다)하는데 보다 좋은 방안으로 생각된다.

결국, 수급인에 대한 추완이행청구권을 다음과 같이 정리할 수 있겠다.

> **제667조(수급인의 담보책임)**
> ① 완성된 일 또는 완성전 성취된 일에 하자가 있는 때에는 도급인은 수급인에 대하여 하자의 제거, 하자없는 물건의 인도 그 밖에 추완이행을 청구할 수 있다.
> ② 추완이행이 일의 가치, 하자의 정도, 다른 구제수단 등을 고려하여 수급인에게 과도한 부담이 되는 때에는 수급인은 이를 거절할 수 있다.

② 대금감액청구

민법 제667조 제2항의 하자의 보수에 갈음하는 손해배상청구권은 보수 감액을 청구할 수 있는 권리와 경제적인 의미에 있어서는 유사할 수는 있지만,[713] 보수 감액은 계약체결시에 가졌던 급부와 반대급부간의 등가성을 회복시켜준다는 의미를 가지고 있다는 점에서 손해배상청구와는 구분된다.[714] 이런 점에서 예비초안과 검토위원회안은 수급인의 담보책임으로서 도급인의 대금감액청구권을 규정하는데 의견이 일치된다. 또한, 예비초안과 검토위원회안이 도급인의 대금감액청구권의 내용으로 민법상 해제의 의사표시 규정(제543조)과 해제의 불가분성 규정(제547조)를 준용할 것을 제안하는 점에 관해서는, 대금감액청구가 계약의 일부 해제의 실질을 가진다는 점[715]을 감안할 때 타당한 제안으로 본다.

한편, 법무부개정안은 대금감액청구와 추완이행청구의 관계에 관하여 대금감액은 추완이행이 최고를 전제로 하지 않는 것으로 하였다.[716]

---

[713] 민법 제575조, 제580조, 제581조의 손해배상이 하자손해에 상응하는 대금감액적 성질을 가지고 있다는 해석으로, 김용덕 편집대표, 주석민법 채권각칙(2), 제5판(2021), 510-512면(이동진 집필부분).
[714] 김제완, "판례연구: 도급계약상 담보책임으로서의 손해배상청구권의 법적 성격-판례상 '하자보수에 갈음한 손해배상'과 하자로 인한 손해배상'을 중심으로", 고려 법학 제38호, 고려대학교 법학연구원, 2002. 4., 308면.
[715] 송덕수, 채권각론, 박영사(2023), 376면.

예비초안과 검토위원회안은 매도인의 담보책임으로서의 대금감액 조항 (예비초안 및 검토위원회안 제573조) 제안에서 "제1항에 따라 대금이 감액된 경우에는 매수인은 추완이행을 청구할 수 없다"고 함으로써, 법무부개정의견과는 다른 방향을 가지고 있었고, 이 규정을 준용하는 도급인의 대금감액청구에 관해서도, 대금이 감액된 이후에는 도급인이 추완이행을 청구할 수 없다고 함으로써, 도급인이 대금감액과 추완이행이라는 중복적 구제를 받을 수 없다는 입장을 가지고 있었다.[717] 하지만, 법무부개정의견은 적어도 대금감액은 추완이행청구와 무관하게 바로 행사하도록 하는 것이 간이하게 분쟁을 해결하고자 하는 채권자의 이익을 존중할 수 있다는 점을 들어 예비초안과 검토위원회안과는 다른 입장을 정하였다.[718] 이는 현행 민법상 여행주최자의 담보책임으로서 여행자는 여행주최자에게 하자의 시정 또는 대금의 감액을 청구할 수 있다고 함으로써, 추완청구와 대금감액을 선택할 수 있도록 하고 있는 것과도 일관성을 가지는 입장이라고 할 수 있다.

대금감액청구를 하는 경우에 감액될 금액의 산정방법에 관해서 살펴본다. 감액될 대금의 산정방법에 관하여 예비초안[719]과 검토위원회안[720], 법무부개정안[721] 모두 하자가 목적물의 가치를 감소시키는 비율에 따라 정해지는 액수를 감액하는 방안을 제시하고 있다. 이 방법은 CISG[722]와 PECL[723]등 비교법적으로도 지배적으로 채택되어 있는 방식이

---

716) 법무부 민법개정위원회, 계약법 개정이유서, 2024, 110면.
717) 법무부 민법개정위원회 검토위원회, 민법 개정 예비초안에 대한 검토의견서, 2024. 4. 80면.
718) 법무부 민법개정위원회, 계약법 개정이유서, 2024, 110면.
719) 예비초안 제573조 제3항: 제1항의 대금은 매매 당시 하자가 그 목적물의 가치를 감소시키는 비율에 따라 감액되어야 한다.
720) 검토위원회안 제573조 제3항: 제1항의 경우 대금은 하자로 말미암아 매매 당시 목적물의 가치가 감소되는 비율에 따라 감액되어야 한다.
721) 법무부개정안 제573조 제2항: 제1항의 경우에 대금은 하자로 인하여 매매 당시 목적물의 가치가 감소되는 비율에 따라 감액된다.

다.[724] 다만, CISG와 PECL은 목적물이 인도된 시점을 기준으로 하자로 인하여 목적물의 가치가 감소되는 비율에 따라 감액하는데 비해서, 예비초안, 검토위원회안 및 법무부개정안은 당사자들이 계약에 반영한 사항을 고려해야 한다는 점을 들어 도급계약 시점[725]을 기준으로 하자로 인하여 목적물의 가치가 감소되는 비율에 따라 감액할 것을 제안하고 있다. 수급인의 담보책임으로서의 도급계약에 반영된 등가에 관한 고려를 반영하는 의미에서[726] 도급계약체결 당시에 일이 가지는 가치에서 실제 완성된 일이 가지는 가치를 뺀 부분의 비율만큼 감액하는 예비초안이나 검토위원회안의 제안은 타당하다고 본다.[727]

한편, 예비초안 및 법무부개정안은 "상당하게 산정된 하자제거비용은 감액되어야 할 금액으로 추정한다"는 규정을 제안한다(예비초안 제573조 제3항). 이에 관하여 검토위원회안은 하자제거비용 이야말로 수급인의 귀책을 요하지 않는 손해배상범위에 포함시킬 것을 제안하면서, 이를 손해배상청구에 관한 담보책임 규정과 함께 논의할 것을 제안하고 있다.[728] 위에서 본 바와 같이 대금감액청구의 전제는 당사자들이 도급계약 체결 당시에 상정한 일이 가지는 가치와 실제 완성된 일의 가치의 등가성을 지키기 위한 것임을 감안할 때, 대금감액은 도급계약체결 당시에

---

[722] CISG 제50조: 매수인은 실제로 인도된 물품이 인도시에 가지고 있던 가액이 계약에 일치하는 물품이 그 당시에 가지고 있었을 가액에 대하여 가지는 비율에 따라 대금을 감액할 수 있다.
[723] PECL 제9:401조 제1항: 감액은 이행이 제공될 당시를 기준으로 원래의 계약대로 이행이 제공되었다면 가졌을 가치와 실제 이행이 되었을 때의 가치를 비교하여 그 감소비율에 따라 행해진다.
[724] 반대로, 독일 민법은 매매시점을 기준으로 한다(동법 제441조 제3항).
[725] 도급의 경우에도 매매에 관한 제573조 규정이 제567조에 의하여 준용된다.
[726] 서강대학교 산학협력단(이준현 교수 책임연구원), 2023년 법무부 연구용역 보고서, 민법 개정안(계약법 각론) 예비초안 연구, 2023. 12. 41면.
[727] 여행주최자의 책임에 관한 해석으로서, 송덕수, 채권각론, 376면.
[728] 법무부 민법개정위원회 검토위원회, 민법 개정 예비초안에 대한 검토의견서, 2024. 4. 80면.

일이 가지는 가치에서 실제 완성된 일이 가지는 가치를 뺀 부분의 비율만큼 감액하는 것으로 규정하되, 하자제거비용은 대금감액으로 해결하기 보다는 손해배상으로 해결하는 검토위원회안이 논리적으로 일관되는 방향인 것으로 생각된다.

이렇게 보는 경우, 수급인의 담보책임으로서의 도급인의 대금감액청구권은 다음과 같이 정리할 수 있겠다.

> **제667조(수급인의 담보책임)**
> ③ 완성된 일 또는 완성전 성취된 일에 하자가 있는 때에는 도급인은 수급인에 대하여 대금감액을 청구할 수 있다. 이 경우 제543조, 제547조를 준용한다.
> ④ 제3항에 따라 대금이 감액된 경우에는 도급인은 추완이행을 청구할 수 없다.
> ⑤ 제3항의 경우 대금은 하자로 말미암아 도급계약 당시 목적물의 가치가 감소되는 비율에 따라 감액되어야 한다.

③ 계약해제권

도급인의 계약해제권과 관련하여, 예비초안은 "물건의 하자가 있는 경우, 도급인은 제543조, 제544조에 의하여 계약을 해제할 수 있다. 이 경우 수급인의 추완이행이 적절히 행하여지지 아니한 때에도 제544조 제1항에 의한 최고를 요하지 아니한다"고 하고(도급계약에 예비초안 제572조를 준용), 검토위원회 역시 "완성된 목적물 또는 완성전 성취된 부분에 하자가 있는 경우"에는 예비초안과 같은 내용을 제안하고 있으며(검토위원회안 제667조, 제572조), 법무부개정안은 예비초안과 같은 입장을 가지고 있다.

현행 민법 제668조의 계약해제 규정은 "완성된 목적물의 하자로 인하여 계약의 목적을 달성할 수 없음"을 가지고 도급인의 계약해제권을 제한하는데 비하여 예비초안, 법무부개정안과 검토위원회안은 모두 예비초안, 법무부개정안 및 검토위원회안 제544조에 따라 계약해제를 할 수 있다고 제안함으로써(예비초안, 법무부개정안은 567조, 제572조에 의함으로써, 검토위원회안은 제667조, 제572조에 의함으로써) "불이행이 경미하여 계약의 목적을 달성할 수 있는 경우에는" 계약을 해제할 수 없도록 규정하고 있다. 이는 도급인이 완성된 일의 하자를 이유로 계약을 해제할 수 있도록 하되, 수급인이 계약해제 제한사유, 즉, "불이행이 경미[729]하여 계약의 목적을 달성할 수 있음[730]"을 주장, 증명하도록 하는 형태로 운영될 것이라는 점에서 타당한 입장으로 생각된다.

이렇게 보는 경우, 수급인의 담보책임으로서의 계약해제권은 다음과 같이 정리할 수 있겠다.

---

729) 동조에서 무엇이 경미한 하자인지에 관해서는 해석상 논의가 필요하다는 설명으로, 潮見佳男, 民法(債權關係) 改正法の槪要, 金融財政事情硏究會, 240頁. 이에 따르면 불이행이 경미한 것인지 여부는 채무자의 추완이행에 소요되는 비용과 상당기간 경과후 본 취지에 따른 이행을 받지 못함에 따른 채권자의 불이익을 비례원칙의 관점에서 비교형량하여 추완이행에 과도한 비용이 필요한 경우에는 해제주장이 과대하다고 판단한다.
730) 개정 일본민법이 "계약 및 거래상의 사회통념에 비추어 계약부적합이 경미한 경우에는 계약을 해제할 수 없다"(일본민법 제541조)고 하고, CISG가 매도인의 계약위반이 본질적인 경우에 한하여 계약을 해제할 수 있도록 하거나 (CISG 제25조, 제49조 제1항a호, 제64조 제1항 a호), PICC 7.3.1.조와 PECL 제9:301조, 제9:302조, 제9:304조가 "채무자의 본질적인 채무불이행이 있으면 채무자에게 귀책사유가 있는지 여부를 불문하고 계약을 해제할 수 있다"고 하는 것이나 CESL 제115조 제1항이 "매도인의 채무불이행이 본질적 불이행인 경우"에 계약을 해제할 수 있도록 한 것과 같은 입장이다. 구체적인 표현은 '본질적 계약위반' 또는 '경미한 불이행' 등등 차이가 다소 있지만, 예비초안이나 검토위원회안 모두 타당한 제안으로 생각된다.

제668조(도급인의 해제권)

① 완성된 일에 하자가 있는 때에는 도급인은 제543조, 제544조에 의하여 계약을 해제할 수 있다. 이 경우 수급인의 추완이행이 적절히 행하여지지 아니한 때에는 제544조 제1항 본문에 의한 최고를 요하지 아니한다.

4 손해배상청구

예비초안(및 법무부개정안, 이하 이 항에서 같음)은 매도인의 담보책임에 관한 손해배상책임 규정인 제574조를 수급인의 담보책임에서도 준용할 것을 제안하고, 검토위원회안 역시 매도인의 담보책임에 관한 손해배상책임 규정중 제574조 제1항만을 수급인의 담보책임에 준용할 것을 제안하고 있다.

예비초안(및 법무부개정안)에서 수급인의 담보책임으로서 준용하는 매도인의 담보책임으로서의 손해배상책임에 관한 제574조는 다음과 같다.

"매매 목적인 권리 또는 물건의 하자가 있는 경우, 매수인은 제390조에 의하여 손해배상을 청구할 수 있다. 이 경우 매도인의 추완이행이 부적절하게 행하여진 때에는 매수인은 제395조 제1항의 최고 없이 이행에 갈음하는 손해배상을 청구할 수 있다."

한편, 검토위원회안에서 수급인의 담보책임으로서 준용하는 매도인의 담보책임으로서의 손해배상책임에 관한 제574조 제1항은 다음과 같다.

"매매의 목적인 권리 또는 물건에 하자가 있는 때에는 매수인은 하자가 없다고 믿고 지출한 비용, 하자를 제거하는데 필요한 비용, 또는 하자로 인해 매매의 목적인 권리나 물건을 상실한 경우 그 시가 상당액을 청구할 수 있다"

예비초안(및 법무부개정안)과 검토위원회안에서 볼 수 있는 가장 큰 차이점은 예비초안의 경우에는 수급인이 제공한 완성된 일에 하자가 있는 경우, 도급인이 제390조에 의한 손해배상을 청구할 수 있다는 것이고,

검토위원회안의 경우에는 도급인이 하자가 없다고 믿고 지출한 비용, 하자를 제거하는데 필요한 비용 또는 하자로 인해 도급의 목적인 완성된 일이 상실된 경우 그 시가 상당액을 청구할 수 있도록 하는 것이다.

즉, 예비초안(및 법무부개정안)은 하자로 인한 손해배상책임에 관하여 제390조를 준용함으로써 하자로 인한 손해배상에서 유책성의 법리를 선언하는 동시에 채무자의 과실 요건을 따르는데서 불합리한 결과가 발생하는 경우에는 제390조 제2항의 무하자의 보장(garantie)에 의해서 해결하고자 하는 것으로 설명한다.[731] 또한, 법무부개정안은 개정안 제390조 제2항에 "법률 또는 당사자의 약정에 의하여 달리 정하여지지 않는 한" 채무자는 자신의 고의 또는 과실에 대하여 책임이 있다고 규정하면서, 담보책임의 경우를 동항의 "법률"에 의하여 채무자의 귀책을 가중하는 경우라는 취지로 설명하고 있다.[732] 이와 같은 예비초안과 법무부개정안은 채무불이행책임과 담보책임의 통합적 구성을 실현하고자 하는 것으로 이해된다.[733]

이에 비하여, 검토위원회는 기본적으로 채무불이행책임과 하자담보책임을 일원화하여 규정하는 원칙에 찬성하지만 하자로 인한 모든 손해에 대하여 채무자의 과실을 기본요건으로 하는 것은 현행 민법상의 하자담보책임에 비해 상당한 차이점을 보인다는 점에서 신중론을 제시하고 있다. 즉, 검토위원회안은 현행 민법상 매도인의 손해배상책임을 크게 ① 하자로 해제됨으로써 무익하게 된 계약비용, ② 하자제거에 필요

---

[731] 법무부 민법개정위원회 검토위원회, 민법 개정 예비초안에 대한 검토의견서, 2024. 4. 81면. 이와 관련하여, 매도인의 과실이 없더라도 계약체결비용과 하자보수비용, 급부가치는 추완청구권이나 대금감액청구권으로 충분히 보상받을 수 있다는 설명으로 백경일, "매도인의 담보책임에 관한 민법개정안 검토" 민사법학 제108호, 한국민사법학회, 2024.9. 248면.
[732] 법무부 민법개정위원회, 계약법 개정이유서, 2024, 25면.
[733] 법무부 민법개정위원회 검토위원회, 민법 개정 예비초안에 대한 검토의견서, 2024. 4. 81면.

한 비용, ③ 하자로 인해 목적물을 취득하지 못하는 경우 가액의 차이인 이행이익의 배상,[734] ④ 하자로 인해 매수인의 생명, 신체, 영업이익 등의 다른 재산상 손해에 미치는 하자확대 손해로 구분하면서, 예비초안에 의하는 경우에는 현행 민법 해석상 무과실책임으로 해석해오던 ① ② ③ 의 책임을 채무자의 유책성에 기반하게 되는 결과를 우려하고 있다.[735] 물론 예비초안은 이와 같은 단점을 보완하기 위해 제390조 제2항 에 의해 해결할 것을 제안하고 있지만, 현행 민법에 비해 무과실책임의 범위를 좁히는 결과를 피하기는 어렵다. 더욱이 법무부개정안의 설명과 같이 동 개정안 제390조 제2항에서 "법률에 달리 정한 경우"중 하나로서 담보책임을 예로 든다면, 담보책임은 결국 법정책임으로 보게 되는 것이냐는 논란에 다시 빠지는 것은 아닌가라는 우려가 들기도 한다. 이에 반하여, 검토위원회는 하자에 대한 매도인의 귀책사유가 없는 경우에는 매수인이 하자가 없다고 믿고 지출한 비용, 하자를 제거하는데 필요한 비용, 하자로 인해 매매의 목적인 권리나 물건을 상실한 경우 그 시가 상당액에 대해서 배상하도록 하되, 매도인의 귀책사유가 있는 경우에는 제390조, 제395조의2에 따른 배상책임의 가능성을 열어둠으로써 하자로 인한 확대손해를 규율하는 방식을 제안하고 있다. 결국, 도급계약에도 매도인의 손해배상책임 규정을 준용하는 검토위원회로서는, 수급인에게 귀책이 없는 경우에는 제574조 제1항의 책임을, 수급인에게 귀책이 있는 경우에는 제574조 제1항의 책임과 함께 확대손해에 대한 배상책임까지 묻도록 하는 제안을 하고 있다.[736]

그렇다면 과연 예비초안 및 법무부개정안의 취지와 같이 현행 민법

---

[734] 검토위원회는, 적어도 권리의 하자가 문제되는 경우에는 매도인의 과실 여부를 묻지않고 이행이익의 배상을 인정해왔음을 들고 있다(법무부 민법개정위원회 검토위원회, 민법 개정 예비초안에 대한 검토의견서, 2024. 4. 82면)
[735] Ibid., 82-83면.
[736] Ibid., 82-83면.

의 해석방향에 대한 변화가 타당할 것인가 아니면 검토위원회안의 취지와 같이 현행 민법의 해석방향을 살리는 방향이 타당할 것인가.

먼저, 현행 민법 제667조의 해석을 살펴보자. 현행 제667조의 수급인의 담보책임으로서의 손해배상책임을 무과실책임으로 해석하면서도 확대손해에 관해서는 수급인의 귀책사유를 요하는 것으로 해석하는 것이 판례의 태도이다.737) 또한 현행민법의 해석상 하자보수에 갈음하는 손해배상(하자보수가 가능한 경우에는 하자보수에 필요한 비용 또는 하자로 인한 가치 감소액을 배상범위로 하고, 하자보수가 불가능한 경우에는 하자없이 시공했을 경우의 목적물의 교환가치와 하자가 있는 상태로의 교환가치의 차액을 배상범위로 한다) 또는 하자보수와 함께 하는 손해배상(하자보수에도 불구하고 남는 손해로서, 하자감정비용이나 작업기간 동안 목적물을 사용수익하지 못함에 따라 발생한 손해)을 하는 것으로 새기는 것이 가능하고 이를 넘어서는 확대손해에 대해서는 수급인의 귀책을 요하는 것으로 해석하는 것이 가능하다.738)

예비초안의 입장을 살펴보자. 예비초안은 개정 일본민법의 입장과 유사한 것으로 이해된다. 즉 개정 일본민법 제415조 제1항은 "채무자가 그 채무의 본지에 따른 이행을 하지 않을 때 또는 채무 이행이 불가능한 때에는 채권자는 이에 따라 생긴 손해배상을 청구할 수 있다. 다만 그 채무 불이행이 계약 그 외의 채무발생 원인 및 거래상의 사회통념에 비

---

737) 대법원 2004. 8. 20. 선고 2001다70337판결은 "액젓 저장탱크의 제작, 설치공사 도급계약에 의하여 완성된 저장탱크에 균열이 발생한 경우, 보수비용은 민법 제667조 제2항에 의한 수급인의 하자담보책임중 하자보수에 갈음하는 손해배상이고, 액젓 변질로 인한 손해배상은 위 하자담보책임을 넘어서 수급인이 도급계약의 내용에 따른 의무를 제대로 이행하지 못함으로 인하여 도급인의 신체, 재산에 발생한 손해에 대한 배상으로서 양자는 별개의 권원에 의하여 경합적으로 인정된다."고 하였다.
738) 김규완, "일의 하자에 대한 수급인의 이행책임과 손해배상책임", 안암법학 제15호, 안암법학회, 2002. 11., 78면.

추어 채무자의 책임으로 돌릴 수 없는 사유에 의한 것인 때에는 그러하지 아니하다."고 규정하고 있고, 이 규정은 매도인의 담보책임에 관한 564조에서 준용되고, 이는 다시 수급인의 담보책임에서도 준용되고 있다(제559조에 의한 제564조, 제415조 준용). 그런데 제415조 제1항 단서의 "채무불이행이 계약 그 외의 채무발생 원인 및 거래상의 사회통념에 비추어 채무자의 책임으로 돌릴 수 없는 사유"에 관해서, 일본에서는 채무자가 "고의, 과실이 없을 것"을 면책사유로서 인정받는 것 이외에, 계약의 취지에 비추어 채무자의 면책사유를 주장할 수 있는 것으로 해석되고 있다.739) 결국 개정 일본민법상 수급인의 손해배상책임에 있어서 자신에게 고의, 과실이 없다는 것을 포함하여 계약의 취지에 따른 면책사유를 주장할 수 있음을 의미한다. 개정 일본민법과 같은 취지의 규정을 두고자 하는 예비초안에 의하면, 결국 수급인은 자신에게 고의, 과실이 없거나 기타 계약의 취지에 따른 면책사유를 주장할 수 있는 것으로 해석될 것이다.

　이에 대하여, 검토위원회는 ① 종래 우리 민법상 매도인의 담보책임에 관한 해석상으로도 매매목적물의 하자로 인하여 계약을 해제함에 따라 무익하게 된 계약비용이나 하자제거에 필요한 비용은 매도인의 귀책을 요하지 않고서도 책임을 인정해 왔고, ② 매매계약에서 권리의 하자가 문제되는 경우에는 매도인의 과실 여부를 묻지 않고 이행이익의 배상을 인정해 왔으며,740) ③ 이와 같이 기존에 매도인의 무과실 담보책임으로서 손해배상책임을 인정해 온 것에 대한 정책적 평가가 충분히 인정되어야 하고, ④ 예비초안이 매도인의 담보책임으로서의 무과실 손해배상책임을 과실책임의 법리로 전환하면서 '보증의 인수'라는 법리를 이용함으로써 법규범의 이해와 적용에 어려움을 초래할 우려가 있다는 점

---

739) 潮見佳男, 民法(債權關係) 改正法の槪要, 金融財政事情硏究會, 68頁.
740) 법무부 민법개정위원회 검토위원회, 민법 개정 예비초안에 대한 검토의견서, 2024. 4. 82면. 대법원 1993. 4. 9. 선고 92다25946판결.

제4장 하자담보책임과 채무불이행책임의 통합에 관한 제문제 313

을 지적하고 있다.

이 밖에도 수급인은 자신의 책임으로 계약상 일을 완성하여야 하는 결과채무를 부담한다는 점에서 계약이행에 관한 무거운 책임을 지는 것으로 해석되어 왔다는 점에서741) 수급인의 손해배상책임을 무과실책임으로 구성하는 것은 여전히 의미를 가진다고 본다. 가령 위임계약상 수임인이 선량한 관리자의 주의의무를 이행하지 않은 경우에 손해배상책임을 지는 것은 수임인이 단지 수단채무를 부담하는 것에 기인한데 비하여,742) 도급계약상 수급인으로서는 하자없이 일을 완성하여야 하고, 이를 완성하지 못한 경우에는 완성된 일의 하자에 대한 무과실의 책임을 부담하도록 하는 것이 도급계약의 유상성에도 부합하는 것이라고 볼 것이다. 이와 같은 결론은 수급인의 담보책임을 채무불이행책임으로 본다고 하더라도 적어도 수단채무를 부담하는 수임인의 책임과는 구분되어야 함을 의미한다.743) 더욱이 이미 판례상으로도 수급인의 확대손해를 제외한 손해배상책임에 관해서 무과실책임을 전제로 한 해석론이 자리를 잡고 있다는 점을 감안하면 예비초안 및 법무부개정안과 같은 전환에 대해서는 다소 우려가 따르는 것이 사실이다.

---

741) 김용덕 편집대표, 주석민법 채권각칙(4), 제4판(2016), 290면(이준형 집필부분).
742) 대법원 2012. 11. 15. 선고 2010다20228판결은 "금융주간사인 피고가 본대출을 주선하는 금융자문용역의 조건, 범위 등을 원고에게 확인시켜준 것으로서 그로 인해 피고가 부담하는 의무는 수단채무로서의 성격을 가지므로 피고가 이 사건 본대출을 실행할 의무는 없다."고 판단하였고, 대법원 1996. 12. 23. 선고 96다30465, 30472판결은 "대출기관 임원이 회사에 대해 부담하는 대출금 회수의무는.. 미회수금 손해 등의 결과가 전혀 발생하지 않도록 하여야 할 결과채무가 아니라, 회사의 이익을 위하여 선량한 관리자로서의 주의의무를 가지고 필요하고 적절한 조치를 다해야 할 채무이므로 회사에게 대출금 중 미회수금 손해가 발생하였다는 결과만을 가지고 곧바로 채무불이행사실을 추정할 수 없다."고 하였다.
743) 필자는 이와 같은 결론이, 결과채무를 부담하는 매매에서의 담보책임 규정에 관해서도 마찬가지로 적용되는 것이 타당하다고 생각한다.

다만 검토위원회안에 의하더라도, 매도인의 담보책임에 관하여 매도인에게 귀책이 있는 경우를 규정한 제574조 제2항(제1항에 따른 청구는 제390조 및 제395조의2에 따른 권리의 행사에 영향을 미치지 아니한다)이 수급인의 책임에서도 적용된다는 점을 명시하는 것이 좋다고 생각한다.

이와 같은 점을 감안하면 수급인의 손해배상책임과 관련해서는 검토위원회안에 따라 규정하는 방향이 더욱 적절하다고 생각되며 이를 반영하면 다음과 같다.

제667조(수급인의 담보책임)

⑥ 완성된 일 또는 완성전 성취된 일에 하자가 있는 때에는 도급인은 제574조 제1항의 규정에 따른 손해배상청구를 할 수 있다. 이때, 도급인의 손해배상청구는 제390조 및 제395조의2에 따른 권리의 행사에 영향을 미치지 아니한다.

(다) '담보책임' 용어 삭제 등 제안 관련

검토위원회안에 의하면, 매매계약에서 매도인의 담보책임을 규정한 것이나 여행계약에서 여행주최자의 담보책임을 규정한 것을 개정할 것을 제안하면서 '담보책임'이라는 용어를 삭제하는 제안을 하고 있다.

개정 일본민법이 매매계약에서 의도적으로 '하자'라는 용어를 피하면서 '계약의 내용에 적합하지 않는 경우'로 개정한 것과 관련하여 담보책임이라는 범주는 더 이상 특별한 의미를 가지지 않게 되었다는 설명이 있기는 하지만,[744] 여전히 개정 일본 민법전에서도 청부인의 담보책임의 제한(일본 민법 제636조)이나 담보책임의 기간의 제한(일본 민법 제637조)이라고 함으로써 담보책임이라는 표현을 여전히 사용하고 있음을 확인할 수 있다.[745]

---

744) 潮見佳男, 民法(債權關係) 改正法の槪要, 金融財政事情硏究會, 259頁.

담보책임이라는 용어와 완전히 결별하는 것은 종래 논의되어 오던 담보책임과 일반 채무불이행책임과의 통합을 명칭에서부터 이루고자 하는 의도로 생각되며 일면 공감되는 점이 있다. 다만 위에서 본 바와 같이 ① 수급인이 결과채무를 부담한다는 점에서 수단채무를 부담하는 수임인의 책임과는 구분하는 것이 필요하다는 점에서 이를 담보책임이라고 명칭하여 구분하는 것도 의미가 있다는 점, ② 위에서 본 바와 같이 수급인의 손해배상책임 등에 있어서 여전히 채무불이행책임에서의 손해배상책임 등과의 차이를 두는 것이 타당하다는 점에서 여전히 수급인의 담보책임이라는 용어는 존치시키는 것이 타당하다고 생각한다.

나. 668조

현행 민법	기초위원회 예비초안 및 법무부개정안	검토위원회 의견
제668조(同前-都給人의 解除權) 도급인이 완성된 목적물의 하자로 인하여 계약의 목적을 달성할 수 없는 때에는 계약을 해제할 수 있다. 그러나 건물 기타 토지의 공작물에 대하여는 그러하지 아니하다.	제668조(삭제) 제673조의2(일부 불이행과 도급인의 해제권) 도급인이 일의 하자 기타 수급인의 채무불이행을 이유로 계약을 해제할 수 있는 경우에 일의 완성된 부분이 도급인에게 이익이 되고 그 원상회복이 사회관념에 비추어 상당하지 아니한 때에는 도	제668조(일부 해제) 하자를 이유로 계약을 해제할 수 있는 경우라도 완성된 부분이 도급인에게 이익이 되고 그 원상회복이 중대한 손실을 초래하는 때에는 도급인은 나머지 부분에 대해서만 계약을 해제할 수 있다.

---

745) 潮見佳男, 民法(債權關係) 改正法の概要, 金融財政事情研究會, 259頁에 의하면, 주로, 계약부적합에 대한 매수인의 권리와 매도인의 의무의 관점이 아니라, 계약부적합함을 이유로 하는 매도인의 책임의 관점에서 규율하는 경우에는 "담보책임"이라는 용어를 사용하는 것으로 설명한다. 또한 일본민법상 담보책임이라고 하는 용어를 존속시키는 의미에 관하여 "각종 전형계약의 특질에 결부시켜서 일정한 채무불이행유형에 관한 디폴트 룰을 가리킨다는 설명으로, 中田裕康, 『契約法』, 有斐閣, 2017年, 312頁

| | 급인은 나머지 부분의 계약만을 해제할 권리만을 가진다. | |

[2004]/[2013] 제668조(동전-도급인의 해제권) 도급인이 완성된 목적물의 하자로 인하여 계약의 목적을 달성할 수 없는 때에는 계약을 해제할 수 있다. 〈단서 삭제〉

(1) 2003년과 2013년 개정논의

2003년과 2013년에는 동조 단서를 삭제하는 문제가 주로 대두되었다. 동조 단서의 문제점은 이미 판례와 학설에 의해서 논의되어 왔다. 즉, 대법원은 집합건물 수분양자가 집합건물 완공후 목적물의 하자로 인하여 계약의 목적을 달성할 수 없는 때에는 분양계약을 해제할 수 있다고 판단함으로써, 집합건물법이 적용되는 집합건물 분양계약에 있어서 동조 단서를 준용하지 않는 해석을 하기도 하였다.[746] 또한, 사회경제적 가치가 없는 조잡한 시공에서는 건물 기타 공작물에 관한 도급계약이더라도 계약 해제를 인용하는 것이 타당하다는 해석론이 제기되었고, 나아가 동조 단서를 삭제하더라도 동조 본문의 "목적을 달성할 수 없는 때"의 요건을 강화한다면 무분별한 계약해제를 방지할 수 있다는 대안이 제기되기도 하였다.[747]

---

[746] 대법원 2003. 11. 14. 선고 2002다2485판결: 통상 대단위 집합건물의 경우 분양자는 대규모 건설업체임에 비하여 수분양자는 경제적 약자로서 수분양자를 보호할 필요성이 높다는 점, 집합건물이 완공된 후 개별 분양계약이 해제되더라도 분양자가 집합건물의 부지사용권을 보유하고 있으므로 계약해제에 의하여 건물을 철거하여야 하는 문제가 발생하지 않을 뿐만 아니라 분양자는 제3자와 새로 분양계약을 체결함으로써 그 집합건물 건축의 목적을 충분히 달성할 수 있는 점 등에 비추어 볼 때, 집합건물법 제9조 제1항이 적용되는 집합건물의 분양계약에 있어서는 민법 제668조 단서가 준용되지 않고 따라서 수분양자는 집합건물의 완공 후에도 분양 목적물의 하자로 인하여 계약의 목적을 달성할 수 없는 때에는 분양계약을 해제할 수 있다.

[747] 법무부, 2013년 법무부 민법개정시안(채권편 하), 144면-145면

(2) 예비초안

예비초안은 현행 민법 제668조 단서를 삭제하는 것 외에 동조 본문까지 개정하는 안을 제안하고 있다. 즉, 예비초안은 현행 민법 제668조 전단을 매매계약에서의 수급인의 담보책임 규정을 준용함으로써 이를 삭제하고, 대신에 제673조의2(일부 불이행과 도급인의 해지권) 규정을 신설할 것을 제안하고 있다. 예비초안이 제안하는 제673조의2(일부 불이행과 도급인의 해지권)는 "도급인이 수급인의 채무불이행을 이유로 계약을 해제할 수 있는 경우에 일의 완성된 부분이 도급인에게 이익이 되고 그 원상회복이 사회관념에 비추어 상당하지 아니한 때에는 도급인은 나머지 부분의 계약을 해제할 권리만을 가진다."고 규정한다. 종래 대법원은 수급인이 일부 미완성한 부분이 있어서 계약을 해제하더라도 이미 완성된 부분에 대한 수급인의 보수청구권을 인정함으로써(대법원 2023. 3. 30. 선고 2022다289174판결[748]) 도급계약의 효력을 소급적으로 무효로 하지 않는 해석을 해오고 있다.[749] 예비초안은 제673조의2를 둠으로써 수급인의 채무불이행으로 인한 도급인의 계약 해제에 장래효가 있음을 규율하고자 하는 것으로서 개정 일본민법 제634조[750]도 같은 취지를 담고 있다.

---

[748] 대법원 2023. 3. 30. 선고 2022다289174판결: 당해 도급계약에 따라 수급인이 일부 미완성된 부분이 있더라도 계약해제를 이유로 이를 전부 원상회복하는 것이 신의성실의 원칙 등에 비추어 공평·타당하지 않다고 평가되는 특별한 경우라면 예외적으로 이미 완성된 부분에 대한 수급인의 보수청구권이 인정될 수 있고, 그와 같은 경우에 해당하는지는 도급인과 수급인의 관계, 당해 도급계약의 목적·유형·내용 및 성질, 수급인이 도급계약을 이행함에 있어 도급인의 관여 여부, 수급인이 도급계약에 따라 이행한 결과의 정도 및 그로 인해 도급인이 얻을 수 있는 실질적인 이익의 존부, 계약해제에 따른 원상회복시 사회적·경제적 손실의 발생 여부 등을 종합적으로 고려하여 판단하여야 한다.

[749] 예비초안, 77면.

[750] 개정 일본민법 제634조
다음에 열거하는 경우, 수급인이 이미 한 일의 결과 중 가분한 부분의 급부에 의하여 도급인이 이익을 받는 때에는 그 부분을 업무의 완성으로 본다.

한편, 예비초안은 현행 민법 제673조가 도급인이 건물을 완성하기 전에 도급계약을 해제함으로써 효율적인 계약파기의 기능을 하는 것에 이어서 제673조의2를 둠으로써 도급인이 수급인의 채무불이행을 이유로 계약을 파기하는 것을 규율하고자 한다고 밝히고 있다.[751]

(3) 검토위원회안

검토위원회 역시 예비초안이 수급인의 채무불이행을 이유로 도급인이 계약을 일부 해제하도록 하는 규정을 두는 취지에 동의한다.[752] 다만, 검토위원회는 예비초안과 달리, 현행 민법 제673조는 수급인이 일을 완성하기 전에 도급인이 수급인에게 발생할 손해를 배상하면서 계약해제하는 것을 허용하는 규정으로서, 수급인의 계약불이행을 전제로 계약해제를 규정하는 것과는 발생하는 상황이 다르다는 점을 들면서, 예비초안 제673조의2는 현행 민법 제667조의 수급인의 담보책임 규정에 이어서 두는 것이 좋다는 의견을 제시하고 있다.[753]

(4) 법무부개정안

법무부개정안은 예비초안과 마찬가지 이유를 들어 제668조를 삭제하고[754], 673조의2를 신설하는 안을 제안하고 있다.[755]

　　이 경우, 수급인은 도급인이 받는 이익의 비율에 따라 보수를 청구할 수 있다.
　　1. 도급인의 책임으로 돌릴 수 없는 사유로 인하여 일을 완성할 수 없게 된 때.
　　2. 도급이 일의 완성 전에 해제되었을 때.
751) 예비초안, 76면
752) 법무부 민법개정위원회 검토위원회, 민법 개정 예비초안에 대한 검토의견서, 2024. 4. 100면.
753) Ibid., 100면-101면.
754) 법무부 민법개정위원회, 계약법 개정이유서, 2024. 161면.
755) 법무부 민법개정위원회, 계약법 개정이유서, 2024. 167면.

(5) 검토의견

(가) 채무불이행을 이유로 한 계약해제 규율

예비초안(및 법무부개정안) 제673조의2와 검토위원회 제668조가 제안하는 수급인의 일부 채무불이행을 이유로 하는 도급인의 계약해제권에 관한 규정은, 종래 대법원이 인정해 온 계약해제의 비소급효의 근거를 둔다는 점에서 의미있는 제안으로 생각된다.

(나) 수급인의 담보책임으로서의 계약해제권과의 관계

위에서 본 바와 같이 예비초안(및 법무부개정안, 이하 이 항에서 같음)과 검토위원회안은 수급인의 담보책임으로서 도급인이 민법 제543조, 제544조에 의한 계약해제권을 행사할 수 있다고 제안하고 있는데, 이 규정과 예비초안 제673조의2(검토위원회안 제668조)와의 관계를 정립해 둘 필요가 있다.

즉, 예비초안 제673조의2(검토위원회안 제668조)이 "하자를 이유로 계약을 해제할 수 있는 경우라도 완성된 부분이 도급인에게 이익이 되고 그 원상회복이 중대한 손실을 초래하는 때에는 도급인이 나머지 부분에 대해서만 계약을 해제할 수 있다."고 함으로써, 일부 하자에 따른 일부 계약해제를 명시하는 것이 된다. 그런데 이 규정을 현행 민법 제673조인 수급인이 일을 완성하기 전에 도급인이 수급인에게 발생할 손해를 배상하면서 계약해제하는 것을 허용하는 규정에 바로 이어서 두는 경우에는 서로 이질적인 두 개의 규정을 함께 두는 결과가 된다.

한편, 검토위원회안에 의하는 경우에는 완성된 일의 하자에 따른 계약해제는 제667조에 의하고, 완성된 일의 일부 하자의 경우에는 제668조에 의하는 결과가 되어 계약해제에 관해서는 두 조항으로 규정하는 결과가 되기도 한다.

그렇다면 앞에서 본 바와 같이 수급인의 담보책임으로서의 도급인의 계약해제권 규정을 현행 민법과 마찬가지로 제668조 제1항에 두되 수급인의 채무불이행을 이유로 하는 도급인의 일부 계약 해제규정을 제2항으로 규정하는 것이 더욱 좋아 보인다.

한편, 예비초안 제673조의2(검토위원회안 제668조)는 도급인이 수급인의 채무불이행을 이유로 계약을 장래적으로 종결하는 것으로서 내용상은 계약해지로 보는 것이 타당할 것이지만, 예비초안에서 지적한 바와 같이 종래에 사용하던 '해제'를 '해지'로 변경하는 것이 불필요한 혼란을 가져온다는 점에서 해제라는 표현을 사용하는 것도 무난하다고 생각한다.756) 결국 그와 같은 취지를 정리해 보면 다음과 같다.

제668조(도급인의 해제권)

① 완성된 일에 하자가 있는 때에는 도급인은 제543조, 제544조에 의하여 계약을 해제할 수 있다. 이 경우 수급인의 추완이행이 적절히 행하여지지 아니한 때에는 제544조 제1항 본문에 의한 최고를 요하지 아니한다.

② 도급인이 일의 하자 기타 수급인의 채무불이행을 이유로 계약을 해제할 수 있는 경우에 일의 완성된 부분이 도급인에게 이익이 되고 그 원상회복이 사회관념에 비추어 상당하지 아니한 때에는 도급인은 나머지 부분의 계약만을 해제할 권리만을 가진다

다. 제669조

현행 민법	기초위원회 예비초안 및 법무부개정안757)	검토위원회 의견
제669조(同前·瑕疵가 都給人의 제공한 材料 또는 指示에 기인한 경우의 免責) 전2조의 규정은 목적물의 하자가 도급인이 제공한	제669조(도급인이 제공한 재료 또는 지시로 인한 하자) 하자가 도급인이 제공한 재료 또는 도급인의 지시로 인한 경우에는	제669조(하자가 도급인이 제공한 재료 또는 지시에 기인한 경우의 면책) 목적물이나 일에 하자가 있는 경우 그 하자가 도급인이 제공한 재

---

756) 예비초안, 77면.

재료의 성질 또는 도급인의 지시에 기인한 때에는 적용하지 아니한다. 그러나 수급인이 그 재료 또는 지시의 부적당함을 알고 도급인에게 고지하지 아니한 때에는 그러하지 아니하다.	도급인은 하자를 이유로 하는 권리를 행사할 수 없다. 그러나 수급인이 그 재료 또는 지시의 부적당함을 알면서 도급인에게 고지하지 아니한 때에는 그러하지 아니하다.	료의 성질 또는 도급인의 지시에 기인한 때에는 도급인은 하자를 이유로 하는 권리를 행사할 수 없다. 그러나 수급인이 그 재료 또는 지시의 부적당함을 알고 도급인에게 고지하지 아니한 때에는 그러하지 아니하다.
[2004]/[2013] 없음		

(1) 2003년 및 2013년 개정논의

없음.

(2) 예비초안, 검토위원회안 및 법무부개정안

예비초안 및 법무부개정안은 현행 제669조에서 도급인이 제공한 재료의 성질 또는 도급인의 지시에 의하여 하자가 발생한 경우에 수급인을 면책하도록 규정한 것에서 "재료 또는 도급인의 지시"에 의하여 하자가 발생한 경우로 개정할 것을 제안하고 있다. 검토위원회는 예비초안 및 법무부개정안에 대체적으로 동감하면서 일부 문구에 있어서만 차이를 보이고 있다.

(3) 검토의견

예비초안(및 법무부개정안, 이하 이 항에서 같음)과 검토위원회안은 수급인의 면책사유로서, 현행 민법과 마찬가지로 "도급인이 제공한 재료의 성질 또는 도급인의 지시에 기인한 때"를 두고 있다. 그런데 동 조항을 두는 취지가 완성된 목적물 내지 완성된 일의 하자발생의 원인이 수급인에게 있지 않고 도급인에게 있는 경우를 규정하고자 하는 취지라는

---

757) 법무부개정안은 동조에서 "그러나"를 "다만"으로 한 것 이외에는 예비초안과 내용을 같이한다.

점에서, 도급인에게 귀책사유가 있는 경우를 "도급인이 제공한 재료의 성질 또는 도급인의 지시"로 국한할 이유는 없다고 본다. 오히려, 수급인의 담보책임이라고 하는 것이 수급인이 일을 완성할 때까지 일의 완성과정을 통제하고 관리하는 역할을 수급인이 맡고 있다는 점에서 이에 대한 중한 책임을 부담하는데 있다고 본다면, 수급인의 담보책임을 면책하는 사유 역시 수급인이 일의 완성과정 전체를 통제, 관리하는 것으로 볼 수 없다고 인정되는 사유로 규정하는 것이 타당하다고 본다.758) 검토위원회안 제545조는 "채무불이행이 채권자의 책임있는 사유에 의한 경우 채권자는 해제를 할 수 없다."고 규정함으로써, 채무자의 귀책을 요하지 않는 채권자의 계약해제에 관하여 채권자에게 책임있는 사유가 있다면 계약해제를 인정하지 않는 제안을 하고 있다. 이 규정과의 균형을 고려한다는 점에서도 수급인의 담보책임의 면책사유로서 "채권자의 귀책이 있는 경우"를 규정하는 것이 타당하다고 생각한다.759) 참고적으로 CISG,760) PICC,761) PECL,762) DCFR,763) 및 일본민법 제559조, 제562조, 제563

---

758) 이런 점에서 프랑스민법상 건축도급에서 도급인이 설계 및 건축행위에 부당하게 관여한 경우와 같이 도급인에게 귀책사유가 있는 경우에는 수급인의 하자담보책임을 면책한다는 설명으로,
J.-B. Auby et al., Droit de l'urbanisme et de la construction, 11e ed., LGDJ(2017), n° 1347.

759) 일본에서도 도급인의 책임으로 돌릴 수 있는 사유에 의하여 계약부적합이 발생한 경우에 대해서도 수급인의 계약부적합에 따른 책임을 물을 수 없다고 보는 견해(山本敬三, 民法5(契約), 有斐閣, 2023, 239頁)는 도급의 경우에도 매매의 경우와 달리볼 이유가 없다고 설명한다. 더욱이 일본 개정민법에서는 매수인이 담보책임으로서 매도인에 대해 추완청구 내지 대금감액을 청구할 수 있는 경우에도 매수인의 귀책에 의해 계약 부적합이 발생한 경우에는 추완청구 내지 대금감액을 청구할 수 없다고 규정하고 있다(제562조 2항, 제563조 제3항),

760) CISG 제80조: 채권자의 작위 또는 부작위에 기하여 채무자의 채무불이행이 있으면 채권자는 채무자의 채무불이행을 원용할 수 없다.

761) PICC 제7.1.2.조: 채무불이행이 채권자의 작위나 부작위에 기인한 경우에는 채권자는 채무자의 불이행을 원용할 수 없다

조, 제564조도 채권자의 귀책에 기인한 채무자의 채무불이행책임을 물을 수 없도록 하는 일반 규정을 두고 있다.

라. 제670조

현행규정	기초위원회 예비초안 및 법무부개정안	검토위원회 의견
제670조(擔保責任의 存續期間) ① 전3조의 규정에 의한 하자의 보수, 손해배상의 청구 및 계약의 해제는 목적물의 인도를 받은 날로부터 1년 내에 하여야 한다. ② 목적물의 인도를 요하지 아니하는 경우에는 전항의 기간은 일의 종료한 날로부터 기산한다.	제670조(권리행사기간) ①완성된 목적물이 인도될 때에 그 목적물에 하자가 있는 경우에는 도급인이 그 사실을 안 날로부터 1년 내에 수급인에게 그 통지를 발송하지 아니하면 하자를 이유로 하는 권리를 행사할 수 없다. 다만 수급인이 하자를 알면서 고지하지 아니하였거나 중대한 과실로 알지 못한 때에는 그러하지 아니하다. ② 목적물의 인도를 요하지 아니하는 일이 완성된 때에 그 일에 하자가 있는 경우에도 제1항과 같다.	제670조(하자통지의무) 도급인은 하자가 있다는 사실을 안 날부터 1년 내에 수급인에게 그 통지를 발송하지 아니한 경우 도급인은 제667조, 제571조부터 제573조까지 및 제574조 제1항에 따른 권리를 행사할 수 없다. 다만 수급인이 하자를 알면서 고지하지 아니하였거나 중대한 과실로 알지 못한 때에는 그러하지 아니하다.
[2004] 제670조(담보책임의 존속기간) ① 제667조 내지 제669조의 규정에 의한 보수의 감액, 하자의 보수, 손해배상의 청구 및 계약의 해제는 목적물을 인도받은 날로부터 1년 내에 하여야 한다. ② 목적물의 인도를 요하지 아니하는 경우에는 전항의 기간은 일의 종료한 날로부터 기산한다. [2013] 없음		

---

762) PECL 제8:101(3): 자신의 작위 또는 부작위로 채무자의 불이행을 야기한 경우 그 범위에서는 채권자는 구제수단을 행사할 수 없다.
763) DCFR III-3:101 제3항: 채권자는 자신에 의해 기인한 채무불이행에 대해서 채무불이행을 원용할 수 없다.

(1) 2004년과 2013년 개정

2004년에는 보수감액 규정을 두는 것을 전제로 보수감액청구의 존속기간을 추가하는 논의가 있었다.

(2) 예비초안

제670조의 담보책임기간의 법정 성질에 관한 논란과 아울러, 제670조의 담보책임기간으로 인하여 도급인이 목적물을 인도받고 나서 1년 이내에 하자를 발견할 것을 기대하는 것이 지나치게 도급인에게 가혹하다는 비판이 있어 왔다.[764]

이와 관련하여 예비초안은 두가지의 개정방향을 제시하고 있다. 첫째, 상법 제69조(매수인의 목적물의 검사와 하자통지의무)가 매수인이 매도인으로부터 수령한 목적물을 검사하고 하자있음을 통지하는 기간을 규정하는 것과 유사하게, '담보책임의 존속기간'으로 규정한 것을 '하자통지기간'으로 규율하는 방안을 제시하고 있다. 둘째, 완성된 목적물이 인도될 때 또는 일이 완성되는 때, 도급인이 하자있음을 안 날로부터 1년의 기간내에 하자있음을 통지하지 않으면 담보책임을 청구할 수 없도록 하는 방안을 제시하고 있다.[765] 이러한 입장은 일본 개정민법이 우리 민법 제670조와 유사한 규정(개정전 일본민법 제637조)을 개정한 방향과

---

764) 김증한·김학동, 『채권각론』, 박영사(2006), 526면.
765) 예비초안 75면. 참고적으로 개정 일본 민법 제637조 역시 같은 취지를 반영하고 있다.
즉, 제637조 제1항: 전조 본문에서 규정하는 경우, 주문자(한국민법상 도급인, 필자주, 아래 같음)가 그 부적합을 안 때부터 1년 이내에 그 취지를 청부인(한국민법상 수급인, 필자주, 아래 같음)에게 통지하지 아니하는 때에는 주문자는 그 부적합을 이유로 이행의 추완의 청구, 보수의 감액의 청구, 손해배상의 청구 및 계약의 해제를 할 수 없다.
제2항: 전항의 규정은 업무의 목적물을 주문자에게 인도한 때(그 인도를 요하지 아니하는 경우에는 업무가 종료한 때), 청부인이 같은 항의 부적합을 알았거나 중대한 과실에 의하여 알지 못한 경우에는 적용하지 아니한다.

도 유사하다.766)

(3) 검토위원회안

검토위원회 역시 기초위원회의 제안에 동감하면서, 다만 도급인이 1년 내에 하자를 통지하는 기간의 법적 성격을 제척기간이 아닌 하자통지의무가 부과되는 기간이라는 점에서 동 조항의 제목을 "하자통지의무"로 하는 방안을 제시하고 있다.

(4) 법무부개정안

법무부개정안은 위의 예비초안과 같은 취지로 개정안을 제안하고 있다.

(5) 검토의견

먼저 수급인의 담보책임의 존속기간으로서 목적물의 인도시점으로부터 1년의 제척기간을 규정하는 것이 도급인에게 지나치게 가혹하다는 지적에 동감한다. 이런 점에서 예비초안 및 검토위원회안이 도급인에게 하자통지의무를 부과하고자 하는 제안은 타당한 것으로 생각된다. 그런데, 동 규정을 두는 경우에도 종전의 도급계약상 도급인이 수급인에게 담보책임을 청구할 기간에 관한 실무의 입장은 그대로 유지될 것인가? 이에 대해서는 먼저 도급인이 목적물의 하자 있음을 알고 1년 내에 통지할 것이 요구되고 그 통지를 하지 못하였을 때에는 도급인이 담보책임을 청구할 권리가 소멸된다는 것이 어떤 의미를 가지는지를 살펴보아야 할 것이다. 즉, 개정안에 의하면, 도급인이 수급인으로부터 받은 목적물

---

766) 일본 개정민법상 동조의 개정취지로서, 도급인이 완성된 목적물을 수령한 후 일정한 기간동안 하자있음을 통지하지 않았다면, 실제로 목적물의 종류 또는 품질에 계약부적합이 있어도 수급인에게 생긴 일의 완성의무의 소멸에 대한 기대를 보호하는 것이 필요하다는 설명으로, 山本敬三, 民法5(契約), 有斐閣, (2023). 239頁.

또는 일에 하자가 있는 경우에 그 하자 있음을 안 때로부터 1년 내에 하자 있음을 수급인에게 통지한 경우에는 도급인은 수급인에 대해 담보책임을 구할 수 있는 권리(즉, 하자보수청구권, 손해배상청구권, 해제권)를 행사할 수 있다. 이때 하자보수청구권과 손해배상청구권은 그 권리가 발생한 때(하자 발생시)부터 10년의 소멸시효에 걸리는 것으로 해석될 것이다. 이에 반하여 계약해제권은 형성권으로서 소멸시효에 걸리는 것으로 해석하는 것은 곤란하고 이에 대해서는 별도의 행사기간을 정하는 것도 고려할 만하지만, 그러하지 않은 경우에도 이를 학설과 판례[767]의 태도에 맡겨서 10년의 제척기간이 적용되는 것으로 본다면, 하자보수청구권이나 손해배상청구권에 비하여 불합리한 결과는 발생하지 않을 것으로 생각된다.

다만, 도급인이 일정기간내에 하자를 통지하지 않는 경우에 도급인이 담보책임을 청구할 권리가 소멸된다는 점에서, 검토위원회안과 같이 '하자통지의무'라는 제목보다는 기초위원회 예비초안에서 말하는 '하자통지기간'으로 두는 것이 좋다고 생각된다.

---

[767] 만일 계약해제권에 대한 제척기간을 두지 않는 경우와 관련하여, 우리 대법원은 제척기간을 규정하지 않은 형성권의 존속기간과 관련하여, 가령 매매예약의 예약완결권, 대물변제예약의 예약완결권에 대하여 10년의 제척기간에 걸린다고 해석하고 있다(대법원 2003. 1. 10. 선고 2000다26425판결, 대법원 1997. 6. 27. 선고 97다12488판결).

마. 제671조

현행	기초위원회 예비초안 및 법무부개정안	검토위원회 의견
제671조(수급인의 담보책임-토지, 건물 등에 대한 특칙) ① 토지, 건물 기타 공작물의 수급인은 목적물 또는 지반공사의 하자에 대하여 인도 후 5년간 담보의 책임이 있다. 그러나 목적물이 석조, 석회조, 연와조, 금속 기타 이와 유사한 재료로 조성된 것인 때에는 그 기간을 10년으로 한다. ② 전항의 하자로 인하여 목적물이 멸실 또는 훼손된 때에는 도급인은 그 멸실 또는 훼손된 날로부터 1년 내에 제667조의 권리를 행사하여야 한다.	제671조(삭제)	(기초위원회 예비초안 찬성)
[2004]/[2013] 없음		

(1) 규정의 취지

현행 민법 제671조가 공정의 중요성, 자재의 견고성을 기준으로 담보기간을 달리 규정하고 있는 것을 비판하는 견해[768]는, 동일한 목적물에 대하여 원인은 동일하나 하자의 발생지점이 다를 경우 담보책임을 물을 수 없는 경우가 발생한다는 점을 지적하고 있다. 이와 관련하여 주택법은 공종별[769], 건설산업기본법은 자재별로[770] 담보책임기간을 달리하고 있다.

---

[768] 법무부, 2013년 법무부 민법개정시안(채권편 하), 147면.
[769] 주택법 제46조: 공동주택의 내력구조부별 및 시설공사별로 담보책임기간을 달리함.
[770] 건설산업기본법 제28조: 벽돌쌓기식구조, 철근콘크리트구조, 철골구조, 철골철근콘크리트 구조 기타 이와 유사한 구조로된 경우와 기타 구조로 된 경우를 구분함.

(2) 예비초안, 검토위원회안 및 법무부개정안

예비초안, 검토위원회안 및 법무부개정안은 이미 건설산업기본법 등에서 하자의 내용에 따라 5년, 10년의 하자보수기간을 두고 있다는 점에서 동조를 삭제하는 것이 타당하다고 해석하고 있다.[771] 또한 동조 제2항에서 "하자로 인하여 목적물이 멸실 또는 훼손된 때" 멸실 또는 훼손된 날로부터 1년 내에 담보책임을 행사할 수 있도록 한 규정은 개정안 제670조의 취지와 실제로 동일하다는 점을 들어 동조를 둘 실익이 많지 않음을 지적하고 있다.[772]

(3) 검토의견

일본 개정민법도 우리 민법 제671조와 유사한 내용을 가지고 있던 개정전 일본민법 제638조를 삭제하고 있다. 그 이유로서 개정전 민법 제637조를 개정함으로써 도급인이 계약부적합을 알고서 1년 이내에 통지하지 않으면 수급인에 대한 권리를 상실하는 것으로 규정한 이상, 별도로 제638조를 둘 필요는 없다는 것이었다.[773] 우리의 경우에도 이와 같은 제안취지는 동일하게 고려할 이유가 있다고 생각한다.

한편, 검토위원회는 현행 민법 제671조를 삭제하는 것과 아울러 개정이 필요한 다른 법률로서 집합건물의 소유 및 관리에 관한 법률, 공동주택관리법, 건설산업기본법을 들고 있다.[774] 이중에서 공사 수급인의 발

---

771) 법무부 민법개정위원회 검토위원회, 민법 개정 예비초안에 대한 검토의견서, 2024. 4. 105면.
772) Ibid., 105면.
773) 潮見佳男, 民法(債權關係) 改正法の槪要, 金融財政事情研究會, 318頁.
774) 집합건물의 소유 및 관리에 관한 법률은 분양자 및 시공자가 구분소유자에 부담하는 책임을 대상으로 하고(제9조), 공동주택관리법은 사업주체 및 시공자가 입주자대표회의 등에게 부담하는 책임을 대상으로 하며(동법 제36조, 제37조, 건설산업기본법은 공사 수급인의 발주자에 대한 책임 대상으로 한다(동법 제28조).

주자에 대한 책임을 규정하고 있는 건설산업기본법 제28조 제3항은 건설공사의 하자담보책임기간에 관하여 다른 법령에 특별하게 규정되어 있는 경우에는 그 법령에서 정한 바에 따르도록 하면서도, 민법 제670조 및 제671조는 제외하고 있다. 이에 따라 현행 민법 제670조와 제671조는 건설산업기본법 적용에서 배제되어 왔으므로, 제671조를 삭제하는 경우에도 건설관련한 하자담보책임기간에는 큰 영향이 없을 것으로 보인다.

현재 예비초안과 검토위원회안에 따른 집합건물법, 공동주택관리법, 건설산업기본법의 개정 제안을 보면, 크게 민법에서의 담보책임 규정의 개정내용을 반영하는 것과 함께 민법상의 담보책임 규정 개정에 따른 명칭 변화를 반영하는 것으로 나누어 볼 수 있다. 첫째, 집합건물법 제9조 제1항에서 민법 제667조 및 제668조를 준용한다는 내용을, "민법 제667조, 제571조부터 제573조까지 및 제574조 제1항에 따라 책임을 진다."로 개정하는 제안(검토위원회안 제9조 제1항)이다. 결국 이 내용은 민법상 수급인의 담보책임 규정을 어떤 형식으로 개정할 것인지에 따라 개정 내용이 정해질 것이다. 위에서 본 예비초안의 제안대로 개정하는 경우에는 "민법에 따른 수급인의 책임"을 사업주체와 시공자가 부담하는 것으로 정할 것이고, 검토위원회안의 제안대로 개정하는 경우에는 "민법 제667조에 따른 수급인의 책임"을 사업주체와 시공자가 부담하는 것으로 정하게 될 것이다. 둘째, 공동주택관리법상 "사업주체가 공동주택의 하자에 대하여 분양에 따른 담보책임(제3호 및 제4호의 시공자는 수급인의 담보책임을 말한다)을 진다"는 내용의 제36조를, "사업주체는 공동주택의 하자에 대하여 책임(제3호 및 제4호의 시공자는 민법 제667조에 따른 책임"을 진다는 내용으로 개정하는 안(검토위원회안 제36조 제1항)을 제안한 것이다.[775]

---

[775] 동조의 개정과 기타 건설 도급관련 특수법령과의 통일방향에 관해서는, 졸고, "건설 도급계약상 담보책임기간에 관한 소고-민법개정안을 중심으로", 법조 제74권 제1호, 법조협회(2025. 2.) 참조.

바. 제672조(책임면제의 특약)

현행 민법	기초위원회 예비초안 및 법무부개정안	검토위원회 의견
제672조(擔保責任免除의 特約) 수급인은 제667조, 제668조의 담보책임이 없음을 약정한 경우에도 알고 고지하지 아니한 사실에 대하여는 그 책임을 면하지 못한다.	제672조(책임 감면의 특약) 수급인은 하자로 인한 책임을 감면하는 특약을 한 경우에도 자신이 알고 고지하지 아니한 사실에 대하여는 그 책임의 감면을 주장하지 못한다.	제672조(책임감면의 특약) 수급인은 하자로 인한 책임의 감면을 약정한 경우에도 알고 고지하지 아니한 사실에 대하여는 그 책임을 감면받지 못한다.
[2004]/[2013] 없음		

(1) 예비초안, 검토위원회안 및 법무부개정안

예비초안, 검토위원회안 및 법무부개정안은 동조의 "담보책임"이라는 표현을 "하자로 인한 책임"으로 개정할 것을 제안하고, "하자로 인한 면책" 외에 책임의 감경을 포함할 것을 제안하고 있다.

(2) 검토의견

예비초안, 검토위원회안 및 법무부개정안과 같이 종래 담보책임면제의 특약의 내용에 책임감경 역시 포함하는 것은 타당하다고 생각한다. 다만 위에서 논한 바와 같이 담보책임이라는 표현을 존속하는 것을 제안한다.

2. 결론

이상으로 예비초안, 검토위원회안 및 법무부개정안을 중심으로 수급인의 담보책임에 관한 개정안을 살펴보았다. 이번 예비초안, 검토위원회안 및 법무부개정안에 대한 검토의견을 정리하면 다음과 같다.

첫째, 수급인이 부담하는 책임을 담보책임으로 규율해오던 태도를 버리고 수급인이 부담하는 일반 채무불이행책임과의 차이를 제거하고 있다. 예비초안(및 법무부개정안)은 이와 같은 태도를 일관하여 도급인의 계약해제권, 하자보수청구권, 대금감액청구권 외에 손해배상청구권에 이르기까지 수급인의 책임을 일반 채무불이행책임과 일치시키고 있다. 이에 관해서 검토위원회안은 종래 수급인이 부담하던 무과실책임으로서의 손해배상책임에 관한 논의에 지나친 변화가 발생하는 데에 우려를 표시하고 수급인의 손해배상책임은 일반 채무불이행책임과 달리 무과실책임 규정을 두되 수급인에게 귀책사유가 있는 경우에 발생하는 확대손해 등에 대해서는 일반 채무불이행책임을 적용할 것을 제안하고 있다. 위에서 논의한 바와 같이 수급인은 일을 완성할 의무라는 결과채무를 부담하고, 도급계약을 이행하기 위해 자신에게 주어진 일의 완성에 대한 통제권을 가지는 자로서 완성된 일에 대해서는 무거운 책임(적어도, 완성된 결과 상태와 계약에 따른 당위적 상태 사이의 불일치를 배상하는 책임)을 부담하는 것으로 규율되어 왔다. 이 점은 수급인이 부담하는 담보책임이 채무불이행책임이라는 본질을 가지고 있다고 해서 달라질 것은 아니라고 생각되며, 이와 같이 규정함으로써 위임계약상 수임인이 수단채무를 이행하지 않은데 따른 손해배상책임을 지는 것과 차등을 둘 수 있다고 생각된다. 결국 이러한 점을 감안할 때 수급인에게 무과실의 손해배상책임 규정을 두는 것은 의미를 가진다고 본다.

둘째, 종래 수급인의 담보책임으로 논의되어 오던 도급인의 계약해제권, 하자보수청구권 및 손해배상청구권 외에 학설상 논의되어 오던 대금감액청구권을 포함시키고 있으며, 이들 규정들을 일반 채무불이행책임과 일치시키고 있다는 점에서 적절한 제안으로 생각된다.

셋째, 도급인의 귀책으로 인한 수급인의 면책규정으로서 예비초안(

및 법무부개정안)과 검토위원회안 모두 도급인이 제공한 재료 또는 지시로 인하여 하자가 발생한 경우에 수급인을 면책시키고 있으나, 이에 관해서는 도급인의 귀책사유로 인하여 하자가 발생한 경우로 규정하는 것이 타당하다고 본다.

제4절 소결

　본장 제1절에서는 대륙법에서의 하자담보책임제도는 영미법상의 엄격책임제도, 프랑스에서의 수단채무·결과채무론과 같이 채무자(수급인)의 엄격한 책임을 묻는 수단중의 하나임을 살펴보면서, 독일과 일본에서는 도급에서의 하자담보책임을 유지하면서도 채무불이행책임과 일원화해 가는 경향을 보이고 있음을 확인하였다.
　또한 제2절에서는 국제통일법인 CISG, PICC, PECL, DCFR, CESL의 경우 다소간의 차이는 있지만, 채무불이행법 체계에 추완청구, 계약해제, 대금감액, 손해배상청구를 무과실책임으로 두면서도 별도의 하자담보책임을 두지 않고 있는 현상을 살펴보았다. 이와 같은 비교법적인 검토를 통하여 각국별로 채무불이행법 체계와 하자담보책임법 체계간에 간극을 줄이려는 노력을 하고 있다는 점과 함께 각국별로 가지고 있는 채무불이행책임에 관한 기본입장에 따라 채무불이행법 체계와 하자담보책임법 체계를 통합하는 형태에도 차이가 있다는 점을 확인하였다.
　제3절에서는 최근 우리나라에서 매매와 도급에서의 하자담보책임법 체계를 개정하고자 하는 논의를 살펴보고 각 규정에 관한 검토 의견을 제시해보았다. 더불어, 우리 민법상 도급에서의 하자담보책임 규정을 유형도급과 무형(용역)도급을 종합하여 아우를 수 있는 개정안을 제시해 보았다.
　본고의 개정안은 먼저 도급에서의 하자담보책임을 추완청구, 대금감액, 계약해제 및 손해배상청구 등으로 확대하고 이들 각 책임을 무과실책임으로 함으로써 국제통일법에 접근하고 있다. 특히 무형(용역)도급에서 하자의 추완이 곤란하다는 점을 감안하여 하자의 시정청구권을 규정하고, 대금감액청구를 하자보수청구와 병행하여 행사할 수 있도록 하였다.

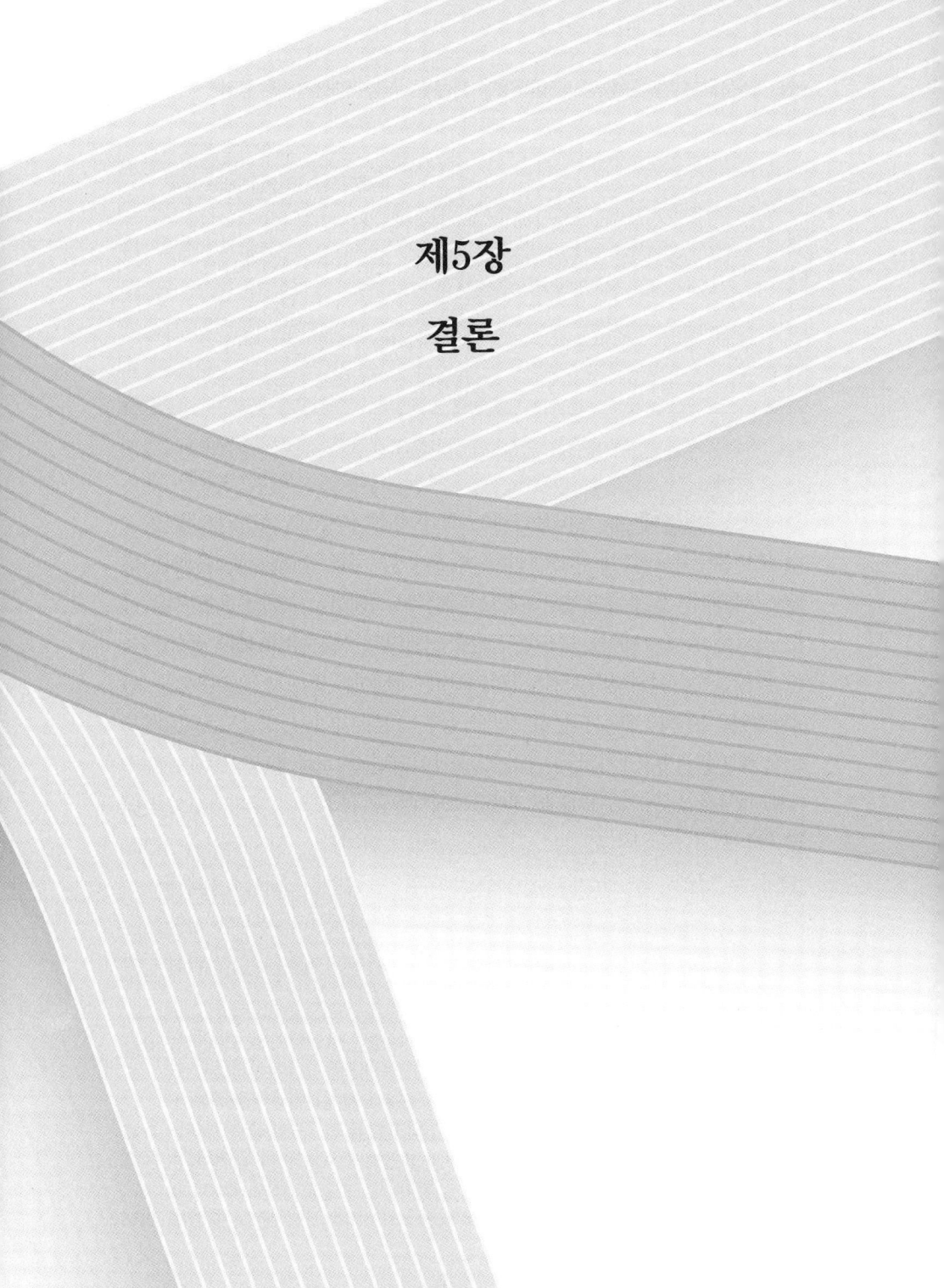

제5장
결론

우리나라와 독일, 프랑스, 일본의 민법에서 규율하고 있는 고용, 도급, 위임계약에서 발견할 수 있는 공통적인 특징은 고용과 위임은 용역제공자가 용역 제공 자체를 목적으로 한다는 점이고, 도급은 일의 완성을 목적으로 한다는 점이다. 그러면서도 각국의 민법과 그 해석상으로 세 가지의 용역제공계약은 서로를 구분하는 별도의 징표를 가지고 있다. 독일의 경우에는 위임을 무상계약으로 취급하고 고용에서는 사용자와 노무자와의 종속성을 요구하지 않는다는 점, 프랑스의 경우에는 위임을 수임인이 법률행위 사무를 처리하는 것에 국한하는 한편, 고용에서는 사용자와 노무자와의 종속성을 요구하는 것으로 해석된다는 점, 일본에서는 수임인이 법률행위에 대한 사무처리를 맡고 있음과 동시에 준수임인이 사실행위에 대한 사무처리를 맡고 있다는 점이다.

이와 같이 각국별로 용역제공계약에 관한 규율과 해석을 달리하고 있는 현상은 각국에서 지적 용역제공계약을 해석하는 데에도 영향을 미치고 있다. 즉 독일에서는 의료계약을 비롯한 지적 용역제공계약을 유상계약인 고용계약으로 해석하는 반면, 프랑스에서는 지적 용역제공계약이 법률행위가 아니라는 점에서 위임이 아닌 도급계약으로 취급하며, 일본에서는 지적 용역제공계약을 위임으로 해석하고 있고 우리 민법의 해석에서도 같은 결론에 이르고 있다.

우리 민법상 지적 용역제공계약을 위임으로 해석하는 경향은 용역제공자가 선량한 관리자의 주의의무만을 부담하면서 새로운 용역제공계약을 창의적으로 개발할 수 있는 여건을 만들어 주었다는 점에서 높은 평가를 받을 만하다. 하지만 이들 계약중에는 고객이 용역제공자의 전문성, 조직력 및 경험 등을 신뢰하여 일의 완성을 맡기고, 용역제공자 역시 자신이 맡은 일의 완성에 대한 모든 권한과 책임을 모두 부담하는 계약들도 많이 찾아볼 수 있다. 특히 현대의 용역제공시장에서는 일정한 자격과 능력을 가진 용역제공자에게 고객들의 수요가 편중되는 현상을 많이 목격할 수 있는데, 이와 같은 용역제공자에게는 그 권한과 경제적 이익에 비례하는 책임이 주어져야 한다고 본다. 본 논문은 지적 용역제공계약과 기타 용역제공계약 중에서 용역제공자가 결과채무를 부담하는 계약들을 도급계약(특히 무형도급계약)에 포함시키는 해석론을 제시하였다.

종래 도급에서 하자담보책임 규정은 유형물을 대상으로 하는 수급인의 책임을 염두에 둔 제도로서 무형도급의 성질에 부합하지 않는 내용을 무형도급의 수급인에게 규율하는 것은 적절하지 않다. 다만 무형도급의 수급인 역시 일의 완성에 대한 모든 권한과 책임을 가지고 있다는 점에서 결과채무의 불이행에 따른 무과실책임을 부담하여야 한다. 우리 민법이 과실책임주의를 근간으로 하는 채무불이행책임 체계를 가지고 있다는 점에서 무형도급의 수급인에게 결과채무의 불이행에 따른 무과실책임을 부담시키려면 그에 관한 근거규정이 요구된다고 하겠지만, 현행 민법의 해석상으로는 부득이하게 도급과 여행계약의 수급인 및 여행주최자의 하자담보책임규정을 유추적용할 수 밖에 없다고 하겠다. 결국 유형도급과 무형도급의 수급인은 도급인에 대한 무과실책임을 부담한다는 점에서 공통점을 가지지만, 무형도급의 성질에 따라 추완청구권, 시정청구권, 대금감액권, 계약해지권 등에 있어서 차이점을 보이고 있다.

유형도급에서의 하자담보책임은 과실책임주의를 근간으로 하는 채무불이행법 체계를 가지고 있는 대륙법계의 특징적인 제도이다. 이에 따라 독일과 일본을 비롯한 대륙법계에서는 과실책임주의 또는 귀책주의를 내용으로 하는 채무불이행책임과 하자담보책임을 조화시키는 방향으로 양자간의 일원화가 진행되었다. 이와 함께 국제통일법에서는 무과실책임을 근간으로 하는 채무불이행책임 체계를 바탕으로 하자담보책임을 구분하지 않는 방향의 일원화가 진행되었다.

우리나라에서 2013년에 이어 현재까지 진행 중에 있는 민법 개정논의 결과 마련된 개정시안은 도급에서의 하자담보책임중 손해배상책임에 관해서 채무불이행법상의 과실책임원칙을 일원화시키는 방향을 채택한 바 있다. 하지만 하자담보책임중 손해배상책임을 무과실책임으로 유지하는 것이 타당하다는 점에서 하자담보책임 체계와 채무불이행책임 체계와의 완전한 일원화는 과실책임주의를 유지하는 한도에서는 제한적일 수 밖에 없다고 본다.

향후 민법 개정작업에서는 본 논문에서 논의한 무형(용역)도급의 수급인의 책임에 관한 내용을 포함시킴으로써 도급에서의 수급인의 책임에 관한 완결적인 규정을 두는 것과 동시에, 채무불이행법 체계와의 일원화에 대한 진전이 이루어지기를 기원해 본다.

340 도급에서의 수급인의 책임

〈부록 1〉 각국별 도급, 위임, 고용 규정 개관

	계약	보상	계약종료의 자유	채무자의 의무와 그 성격
독일민법	도급	유상(§ 631)	도급인은 일의 완성시까지 언제든지 해지가능(§ 649)	수급인은 일을 완성할 채무를 부담함(§ 631)
	위임	무상(§ 662)	위임인과 수임인의 해지의 자유 (§ 671)	수임인은 위탁된 사무처리 의무 (§ 662) 수임인은 위임사무 이전불가 (§ 664) 수임인은 사무처리현황 보고의무(§ 666) 수임인은 사무처리에 의해 취득한 물건 인도의무(§ 667)
	고용	유상(§ 611)	노무자와 사용자는 중대사유의 경우 즉시해지(§ 626)	약정한 노무 급부의무(§ 611) 노무자와 사용자의 권리의무의 전속성(§ 613)
프랑스민법	도급	유상(§ 1710)	도급인은 일방적으로 계약해지 가능하나, 수급인의 손해를 배상해야 함(§ 1794)	수급인은 일을 할 채무를 부담함(§ 1787)
	위임	유상 또는 무상(§ 1986)	위임인은 수권행위 철회 자유 (§ 2004) 수임인은 위임의 포기가 가능하나, 그로 인해 위임인에게 발생한 손해배상의무있음(§ 2007)	위임사무(법률행위) 처리의무 (§ 1991, § 1984) 수임인은 사무처리상황 보고의무 및 수령물 인도의무(§ 1993)
	고용	유상(§ 1710)	기간의 정함이 없는 경우 언제나 해지 가능하나(§ 1780②), 손해배상책임 발생시킬 수 있음 (§ 1780③)	노무제공의무(해석상 사용자와의 종속관계)(§ 1780)
일본민법	도급	유상(§ 632)	도급인은 일을 완성하기 전에는 손해를 배상하고 계약해제 가능 (§ 641)	수급인은 일을 완성할 채무를 부담함(§ 632)
	위임	유상 또는 무상(§ 648)	상대방에 불리한 시기에 해제한 경우, 위임인이 수임인의 이익을	위임사무처리(법률행위, 사실행위)의무(§ 643, 656)

한국민법			목적으로 하는 위임을 해제한 경우에는 상대방의 손해를 배상하고서 해제할 수 있음(§ 651)	수임인은 위임인의 허락 또는 부득이한 사유가 있어야 복수임인 선임가능(§ 644조2) 위임사무 처리상황 처리보고의무(§ 645) 위임종료시의 사무처리의무(§ 654)
	고용	유상(§ 623)	기간약정없는 경우 당사자의 자유로운 해약신청(§ 627) 기간을 정한 경우 부득이한 사유에 의한 해제권(§ 628)	노동자의 노무제공의무(해석상 사용자와의 종속관계)(§ 623) 노동자와 사용자의 권리의무의 전속성(§ 625)
	도급	유상(§ 664)	도급인은 일을 완성하기 전에는 손해를 배상하고 계약해제 가능(§ 673)	수급인은 일을 완성할 채무를 부담함(§ 664)
	위임	유상 또는 무상(§ 686)	부득이한 사유없이 상대방의 불리한 시기에 계약을 해지한 때에는 그 손해를 배상해야 함(§ 689),	위임사무처리(법률행위, 사실행위)의무(§ 680) 수임인은 위임인의 승낙이나 부득이한 사유없이 제3자에게 위임사무 처리 맡기지 못함(§ 682①) 위임사무 처리상황 처리보고의무(§ 683) 위임종료시의 사무처리의무(§ 691)
	고용	유상(§ 655)	기간약정없는 경우 당사자의 자유로운 해지통고(§ 660) 기간을 정한 경우 부득이한 사유에 의한 해지권(§ 661)	노무자의 노무제공의무(해석상 사용자와의 종속관계)(§ 655) 노무자와 사용자의 권리의무의 전속성(§ 657)

<부록 2> 각국별 불완전이행의 효력 조항 개관

		우리 현행 민법	2013년 개정시안	일본 민법	독일 민법	CISG	PICC	PECL	DCFR
일반채무불이행책임	주완청구권	없음	불완전이행시 추완청구 가능. 주완에 과대한 비용을 요하거나 주완을 합리적으로 기대할 수 없는 경우에는 제외(§ 388의2)	없음	없음	없음	금전채무의 이행청구권(§ 7.2.1) 비금전채무의 이행청구(§ 7.2.2) 불가항력의 경우 특정이행청구 불가(§ 7.1.7)	금전지급청구권(§ 9:101①) 금전 이외의 특정 이행청구권(§ 9:102) 불가항력의 경우 특정이행청구 불가(§ 8:101②)	금전적 채무의 이행청구권(III:3:301) 비금전적 채무의 이행청구권(III-3:302) 불가항력의 경우 특정이행청구 불가(III-3:101②)
	계약해제권	상당한 기간 정하여 이행을 최고하고 그기간내에 이행하지 아니한 때에는 계약을 해제할 수 있음. 채무자가 미리 이행하지 아니할 의사를 표시한 경우에는 최고를 요하지 않음(§ 544) 계약의 성질 또는 당사자의 의사표시에 의한 정기행위의 경우 최고하지 않고 해제가능(§ 545) 채무불이행 불능한때 해제 가능(§ 546)	채무의 내용에 좇은 이행이 아닌 경우 해제가능. 단, 채무자의 책임없는 사유에 의한 이행이 경미한 경우에는 해제불가(§ 544①) 계약이행에 따른 해제시 이행최고를 요함. 정기행위, 계약목적 달성이 가능이 없는 경우(§ 544②) 채권자 귀책사유에 의한 채무불이행인 경우 계약해제 불가(§ 544④)	최고기간 중에 이행이 좇을 때에 해제가능. 다만, 채무불이행 경미한 경우는 제외함(§ 541) 최고에 의하지 않는 해제(이행할 수 없거나, 채무자의 거절의사 표시, 정기행위, 계약목적 달성의 가망이 없는 경우)(§ 542) 채권자 귀책사유에 의한 채무불이행의 경우 해제불가(§ 543)	급부의 불완전이행 또는 계 약에 좇지 아니한 이행으로 § 241②에 정한 의무의 위반으로 인한 해제(§ 324) 급부의무가 반대급부로부터의 해방 및 해제(§ 326)	없음	상대방의 계약상 의무의 불이행이 본질적 불이행인 경우에 해제가능(§ 7.3.1.①) 이행기간 불이행이 있는 경우에 해제(§ 7.3.1.①) 불가항력의 경우에도 계약해제가능(§ 7.1.7.④)	상대방의 의무의 불이행이 본질적인 경우에 해제(§ 9:301) 이행기간 불이행의 경우에 해제(§ 9:304) 불가항력의 경우에도 계약해제가능(§ 8:101②)	본질적 채무불이행인 경우 해제가능(III-3:502①) 이행을 위한 추가기간을 정한 통지 후에 해제(III-3:503) 예견된 불이행에 대한 해제(III-3:504) 불가항력의 경우에도 계약해제가능(III-3:101②)
대금감액청구권		없음	없음	없음	없음	없음	없음	이행이 계약별 당시를 기준으로 원래 계약대로 이행 되지 않았던 바 제공되었더라면 가지게 대비하여 이행	채무의 내용에 합치하는 이행에 영향받았어야 할 것이 제공되었더라면 가지게 대비하여 이행

참고문헌

I. 한글 문헌

1. 단행본

강영호·조기정, 『도예서』, 탐구사 1996.
강응종, 『도자예』, 일조각 1982.
김정호·유의순, 『서거정작품가논』(하), 탐구사 1965.
김기석, 『한국경제개발론』, 탐구사 1982.
강공기, 『김정호개경제개발론Ⅲ』, 제4권, 탐구사 2023.
강공기, 『한국경제개발론정상』, Ⅳ, 제6권, 탐구사 2022.
김윤정·김윤혜, 『김용호, 제국가논, 제6권, 탐구사 2006.
이호경, 『영국재개론』, 경음사 2003.
김기수, 『제개기론』, 상구사 1977.
김혜배, 『제국총돈』, 제2권, 탐구사 1999.
김혜배, 『제국가돈(개정판), 신정판, 탐구사 2001.
김혜배, 『노동법, 제25권, 탐구사 2016.
양찬수·김기정, 인법 I(개원편), 제2권, 탐구사 2015.
양찬수, 『한민법론, 탐구사 2015.
_____, 『독민법전, 탐구사 1999.
_____, 『민법원론, 탐구사 2016,
명종구, 프랑스민법전, 법문사 2004.
김상용·박수근, 한국미니아(2015).
김상용, 재개총돈, 한국미니아(2009).
김상용, 재개기론, 한국미니아(2016).
송덕수, 재개총돈, 제3권, 탐구사 2021.
송덕수, 재개기론, 제4권, 탐구사 2023.
이승일, 돈촌총, 4권, 탐구사 2009.
이승일, 재개기론, 5권, 탐구사 2005.
지일필, 민법강의, 14권, 총구사 2016)

계약해제권	목적물의 하자로 계약목적을 달성할 수 없는 경우에 해제가능(§ 668)	하자로 인하여 계약목적을 달성할 수 없는 경우 계약해제 가능(§ 672②)	제559조에 의해 제580조(계약해제권) 준용.	§ 634.3.—§ 323(급부의 불이행으로 인한 해지 내지 해제), § 326(급부를 실행할 필요가 없는 경우의 해제)	보수에 과다한 비용이 드는 경우에는 예외(§ 67) 또한 가능한 경우, 추완이행이 도급인의 급부이익에 현저히 불균형한 경우, 수급인 스스로 급부를 실현해야 하는 경우에는 추완을 거절할 수 있음 (§ 635③)
보수감액청구권	없음	하자항의 경우에 보수감액청구 가능(§ 672②)	제559조에 의해 제63조(대금감액청구권) 준용.	§ 634.3.—§ 638(계약에 갈음한 보수감액권)	없음
손해배상청구권	하자보수에 갈음하여 또는 하자보수와 함께 손해배상청구가능(§ 672)	추완청구, 보수감액청구, 계약해제 외에 제390조(손해배상청구권)에 따라 손해배상청 구 가능(§ 672③)	제559조에 의해 제390조(손해배상청구권) 준용.	§ 634.4.—§ 280(의무위반으로 인한 손해배상), § 281(급부의 불이행으로 인한 손해배상), § 283(급부를 실행할 필요가 없는 경우의 진보배상), § 311а.(계약체결시의 급부장애에 따른 손해배상)	없음

구분	대금감액(청구권)	손해배상청구권	추완청구권	도급
실행할 필요가 없는 경우의 해제	없음(§ 564)	의 경우, 추가적으로 내에 물품을 인도 하지 않았거나 신인한 경우 매도인의 채권(§ 64)	없음	없음
목적물이 계약내용에 적합하지 않은 경우 매수인은 추완을 최고하고, 그 기간내에 추완이 없는 경우 대금감액청구가능(§ 563①)	대금감액청구(§ 50): 매수인은 실제로 인도된 물품이 계약에 가지는 시 가액에 비율에 따라 대금감액할 수 있음	없음	없음	
목적물의 하자있는 경우 손해배상청구가능(§ 580, 581)	추완청구, 대금감액청구, 계약해제 외에 제90조 구의 규정에 따른 손해배상청구 막지 않음(§ 564)	§ 440→280의무위반으로 인한 손해배상(§74): 채무의 좋지 아니한 이행으로 인한 적극적 채권침해, 311의a(계약체결시의 급부장애에 따른 배상)	없음	없음
목적물의 하자인 경우 손해 배상청구가능(§ 580)3)	진조→추완청구, 간에 계약해제권 행사를 위지 않음(§ 56④)			
완성된 목적물 또는 완성된 부분에 하자있는 경우 에 상당한 기간을 정하여 보수청구가능(§ 667①)	완성된 목적물 또는 완성된 부분에 하자있는 경우 제388조의2에 따라 추완청구가능	하자의 제거청구권과 함께 이룰 새물건에 청구하는 권리가 규정함(§ 635)	없음	없음
가 중요하지 아니한 경우	도급인의 손해가 막대한 비용을 요하는 경우, 다만, 하자			

매매					
	손해배상청구권	채무자가 채무의 내용에 좋은 이행을 하지 아니한 때에는 손해배상청구가능(§ 390)	의무이행으로 인한 손해배상(§ 280): 급부의 불이행 또는 급부의무 위반으로 인한 채무불이행 및 그 밖의 사항들로부터 비롯된 채권의 책임으로 인한 무엇보다도 재채 또는 그러하지 않음(§ 415 9a)	채무불이행 상태에 따른 손해배상청구권 가짐(§ 7.4.1 9501)	채무불이행 상태에 따른 손해배상청구권 가짐(표-3: 701)
		채무자가 채무 이행을 하지 아니한 경우 채무의 보지에 따른 이행청구도 청구가능(§ 390 유지한)	의무이행으로 인한 손해배상(§ 281): 급부의 불이행 또는 불완전이행으로 인한 체재배상의 계약체결시의 보배상(§ 311)	매수인의 이행청구권(§ 46.2), 대체물 인도청구권(§ 46.2), 대체물 인도청구권(§ 62)	매수인의 이행청구권(§ 7.17)
	추완청구권	무계약에 하자있는 경우에 하자없는 물건의 청구 수 있음(§ 581②)	무계약의 체380조에 의해 매수인이 추완인도에 의한 추완청구권(§ 562①), 매수인의 유의한 예외(§ 580 중과실) 경우 추완청구 가능(§ 562②)	매수인의 신품으로 하자보완 청구권(§ 46③), 대체물 인도청구권(§ 46②)	없음	없음
	계약해제권	무계약을 하자로 인하여 탈성할 수 있는 경우에 계약해제가능(§ 580, 581)	무계약의 하자로 인해 체약의 탈성할 수 없는 경우에 계약해제 가능(§ 580②)	청조 조항 주의사항, 대금감 액청구의 규정은 체541 조, 체542조에 규정한 해제, § 325 규정	매수인의 계약 해제권(§ 49): 이행 또는 계약에 좋지 아니한 이행으로 인한 해제, § 325 규정	없음	없음

최문기, 채권법각론, 세종출판사(2014)
이덕환, 채권각론, 율곡미디어(2010)
임정평, 채권각론, 법지사(1995)
윤재윤, 건설분쟁관계법, 박영사(2025),
윤철홍, 채권각론, 법원사(2001)
조성민, 채권법각론, 두성사(2004)
강봉석, 채권각론, 제5판, 법영사(2016)
조성민, 채권법각론, 제2판, 두성사(2004)
정광수, 계약법, 법영사(2015)
최수정, 급부장애와 위험부담, 소화(2003)
석광현, 국제물품매매계약의 법리, 박영사(2010)
올란도, 휴빌편/김재형 역, 유럽계약법원칙 제1, 2부, 박영사(2013)
하경효외 공역, 보통유럽매매법, 세창출판사(2014)
명순구, 미국계약법입문, 제2판, 법문사(2008)
엄동섭, 미국계약법II, 법영사(2012)
Christian von Bar외 10인 편저/안태용 역, 유럽민사법의 공통기준안(총칙·계약법), 법무부(2012)
이철송, 상법총칙·상행위, 박영사(2018)
법무부 민법개정자료발간팀, 2013년 법무부 민법개정시안, 채권편(하), 법무부(2013)
전대규, 중국민법(하), 법률정보센타, 박영사(2008)
전원열, 『민사소송법강의』, 박영사, (2022)
오원석·최준선·석광현·허해관, Unidroit 국제상사계약원칙, 법문사(2016)
박영복 편집대표, EU사법(III) , 한국외대 법학연구소 외법총서 3, 한국외국어대학교 지식출판원(2017)
곽윤직 편집대표, 민법주해(IX), 채권(2), 박영사(1999)['곽윤직 편집대표, 민법주해IX'로 인용함]
곽윤직 편집대표, 민법주해(XIV), 채권(7), 박영사(1999)['곽윤직 편집대표, 민법주해XIV'로 인용함]
곽윤직 편집대표, 민법주해(XV), 채권(8), 박영사(1997)['곽윤직 편집대표, 민법주해XV'로 인용함]
김용담 편집대표, 주석민법, 채권총칙(1), 제4판, 한국사법행정학회(2013)['김용담 편집대표, 주석민법 채권총칙(1)'로 인용함]
김용담 편집대표, 주석민법, 채권각칙(3), 제4판, 한국사법행정학회(2013)['김용담

편집대표, 주석민법 채권각칙(3)'로 인용함]
김용담 편집대표, 주석민법, 채권각칙(4), 제4판, 한국사법행정학회(2013)['김용담 편집대표, 주석민법 채권각칙(4)'으로 인용함]
박준서 편집대표, 주석민법, 채권각칙(4), 제3판, 한국사법행정학회(1999)['박준서 편집대표, 주석민법 채권각칙(4)'으로 인용함]
일본 민법(채권편) 개정검토위원회편, 일본채권법개정의 기본방침, 법무부, (2009)
법무부 민법개정자료발간팀, 2013년 법무부 민법개정시안, 채권편(하), 법무부(2013)[논문]

권영준, "최선노력조항(best efforts clause)의 해석", 서울대학교 법학 제55권 제3호, 서울대학교 법학연구소(2014. 9)
김규완(a), "독일 개정 도급계약법의 체계", 독일 채권법의 현대화, 법문사(2003)
김규완(b), "일의 하자에 대한 수급인의 이행책임과 손해배상책임", 안암법학 제15호, 안암법학회(2002. 11)
김대정(a), "2013년 「채무불이행법 개정안」에 관한 약간의 검토-특히 불완전이행에 관한 규정을 중심으로-", 중앙법학 제17권 제4호, 중앙법학회(2015. 12)
김대정(b), "채무불이행법과 하자담보책임법의 통합 모색-요건론을 중심으로-", 민사법학 제26호, 한국민사법학회(2004. 9)
김동훈(a), "신종계약의 입법방향", 민사법학 제18호, 한국민사법학회(2000. 5)
김동훈(b), "계약법에서 과실책임주의의 의의", 비교사법 제6권 제2호, 한국비교사법학회(1999. 12)
김동훈(c), "채무불이행책임과 하자담보책임의 통합 모색", 민사법학 제24호, 한국민사법학회(2003. 9)
김동훈(d), "채무불이행의 효과-계약의 해제-: 한국민법의 개정시안을 중심으로", 민사법학 제65호, 한국민사법학회(2013. 12)
김동훈(e), "담보책임상의 권리행사기간과 소멸시효의 관계", 법학논총(26권 3호), 국민대학교 법학연구소, (2014. 2).
김봉수, "특정물 매수인의 하자보수청구권", 비교사법 제17권 제1호, 한국비교사법학회(2010. 3)
김영두, "추완청구권에 관한 민법개정시안의 검토", 법학연구 제24권 제1호, 연세대학교 법학연구원(2014. 3)
김재형(a), "민법상 구제수단의 다양화; 이행·추완·금지청구권에 관한 민법개정안", 서울대학교 법학 제57권 제4호, 서울대학교 법학연구소(2016. 12)

김재형(b), "민법의 현대화를 위한 민법개정연구", 서울대학교 산학협력단(2015)
김재형(c), "종류매매에서 완전물급부청구권의 제한", 비교사법 제22권 제4호, 한국비교사법학회(2015. 11)
김제완, "판례연구:도급계약상 담보책임으로서의 손해배상청구권의 법적 성격-판례상 '하자보수(瑕疵補修)에 갈음한 손해배상'과 '하자(瑕疵)로 인한 손해배상'을 중심으로", 고려 법학 제38호, 고려대학교 법학연구원(2002. 4)
김준호, "제척기간과 소멸시효의 경합", 저스티스(제141호), (2014.4)
김중길, "전문직 서비스계약의 급부의무로서 '기술 및 주의의무'에 관한 비교법적 고찰-변호사 계약, 의료계약의 예를 중심으로-", 비교사법 제24권 제2호, 한국비교사법학회(2017. 5)
김진우, "청구권에 관한 제척기간과 소멸시효", 재산법연구 제26권 제3호, 한국재산법학회(2010. 2)
김천수, "진료계약", 민사법학 제15호, 한국민사법학회(1997. 4)
김철수, "채무불이행법의 국제적 동향과 한국민법의 개정", 법학연구 통권 제50집, 전북대학교 법학연구소(2016. 11)
김학동, "매도인의 담보책임에서의 권리행사기간", 心當송상현선생화갑기념논문집, 박영사(2002)
김현진, "개정 프랑스 민법상 지체-이행지체와 수령지체-", 「서울대학교 법학」제59권 제3호, 서울대학교 법학연구소(2018)
김현진, "프랑스 민법상 지체에 빠트리는 최고(la mise en demeure)", 「2018 춘계공동학술대회」, 한불민사법학회(2018)
남효순(a), "프랑스민법에서의 행위채무와 결과채무-계약상 채무의 불이행책임의 체계-", 민사법학 제13호, 제14호, 한국민사법학회(1996. 4)
남효순(b), "프랑스계약법상의 계약불이행의 효과", 서울대학교 법학연구소, 사단법인 한불민사법학회 공동학술대회(2017)
남효순(c), "프랑스계약법상의 계약불이행의 효과-개정 프랑스채권법 제1217조-제1231-7조", 사단법인 한불민사법학회 공동학술대회(2018)
남효순(d), "프랑스채권법의 개정과정와 계약의 통칙 및 당사자 사이의 효력에 관하여-3권 3편(채권의 법원), 제1부속편(계약)의 제1장(통칙) 및 제4장(계약의 효력)의 제1절(계약의 당사자 사이의 효력)-제1101조~제1111조의 1 및 제1193조~제1198조-", 「민사법학」 제75호, 한국민사법학회(2016)
명순구, "채무불이행규범의 일원화를 위한 기초-역사의 질곡을 넘어 사법의 세계화 경향과 조화할 것을 제안하며-", 비교사법 제13권 제4호, 한국비교사법학회(2006. 12)

박수곤(a), "의료계약의 민법편입과 과제", 민사법학 제60호, 한국민사법학회(2012. 9)
박수곤(b), "프랑스 소비자법에서의 물품의 품질보증제도의 전개-물품의 계약적 합성 담보방안을 중심으로-", 경희법학연구소, 경희법학 제43권 제2호(2008. 9)
박수곤(c), "도급계약의 현대화를 위한 법정책적 과제", 법과정책연구 제12권 제4호, 한국법정책학회(2012. 12)
박수곤(d), "프랑스법에서의 건축수급인의 하자담보책임", 법조 제52권 제11호, 법조협회(2003. 11)
박수곤(e), "임대차 및 도급계약의 개정방안", 민사법학 제55호, 한국민사법학회(2011. 9)
박영복, "EU집행위원회에 의해 제안된 유럽공통매매법에 관한 규칙", 외법논집 제37권 제3호, 한국외국어대학교 법학연구소(2013. 8)
潮見佳男/박인환 번역, "채무불이행의 성립요건", 민사법학 제65호, 한국민사법학회(2013. 12)
백경일, "매도인의 담보책임에 관한 민법개정안 검토" 민사법학 제108호, 한국민사법학회(2024. 9).
사동천(a), "전속계약의 법리", 민사법학 제37호, 한국민사법학회(2007. 6)
사동천(b), "최근 국제적 동향에서 바라 본 우리 민법상의 매도인의 하자담보책임에 관한 연구", 민사법학 제24호, 한국민사법학회(2003. 9)
서희석, "일본 개정민법상 매도인의 담보책임의 규율", 민사법학 제109호, 한국민사법학회(2024. 12.),
성승현(a), "유럽의 계약법 통일 논의와 혼합체계(Mixed Legal System)의 대두-비교사법연구에의 시사", 민사법학 제137권, 한국민사법학회(2007. 6)
성승현(b), "채무불이행법 개정안의 '불완전이행' 개념 도입에 대한 단상", 법학논총 제21집 제3호, 조선대학교 법학연구원(2014. 12)
성승현(c), "'불완전이행'과 '부적절한 이행'개념의 용례에 관한 비교법사학적 고찰:2013년 채무불이행법 개정안의 '불완전이행' 개념 도입에 덧붙여", 법학논총 제35집 제3호, 전남대학교 법학연구소(2015. 12)
소성규, "부동산중개계약에 관한 판례의 동향", 부동산학연구 제4집, 한국부동산분석학회(1998. 10)
송오식(a), "진료채무의 수단채무성에 대한 검토", 법학논문집 제31집 제1호, 중앙대학교 법학연구원(2007. 4)
송오식(b), "의료과오의 계약법적 구성", 법학연구 제48권 제1호, 부산대학교 법

학연구소(2007. 8)
송호영, "유럽연합(EU) 차원의 私法統一이 EU회원국들의 國內法에 미치는 영향에 관한 연구", 외법논집 제34권 제3호, 한국외국어대학교 법학연구소(2010. 8)
양창수(a), "유럽계약법원칙에 대한 一考 및 그 飜譯", 서울대학교 법학 제40권 제1호, 서울대학교 법학연구소(1999. 5)
오종근, "민법 담보책임법 개정안", 이화여자대학교 법학논집 제17권 제1호, 이화여자대학교 법학연구소(2012. 9.)
오홍철, "국제물품매매법상 하자담보책임의 효과와 민법개정안의 비교", 법학연구 제19집, 한국법학회(2005. 10)
오현석, "국제상거래법 체제상 하자담보책임에 관한 비교연구", 한양법학 제35호, 한양법학회(2011. 8)
윤석찬, "변호사의 전문가책임에 관한 소고", 동아법학 제55호, 동아대학교 법학연구소(2012. 5)
이계정, "추완청구권과 민법 개정", 민사법학 제105호, 한국민사법학회(2023. 12.)
이보환, "의료과오로 인한 민사책임의 법률적 구성", 의료사고에 관한 제문제, 재판자료 제27집, 법원행정처(1985)
이상태(a), "수급인의 담보책임론", 한국민법이론의 발전(이영준 박사 화갑기념논문집), 박영사(1999)
이상태(b), "제척기간의 중단과 정지", 일감법학 제6권, 건국대학교 법학연구소(2001. 12)
이상헌, "프랑스민법상 도급에서의 위험부담에 관한 소고-우리 민법과의 비교를 중심으로", 법학연구 제24집 제1호, 인하대학교 법학연구소(2021)
이은영(a), "UN통일매매법의 계약책임과 민법개정의견", 민사법학 제15호, 한국민사법학회(1997. 4)
이은영(b), "엔터테인먼트계약의 다양한 모습", 외법논집 제13집, 한국외국어대학교 법학연구소(2002. 12)
이은희, "프랑스민법상 불가항력에 의한 이행불능", 「서울대학교 법학」 제59권 제3호, 서울대 법학연구소(2018)

이준형(a), "일본 메이지민법(채권각론 중 도급)의 입법이유: 메이지민법 제633조 내지 제642조", 민사법학 제75호, 한국민사법학회(2016. 6)
이준형(b), "프랑스에서의 건축수급인 등의 하자담보책임법의 변천", 비교사법 12-3호, 한국비교사법학회(2005. 9)

이준형(c), "독일 근세 민법전상의 도급계약법", 법사학연구 제25권, 한국법사학회(2002. 4)
이진기, "민법개정안 채무불이행에 대한 검토", 민사법학 제68호, 한국민사법학회(2014. 9)
장재현·권기덕, "전문직종사자 전속계약의 특질", 법학논고 제22집, 경북대학교 법학연구소(2005. 6)
장지용, "완전물급부청구권의 제한", 민사판례연구[XXXVII](2015)
정광수, "수급인의 하자담보책임에 관한 연구", 고려대학교 박사학위논문(1995)
정종휴, "민법개정시안 채권편에 대한 기대와 우려", 민사법학 제22호, 한국민사법학회(2002. 9)
정태윤, "일본 개정민법(채권관계)중 주요부분에 관한 개관", 민사법학 제82호, 한국민사법학회(2018. 2)
조은래(a), "독일법상의 전문가 책임-변호사를 중심으로-", 비교법학 25권, 부산외국어대학교 비교법연구소(2014. 2)
조은래(b), "프랑스법상의 전문가 책임", 비교법학 제24집, 부산외국어대학교 비교법연구소(2013. 3)
최봉경, "하자손해, 확대손해 및 하자와 무관한 결과손해에 관한 유형론적 고찰-독일의 논의를 중심으로", 비교사법 제11권 4호, 한국비교사법학회(2004. 11)
최준선(a), "국제물품계약에 관한 UN협약(1980)에 대한 약간의 고찰, -한국의 입장에서", 국제거래법연구 제12권(2004. 2)
최준선(b), "UN국제물품매매협약의 의의와 해석원칙", 비교사법 제11권 제3호, 한국비교사법학회(2004. 9)
한상호, "전속출연계약(상)", 사법행정 제30권 제3호, 한국사법행정학회(1989. 3)
加藤雅信/加藤新太郎/김상수 번역, "하자담보책임이란 무엇인가", 현대민법학과 실무, 법우사(2010)
민법(재산편) 개정 공청회, 법무부(2001)
서강대학교 산학협력단(이준현 교수 책임연구원), 2023년 법무부 연구용역 보고서, 민법 개정안(계약법 각론) 예비초안 연구(2023.12).
법무부 민법개정위원회 검토위원회, 민법 개정 예비초안에 대한 검토의견서, (2024. 4).
    http://www.moj.go.kr/moj/140/subview.do?enc=Zm5jdDF8QEB8JTJGYmJzJTJGbW9qJT
        JGOTMlMkY0NjY4NjElMkZhcnRjbFZpZXcuZG8lM0Y%3D 2023. 2. 2. 방문
민법개정특별분과위원회, 민법(재산편) 개정자료집, 법무부(2004):
    http://www.moj.go.kr/moj/418/subview.do?enc=Zm5jdDF8QEB8JTJGYmJzJTJGbW9qJT

JGMTY0JTJGMjQxMjkzJTJGYXJ0Y2xWaWV3LmRvJTNG 2023. 2. 2. 방문

II. 프랑스 문헌

A. Bénabent(a), *Droit des contrats spéciaux civils et commerciaux*, 12e éd., L.G.D.J.(2017)
A. Bénabent(b), *Droit des obligations*, 14e éd, L.G.D.J.(2014)
B. Boubli, *Repertoire de droit civil-contrat d'entreprise*, Dalloz(2016)
B. Gross, *La notion d'obligation de garantie dans le droit des contrats*, L.G.D.J.(1964)
Ch. Larroumet, *Droit Civil, t.III, Les obligations*, 1re parties, 3e éd, Economica(1997)
F. Labarthe et C. Noblot, *Le contrat d'entreprise*, L.G.D.J.(2008)
F. Labarthe, *Du louage d'ouvrage au contrat d'entreprise, la dilution d'une notion*, L.G.D.J.(2002)
F. Leclerc, *Droit des contrats spéciaux*, 2e éd., L.G.D.J.(2012)
F. Collart-Dutilleul et Ph. Delebecque, *Contrats civils et commericiaux*, Dalloz(2011)
G. Marty et P. Raynaud, *Droit Civil, Les obligations*, 2e éd., t. 1(1981)
J.-B. Auby et al., *Droit de l'urbanisme et de la construction*, 11e éd. L.G.D.J(2017)
J. Gatsi, *Les Contrat Spéciaux*, Armand Colin(1998)
J. Huet et al., *Droit civil-Les principaux contrats spéciaux*, 3e éd., L.G.D.J.(2012)
J. le Calonnec, "*Le progrès technique et la distinction des obligations de résultat et des obligations de moyens*", Revue Judiciaire de l'Ouest, (1986-2)
M. Faure et A. Page, *L'essentiel du droit de la construction*, 5e éd., Gualino(2014)
M. Fabre Magman, *Les obligations*, Presses Universitaires de France(2004)
P.-H. Antonmattei et J. Raynard, *Droit Civil Contrats spéciaux*, 3e éd. LitecJ(2002)
Ph. Malaurie et al., *Droit des contrats spéciaux* 8e éd., L.G.D.J.(2016)
P. Puig, *La qualification du contrat d'entreprise*, L.G.D.J.(2002) ['P. Puig(a)'로 인용함
_____, Contrats spéciaux, 6e éd., HyperCours, Dalloz(2015)['P. Puig(b)'로 인용함
Ph. Stoffel-Munck, P. Puig et Y. Maunand, Presentation de l'avant-projet de reforme du contrat d'entreprise, p. 1.,
https://www.justice.gouv.fr/sites/default/files/migrations/textes/art_pix/presentation_textes_contrat_entreprise.pdf

https://www.justice.gouv.fr/actualites/espace-presse /projet-reforme-du-droit-contrats-speciaux, Commission presidee par le professeur Philippe Stoffel-Munck, Avan-projet de reforme du droit des contrats speciaux, juillet 2022.
chrome-extension://efaidnbmnnnibpcajpcglclefindmkaj/https://www.justice.gouv.fr/sites/default/files/migrations/textes/art_pix/avant_projet_brut_juillet2022.pdf

III. 영미 문헌

C. von Bar et al., *Principles, Definitions and Model Rules of European Private Law - Draft Common Frame of Reference*, vol I. (2010)['C. von Bar et al., DCFRI'로 인용함]

C. von Bar et al., *Principles, Definitions and Model Rules of European Private Law - Draft Common Frame of Reference*, vol II. (2010)['C. von Bar et al., DCFRII'로 인용함]

C. von Bar et al., *Principles, Definitions and Model Rules of European Private Law - Draft Common Frame of Reference*, vol III. (2010)['C. von Bar et al., DCFRIII' 로 인용함]

Chris Jansen et al., *Service Contracts*, Mohr Siebeck(2010)['저자, 논문명, Service Contracts'로 인용함]

E. Allan Farnsworth et al., *Contracts-cases and materials*, 7th ed, Foundation Press(2008)

G.H. Treitel, *Remedies for breach of contract- A comparative account*, Clarendon Press·Oxford(1988)

John O. Honold, *The law of sales and and secured financing: Cases, problems and materials*, Foundation Press(2002)

Michael Joachim Bonell, *the Unidroit Principles in Practice*, 2nd ed., transnational publisher(2006)

Maurits Barendrecht et al., *Principles of European law: Service Contracts (PELSC)*, sellier european law publishers(2007)

Marco B.M. Loos, *Towards a European civil code*, 4th edition, Wolters Kluwer(2011)

Marco B.M. Loos, "*Towards a European Law of Service Contracts*" European Review of Private Law, Issue 4(2001):

https://www.kluwerlawonline.com/abstract.php?area=Journals&id=393252 2023. 2. 2. 마지막 방문

Reinhard Zimmenrmann, *The Law of obligation, Roman Foundation of the Civilian Tradition*, Juta(1990)

Communication from the Commission to the European parliament and the Council-A more coherent European Contract Law-An Action Plan, 12.2. 2003, COM(2003) 68 final

DIRECTIVE 2006/123/EC OF THE EUROPEAN PARLIAMENT AND OF THE COUNCIL of 12 December 2006 on services in the internal market

Proposal for a Council Directive on the liability of suppliers of services COM(90) 482

Ⅳ. 독일 문헌

Staudinger, BGH, §§631-651, 2014['Staudinger/Bearbeiter'로 인용함]

Schulze u.a., BGH Handkommentar. 8. Aufl., Nomos(2014)['Hk-BGH /Bearbeiter'로 인용함]

Ⅴ. 스위스 문헌

Alfred Koller, Schweizerisches Werkvertragrecht, Dike(2015)

Ⅵ. 일본 문헌

我妻英, 債權各論中卷二(民法講義 V3), 岩波書店(1990)

我妻·有泉, 「コンメンタール 民法」, 日本評論社(2021)

潮見佳男, 民法(債權關係)改正法の槪要, 一般社團法人 金融財政事情硏究會(平成30年)

內田貴(a), 民法Ⅱ(債權各論), 東京大學出版會, 第3版(2013)

內田貴(b), 債權法の新時代-「債權法改正基本方針」の槪要, 商事法務(2009)

中田裕康, 『契約法』, 有斐閣(2017年)

山本敬三, 民法5(契約), 有斐閣, (2023)

長坂純, 契約責任の構造と射程-完全性利益侵害の帰責構造を中心に, 勁草書房(2018)
東京弁護士会,「民法(債権関係)の改正に関する中間的な論点整理」に対する意見書 Ⅱ(全体版), (平成23年): https://www.toben.or.jp/message/file/20110719-2.pdf 2023. 2. 2. 마지막 방문
民法(債權法)改正檢討委員會編, 詳解 債權法改正の基本方針(V) 各種の契約(2). 商事法務(2010)['民法(債權法)改正檢討委員會編으로 인용함]
熊谷則一, 現行法との比較でわかる改正民法の變更点と對應, 中央經濟社(2017)
大村敦志, 新基本民法5(契約編), 有斐閣(平成29年)
日本辯護士連合會, 實務解說 改正債權法, 弘文堂(2017)
森田宏樹, 契約責任の歸責構造, 有斐閣(2002)
幾代通·広中俊雄 編輯代表, 新版 注釋民法(16) 債權(7), 初版, 有斐閣(平成6年)
藤岡康宏·磯村保·浦川道太郎·松本恒雄, 民法Ⅳ-債權各論, 第3版補訂, 有斐閣(2016)
NBL編輯部, インタビュー「債權法改正の基本方針」のポイント-企業法務における關心事を中心に, NBL(No133), 상사법무(2010)['NBL編輯部로 인용함]
北居功(a), "役務の顧客適合性-履行プロセスで確定される給付内容", 法政論集(2014)
北居功(b), "役務提供契約の構造-契約類型に応じた給付の顧客適合性の確立プロセス-", 民法研究 第2集(東アジア編3号), 信山社(2017)
中舎寛樹, "役務提供契約(1)雇用·請負(その1)(基礎トレーニング債權法)", 法学セミナー通号700号, 701号(2013)
戰東昇, "役務提供型契約に關する比較法的考察, 中國の立法作業への提言", 九州法學 104호(2012)
山本敬三, "契約法の改正と典型契約の役割", 『債權法改正の課題と方向 -民法100周年を契機として -』, 商事法務(1998)
芦野訓和, "雇用, 請負, 委任の境界と雇用契約規定の有用性", 特輯 民法と勞動法の交錯, 日本勞働研究雑誌(2018. 11)
松本恒雄, "サービス契約", 『債權法改正の課題と方向 -民法100周年を契機として -』, 商事法務(1998)
加藤雅信, "結果債務·手段債務論-債務性格論えの純化を求めて-", 月刊法学教室 274号, 有斐閣(2003)
坂本武憲, "役務提供型契約の規定方法-日本の民法(債權法)改正における動向" 南開大學 記念講演, 平成15年:
https://core.ac.uk/download/pdf/71792904.pdf 2023. 2. 2. 마지막 방문

한국 판례

대법원 2023. 3. 30. 선고 2022다289174판결:
대법원 2020. 6. 11. 선고 2020다201156판결
대법원 2019. 9. 10. 선고 2017다272486, 272493판결
대법원 2018. 9. 12. 선고 2015다48412 판결
대법원 2016. 8. 18. 선고 2014다31691, 31707 판결
대법원 2016. 1. 14. 선고 2013다74592 판결
대법원 2015. 10. 15. 선고 2015다21295 판결
대법원 2015. 4. 23. 선고 2011다63383 판결
대법원 2015. 1. 29. 선고 2012다74342 판결
대법원 2014. 10. 15. 선고 2012다18762 판결
대법원 2014. 5. 16. 선고 2012다72582 판결
대법원 2013. 6. 28. 선고 2013다14903 판결
대법원 2012. 11. 15. 선고 2010다20228 판결
대법원 2011. 12. 8. 선고 2009다25111 판결
대법원 2009. 6. 11. 선고 2008다92466 판결
대법원 2009. 3. 26. 선고 2007다63102판결
대법원 2007. 8. 23. 선고 2007다26455 판결
대법원 2007. 5. 31. 선고 2006다60236 판결
대법원 2005. 5. 27. 선고 2005두524 판결
대법원 2004. 8. 20. 선고 2001다70337 판결
대법원 2004. 5. 14. 선고 2004다7354 판결
대법원 2003. 10. 10. 선고 2002다11236 판결
대법원 2003. 10. 10. 선고 2002다41794 판결
대법원 2003. 1. 10. 선고 2000다26425판결,
대법원 2002. 11. 22. 선고 2002다9479 판결
대법원 2002. 4. 26. 선고 2000다50597 판결
대법원 2001. 11. 9. 선고 2001다52568 판결
대법원 2001. 6. 26. 선고 2000다44928, 44935판결
대법원 2000. 6. 9. 선고 2000다15371판결
대법원 2000. 1. 18. 선고 98다18506 판결
대법원 1999. 7. 13. 선고 99다12888 판결

대법원 1998. 6. 26. 선고 97다58170 판결
대법원 1998. 3. 13. 선고 95다30345 판결
대법원 1998. 3. 13. 선고 97다45259 판결
대법원 1997. 6. 27. 선고 97다12488판결
대법원 1997. 5. 7. 선고 96다39455 판결
대법원 1997. 2. 25. 선고 96다45436 판결
대법원 1996. 12. 23. 선고 96다30465, 30472 판결
대법원 1996. 12. 10. 선고 96다36289 판결
대법원 1996. 9. 20. 선고 96다4442 판결
대법원 1996. 8. 23. 선고 96다16650 판결
대법원 1996. 7. 30. 선고 95다7932 판결
대법원 1996. 7. 9. 선고 96다14364 판결
대법원 1996. 6. 28. 선고 94다42976 판결
대법원 1996. 5. 14. 선고 95다24975 판결
대법원 1995. 10. 13. 선고 94다31747 판결
대법원 1995. 7. 14. 선고 94다38342 판결
대법원 1994. 12. 22. 선고 93다60632, 60649 판결
대법원 1994. 11. 22. 선고 93다61321 판결
대법원 1993. 7. 27. 선고 92다15031 판결
대법원 1991. 2. 22. 선고 90다13420판결
대법원 1990. 11. 9. 선고 90다카7262 판결
대법원 1988. 12. 13. 선고 85다카1491 판결
대법원 1988. 3. 8. 선고 87다카2083, 2084 판결
대법원 1987. 7. 7. 선고 87다카449 판결
대법원 1986. 6. 13. 선고 85다카2908 판결
대법원 1983. 8. 23. 선고 82다카1596 판결
대법원 1980. 11. 11. 선고 80다923, 924 판결
대법원 1976. 10. 26. 선고 76다517 판결
대법원 1968. 6. 18. 선고 68다456 판결
청주지방법원 2012. 8. 17. 선고 2011가단18727 판결
서울지방법원 1985. 4. 3. 선고 84가합1302 판결

프랑스 판례

Civ. 1re, 4 nov 2011, n° 10-20809
Civ. 1re, 11 déc 2001, n° 99-18034
Civ. 3e, 11 oct 2000, n°98-21826
Civ. 1re, 23 mai 2000, n°97-19223
Civ. 1re, 15 juillet 1999, n°97-20160
Civ. 3e, 25 févr 1998, n°96-10598
Cass. 1re civ., 25 févr 1997, n°95-11205
Cass. civ. 3e, 15 nov 1995, n°94-12100
Cass. 1re civ., 20 juin 1995, n°93-16381
Cass. 1re civ., 7 juin 1995, n°93-14916
Cass. 1re civ., 2 févr 1994, n°91-18764
Civ 1re, 20 déc 1993, n°92-11385
Cass. com., 7 déc 1993, n°91-22217
Civ. 1re, 24 mars 1993, n°91-16019.
Civ 1re, 19 nov 1991, n°90-15731
Cass. 1re civ., 14 mai 1991, n°89-20999
Civ. 1re, 12 juin 1990, n°88-16506
Civ. 3e, 24 juin 1987, n°86-11920
Civ. 1re, 10 févr 1987, n°85-14435
Cass. civ. 3e, 19 févr 1986, n°83-17052.
Cass. 1re civ., 29 oct 1985, n°83-17091
Civ. 1re, 8 janvier 1985, n°83-15084
Com., 23 mars 1982, n°80-12523
Cass. 1re civ., 24 juin 1981, n°80-13585
Cass. com., 20 nov 1979, n°77-15978
Civ. 1re, 7 mars 1978, n°76-15509
Civ. 1re, 15 oct 1974, n°73-12453
Civ. 3e, 23 avril 1974, n°73-10289
Civ. 3e, 14 févr 1973, n°71-13659
Civ. 3e, 22 avril 1971, n°69-14376.
Civ. 1re, 27 oct 1970, n°69-11185

Civ. 1re, 20 avril 1966.
Civ. 1re, 24 févr 1964

영미 판례

Universal Corp v Five Ways Properties Ltd[1979] 3 All. E.R. 533
Greaves & Co. Ltd. v.Baynham Meikle & Partners [1975] 1 WLR 1095
Lewis Emanuel & Son, Ltd. v Sammut [1959] 2 Lloyd's Rep. 629
McRae v. Commonwealth Disposals Commission(1950) 84 C.L.R. 377
Frost v. Aylesbury Dairy Co[1905] 1 K.B. 608
Paradine v. Jane, Aleyn 26,82 Eng. Rep. 897

스위스 판례

BGE 70 II 215E. 3.
BGE 98 II 305 E.3b
BGE 109 II 34 E.3
BGE 109 II 462 E.3c
BGE 127 III 328 E.2c

일본판례

最判 平成18年11月 27日(民集60卷9号3437면)
最判 平成 14年9月24日(判例タイムズ1106号85頁)
名古屋地判 昭59. 3. 7. 判時 1123·106
名古屋地判 平2. 3. 1. 判時 1366·102
東京地判 平18. 4. 21. 判時 1956·111
東京高判 昭48. 9. 18. 判時 719·44
東京地判 平元2. 7. 判時 694·250

■ 이상헌

서울대학교 법학과, 동 대학원(석사, 박사)
삼성물산 주식회사 법무팀장(변호사)
미국 조지워싱턴 대학교 LL.M
현 경북대학교 법학전문대학원 부교수(민사법)
한불민사법학회, 재산법학회 이사
개인정보분쟁조정위원 등

도급에서의 수급인의 책임

초판 1쇄 인쇄 | 2025년 11월 10일
초판 1쇄 발행 | 2025년 11월 17일

저　　자	이상헌
펴 낸 이	한정희
펴 낸 곳	경인문화사
등　　록	제406-1973-000003호
주　　소	경기도 파주시 회동길 445-1 경인빌딩 B동 4층
전　　화	031-955-9300　팩　스　031-955-9310
홈페이지	www.kyunginp.co.kr
이 메 일	kyungin@kyunginp.co.kr

ISBN 978-89-499-6887-2 93360
값 29,000원

ⓒ 이상헌, 2025

* 저자와 출판사의 동의 없는 인용 또는 발췌를 금합니다.
* 파본 및 훼손된 책은 구입하신 서점에서 교환해 드립니다.

서울대학교 법학연구소 법학 연구총서

1. 住宅의 競賣와 賃借人 保護에 관한 實務硏究
   閔日榮 저 412쪽 20,000원
2. 부실채권 정리제도의 국제 표준화
   鄭在龍 저 228쪽 13,000원
3. 개인정보보호와 자기정보통제권 ●
   권건보 저 364쪽 18,000원
4. 부동산투자회사제도의 법적 구조와 세제
   박훈 저 268쪽 13,000원
5. 재벌의 경제력집중 규제 ●
   홍명수 저 332쪽 17,000원
6. 행정소송상 예방적 구제 ●
   이현수 저 362쪽 18,000원
7. 남북교류협력의 규범체계
   이효원 저 412쪽 20,000원
8. 형법상 법률의 착오론 ●
   안성조 저 440쪽 22,000원
9. 행정계약법의 이해
   김대인 저 448쪽 22,000원
10. 이사의 손해배상책임의 제한 ●
    최문희 저 370쪽 18,000원
11. 조선시대의 형사법 -대명률과 국전- ●
    조지만 저 428쪽 21,000원
12. 특허침해로 인한 손해배상액의 산정 ●
    박성수 저 528쪽 26,000원
13. 채권자대위권 연구
    여하윤 저 288쪽 15,000원
14. 형성권 연구 ●
    김영희 저 312쪽 16,000원
15. 증권집단소송과 화해 ●
    박철희 저 352쪽 18,000원
16. The Concept of Authority
    박준석 저 256쪽 13,000원
17. 국내세법과 조세조약
    이재호 저 320쪽 16,000원
18. 건국과 헌법
    김수용 저 528쪽 27,000원
19. 중국의 계약책임법
    채성국 저 432쪽 22,000원
20. 중지미수의 이론 ●
    최준혁 저 424쪽 22,000원
21. WTO 보조금 협정상 위임·지시
    보조금의 법적 의미 ●
    이재민 저 484쪽 29,000원
22. 중국의 사법제도 ▲
    정철 저 383쪽 23,000원
23. 부당해고의 구제
    정진경 저 672쪽 40,000원
24. 서양의 세습가산제
    이철우 저 302쪽 21,000원
25. 유언의 해석 ▲
    현소혜 저 332쪽 23,000원
26. 營造物의 개념과 이론 ●
    이상덕 저 504쪽 35,000원
27. 미술가의 저작인격권 ●
    구본진 저 436쪽 30,000원
28. 독점규제법 집행론
    조성국 저 376쪽 26,000원
29. 파트너쉽 과세제도의 이론과 논점
    김석환 저 334쪽 23,000원
30. 비국가행위자의 테러행위에 대한 무력대응
    도경옥 저 316쪽 22,000원
31. 慰藉料에 관한 硏究
    -不法行爲를 중심으로- ●
    이창현 저 420쪽 29,000원
32. 젠더관점에 따른 제노사이드규범의 재구성
    홍소연 저 228쪽 16,000원
33. 親生子關係의 決定基準
    권재문 저 388쪽 27,000원
34. 기후변화와 WTO = 탄소배출권 국경조정 ▲
    김호철 저 400쪽 28,000원
35. 韓國 憲法과 共和主義 ●
    김동훈 저 382쪽 27,000원
36. 국가임무의 '機能私化'와 국가의 책임
    차민식 저 406쪽 29,000원
37. 유럽연합의 규범통제제도 – 유럽연합
    정체성 평가와 남북한 통합에의 함의 –
    김용훈 저 338쪽 24,000원
38. 글로벌 경쟁시대 적극행정 실현을 위한
    행정부 법해석권의 재조명
    이성엽 저 313쪽 23,000원
39. 기능성원리연구
    유영선 저 423쪽 33,000원
40. 주식에 대한 경제적 이익과 의결권
    김지평 저 378쪽 31,000원
41. 情報市場과 均衡
    김주영 저 376쪽 30,000원
42. 일사부재리 원칙의 국제적 전개
    김기준 저 352쪽 27,000원
43. 독점규제법상 부당한 공동행위에 대한
    손해배상청구 ▲
    이선희 저 351쪽 27,000원
44. 기업결합의 경쟁제한성 판단기준
    – 수평결합을 중심으로 –
    이민호 저 483쪽 33,000원
45. 퍼블리시티권의 이론적 구성
    – 인격권에 의한 보호를 중심으로 – ▲
    권태상 저 401쪽 30,000원
46. 동산·채권담보권 연구 ▲
    김현진 저 488쪽 33,000원

47. 포스트 교토체제하 배출권거래제의
    국제적 연계 ▲
    이창수 저 332쪽 24,000원
48. 독립행정기관에 관한 헌법학적 연구
    김소연 저 270쪽 20,000원
49. 무죄판결과 법관의 사실인정 ▲
    김상준 저 458쪽 33,000원
50. 신탁법상 수익자 보호의 법리
    이연갑 저 260쪽 19,000원
51. 프랑스의 警察行政
    이승민 저 394쪽 28,000원
52. 민법상 손해의 개념
    – 불법행위를 중심으로 –
    신동현 저 346쪽 26,000원
53. 부동산등기의 진정성 보장 연구
    구연모 저 388쪽 28,000원
54. 독일 재량행위 이론의 이해
    이은상 저 272쪽 21,000원
55. 장애인을 위한 성년후견제도
    구상엽 저 296쪽 22,000원
56. 헌법과 선거관리기구
    성승환 저 464쪽 34,000원
57. 폐기물 관리 법제에 관한 연구
    황계영 저 394쪽 29,000원
58. 서식의 충돌
    –계약의 성립과 내용 확정에 관하여–
    김성민 저 394쪽 29,000원
59. 권리행사방해죄에 관한 연구
    이진수 저 432쪽 33,000원
60. 디지털 증거수집에 있어서의 협력의무
    이용 저 458쪽 33,000원
61. 기본권 제한 심사의 법익 형량
    이민열 저 468쪽 35,000원
62. 프랑스 행정법상 분리가능행위 ●
    강지은 저 316쪽 25,000원
63. 자본시장에서의 이익충돌에 관한 연구 ▲
    김정연 저 456쪽 34,000원
64. 남북 통일, 경제통합과 법제도 통합
    김완기 저 394쪽 29,000원
65. 조인트벤처
    정재오 저 346쪽 27,000원
66. 고정사업장 과세의 이론과 쟁점
    김해마중 저 371쪽 26,000원
67. 배심재판에 있어서 공판준비절차에 관한 연구
    민수현 저 346쪽 26,000원
68. 법원의 특허침해 손해액 산정법
    최지선 저 444쪽 37,000원
69. 발명의 진보성 판단에 관한 연구
    이헌 저 433쪽 35,000원
70. 북한 경제와 법
    – 체제전환의 비교법적 분석 –
    장소영 저 372쪽 28,000원
71. 유럽민사법 공통참조기준안(DCFR)

부당이득편 연구
이상훈 저 308쪽 25,000원
72. 공정거래법상 일감몰아주기에 관한 연구
    백승엽 저 392쪽 29,000원
73. 국제범죄의 지휘관책임
    이윤제 저 414쪽 32,000원
74. 상계
    김기환 저 484쪽 35,000원
75. 저작권법상 기술적 보호조치에 관한 연구
    임광섭 저 380쪽 29,000원
76. 독일 공법상 국가임무론과 보장국가론 ●
    박재윤 저 330쪽 25,000원
77. FRAND 확약의 효력과
    표준특허권 행사의 한계
    나지원 저 258쪽 20,000원
78. 퍼블리시티권의 한계에 관한 연구
    임상혁 저 256쪽 27,000원
79. 방어적 민주주의
    김종현 저 354쪽 25,000원
80. M&A와 주주 보호
    정준혁 저 396쪽 29,000원
81. 실손의료보험 연구
    박성민 저 406쪽 28,000원
82. 사업신탁의 법리
    이영경 저 354쪽 25,000원
83. 기업 뇌물과 형사책임
    오택림 저 384쪽 28,000원
84. 저작재산권의 입법형성에 관한 연구
    신혜은 저 286쪽 20,000원
85. 애덤 스미스와 국가
    이황희 저 344쪽 26,000원
86. 친자관계의 결정
    양진섭 저 354쪽 27,000원
87. 사회통합을 위한 북한주민지원제도
    정구진 저 384쪽 30,000원
88. 사회보험과 사회연대
    장승혁 저 152쪽 13,000원
89. 계약해석의 방법에 관한 연구
    – 계약해석의 규범적 성격을 중심으로 –
    최준규 저 390쪽 28,000원
90. 사이버 명예훼손의 형사법적 연구
    박정난 저 380쪽 27,000원
91. 도산절차와 미이행 쌍무계약
    – 민법·채무자회생법의 해석론 및 입법론 –
    김영주 저 418쪽 29,000원
92. 계속적 공급계약 연구
    장보은 저 328쪽 24,000원
93. 소유권유보에 관한 연구
    김은아 저 376쪽 28,000원
94. 피의자 신문의 이론과 실제
    이형근 저 386쪽 29,000원
95. 국제자본시장법시론
    이종혁 저 342쪽 25,000원
96. 국제적 분쟁과 소송금지명령
    이창현 저 492쪽 34,000원

97. 문화예술과 국가의 관계 연구
    강은경 저 390쪽 27,000원
98. 레옹 뒤기(Léon Duguit)의
    공법 이론에 관한 연구
    장윤영 저 280쪽 19,000원
99. 온라인서비스제공자의 법적 책임
    신지혜 저 316쪽 24,000원
100. 과잉금지원칙의 이론과 실무
     이재홍 저 312쪽 24,000원
101. 필리버스터의 역사와 이론
     – 의회 의사진행방해제도의 헌법학적 연구 –
     양태건 저 344쪽 26,000원
102. 매체환경 변화와 검열금지
     임효준 저 321쪽 24,000원
103. 도시계획법과 지적
     – 한국과 일본의 비교를 중심으로 –
     배기철 저 267쪽 20,000원
104. 채무면제계약의 보험성
     임수민 저 308쪽 24,000원
105. 법인 과세와 주주 과세의 통합
     김의석 저 304쪽 22,000원
106. 중앙은행의 디지털화폐(CBDC)
     발행에 관한 연구
     서자영 저 332쪽 24,000원
107. 국제거래에 관한 분쟁해결절차의 경합
     – 소송과 중재
     이필복 저 384쪽 27,000원
108. 보건의료 빅데이터의 활용과 개인정보보호
     김지희 저 352쪽 25,000원
109. 가상자산사업자의 실제소유자 확인제도
     차정현 저 332쪽 24,000원
110. 비용편익분석에 대한 법원의
     심사 기준 및 방법
     손호영 저 378쪽 28,000원
111. 기후위기 시대의 기후·에너지법
     박지혜 저 347쪽 26,000원
112. 프랑스의 공무원 파업권
     이철진 저 396쪽 30,000원
113. 토지보상법과 건축물
     – 건축물 수용과 보상의 법적 쟁점 –
     박건우 저 327쪽 24,000원
114. 의약발명의 명세서 기재요건 및 진보성
     이진희 저 372쪽 28,000원
115. 공정거래법상 불공정거래행위의 위법성
     정주미 저 260쪽 19,000원
116. 임의제출물 압수에 관한 연구
     김환권 저 304쪽 23,000원
117. 자금세탁방지의 법적 구조
     이명신 저 386쪽 29,000원
118. 독립규제위원회의 처분과 사법심사
     유제민 저 358쪽 28,000원
119. 부작위범의 인과관계
     김정현 저 300쪽 23,000원
120. 독일의 회사존립파괴책임
     김동완 저 369쪽 27,000원

121. 탈석탄의 법정책학 – 삼부의 권한배분과
     전환적 에너지법에 대한 법적 함의 –
     박진영 저 299쪽 23,000원
122. 공식배분법의 입장에서 바라본 Pillar 1 비판
     노미리 저 254쪽 19,000원
123. 기업집단의 주주 보호
     김신영 저 378쪽 28,000원
124. 국제도산에서 도산절차와 도산관련재판의
     승인 및 집행에 관한 연구
     김영석 저 504쪽 38,000원
125. 스타트업의 지배구조에 관한 법적 연구
     이나래 저 400쪽 30,000원
126. 역외 디지털증거 수집에 관한 국제법적
     쟁점과 대안
     송영진 저 326쪽 25,000원
127. 법인 대표자의 대표권 제한에 관한 연구
     – 판례법리를 중심으로 –
     백숙종 저 364쪽 28,000원
128. 유동화신탁 소득의 과세에 관한 제도 설계 연구
     조경ించん 저 306쪽 24,000원
129. 지식재산권 라이선서의 도산에 대한
     라이선시의 보호방안에 관한 연구
     권창환 저 446쪽 35,000원
130. 탈중앙화 자율조직(DAO)과 회사법
     남궁주현 저 302쪽 23,000원
131. 독일 공법상 계약에 관한 연구
     정의석 저 424쪽 33,000원
132. 법정시설 과밀수용 방지를 위한 정책적·법적 대책
     신용해 저 328쪽 26,000원
133. 도산절차에서의 신탁의 법리
     문혜영 저 394쪽 30,000원
134. 임원배상책임보험의 법적문제
     양희석 저 446쪽 35,000원
135. 신디케이티드대출의 담보에 관한 연구
     최준ò 저 372쪽 29,000원
136. 주식연계보상의 새로운 흐름: 스톡옵션에서
     RSU·PSU로
     윤소연 저 456쪽 35,000원

● 학술원 우수학술 도서
▲ 문화체육관광부 우수학술 도서